GODEFROY DE BOUILLON

PIERRE AUBÉ

GODEFROY
DE
BOUILLON

FAYARD

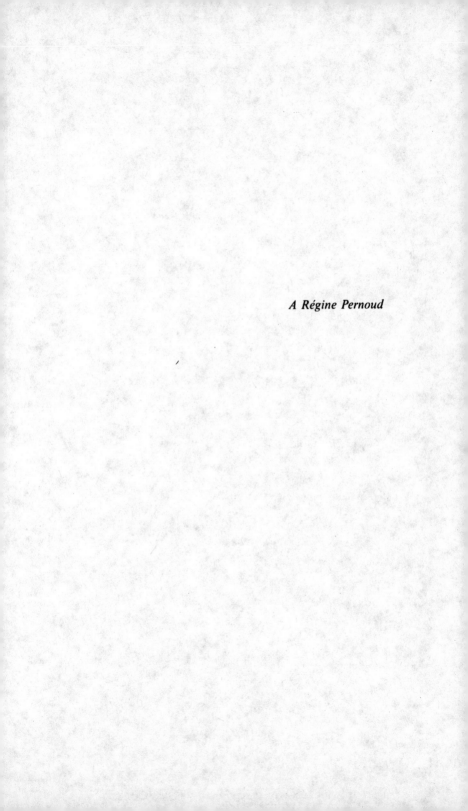

A Régine Pernoud

« Le valeureux Godefroy, issu de la race des rois des Romains, lequel avait en sa possession la couronne et l'épée de l'empereur Vespasien... »

Matthieu d'Édesse,
Chronique arménienne (XIIᵉ siècle)

« Aux Gaulx après vint vaillance en present,
Tesmoing Charles, Godeffroy de Bullion...
Honneur s'enfuit, le cours du temps se mue.
Jugez sur ce qu'a mon opinion
Riens estable ne sçay dessoubz la nue. »

Eustache Deschamps,
Ballade CCCLXVI (XIVᵉ siècle)

« Que l'on songe que j'étais à Jérusalem, dans l'église du Calvaire, à douze pas du tombeau de Jésus-Christ, à trente du tombeau de Godefroy de Bouillon ; que je venais de chausser l'éperon du libérateur du Saint-Sépulcre, de toucher cette longue et large épée de fer qu'avait maniée une main si noble et si loyale... »

Chateaubriand,
Itinéraire de Paris à Jérusalem (1811)

PREMIÈRE PARTIE

Un féodal
dans le siècle

CHAPITRE PREMIER

Racines

La forêt. Une forêt dense, tout à la fois familière et redoutée. La forêt nourricière, généreuse mais rétive, jamais totalement apprivoisée. Une forêt qu'on défonce, qu'on affouille avec frénésie, dont on vainc patiemment l'envahissement millénaire en ces temps d'explosion démographique et d'agriculture conquérante où un continent tout entier doit surmonter les périls d'une formidable mutation. Au défrichement se substituent les sillons, les villages, les bourgs et les marchés, une prospérité qu'il faudra durement conquérir, et préserver toujours. Et l'eau. Déjà ce bienfait de l'Europe du Nord, prémice d'opulence. Lien puissant. Mais qui n'en cache pas pour autant sa vocation de frontière naturelle. Entre Rhin, Meuse et Escaut s'inscrit le duché de Basse-Lotharingie. Une terre magnifique et multiple, héritière d'une longue et immense querelle.

NAISSANCE DE LA LORRAINE

L'un des plus beaux fleurons de l'Empire carolingien, riche d'un passé économique et culturel éblouissant, devait être au cœur du partage qu'en août 843, à Verdun, négocièrent les trois fils de Louis le Pieux, et dans lequel on a vu « l'acte de naissance de l'Europe moderne ». A Louis, les pays de langue germanique ; à Charles, les territoires de langue romane, à l'ouest d'une ligne tracée par la Meuse, la Saône et l'Escaut ; à Lothaire, empereur, un titre d'ailleurs à peu près vide de substance, l'Europe médiane, un État tampon, étroite bande de terre qui, courant de l'Adriatique à la mer du Nord, unissait sous une même suzeraineté Rome et Aix-la-Chapelle.

Cette construction ingénieuse était vouée à un démantèlement précoce. Dès l'été 855, Lothaire, gravement malade, partageait à son tour ses domaines entre ses héritiers, suivant une coutume franque remontant à Clovis et qui n'étonnait personne. Son fils aîné, Louis II, reçut l'Italie avec le titre impérial ; le plus jeune, Charles, la Provence. Tout le reste (un pays s'étendant du lac Léman à la mer du Nord, limité par le Rhin, l'Escaut, la Meuse et l'Ornain) échut à Lothaire II, un jeune homme de dix-huit ans. Avec ce nouveau royaume *(Lotharii regnum)*, la Lotharingie était née. La « Loherrègne » des écrivains romans. Naissance difficile, semée d'embûches, en proie aux menaces du roi de la *Francia occidentalis*, l'entreprenant Charles le Chauve, qui profita de la faiblesse, puis de la mort de Lothaire pour entrer dans Metz et se faire couronner roi de Lorraine (869).

Le 8 août 870, à Meersen, une *villa* dominant la Meuse près d'Aix-la-Chapelle, les deux derniers petits-fils de Charlemagne procédaient au dépeçage de la « Lotharingie » de 843, ne laissant à leur neveu Louis II que la Provence maritime. Toul et Verdun étaient attribuées à Charles le Chauve, avec presque toute la Belgique actuelle ; Metz et Thionville à Louis le Germanique.

L'accord ne devait pas durer longtemps. En 880, à la faveur des troubles nés d'une succession délicate, Louis III, roi de Francie occidentale, dut se résigner à abandonner la totalité des domaines acquis par son grand-père Charles le Chauve à Louis le Jeune et Carloman, fils du Germanique. C'était en revenir aux frontières fixées par le traité de Verdun.

Échappant à une vocation que semblaient lui dicter ses coutumes, son passé, ses liens familiaux et linguistiques, la Lotharingie se tournait vers une Germanie qui n'avait ni le goût ni les moyens d'infléchir le destin de cette entité écartelée par l'Histoire, difficile à défendre, minée de dissensions et vouée à une marginalisation inéluctable. Succombant sous l'emprise de grands vassaux voraces qui s'arrachaient charges et prébendes et profitaient des carences du roi pour arrondir leurs fiefs, elle allait au chaos.

Ainsi, au printemps de 882, une flotte normande remonta le Rhin ; le 3 avril, elle fut devant Trèves qu'elle pilla trois jours durant. Il fallut que l'évêque Wala et le comte Adalbert de Metz réunissent en toute hâte une maigre troupe et se précipitent au-devant des envahisseurs. A Remich, ils payèrent leur courage de leur vie, mais les Normands ne passèrent pas la Moselle. Ils se fixèrent à Elsloo, près de Maestricht. C'est là que l'empereur Charles le Gros, roi de Germanie, obtint du chef normand, moyennant un tribut de deux mille livres, l'interruption des coups de main contre la *Francia orientalis*...

Mais Hugues, un fils de Lothaire II et de Walrade, ne perdait pas ce territoire de vue et tenta de reconquérir la Lotharingie les armes à la main, suscitant de nombreuses sympathies dans l'aristocratie de la région. Non pas comme l'a souligné Henri Pirenne « en vertu d'une idée nationale », mais parce que, face aux ambitions de la Francie et de la Germanie naissantes, ils avaient tout intérêt à « se donner un roi dont ils seraient nécessairement les maîtres ». Charles le Gros, qui avait brièvement réussi à gouverner l'ensemble de l'Empire carolingien dans ses limites anciennes, sut mettre un terme à cette entreprise et fit crever les yeux du prétendant qu'on enferma au monastère de Prüm où il devait finir ses jours, tout comme Lothaire Ier quelque trente ans plus tôt.

Après la déposition de Charles le Gros par la diète de Tribur et sa mort lamentable en Forêt-Noire, le 13 janvier 888, fut élu au trône de Germanie Arnoul, duc de Carinthie, fils naturel de Carloman, un personnage entrepre-

nant et courageux, mais aux vues politiques assez courtes.
Empêtré à l'est dans les divisions de son royaume et des
conflits avec les Moraves il donna la Lotharingie à son
bâtard Zwentibold.

D'ascendance morave par sa mère, énergique et ambitieux, celui-ci rêva de redonner quelque éclat à la Lotharingie, recréa un embryon d'administration et tenta de
mettre un frein aux appétits des grands. Agissant avec brutalité et méconnaissant les réalités locales, il s'aliéna
d'emblée le clergé et l'aristocratie, allant jusqu'à confis-
quer les biens de plusieurs comtes, dont l'influence était
immense. Le 13 août 900, il succomba les armes à la main,
en luttant pour mater une révolte des comtes Gérard et
Matfrid. Onze ans plus tard, Louis l'Enfant, dernier descendant de Louis le Gros, disparaissait à son tour.

Alors qu'en Francie les descendants de Charlemagne et
ceux de Robert le Fort se disputaient la couronne, en Germanie, Henri l'Oiseleur, duc de Saxe et de Thuringe, suc-
cédait à Conrad de Franconie. L'élection de ce politique
lucide à la tête de ce qu'on commençait à appeler le
regnum Teutonicorum (royaume des Teutons) confirmait la
rupture dynastique avec la famille carolingienne. Blottie
entre ces deux moitiés d'un Empire défunt qui se préparaient à vivre chacune une existence autonome, la Lotharingie était soumise à l'épreuve du choix.

Mais, après la défaite de Soissons (15 juin 923), la cap-
ture de Charles le Simple et le couronnement de Raoul,
gendre de Robert Ier, le comte Giselbert de Hainaut vit
arriver son heure. De sang carolingien, il était le fils de
Rénier au Long-Col qui pendant vingt ans avait été l'âme
de la résistance à la pression germanique en Lotharingie.
Jusque-là, il avait louvoyé, au gré des circonstances, en
prenant le titre de princeps en Lotharingie. Le chroniqueur
Richer, dans une page célèbre, a décrit avec verve ses yeux
fuyants, son audace, son ambition et ses ruses. Après quelques hésitations, il se jeta dans les bras du roi de Germanie. C'était une recrue de choix. Henri lui donna en
mariage sa fille Gerberge et, deux années plus tard, entra
dans Metz.

L'aristocratie prêta serment. Réduite au rôle subalterne de marche d'une Germanie en train de devenir, sous la poigne de souverains d'exception, l'État le plus puissant d'Occident, la Lotharingie se tournait vers de nouveaux destins.

Tout n'alla pas sans drames. Et l'intégrité de cette terre tombée sous une obédience qu'elle ne désirait sans doute pas ne devait durer que quarante ans. Giselbert, à qui on devait le ralliement, devint donc duc de Lotharingie. Mais sa fidélité ne survécut guère à la mort de l'empereur Henri. Répudiant l'autorité d'Otton Ier, son fils, il offrit sans plus de façon la Lotharingie au roi de France Louis IV d'Outremer, un Carolingien, fils de Charles le Simple, qui avait réussi en 936 à recouvrer une couronne usurpée par les Robertiens.

Le clergé, au premier rang duquel figurait l'évêque Adalbéron de Metz, envisageait avec satisfaction une restauration carolingienne et les seigneurs lotharingiens, lassés d'une tutelle germanique devenue fort lourde, supplièrent Louis IV d'intervenir, lui faisant miroiter le soutien des princes allemands hostiles à Otton. Giselbert, le 2 octobre 939, fut pourtant battu par Otton à Andernach et périt noyé dans le Rhin en s'enfuyant. Louis IV n'abandonna pas tout espoir et, pour faire bonne mesure, épousa Gerberge, veuve de Giselbert, devenant par le fait même le beau-frère du roi de Germanie...

Otton — qu'on surnommera bientôt *le Grand* — n'eut aucune peine à se rallier les derniers partisans de Louis d'Outremer et à venir à bout des résistances de cette province rebelle. En 942, il rencontra Louis IV à Visé, sur les bords de Meuse, et lui imposa la reconnaissance du *statu quo*. Il confia la Lotharingie à son frère Henri de Bavière, puis à l'un de ses familiers, Conrad le Roux, à qui il donna sa fille Liutgarde.

Conrad, plein de bonnes intentions, mais dont le profil évoquait assez celui de Zwentibold, étouffa avec férocité les moindres tentatives séditieuses, traita la Lotharingie en pays conquis, n'hésitant pas à substituer aux suspects, y

compris aux charges épiscopales, des hommes venus de
Germanie. La Lotharingie, broyée, était bel et bien devenue une province germanique, soumise à un régime militaire strict.

Elle se montrait pourtant toujours un singulier révéla-
teur des tensions. Dans le nouveau duché se cristallisaient
les oppositions qui agitaient la Germanie. Le fidèle
Conrad lui-même, séduit par le chant des sirènes, avait
épousé la cause de Liudolf en révolte contre son père. La
Lotharingie, qui l'exécrait, ne le suivit pas, et il fut déposé,
en 953. Otton donna le duché à son plus jeune frère, Brunon, archevêque de Cologne né en 928. C'était un personnage considérable, frère de la reine de France Gerberge et
de la femme d'Hugues le Grand, duc des Francs, le plus
puissant seigneur du royaume. On s'accordait à lui reconnaître une grande piété, une intelligence vive, une vaste
culture et un sens politique aigu qui lui vaudront d'être
appelé « *archidux, tutor et provisor occidentis* ». Avec
autant de fermeté que de doigté, il s'efforça d'accomplir
exactement une tâche écrasante : apaiser les querelles,
atténuer les particularismes, sévir si nécessaire. Il n'en
oubliait pas pour autant qui était son maître et, patiemment, s'engagea dans la voie de la « germanisation » des
cadres ecclésiastiques.

Investi à la fois de la tutelle de Lothaire, roi des Francs
depuis novembre 954, et de son compétiteur, le jeune
Hugues Capet, il réussit momentanément à apaiser, au
mieux des intérêts du roi de Germanie, ces luttes dynasti-
ques en Francie.

DIVISION DE LA LOTHARINGIE

En 959, après avoir obtenu de Lothaire une renoncia-
tion solennelle à toute prétention sur l'Europe médiane, il
proposa à Otton Ier une partition des territoires confiés à
sa charge en deux duchés distincts dont les limites corres-
pondraient à celles des provinces ecclésiastiques de Trèves
et de Cologne. Au sud, la Lorraine dite *Mosellane* s'inscri-

rait dans les évêchés de Trèves, Metz, Toul et Verdun. Au nord, avec une partie des provinces de Reims et de Cologne, cette Basse-Lotharingie où s'écriront, pour l'essentiel, les premiers chapitres de l'épopée de Godefroy de Bouillon.

A la tête de chacun des deux duchés, Brunon plaça des hommes de confiance. En Haute-Lorraine, le comte Frédéric de Bar, frère de l'évêque Adalbéron de Metz, lié par mariage à Béatrice de France, petite-fille à la fois du Capétien Hugues le Grand et d'Henri Ier l'Oiseleur et sœur d'Otton. Il devait rester en charge du duché jusqu'à sa mort, en mai 978.

En Basse-Lotharingie, il désigna le duc Godefroy. Le nouveau duché, il faut le souligner, était essentiellement « bénéficiaire », c'est-à-dire que le duc, nommé et révocable à volonté, ne pouvait en disposer à sa guise, ni le léguer. Si, au fil des ans, l'hérédité, ici comme ailleurs, jouera son rôle, jamais les empereurs n'oublieront le caractère originel des nominations ducales. Le fait, on le verra, aura quelque importance dans cette histoire.

Après la mort de Godefroy (964), le titre resta vacant et à celle de Brunon de Cologne qui mourut l'année suivante, l'Église, fidèle à Otton, poursuivit l'œuvre accomplie, attachée aux objectifs de tous les souverains allemands de cette seconde moitié du Xe siècle : l'intégration de la Lotharingie au royaume germanique pour défendre la frontière occidentale contre les prétentions des souverains français (qui ne manquaient pas d'alliés dans la haute aristocratie).

En 977, l'empereur Otton II, fils et successeur d'Otton Ier, donna la Basse-Lotharingie à Charles, frère cadet du roi de France Lothaire, qui avait rossé, le 19 avril de l'année précédente, près de Mons, les Lotharingiens fidèles à l'empereur. Charles haïssait son frère et était très lié aux opposants à la tutelle germanique ; il ferait tout pour arrêter les tentatives du royaume occidental et apaiserait les familles lotharingiennes favorables à l'autonomie. Mais les petits-neveux de Giselbert soutinrent avec acharnement les campagnes de Lothaire qui alla jusqu'à occuper la résidence impériale d'Aix-la-Chapelle et « à retourner vers l'est l'aigle de bronze qui se dressait au sommet du palais ». Mais, pour le roi de France, le morceau était décidément trop gros à avaler. En 980, au traité de Margut-sur-Chiers, près de Sedan, il renonçait à toutes ses prétentions sur la Lotharingie.

Son fils Louis V, après une année de règne (986-987), mourait à son tour, des suites d'un accident de chasse en forêt de Compiègne. On oublia son oncle, Charles de Lorraine, dernier Carolingien apte à régner en Francie, et à Senlis les seigneurs de France, à l'instigation d'Adalbéron de Reims (un membre de la famille d'Ardenne et neveu du duc Frédéric), élisaient Hugues Capet, le fils aîné d'Hugues le Grand, duc des Francs. Le nouveau roi fut sacré à Noyon sans doute le 3 juillet suivant.

Cette élection laissait, pour longtemps, à l'empereur les mains libres. Trop occupée à affirmer sa fragile légitimité, la famille capétienne renonça à toute tentative d'expansion aux frontières du nord. Charles de Lorraine ne devait cesser de lutter à l'ouest ; il envahit le royaume, s'empara de Laon, du Soissonnais et de Reims. Avant de tomber le 30 mars 991, à Orléans, aux mains d'Hugues Capet qui le fit incarcérer avec sa femme, son fils Louis et ses deux filles. Il mourut en captivité quelques mois plus tard. Son fils aîné Otton, dont le nom seul était un hommage appuyé à l'empereur, lui succéda à la tête du duché de Basse-Lotharingie pour un règne obscur dominé par les rivalités féodales et l'opposition tant de Rénier de Hainaut et de Lambert de Louvain que du clergé tout acquis, lui, aux intérêts germaniques. Il acheva sa carrière sans éclat à une date indéterminée, sans doute en 1005.

Les derniers Carolingiens avaient été victimes de leur politique lotharingienne. « En cherchant avec obstination à reprendre cette Austrasie qui avait été le berceau de leur famille, écrit Pierre Riché au terme d'une éblouissante étude, ils se sont aliéné leurs cousins ottoniens et ont perdu l'appui de l'archevêque de Reims, appui qui, depuis le IXᵉ siècle, avait été un des facteurs de leur succès. Politique irréaliste obéissant à des concepts d'un autre âge dans un monde qui... n'est plus le monde carolingien. »

Dans l'histoire de la Basse-Lotharingie, une page était définitivement tournée.

LES OTTONIENS

C'est en 1012 qu'Henri II, roi de Germanie et d'Italie, bientôt empereur d'Occident, donna le duché de Basse-Lotharingie à l'héritier de la famille d'Ardenne, Godefroy, que ses liens familiaux et une fortune croissante prédisposaient à un grand avenir. C'était un fils de Godefroy le Captif, comte de Verdun, et de Mathilde de Saxe. Le comte avait donné en maintes occasions des preuves d'une fidélité absolue à l'Empire.

Henri II, impressionné par cette indéfectible loyauté, lui octroya nombre de fiefs confisqués aux comtes rebelles, dont les châteaux de Mons et de Bouillon. Pourtant, renouant avec une vieille tradition de particularisme, Godefroy, sitôt nanti, fit passer ses intérêts propres avant ceux de son seigneur. Il poursuivit certes avec ardeur la vendetta contre les forces centrifuges (en 1012, il conduisait, sur ordre impérial, une expédition en Hollande et Lambert de Louvain fut tué en septembre 1015 à la bataille de Florennes), mais il « eut moins en vue de dompter des rebelles que d'écraser des (Maisons) rivales et de s'agrandir à leurs dépens ». Jamais pourtant il n'y parvint totalement.

Son frère cadet Gozelon, qui avait été marquis d'Anvers, lui succéda en 1023. C'est l'arrière-grand-père de Godefroy de Bouillon. L'année suivante, Henri II mourait, âgé de cinquante-deux ans. Avec lui disparaissait le dernier empereur de la Maison de Saxe. Le 4 septembre, à Camba, les seigneurs allemands élurent contre la volonté des Lotharingiens Conrad II, un arrière-neveu d'Otton le Grand. Gozelon ne s'inclina qu'après avoir obtenu du roi de Germanie la promesse de réunir le *regnum Lotharii* au profit de sa Maison, au cas où le duché de Haute-Lorraine deviendrait vacant.

L'événement ne se fit guère attendre. Quand mourut Frédéric III, sans postérité, le 22 mai 1033, Conrad II donna comme promis la Lorraine mosellane à Gozelon qui exerça ainsi son pouvoir sur une Lotharingie réunifiée. Les jeunes sœurs de Frédéric, Sophie et Béatrice, n'en gardèrent pas moins les alleux (biens patrimoniaux et non concédés en fiefs) de leur père. Et les mariages successifs de Béatrice avec Boniface de Montferrat, marquis de Toscane, puis avec Godefroy le Barbu, fils de Gozelon, devaient provoquer, on le verra, de tumultueux développements.

On n'en était pas encore là et, lorsque Gozelon mourut, le 19 avril 1044, Henri III rétablit la division du duché, si profitable à ses intérêts. A Gozelon II, fils cadet du défunt, il donna la Basse-Lotharingie ; à l'aîné, Godefroy le Barbu (le grand-père maternel de notre héros), la Lorraine mosellane. Furieux de se voir ainsi dépouillé en partie, celui-ci entra en révolte ouverte contre le roi avec le soutien des familles de Hainaut, de Louvain, de Namur et de Hollande, de tous ceux qui la veille encore luttaient contre sa Maison mais ne pouvaient maintenant que l'appuyer dans un conflit qui était aussi le leur depuis trois générations. Sentant de quel côté penchait la balance, Baudouin V, le comte de Flandre, joignit ses forces à la coalition. Un formidable incendie dévora alors la Lotharingie, qui fut mise en coupe réglée par les hordes de Godefroy et de ses alliés, qualifiés par le chroniqueur Anselme de « monstrueux brigands ». Seule l'Église, attachée aux enseignements de Brunon, demeura figée dans un loyalisme exemplaire envers la royauté germanique.

En juillet 1045, Godefroy le Barbu fut fait prisonnier, et la Lotharingie connut quelques mois de paix. L'année suivante, Gozelon II mourait sans héritier. Henri III donna alors la Basse-Lorraine à Frédéric de Luxembourg, mais, peu après, pour des raisons qui nous échappent, ouvrit la cage du terrible Godefroy. Sitôt libéré, le duc saisit de nouveau le brandon de la révolte et poussa jusqu'à

Nimègue dont il détruisit la forteresse impériale. En 1047, il reprit Verdun, dont la cathédrale fut incendiée (1067), puis il marcha contre Adalbert, de la Maison d'Alsace, qu'Henri III lui avait donné pour successeur en Lorraine mosellane et qui fut battu et tué.

L'affaire prenait des proportions considérables et, du fait des alliances contractées, s'était « internationalisée ». Aux abois, l'empereur sollicita et obtint le secours des flottes danoise et anglaise. En 1049, pour la seconde fois, Godefroy dut renoncer à son duché. Il s'enfuit en Italie. En avril 1054, la nouvelle incroyable éclata comme un coup de tonnerre : le duc déchu, veuf de sa première épouse Doda, venait d'épouser Béatrice de Toscane, fille de Frédéric III de Lorraine, veuve depuis deux ans de Boniface de Montferrat. Godefroy le Barbu s'intéressa fort à ce domaine toscan, séjourna volontiers en Italie et sut influer sur les affaires de la péninsule. On connaît neuf actes authentiques qu'il fit expédier entre 1058 et 1067 par sa chancellerie au titre de duc de Toscane et marquis de Canossa. Quant aux chartes données en Lotharingie, elles seront promulguées « avec l'accord de sa femme Béatrice »...

Richement possessionné en Italie du chef de son épouse, allié à une descendante de l'ancienne Maison de Lorraine, de mèche avec le comte de Flandre, Godefroy se sentait revivre et prit la route du nord pour en découdre. Une troisième fois, il eut le dessous et dut s'en remettre à l'empereur. Béatrice de Toscane et sa fille Mathilde, une fillette de neuf ans, comptaient au nombre des captifs, mais Henri III devait les faire libérer peu après.

La chance de Godefroy le Barbu fut la mort prématurée de l'empereur, à l'âge de trente-neuf ans, le 5 octobre 1056.

Son fils Henri IV était un enfant de six ans, sous la tutelle de sa mère Agnès de Poitou, fille du duc Guillaume V d'Aquitaine. Quoique femme de tête, fort cultivée, d'un bon sens éprouvé et très au fait des affaires de l'État, celle-ci ne put résoudre la question lotharingienne.

La situation était d'autant plus critique que pendant l'été de 1057 était survenu à Rome un événement lourd de menaces, qui remettait en question l'hégémonie exercée depuis un siècle par l'Empire sur l'élection du pape. Victor II, un Allemand proche d'Henri III, s'était éteint à Arezzo le 28 juillet. Dès le 2 août, sans en référer à l'impératrice régente, le « clergé et le peuple de Rome » élurent l'abbé du Mont-Cassin et se bornèrent à envoyer en Allemagne l'archidiacre Hildebrand pour le lui notifier. Non contents de ce véritable coup de force qui infligeait au *privilège d'Otton* un camouflet cinglant, ils avaient choisi un pape, Étienne IX, qui n'était autre que le frère cadet de Godefroy le Barbu, ce Frédéric de Lorraine qui s'était opposé avec constance à la politique ecclésiastique de l'empereur. Archidiacre du chapitre de Saint-Lambert de Liège, il avait empoisonné l'atmosphère de ses récriminations à un point tel que Léon IX, propre cousin de l'empereur, avait appelé Frédéric à Rome pour exercer la charge de chancelier de l'Église. C'est à ce titre qu'il avait participé au côté du cardinal Humbert de Moyenmoutier à la fameuse ambassade auprès du patriarche de Constantinople Michel Cérulaire. Frédéric n'étant guère d'un naturel plus conciliant qu'Humbert, on n'avait abouti qu'à précipiter le schisme. En 1055, il s'était retiré à l'abbaye du Mont-Cassin dont il était devenu l'abbé deux ans plus tard.

Avec sagesse, l'impératrice plia et se réconcilia avec Godefroy le Barbu contre la promesse formelle qu'à la mort de Frédéric de Luxembourg, il serait investi du duché de Basse-Lotharingie, la Lorraine mosellane devant rester, en tout état de cause, à la famille d'Alsace.

Godefroy le Barbu, avec une belle allégresse, exerça dès lors ses talents aussi bien dans l'Empire qu'en Lotharingie et dans ses fiefs italiens. Il ne se fit pas faute de peser sur les décisions de haute politique. Attaché aux idées d'Étienne IX son frère, qui n'était resté que huit mois à la tête de l'Église, il soutint les efforts des prélats réformateurs pour déposer le funeste Benoît X, successeur d'Étienne. Enfin, en août 1065 quand Frédéric de Luxembourg mourut, Godefroy se rendit en toute hâte à Goslar,

où résidait la Cour, et obtint la charge de duc et de *magis-*
ter militiae Lotharingiae. Le vieux lutteur survécut peu à sa
nouvelle puissance. Tombé malade en 1069, lors d'un
séjour en Toscane, il reprit la route du nord, car il voulait
mourir sur la terre de ses ancêtres, cette Lotharingie qu'il
avait si longtemps fait retentir du bruit de ses exploits.
Dans son château de Bouillon, il régla ses affaires terres-
tres puis, en présence de l'abbé de Saint-Hubert, mit sa
conscience en paix avec Dieu, « dans les pleurs et les sanglots ». Mais c'est à Verdun, le berceau de sa famille, qu'il
voulut livrer son ultime combat. « Il y vécut encore un
mois, entouré des pauvres que, seuls, il admettait à sa
table depuis sa maladie. » Le chroniqueur Lambert le
Jeune le montrera effondré, accablé sous le poids de ses
fautes, se confesser à l'abbé Thierry et lui remettre son
épée en signe de pénitence. La veille de Noël, il rendit le
dernier soupir. On déposa son corps dans la cathédrale
Notre-Dame, cette église que vingt ans plus tôt il avait vu
brûler et qu'il était en train de faire reconstruire, superbe-
ment...

DEUX FAMILLES CAROLINGIENNES

De son premier mariage avec Doda, « une très noble
dame », Godefroy le Barbu avait eu au moins quatre
enfants. Outre un fils dont on ne sait rien, et une fille, Wil-
trudis, qui devait épouser le comte Adalbert de Calw, il
avait eu un fils, nommé Godefroy comme lui. Sans pres-
tance aucune, de petite taille et surnommé « le Bossu », il
était né vers 1045 et succéda sans difficulté à son père
comme duc de Basse-Lotharingie. Sa deuxième sœur, Ide,
de quelques années plus âgée que lui, était née sans doute
vers 1040, au château de Bouillon.

Privée de mère très jeune, il est assez improbable que la
petite fille ait été mêlée, si peu que ce soit, à la vie agitée
de son père. C'était peu dans les habitudes du temps. Sans
doute faut-il la voir placée dans quelque monastère (peut-
être celui de Bilsen, dans le Limbourg, où reposaient sa

mère et son grand-père Gozelon), sous la tutelle de son oncle, le sévère archidiacre Frédéric. On l'imagine en quête de nouvelles, angoissée par le sort de son lignage, guettant l'écho des tempêtes paternelles ou de l'élévation de son oncle. En fait, Ide jouit parmi les moniales d'une solide réputation de sérieux, de piété et de vertu. Elle a dix-sept ans, en cette année 1057 où son oncle est élu pape et où bascule son propre destin.

Quelques mois après la diète de Cologne au cours de laquelle, en présence du pape Victor II, Godefroy le Barbu s'était une fois de plus réconcilié avec l'empereur, Ide apprit que son père nourrissait le dessein de la donner en mariage au comte Eustache II de Boulogne, un veuf à la trentaine bien sonnée (on le fait naître entre 1020 et 1025), mais ayant pignon sur rue, « comte illustre et magnifique », « héros très noble ».

On ignorera à jamais le détail des négociations qui devaient aboutir à cette union. D'aucuns racontent qu'au retour d'un voyage à Rome où il aurait fait escorte au souverain pontife de retour d'outre-monts, Eustache II aurait fait une halte au château de Bouillon. Séduit par la grâce d'Ide, il se serait empressé de demander la main de la fille de son hôte, accord conclu sur-le-champ... Ce qui est sûr, c'est que le parti était considérable et que Godefroy, dont les affaires connaissaient quelque éclipse cette année-là, aurait eu mauvaise grâce à refuser une alliance aussi flatteuse.

Eustache II était le descendant d'un illustre lignage qui, par sa grand-mère Gerberge (l'épouse de Lambert de Louvain, fille du duc Charles de France) se rattachait à la famille de Charlemagne. L'auteur de la *Vita Idae,* un moine du monastère clunisien du Wast, en Boulonnais, ne s'embarrassera pas de nuances pour célébrer ces origines prestigieuses : « C'était un héros d'une famille des plus nobles, où coulait d'une source toute proche le sang du roi Charles... Il était comte et seigneur de Boulogne, une ville dont la réputation n'était plus à faire, tant par sa seigneurie que par sa forte situation. »

Que les futurs époux descendissent tous deux, sans accident aucun, de Charlemagne avait de quoi séduire en un temps où se forgeait la légende « du très glorieux empereur des Francs, qui le premier d'entre eux reçut le nom de César ». Leurs descendants n'auraient pas à rougir de leurs origines devant la dynastie récente qui régnait en Germanie ou celle qui, en France depuis soixante-dix ans, n'avait pas encore surmonté ce qu'on a appelé son « complexe carolingien ». On imagine mal, aujourd'hui, le rôle considérable du lignage, du sang et du nom qui forgeaient les qualités exceptionnelles des preux...

Quant au comté de Boulogne, il avait quelque importance. Située en un point stratégique de premier ordre, la ville de Boulogne jouissait d'une renommée plus que millénaire, depuis que Jules César, en prévision de son invasion des îles Britanniques, y avait fondé le *Portus Itius*. Ravagé par les Normands, disputé par le Ponthieu et par la Flandre, le Boulonnais subissait l'influence de la royauté française et avait connu sa première illustration sous le gouvernement d'Eustache Ier, comte de 1033 à 1049 environ. Eustache II, son fils aîné, qu'il avait eu de son épouse Mathilde, lui avait succédé.

L'homme avait de quoi séduire, et impressionner. Taillé en athlète, courageux, en proie à une véritable frénésie d'action, il semble avoir entretenu autour de son personnage une publicité un peu tapageuse. Il avait coutume d'arborer sur son heaume de guerre des fanons de baleine qui affirmaient tout à la fois ses talents d'homme de mer et sa volonté d'inspirer l'effroi. C'était le symbole même de sa toute-puissance sur cette mer inquiétante où pullulaient baleines et dauphins. Un siècle plus tôt, le moine Abbon de Fleury, en route pour l'abbaye anglaise de Ramsay, avait rencontré nombre de ces monstres dont les dos émergeaient, tels « des toits de très hautes maisons qui venaient les heurter ». Les cétacés avaient d'ailleurs fait, des bateaux organisés en convoi, une belle hécatombe [1]...

---

1. La pêche à la baleine dans les eaux de la mer du Nord jouissait d'une belle célébrité. Au milieu du Xe siècle, le célèbre voyageur arabe Ibrahim ibn Ya'kub lui avait consacré, dans sa *Relation*, une description haute en couleurs et d'une étonnante précision.

Quant aux moustaches du comte de Boulogne, objets de soins attentifs, à la limite de l'extravagance, elles lui vaudront le surnom d'Eustache aux Grenons.

Quoique relevant de la couronne de France, le comte de Boulogne était maître chez lui, levait des troupes, faisait la paix et la guerre, battait monnaie, levait l'impôt et régnait sur ses propres vassaux. Sa parenté lui valait quelque considération à la Cour de France. Son frère cadet Godefroy devait être évêque de Paris et chancelier du roi Philippe Ier. Le dernier, Lambert, avait été comte de Lens avant de mourir les armes à la main, en 1054, en assiégeant Lille au côté de Baudouin de Flandre, au plus fort de la lutte de la Lotharingie contre la puissance impériale. Détail qui n'avait pas dû manquer de séduire Godefroy le Barbu...

Autour de sa vingtième année, Eustache avait convolé, et son mariage avait été un coup de maître. Goda avait presque le double de son âge et était de surcroît veuve de Drogon, comte du Vexin, qui lui avait donné trois enfants. Mais c'était aussi la sœur du roi d'Angleterre Édouard le Confesseur, et la fille du roi Ethelred et de la reine Emma, une petite-fille du duc Richard Ier de Normandie. A la faveur de cette alliance Eustache de Boulogne entrait dans la parenté du duc Guillaume de Normandie à qui d'aucuns n'hésitaient pas à prédire un glorieux avenir.

Nanti de cette précieuse épouse, il s'était employé à faire fructifier sa chance de l'autre côté de la Manche. Beau-frère du roi d'Angleterre, il s'était taillé dans l'île quelques beaux fiefs, et avait bientôt ajouté ses prétentions et sa morgue à celles de tous ces Normands qui s'agitaient dans l'entourage du roi Édouard. *Persona grata* tant à Londres qu'à la Cour ducale de Normandie, Eustache II était exécré des Saxons, humiliés de voir charges et honneurs subtilisés par ces étrangers aux longues dents.

A des manœuvres louches, Eustache II n'avait pas dédaigné de mettre la main. Dès l'été 1051, peu après son mariage, de retour d'une entrevue avec son beau-frère Édouard (on le soupçonnera d'avoir été porteur d'un message de Guillaume de Normandie, qui s'était entretenu

peu auparavant avec Robert Champart, ancien abbé de
Jumièges et archevêque de Canterbury...) et dans l'attente
d'un vent favorable pour rejoindre Boulogne, il avait exigé
des habitants de Douvres le droit de gîte pour lui et pour
son escorte, comme le voulait la tradition en pareil cas.
Choqués du ton de la requête, les habitants avaient fait la
sourde oreille. On en était bientôt venu aux mains, et on
compta les morts par dizaines. Eustache ayant demandé
justice au roi d'Angleterre, celui-ci confia l'exécution du
châtiment à son beau-père Godwin, dont dépendait le port
de Douvres, un Saxon ambitieux et retors, haïssant ces
aventuriers venus du continent lui porter ombrage. Eustache II s'indigne, supplie Édouard, réclame à cor et à cri
qu'on lui rende bonne justice. Le roi s'incline. Le *Witane-
gemot* se réunit à Gloucester. On en profite pour ressortir
tous les vieux griefs qui, depuis des décennies, s'accumu-
lent sur la tête de cet empêcheur de gouverner en rond.
Dans tous les comtés, on prend les armes. Godwin, abandonné de tous, s'enfuit en Flandre avec une partie de sa
famille. Godwin, c'est le père de cet Harold qu'on retrouvera bientôt et qui, pour l'heure, reste en Angleterre. Et
attend.

Le comte de Boulogne aussi, n'en doutons pas. Et la vie
avait suivi son cours. En Angleterre, en Normandie, dans
son comté de Boulogne, dans les terres impériales, Eustache aux Grenons avait promené sa silhouette martiale et
patiemment tissé sa toile. Et puis son épouse, Goda, était
morte. Sans lui laisser, à ce qu'il apparaît, d'héritier.
C'était grave, en ces temps où tout se rattachait au lignage.
En 1057, le comte jetait son dévolu sur la jeune Ide, la fille
du seigneur de Bouillon, sur la nièce du pape...
Cum Eustachio thalamos suos inierat Ida anno 1057.
C'est tout. C'est tout ce qu'on saura jamais de cet événement fameux. Le lieu, tout comme la date exacte, en sont
également inconnus. Cambrai, Bouillon, Boulogne ? Peu
importe. Ce qui est certain, c'est que la jeune comtesse
quitta sa Lotharingie natale pour les fiefs boulonnais de
son mari. Un mari aussi excentrique qu'on la pressent

réservée et discrète. Deux natures on ne peut plus dissem-
blables, mais qui vivront, autant qu'on en puisse juger, en
parfaite harmonie.

En 1058 environ leur naquit un garçon. Ce fils premier-
né, destiné à hériter les fiefs paternels, on le baptisa Eustache, comme son père. C'était une garantie. Deux ans
plus tard, un autre enfant. On l'appela comme son grand-
père et son oncle maternels, d'un nom qui avait fait quelque bruit en Lotharingie : Godefroy.

CHAPITRE II

Les « enfances Godefroy »

« Il était du royaume des Francs, de la province de Reims, de la cité de Boulogne... » Ainsi s'exprime, un siècle après l'événement, l'archevêque Guillaume de Tyr, dans son irremplaçable *Histoire des événements survenus outre-mer*. Ainsi s'était exprimé, bien plus tôt, le moine du prieuré du Wast dans sa biographie de la comtesse de Boulogne. Un lieu précis, sans problème, au cœur même des fiefs paternels.

Et pourtant, quel guêpier ! Au siècle dernier, au temps du nationalisme triomphant, le lieu de naissance de Godefroy donna lieu à des empoignades homériques. Érudits français et brabançons (faute de compétiteurs convaincus...) s'étripèrent par héros interposé, avec l'onction de rigueur, pour annexer de vive force à l'abri de leurs frontières respectives le sanctuaire de cette naissance. Épuisés d'arguments, les Français tenaient pour Boulogne ; les Belges, pour l'un des alleux de la comtesse de Boulogne en Brabant, Baisy ou Gennape.

Le chauvinisme, aujourd'hui, est moins pointilleux... N'ayant aucun goût pour les horions, il nous répugne de trancher en aussi périlleuse matière. Poussant la prudence jusqu'à son terme, on ne traduira pas le mot *oriundus* d'où vient tout le mal. Godefroy était-il né à Boulogne, ou issu d'une famille originaire de Boulogne ? Le lecteur comblera à son gré cette lacune...

PIEUSE ET ACTIVE IDE

Après la naissance d'un dernier garçon, Baudouin, la famille du comte de Boulogne se trouva au complet. Une famille qu'on pressent, pendant les absences multipliées d'un père qui courait la fortune, rassemblée autour de la mère, dans l'une ou l'autre résidence où pérégrinait, au fil des saisons, la Maison comtale. Car Ide était fort attentive à sa progéniture. Le fait a frappé les contemporains, chroniqueurs comme poètes.

Un jour que le petit Godefroy, tenaillé par la faim, poussait des cris d'orfraie, une dame se précipita pour le calmer et lui donna le sein. La comtesse survient alors, « devient noire comme cendre, le cœur lui chancelle, elle est forcée de s'asseoir. Mais vite, elle se relève, bondit comme une lionne, se précipite sur son enfant, l'arrache à la nourrice, l'étend sur une table et lui fait rendre le lait étranger. Il ne fallait à aucun prix qu'il puise à une autre substance, qui le dénaturerait ». Le trait est joli. « Moult en parlaient dames, bourgeois et sergents », s'émerveillera le poète du *Godefroy de Bouillon*.

> *Onques la contesse Yde, qui tant fut prox et bele,*
> *Un seus de ses trois fiex, par nisme querele,*
> *Ne laissa alaitier à feme n'a ancele,*
> *Ains les norri la dame tos tros à sa mamele.*

Guillaume de Tyr, esprit objectif, nous en raconte un autre. Alors qu'Ide est assise dans sa chambre, absorbée par quelque travail, les enfants surgissent en trombe, se poursuivent et finissent par se blottir dans les plis de l'ample robe maternelle où ils continuent à se provoquer, « jouant des pieds et des mains », comme savent le faire les garçons. Survient le père qui, feignant la surprise, demande à son épouse ce qui peut bien provoquer pareille tempête sous son vêtement. Et la réponse jaillit, promise à une belle célébrité : « Ce sont trois grands princes, dont le

premier sera duc, le second roi, le troisième comte. » Le
ton était donné ; la voie, toute tracée...

Pendant les absences du comte de Boulogne, c'est Ide
qui est le centre de la famille et du comté. Une femme
d'exception, qu'on voit à la pointe de la réforme religieuse, à l'aise aussi bien dans le gouvernement de ses
domaines que dans les fondations que lui prescrit sa piété
exigeante. « Elle fut, remarque judicieusement Michel
Rouche, une de ces femmes pour qui la vie dans le siècle
n'était possible que grâce au ressourcement dans la prière
monastique. L'exercice du pouvoir n'était chez elle que la
conséquence d'une vision mystique du monde, celle d'un
mariage entre la création et son créateur. »

On peut croire que la comtesse s'employa à inculquer à
ses enfants un solide sens du devoir, de la loyauté, de la
justice et de la générosité, toutes qualités qui devaient se
conjuguer pour former le parfait chevalier. Elle-même prêchait d'exemple. La tradition nous la montre attentive à
toutes les misères, secourant les malades, les veuves et les
orphelins, entretenant à sa porte une cohorte de miséreux.
Ne racontera-t-on pas qu'elle avait fait inscrire sur son
aumônière ces mots d'un poète du temps : « Plus j'en
donne, plus il m'en reste ? » Quoi qu'il en soit de ces anec-
dotes qui fleurent bon l'hagiographie, il est certain que
Godefroy acquit très tôt de l'enseignement maternel les
qualités morales qu'on devait lui reconnaître plus tard et
qu'auréolera la légende : « Pour le zèle dans le service de
Dieu, notera Raoul de Caen, il est la fidèle image de sa
mère ; pour l'esprit chevaleresque, il continuera son
père. »

Eustache aux Grenons et Guillaume le Conquérant

Et quel père ! Toujours à l'écoute de son temps. En
1065, Godefroy a tout juste cinq ans lorsque le comte de
Boulogne participe à l'assemblée de Corbie où le roi de
France Philippe Ier a rassemblé ses vassaux. L'année sui-

vante lui parviendront les échos des exploits d'Eustache aux Grenons, engagé dans l'une des plus formidables opérations politiques et militaires du siècle.

Le 5 janvier 1066, le roi d'Angleterre Édouard le Confesseur est mort après avoir désigné pour successeur le duc Guillaume de Normandie. Un an plus tôt, dit-on, un fils de Godwin, Harold le Saxon, a juré sur des reliques, de la manière la plus solennelle qui soit, de s'incliner devant la volonté de son roi et de tout faire pour faciliter la tâche du Normand. Et ne voilà-t-il pas que, dès le 6 janvier, le corps d'Édouard à peine déposé dans l'abbaye de Westminster, Harold est couronné roi d'Angleterre par un archevêque d'York complaisant.

En Normandie, ce parjure fait scandale, et Guillaume s'emploie à lui donner un retentissement considérable. De l'Europe entière monte une gigantesque rumeur contre le fils de Godwin. Le pape Alexandre II excommunie le félon. Guillaume bat le rappel des hommes d'honneur. De Bretagne, de Poitou, du Maine, d'Anjou, de Bourgogne, du Toulousain, de Flandre, d'Italie et des pays rhénans accourt une chevalerie prête à en découdre, à se battre pour les droits du duc normand et, à coup sûr, disposée à se dédommager concrètement sur les dépouilles du vaincu.

Comment imaginer qu'un Eustache aux Grenons, qui a eu maille à partir avec ces Saxons qu'il hait et qui ne cache pas ses sympathies pour Guillaume de Normandie — il l'a peut-être même aidé à tisser sa toile —, ne soit pas alléché par une expédition en un pays qu'il connaît bien, où il a encore des attaches et dont il peut escompter un beau profit ?

A la mi-septembre 1066, il est bien là, à Saint-Valery-sur-Somme, devant l'armada qui attend dans la baie des vents favorables. Son fils aîné, Eustache, âgé de huit ans, l'accompagne. Suivant la coutume, en gage de fidélité, il fera à la Cour normande l'apprentissage du métier des armes et s'initiera à ce qu'on est en droit d'attendre d'un futur comte de Boulogne. Son père, lui, reste au côté de Guillaume, avec d'autres grands féodaux — le duc de Bretagne, le vicomte de Thouars —, les seigneurs normands et toute cette troupe hétéroclite de chevaliers soldés venus de partout, de routiers avides de beaux coups. Anonyme, le comte de Boulogne ? Certainement pas. On doit voir en tous lieux Eustache aux Grenons. Et ses fanons de baleine. Et on l'écoute. C'est un marin expérimenté, qui a amené sa propre flotte, qui a fait maintes fois la traversée de Boulogne à Douvres, qui guette le vent. Ce vent qui se refuse à souffler dans la bonne direction.

Le 28 septembre, au matin, les voiles se gonflent enfin. Guillaume donne l'ordre d'appareiller. Le lendemain, jour de la Saint-Michel, la flotte se concentre sur les côtes anglaises, autour de la presqu'île de Pevensey. C'est le samedi 14 octobre que tout se joue. Pour s'ouvrir la route de Londres, le duc de Normandie doit bousculer l'armée concentrée par Harold sur un plateau, à quelques kilomètres au nord d'Hastings. Massé dans la plaine, l'ost de Guillaume attend. Un peu après neuf heures, la cavalerie monte à l'assaut des lignes saxonnes et vient se heurter de plein fouet aux haches des terribles *huscarls*. C'est le sauve-qui-peut. Le bruit commence à se répandre que le duc est mort. On se détrompe. Confusion. Carnage.

Au cœur de la mêlée, Guillaume de Normandie tient bon. Par trois fois, il voit son cheval s'abattre sous lui. En une occasion au moins, Eustache de Boulogne est là, fidèle et attentif, et ferraille pour délivrer celui dont on doute de plus en plus qu'il soit jamais roi d'Angleterre... Une partie de la cavalerie alliée s'en va donner tête baissée dans la Malefosse, un ravin où elle s'empêtre et offre aux piétons anglais des victimes de choix. Les plus courageux désespèrent. Guillaume aperçoit soudain les légendaires fanons de baleine : ils fuient ! Le comte de Boulogne, terrifié, tourne en effet bride, suivi d'un escadron. En passant devant le duc impassible, il hurle son désarroi, lui crie d'abandonner pendant qu'il est encore temps une partie que chacun sait perdue. Guillaume le rabroue, lui fait honte.

Peine perdue, Eustache en a trop vu. Il n'a pas fait trois pas qu'une flèche anglaise le frappe dans le dos. Dans le dos, comme les lâches ! Eustache aux Grenons s'effondre. Le sang coule à flots de ses narines et de sa bouche. Pour lui, la bataille est terminée[1].

On le soigne. Il ne mourra pas, et n'apprendra que plus tard la mort d'Harold, les derniers combats à la nuit tombante et l'ultime chasse à l'homme dans la bruyère de Senlac. La victoire, enfin. Et la perspective de profiter grassement de ce royaume qui reste à conquérir. Mais Eustache, quoique récompensé de ses services par quelques beaux domaines, garde du souvenir d'Hastings une secrète amertume. Dépit de n'avoir pas été, jusqu'au bout, fidèle à sa légende ? Plus sûrement, un sentiment de frustration. Un comte de Boulogne, après tout, vaut bien un duc de Normandie. Pourquoi Guillaume ? Eustache n'attend pas le couronnement de Westminster. Dès l'automne, à peine remis de sa terrible blessure, il repart pour Boulogne, remâchant sa rancœur.

Au début du printemps de 1167, Guillaume quitte son nouveau royaume, qu'il confie à Guillaume Fils-Osbern, un fidèle de toujours, et à Eude de Conteville, son demi-frère. Ces *earls* tout nouveaux, qui ignorent tout du pays, se trouvent confrontés à des mouvements séditieux qu'ils tâchent de circonscrire, avec maladresse. Le roi absent, l'aristocratie normande ne peut rien contre une résistance qui, plongeant dans la population saxonne de profondes racines, s'organise.

Dans le Kent, où l'on connaît la grogne du comte de

1. On a coutume de voir, dans le porte-bannière qui accompagne Guillaume dans la scène 55 de la fameuse tapisserie de Bayeux, une effigie d'Eustache aux Grenons. Trois raisons militent en faveur de cette identification : les impressionnantes moustaches qui se redressent jusqu'aux oreilles du cavalier, la bannière qu'il porte (une croix cantonnée de quatre besants, meubles qu'on retrouvera dans les armoiries des comtes de Boulogne) et l'inscription, à demi effacée, dans la bordure supérieure de la broderie : E...TIVS. Toutefois Michel Parisse, dans son récent ouvrage sur *La Tapisserie de Bayeux* (Paris, 1983), récuse formellement cette interprétation traditionnelle, non sans un solide argument : « Le comte de Boulogne, écrit-il, ne pouvait être porte-enseigne du duc Guillaume. Dans l'homme de la tapisserie, il faut voir un chevalier proche de l'entourage ducal. » (Page 112.)

Boulogne, la fièvre croît. A Douvres, on pare de toutes les vertus ce beau-frère du feu roi Édouard qu'on vouait aux gémonies quinze ans plus tôt. Des émissaires ont bientôt passé la Manche et trouvent en Eustache aux Grenons un interlocuteur compréhensif. Maître de Boulogne et de Douvres, le comte pourrait envisager un avenir à sa mesure.

La situation s'y prête. Eude de Conteville, *earl* du Kent, a fait route vers le nord pour réprimer des troubles. Le comté est vide de troupes. Eustache fond alors sur Douvres, s'attaque à la forteresse, que tout le monde croit déserte, mais qui résiste. Qui résiste même si bien que l'assiégeant fait triste figure, contient mal une fougueuse sortie de la garnison normande et doit lâcher pied à la nouvelle du retour précipité d'Eude. La retraite est éperdue. Le comte de Boulogne ne doit d'en réchapper qu'à un cheval exceptionnel et à sa parfaite connaissance des lieux. En dévalant la falaise abrupte qui surplombe les vaisseaux boulonnais, beaucoup se rompent les os. On réembarque avec les débris de l'ost. Cette lamentable tentative s'achève en désastre.

Pour la seconde fois, Eustache aux Grenons regagne Boulogne humilié. Guillaume lui porte décidément malheur. Mais le roi d'Angleterre, très politique, préfère fermer les yeux, et le comte de Boulogne rentre en grâce. Il est bientôt couvert de terres. De la libéralité royale envers Eustache, nous possédons un témoignage irrécusable : les colonnes de cette fameuse enquête statistique dressée en 1086, qui énumèrent les détenteurs des biens, l'état des propriétés et l'estimation des revenus. Innovation diabolique, que les autochtones médusés et inquiets appelleront le « Livre du Jugement dernier », le *Domesday Book*. A lui seul, Eustache possédera à cette date des fiefs dans onze comtés sur les trente-quatre que recense le registre, avec une concentration impressionnante dans l'Essex et le comté de Hertford.

Eustache II sera le premier comte de Boulogne à faire battre monnaie à son nom. Le revers de ses beaux deniers d'argent portera désormais une croix pattée et cette ins-

cription lapidaire : *URBS B(O)L(O)NIE*. Orgueil justifié.
De la conquête de l'Angleterre par les Normands, aidés de
marins boulonnais et flamands, devait naître un développement
rapide de la ville. « L'empire anglo-normand
nécessite des aller et retour continuels de princes, de chevaliers,
de fonctionnaires, de clercs, de commerçants et de
pèlerins. L'âge d'une certaine piraterie en mer du Nord est
désormais fini. »

VISITE D'HERLUIN

L'alternance des hauts faits et des revers d'Eustache,
des déceptions et des espoirs, cette soudaine expansion
pleine de promesses, c'est tout cela qu'on se raconte, dans
le manoir comtal qui se dresse fièrement au sud-ouest de
la ville, face à l'estuaire de la Liane. Ide ne sort guère de
sa réserve naturelle et s'en remet à la Providence du sort
de sa Maison. Mais, pour les deux enfants qui sont auprès
d'elle (l'aîné, Eustache, est toujours en Normandie),
quelle excitation ! Que d'enthousiasme doit susciter ce
père formidable qui se tire toujours des plus mauvais pas !
Le benjamin, Baudouin, fait là à coup sûr l'apprentissage
de l'opportunisme politique. Pour l'intelligence vite éveillée
de Godefroy, que de leçons à méditer !

Il en est d'autres, plus profondes, nées au hasard des
rencontres que ménage largement Boulogne. Un jour de
1070, la ville accueillait un hôte de choix : Herluin, abbé
du Bec, dont la réputation de sainteté n'était plus à faire. A
quatre-vingts ans, il n'avait pas hésité à affronter les incertitudes
d'un long voyage pour revoir son cher Lanfranc,
que Guillaume le Conquérant venait de nommer archevêque
de Canterbury. « Comme il arrivait à Boulogne,
racontera son biographe, le moine Gilbert Crépin, il voulut
gagner le port qui n'est pas distant de la ville de plus
de six lieues [le port de Wissant]. Tous ceux qui l'accompagnaient,
ainsi que la comtesse, épouse du comte Eustache,
femme d'un grand mérite aux yeux de Dieu, s'efforcèrent
de le persuader de rester dans la ville, car il n'y

avait aucun navire au port, pas le moindre vent n'ayant soufflé depuis près de quarante jours pour les ramener d'outre-Manche. Mais Herluin, qui avait fondé en Dieu son espérance la plus sûre, leur déclara : " Allons au port, les navires s'y trouveront bientôt ; les frères qui sont restés au monastère prient pour nous et les obtiendront sans tarder. " Il dit et le vent tourne sur l'heure. On part en toute hâte vers le port où déjà, avant qu'ils y parviennent, le vent avait dirigé seize navires ; la nuit tombait alors et, avant qu'il fût minuit, le vent qui devait les porter se mit à souffler vers le large et, au lever de l'aurore, tous les navires étaient remis à flot... »

Cette anecdote au parfum de légende dorée — que Godefroy en ait été le témoin ou que sa mère, empressée d'éveiller son esprit aux « merveilles de Dieu », la lui ait rapportée — n'a pas dû manquer d'impressionner cet enfant ouvert, sensible et pieux. Au fil du temps, les liens avec la prestigieuse abbaye normande se resserreront, et Anselme, l'un des esprits les plus puissants et les plus féconds de son temps, entourera bientôt d'une affectueuse sollicitude la comtesse de Boulogne et ses enfants. Il adressera à celle qu'il nomme « dame, mère et fille très chère » des lettres d'un ton à la fois intime et singulièrement élevé, dont six nous sont parvenues : « Saluez de notre part le seigneur comte, votre mari, et vos fils ; nous ne pouvons avoir d'interprète plus fidèle auprès d'eux que vous-même. » On ne devait pas se faire faute d'approfondir en famille le sens de cette correspondance prestigieuse et émouvante.

GODEFROY LE BOSSU

Voilà pour Boulogne. Et la Lotharingie ?

Godefroy le Barbu, on s'en souvient, était mort à Verdun, à la fin de l'année 1069. Avant de disparaître, il n'avait pas oublié sa fille aînée, Ide. A elle iraient les vastes alleux qu'il possédait en Brabant. De ces terres libres de tous droits, redevances ou services, elle pourrait

disposer à son gré, comme le voulait la *coutume,* sans
même avoir à en référer à son mari. Elle s'y rendrait volontiers, entourée de quelques « fidèles », les gérerait à sa
guise, n'hésitant pas à les négocier quand le besoin s'en
ferait sentir. Godefroy le Bossu, son fils unique, recueillait
l'essentiel de l'héritage, cette Basse-Lotharingie pour
laquelle le vieux duc n'avait cessé de batailler.

Le nouveau duc, sous des dehors ingrats (son surnom
ne laisse planer aucun doute sur la difformité dont il était
affligé...), ne manquait pas de solides qualités. Agé de
vingt-cinq ans environ, c'était un guerrier courageux et
éprouvé, attentif à calmer les débordements de passion
qu'avait suscités son père, mais sans faiblesse envers un
baronnage remuant et brouillon, et d'une fidélité à toute
épreuve à son seigneur Henri IV, roi de Germanie. Peu
avant la mort de son père, et sans aucun doute pour se
plier à ses exigences, il avait épousé Mathilde de Toscane,
fille de Béatrice, la propre belle-fille de Godefroy le
Barbu[2]. Le mariage, éminemment politique (c'était une
manière de préserver l'unité de la Lotharingie et de la Toscane sous une même autorité, celle de la famille
d'Ardenne, et de « lancer une véritable tête de pont entre
Verdun et Bouillon », réunissant ainsi en une même
constellation d'alleux l'héritage des deux époux), ne fut
pas heureux. Après quelques mois de vie commune, il fallut se résoudre à une rupture. Mathilde, une femme de tête
comme sa mère, quitta, à l'automne de 1071, pour toujours
les brumes du Nord et regagna ses terres italiennes.

Godefroy le Bossu, lui, entrait de plain-pied dans des
tempêtes qui ne devaient jamais cesser d'agiter son court
règne. Pour l'heure, l'orage grondait en Flandre. L'affaire,
un conflit politique doublé de dissensions familiales, était
d'une effroyable complexité. A sa mort, le 16 juillet 1070,
le comte de Flandre Baudouin VI laissait deux fils

2. Le mariage eut lieu à l'extrême fin de 1069 ou au tout début de
1070. Mais il semble qu'il fut projeté dès 1057. En novembre 1069,
Mathilde figure, au titre de fiancée de Godefroy le Bossu, dans un acte
cédant le chapitre de Saint-Pierre de Bouillon à l'abbaye de Saint-
Hubert.

mineurs, Arnoul et Baudouin, sous la tutelle de leur mère, Richilde de Hainaut. Il avait pris toutes les dispositions pour réunir sur la tête de l'aîné ce double héritage. Mais leur oncle, frère cadet du défunt, Robert le Frison, n'accepta jamais, en dépit de ses serments, d'être dépouillé d'une terre qu'il affirmait sienne, et n'eut aucune peine à se gagner les sympathies des habitants de la Flandre maritime, un peuple farouchement indépendant qu'indisposait fort le joug comtal. L'insurrection, violente, gagna de proche en proche. Robert le Frison marcha sur Gand et prit le titre de comte.

C'était l'épreuve de force. Richilde, désarmée, chercha des appuis extérieurs. Elle sollicita et obtint l'assistance de son seigneur, le roi de France Philippe Ier, et de son conseiller, l'évêque de Paris Godefroy, frère d'Eustache aux Grenons. De Normandie arrivèrent aussi quelques renforts commandés par Guillaume Fils-Osbern qui n'espérait rien de moins, disait-on, que la main de la régente et s'engagea dans ce nœud de vipères « comme s'il allait à un tournoi ».

Le comte de Boulogne, toujours prêt à en découdre ou pressé de porter secours à la veuve et aux orphelins, se joint à la coalition. Le 22 février 1071, le choc a lieu près du mont Cassel, entre Lille et Calais. « La bataille fut grande et cruelle, rapportent les *Chroniques de Flandre* ; et furent les champs arrosés de sang, et y avait si grande multitude d'occis qu'on n'en savait le nombre. » Les bannières de France, de Normandie et de Boulogne mordent la poussière. Guillaume Fils-Osbern est tué. Arnoul, héritier de Flandre, qui combat au côté de sa mère, succombe au premier assaut, Philippe Ier prend la fuite et Richilde est faite prisonnière. Coup de théâtre ! Par un de ces coups de main hardis dont il a le secret, Eustache de Boulogne s'empare du vainqueur et l'emmène sous bonne garde à l'abri des murailles de Saint-Omer où le chef de la garnison, Wulric Rabel, se promet d'ouvrir l'œil.

Mais la population de Saint-Omer, alertée, se rue sur le château et délivre Robert le Frison de force, et celui-ci s'empresse à son tour de rendre la liberté à Richilde. On en est revenu au point de départ. Philippe Ier, furieux d'avoir été berné, réunit alors une nouvelle armée à Montreuil-sur-Mer et se jette sur Saint-Omer qu'il livre au pillage. Les soldats, rapportera la *Généalogie des comtes de Flandre,* « dépouillent les églises, injurient les moines, fouettent les clercs, violent les femmes, si bien que c'est dans toute la ville un deuil général ».

Le roi de France, humilié, peu enclin aux entreprises de longue haleine, se désintéresse vite de cette querelle qui ne lui vaut que des déboires. Godefroy de Paris, le frère d'Eustache, servira de médiateur. Le comte de Boulogne, habile à sentir d'où vient le vent, rejoint-il la cause du Frison ? L'évêque de Paris saisira-t-il l'occasion pour menacer son maître d'une attaque simultanée de Robert et d'Eustache ? Toujours est-il que le roi de France a bientôt définitivement abandonné la cause de Richilde. Quelques mois plus tard, il reconnaissait la légitimité des droits de Robert le Frison qui lui prêtait foi et hommage et, pour sceller cette réconciliation, il épousait la belle-fille du nouveau comte, Berthe de Frise, fille de Florent de Hollande et de Gertrude de Saxe. La jeune femme, on le verra, n'aura guère à se féliciter de cette union qui lui vaudra bien des déconvenues...

Quant à Eustache aux Grenons, il sortit de cette aventure plus prospère qu'il n'y était entré. Pour prix de ses accommodements, il reçut de Robert le Frison la forêt de Bethlo qui, « jusqu'à ce jour, appartint par droit héréditaire aux comtes de Boulogne ».

N'ayant plus rien à attendre d'un roi velléitaire qui l'abandonnait ainsi, Richilde se tourna résolument vers l'Empire. Henri IV, sollicité par d'autres tâches (dont une révolte des Saxons qui s'éternisait), confia à Godefroy le Bossu, duc de Basse-Lotharingie, le soin de dénouer cet écheveau. Parfait vassal, le duc marcha sur la Flandre, au moment même où Robert le Frison venait de faire la paix avec le roi de France. Dès lors, la cause était indéfendable, et Godefroy retourna en Basse-Lotharingie. Baudouin VII, à bout de ressources, dut se contenter du seul Hainaut, séparé pour un siècle du comté de Flandre.

Dans cette affaire compliquée, le jeune Godefroy de Boulogne avait vu son père Eustache et son oncle maternel le duc de Basse-Lotharingie épouser avec une égale conviction des causes antagonistes. L'un, au moins, n'y avait pas tenu une conduite inattaquable. L'enfant, peu à peu, s'initiait aux subtilités des affaires politiques. Le moment n'allait pas tarder où il lui serait donné d'appréhender de plus près ce dont est tissée l'existence quotidienne des grands de ce monde...

GRÉGOIRE VII, PAPE

Son oncle Godefroy le Bossu, las d'une séparation qui lui pesait et menaçait d'avoir à long terme les plus funestes conséquences, prit le chemin de l'Italie au début de l'année 1073, dans l'espoir de se concilier enfin les bonnes grâces de son épouse Mathilde de Toscane. Pour arrondir un peu les angles d'une discussion dont il redoutait l'âpreté, il emportait dans ses bagages un cadeau de choix dont il savait que la possession comblerait sa femme : un coffret d'ivoire contenant de précieuses reliques (dont un morceau de la Vraie Croix) arraché de vive force à l'abbé de Saint-Hubert qui en assumait la garde. Ses efforts furent bien mal récompensés, car Mathilde resta intransigeante. Jamais elle ne retournerait en Basse-Lotharingie, ni ne reprendrait avec le duc une vie commune qui lui répugnait.

Ces dissensions causaient à Godefroy le Bossu de lancinants soucis. S'il était jeune encore, il restait sans héritier, et son étrange situation conjugale lui laissait peu d'espoirs d'en avoir jamais. Sans doute (car les détails sur la jeunesse de Godefroy de Boulogne font désespérément défaut) est-ce alors que germa dans son esprit l'idée d'appeler auprès de lui son neveu, le fils cadet de sa sœur Ide, dont on n'avait pas manqué de lui vanter l'intelligence et les qualités morales. On laisserait au temps le soin de dicter le verdict.

Le duc de Basse-Lotharingie resta quelque temps

encore en Italie, surveillant la gestion de ses domaines. Et
c'est pendant son séjour que se déroula à Rome un événement lourd de conséquences. Le 21 avril 1073, Alexandre II était mort. Dès le lendemain, la foule romaine accla-
mait le bras droit du pontife défunt, ce cardinal Hildebrand qu'on a vu animer de son souffle puissant le grand
mouvement réformiste qui agitait jusqu'en leurs fondements l'Église et la société tout entières. Les cardinaux,
soucieux de respecter le décret de Nicolas II sur les élections pontificales (1059), se réunirent dans la basilique de
Saint-Pierre-aux-Liens et confirmèrent ce choix.

Personne ne pouvait être plus attentif que Godefroy le
Bossu à cette élection capitale dont pouvait dépendre la
position d'Henri IV, roi de Germanie, le seigneur à qui il
était indéfectiblement attaché. Et le hasard voulait qu'il
fût sur place, à pied d'œuvre ! Quelle serait l'attitude du
nouveau pontife, cet homme d'une cinquantaine d'années
dont le corps rondouillard cachait une intelligence
d'exception, une énergie sans faille au service d'idées singulièrement tranchées et qui, pendant vingt ans, avait été
l'inspirateur de quatre papes ?

Nul n'ignorait qu'Henri IV était en délicatesse avec
l'Église. Ce prince de vingt-trois ans, brutal et réaliste, vif
et terriblement ambitieux, était même sous le coup de
sanctions ecclésiastiques pour avoir voulu mettre au pas
l'épiscopat allemand. Godefroy n'hésita pas, s'empressa
de présenter ses félicitations à Grégoire VII, s'enquit de
ses dispositions envers son maître et offrit de s'entremettre le cas échéant. Tout alla très vite. Pendant l'été de
1073, il était de retour en Germanie et, dès la dernière
semaine de septembre, Grégoire VII recevait du roi une
lettre fervente qui témoignait de son repentir et sollicitait
l'absolution. Celle-ci lui fut accordée quelques mois plus
tard.

Il faut dire qu'Henri IV n'avait plus les moyens d'un
conflit majeur avec la papauté. Cette même année, il
n'avait dû qu'à une fuite précipitée de son château du
Harz de n'être pas tombé dans les griffes de son ennemi le

plus acharné, le duc de Saxe. Au début du mois d'octobre,
Godefroy le Bossu était dans l'ost royal avec son contingent, pour marcher contre les Saxons. Mais l'armée, faible
et mal organisée, courait au désastre. On préféra traiter.
Accompagné des ducs de Souabe et de Carinthie, et de
plusieurs évêques, le duc de Basse-Lotharingie conduisit
des négociations qui n'aboutirent pas par suite de l'intran-
sigeance d'Henri IV. On en resta là, et Godefroy le Bossu
retourna en Basse-Lotharingie.

LA VIE D'UN « BACHELIER »

Dans son fief, il dut retrouver son neveu Godefroy (de
Boulogne) qui, depuis quelque temps déjà, complétait son
éducation chevaleresque dans l'entourage ducal, sans
doute à Bouillon, cette austère forteresse qui, entre Mouzon et Sedan, découpait sa silhouette menaçante au-dessus des méandres de la Semois. Cette terre était un alleu
de la famille d'Ardenne, où le duc avait ses habitudes. On
a vu le frère aîné de Godefroy, Eustache, s'initier au
métier des armes à la Cour normande. Pour le cadet, que
sa naissance écartait d'emblée de l'héritage des fiefs paternels et qui, pour tout espoir de carrière, n'avait guère que
celui de traîner une existence sans panache de chevalier
soldé, le choix d'un « patron » prestigieux revêtait une
importance capitale. Godefroy de Boulogne ne pouvait
rêver meilleure assistance que celle de ce jeune oncle
puissant et bien en cour, qui n'avait peut-être rien caché
à ses proches de ses intentions quant à l'avenir de son
neveu.

Il faudrait décrire ici par le menu la vie quotidienne de
Godefroy en Basse-Lotharingie. On en ignore tout, ou à
peu près. Sans doute mène-t-il la vie de tous les *bacheliers*
de son temps, partageant ses journées entre l'entraînement
au métier des armes, les travaux intellectuels et le service,
au sens le plus concret du mot. Il se perfectionne dans
l'art équestre, donne aux chevaux des soins attentifs,
apprend à entretenir ses armes et sa cotte de mailles, s'ini-

tie aux techniques de combat, sert à table, accompagne le seigneur dans ses déplacements, se transforme le cas échéant en courrier ou en domestique. Il écoute, et regarde. Tôt levé, tard couché, l'écuyer mène une vie rude, mais passionnante. Bientôt, il ira à la guerre...

Godefroy n'en dédaignait pas pour autant les travaux de l'esprit et s'imprégna de l'atmosphère qui régnait alors en Brabant, où les écoles de Liège brillaient d'un éclat sans pareil, attirant les étudiants tant français qu'anglais, allemands et même slaves... » Ils y trouvaient d'excellents pédagogues et des savants dont la renommée s'était répandue dans toute l'Europe septentrionale... Les relations des maîtres liégeois avec l'extérieur les tenaient au courant de toutes les doctrines qui se manifestaient en Occident. Les diverses tendances scientifiques de l'époque avaient leurs représentants dans cette espèce d'université internationale qu'était alors la cité mosane. C'est par elle que les idées de Fulbert de Chartres et de Béranger de Tours eurent accès en Allemagne, vers le même temps où s'y introduisaient, après avoir passé aussi par les Pays-Bas, la réforme clunisienne et la paix de Dieu.

Godefroy se rendait volontiers à Liège, ou fréquentait la prestigieuse abbaye de Saint-Hubert, à quelques lieues au nord-est de Bouillon. Le prince-évêque Henri de Liège, originaire de Verdun, devait son siège à Godefroy le Bossu. C'était « une âme ouverte aux aspirations d'en-haut. Il ressentit toute sa vie un vif attrait pour la solitude religieuse. Devenu évêque, il n'aimait rien tant que de se retirer dans la pieuse enceinte de Saint-Hubert, pour y goûter en compagnie des religieux les joies tranquilles de la piété, et ce n'est qu'en versant des larmes qu'il s'arrachait aux charmes du cloître pour entrer dans le tourbillon des affaires inhérentes à sa charge ». Henri de Liège entoura le jeune Godefroy de Boulogne de soins vigilants, compléta la formation que lui avait donnée sa mère. Godefroy, qui parlait le roman, fit de rapides progrès en langue germanique, qu'on parlait dans la partie orientale du duché. Ce bilinguisme, on l'a souvent souligné, devait

avoir dans la suite de sa carrière une importance considérable.

Godefroy de Boulogne, avec rigueur, patience et gravité, préparait ainsi son avenir dans l'ombre d'un oncle à
qui, pour l'instant, il lui fallait bien river ses pas.

CHAPITRE III

La querelle des Investitures

Godefroy le Bossu, en fidèle du roi de Germanie, s'employait de son mieux à contenir les forces centrifuges qui, depuis si longtemps, menaçaient d'emporter le fragile édifice lotharingien. Avec l'appui de l'épiscopat, il lutta sans répit contre une féodalité qu'exaspérait la tutelle allemande, cependant qu'il lui fallait répondre aux levées d'armes auxquelles procédait Henri IV, enlisé dans une interminable guerre contre les Saxons révoltés. Jamais il ne se déroba à ses devoirs vassaliques.

Car la situation empirait de jour en jour. Après son refus hautain de négocier, à l'automne de 1073, le roi s'était vu contraint de signer un arrangement honteux qui prévoyait notamment le démantèlement des places fortes royales en territoire rebelle. En juin 1075, furieux de s'être laissé ainsi humilier, Henri IV réunit son ost. Godefroy le Bossu accourut de Basse-Lotharingie avec un contingent impressionnant. L'armée allemande, conduite avec détermination, surprit les Saxons dans la plaine de Thuringe et, le 6 juin, les écrasa à Hombourg, sur les bords de l'Unstrutt. Le duc de Basse-Lotharingie fit preuve ce jour-là d'une pugnacité admirable.

A l'automne, il fallut repartir à l'assaut de l'hydre. En l'absence des ducs de Souabe, de Bavière et de Carinthie, l'ost lotharingien eut la vedette. On en vanta l'importance et la belle tenue. Les Saxons, échaudés quelques mois plus tôt, engagèrent bientôt des pourparlers. Godefroy le Bossu, dont le prestige en imposait, fut chargé de négocier. « Son autorité dans cette expédition, écrit l'auteur anonyme de la *Vie d'Annon de Cologne,* était immense. C'était le point autour duquel tout tournait. En dépit de sa petite taille et de sa bosse, il surpassait tous les autres princes par son habileté à la guerre et dans l'ordonnance de ses magnifiques troupes, par sa sagesse et ses discours. »

Assisté des archevêques de Mayence et de Salzbourg, Godefroy le Bossu conduisit les tractations, déploya des trésors de persuasion et, au terme de longs et difficiles débats, obtint la soumission des rebelles. Les évêques Werner de Magdebourg et Burchard d'Halberstad, les comtes Otton de Nordheim et Magnus s'en remirent à la discrétion du vainqueur. Ils furent mal récompensés de leur souplesse : Henri IV les fit appréhender, incarcérer aux quatre coins du royaume et confisqua leurs fiefs.

Godefroy de Boulogne participa-t-il à toutes ces chevauchées, à titre d'écuyer ? On l'ignore. Mais l'hypothèse, en soi, n'a rien d'invraisemblable et serait assez dans les coutumes du temps...

Par ces services insignes, le duc de Basse-Lotharingie se rendait indispensable à son seigneur, dont il était volontiers écouté. Il fut l'un des rares vassaux à pouvoir refréner ses appétits désordonnés et sa volonté de puissance. Henri IV savait, à l'occasion, lui témoigner concrètement sa reconnaissance. En 1075, lorsque la mort de l'évêque Théoduin de Liège entraîna la vacance du siège, Godefroy sollicita du roi la faveur de désigner son successeur. Henri IV accepta et le duc nomma l'un de ses parents, Henri, archidiacre de Verdun, un fils du comte de Toul.

Ce faisant, il entrait de plain-pied dans une controverse qui, depuis des décennies, agitait l'Église et serait l'occasion d'un conflit majeur qui devait pendant un demi-siècle menacer l'équilibre européen. Chacun allait bientôt être sommé de prendre parti dans ce que les historiens ont pris l'habitude d'appeler la « querelle des investitures ».

LA RÉFORME GRÉGORIENNE

L'affaire, c'est le moins qu'on puisse dire, n'était pas simple et plongeait ses racines dans un passé lointain. Au fil des siècles, l'Église était devenue, souvent par la force des choses, une puissance avec laquelle le pouvoir civil devait compter. En bien des occasions, la hiérarchie ecclésiastique avait représenté la permanence et la stabilité face à une autorité laïque défaillante. Ça avait été le cas lors des invasions barbares, et l'image fameuse de l'évêque « défenseur de la cité » était une réalité qui jamais ne s'était effacée des mémoires. Moyennant quoi l'Église, pour faire face à des obligations multiples qui de nos jours incombent à l'État, s'était vue peu à peu disposer de ressources immenses et de domaines ; les évêques et les abbés participaient, au même titre que les seigneurs laïcs, au lien vassalique. Et les rois avaient pris l'habitude de procéder eux-mêmes à l'investiture par la crosse et par l'anneau, objets symboliques qui concrétisaient la mise en possession d'un évêché ou d'une abbaye.

Au XIᵉ siècle, surtout en terre d'Empire, l'épiscopat exerçait de véritables droits régaliens. On a vu avec quel soin un Brunon de Cologne avait pris la précaution de désigner en Lotharingie des évêques à la fidélité dûment éprouvée, dont on attendait qu'ils fussent de véritables auxiliaires du pouvoir contre une féodalité turbulente. Et le pouvoir royal (que ce soit en France, en Angleterre ou en Germanie) se montrait fort attaché à ce privilège acquis, investissant évêques et abbés régulièrement élus ou, le plus souvent, désignés par eux.

Pour l'Église, le risque était considérable. Des abus de toute sorte ternissaient depuis trop longtemps son image. On en vint à offrir les sièges vacants contre monnaie sonnante et trébuchante, et la simonie devint l'une des plaies du siècle. Un peu partout, et depuis fort longtemps, évêques et moines s'interrogeaient et « préconisaient un retour à la stricte observance des règles canoni-

ques ». Mais en terre d'Empire, que ce soit en Germanie,
en Italie du Nord ou en Basse-Lotharingie, les clercs les
plus avertis ne se dissimulaient pas les difficultés de la
tâche. L'état de la papauté, l'effondrement de son autorité
et de son prestige au cours de la première moitié du siècle
où les élections avaient dépendu du bon vouloir de l'aristocratie romaine en avait incité plus d'un à voir dans
l'empereur le seul artisan possible d'un renouveau indispensable. Pierre Damien, l'une des intelligences les plus
lucides de son temps, partageait cette manière de voir et
« entendait faire confiance au pouvoir civil pour mener à
bien, en concertation avec lui, la réforme des mœurs du
clergé ». D'autres, non moins convaincus, mais inquiets de
la manière cassante dont l'empereur Henri III avait remis
de l'ordre au sommet de la hiérarchie ecclésiastique, pensaient qu'il fallait sans regret sacrifier l'efficacité aux principes.

C'était incontestablement le cas du cardinal Humbert
de Moyenmoutier, un prélat lorrain arrivé à Rome dans le
sillage du pape Léon IX, ancien évêque de Toul et
farouche partisan de la réforme. En 1058, le cardinal avait
publié un traité, *Adversus simoniacos (Contre les simoniaques),* qui condamnait sans ambiguïté ces trafics et proposait d'affranchir l'épiscopat de toute ingérence laïque, de
revenir aux règles originelles d'élection par le clergé et par
le peuple. « En quoi, s'écria-t-il, les laïques ont-ils le droit
de distribuer des fonctions ecclésiastiques, de disposer de
la grâce pontificale et pastorale, d'investir par le bâton et
par l'anneau par lesquels s'achève et se fortifie la consécration épiscopale ? »

On pouvait compter sur Grégoire VII qui, pendant tant
d'années, avait été l'inspirateur passionné de la réforme
pour éradiquer ces habitudes pernicieuses. Pendant le
carême de 1074, un an après son élection, un synode
s'était tenu à Rome au cours duquel on avait fermement
rappelé des décrets antérieurs condamnant la simonie et
invité le clergé à un respect plus exigeant du célibat ecclésiastique. « Quiconque a été promu par simonie, c'est-à-
dire à prix d'argent, à l'un des ordres sacrés ou à une

charge ecclésiastique ne pourra désormais exercer son ministère dans la sainte Église. » C'était d'une clarté absolue. Mais les Églises locales, par vocation éminemment conservatrices, traînèrent les pieds. Henri IV d'Allemagne et Philippe Ier de France n'étaient pas hommes à s'incliner devant des décisions qui rognaient leur pouvoir. Quant au roi d'Angleterre, Guillaume le Conquérant, pourtant favorable aux idées réformatrices, il dut s'incliner devant l'opposition du clergé.

LE HEURT DE DEUX ABSOLUTISMES

Il fallait donc trancher le nœud gordien, s'attaquer sans faiblesse aux causes mêmes du mal plutôt qu'à ses manifestations. Un an plus tard, un autre synode se réunissait à Rome, du 22 au 28 février 1075. Après avoir renouvelé les condamnations de la simonie et du nicolaïsme (les infractions au célibat consacré), il promulguait un texte, promis à un immense retentissement (mais qui ne nous est connu que par la *Chronique* d'Hugues de Flavigny) : « Quiconque, à l'avenir, recevra de la main d'un laïque un évêché ou une abbaye, ne sera pas compté parmi les évêques ou abbés. Nous lui interdisons la communion du bienheureux Pierre et l'entrée de l'Église tant qu'il ne renoncera pas à sa dignité. Nous faisons la même défense relativement aux charges inférieures. De même, si un empereur, duc, marquis, comte ou quelque pouvoir ou personne laïque ose donner l'investiture d'un évêché ou de quelque autre dignité ecclésiastique, qu'il sache qu'il est passible de la même condamnation. »

Grégoire VII donnait valeur de test à une proposition révolutionnaire, assortie de peines canoniques graves, en un moment où les assises de la papauté étaient plus fragiles que jamais. Seule en Italie la Toscane demeurait indéfectiblement attachée au Saint-Siège. Béatrice et sa fille Mathilde, l'épouse lointaine de Godefroy le Bossu, avaient d'ailleurs assisté, en « sœurs et filles de saint

Pierre », au concile. Le marquisat n'en constituait pas moins une proie tentante pour les ambitions germaniques.

L'application de ce décret demandait de la souplesse, et du temps. Grégoire VII, remarquablement intelligent, était ouvert aux accommodements, pourvu que le principe demeurât. Dans l'État anglo-normand et en France, tout se passa sans heurts notables. Dans le royaume germanique, la personnalité des antagonistes et les circonstances locales particulières allaient porter le conflit à son paroxysme.

Les relations entre Henri IV et la papauté, on l'a dit, n'avaient jamais été très cordiales. Au moment du synode romain, cinq conseillers du roi de Germanie étaient excommuniés ; un archevêque et une douzaine d'évêques italiens ou allemands sous le coup de sanctions canoniques. Henri IV ne pouvait renoncer à nommer des évêques et des abbés qui, partout, étaient les courroies de transmission du pouvoir royal. Il lui était tout aussi pénible d'accepter une doctrine qui faisait de son pouvoir temporel une « annexe du spirituel ». Grégoire VII était tout disposé à transiger lorsqu'il apprit que le roi venait de nommer au siège de Milan un certain Tebald, diacre perdu de vices, du vivant même de l'archevêque légitime. La provocation n'en était pas restée là et Henri IV avait procédé de même à Fermo et à Spolète, à Spire, à Bamberg et à Cologne. Et à Liège où, par Godefroy le Bossu interposé, l'archidiacre Henri de Verdun venait d'être investi et, pour que nul n'en ignore, sacré à Cologne en présence du duc de Basse-Lotharingie. Quant à l'archevêque Guibert de Ravenne, il contestait ouvertement le décret romain et les tout récents *Dictatus papae* qui, en quelques formules lapidaires, condensaient la doctrine pontificale, pour embrasser la cause du roi.

Grégoire VII ne pouvait laisser passer ce défi sans réagir. Il le fit avec une exemplaire modération, et envoya à Henri IV une lettre où il se déclarait prêt à envisager tous les moyens pour parvenir à une conciliation, réserve faite du fond des choses, que le roi se devait « d'accueillir comme s'il venait de la bouche de l'Apôtre lui-même ». Le

1er janvier 1076, le message parvenait à Goslar, où son destinataire résidait alors.

Ragaillardi par sa récente victoire sur les Saxons, Henri IV se décide à frapper un grand coup le jour de la Septuagésime (24 janvier 1076) en réunissant à Worms une assemblée de tous les évêques allemands, dont le nouvel évêque Henri de Liège. Les grands seigneurs laïques, convoqués eux aussi, n'ont guère répondu à l'appel. Mais Godefroy le Bossu, qui vient de passer les fêtes de Noël à Utrecht en compagnie de Guillaume de Hollande qu'il a toujours soutenu contre les empiétements de Robert le Frison, accourt. Ce sera le seul duc à participer à la diète.

Au fil des débats, les insultes se font dangereusement précises. On en vient à accuser Grégoire VII d'entretenir avec Béatrice de Toscane des rapports que la morale réprouve et de confier le gouvernement de l'Église à « un Sénat de femmes ». Imaginons la contenance du duc de Basse-Lotharingie à voir ainsi traîner sa belle-mère dans la boue... Il courbe l'échine. Décidément, la fidélité de la Maison d'Ardenne à l'Empire est inentamable. A Plaisance, l'assemblée du clergé allemand et lombard de la péninsule Italienne souscrit à la déposition de Worms.

Le 14 février, jour de la Chandeleur, le synode romain se réunit comme chaque année, et Grégoire VII, rappelant son pouvoir de « lier et délier dans le ciel et sur la terre », frappa : « Fort de votre confiance, pour l'honneur et la défense de l'Église, de la part de Dieu tout-puissant, Père, Fils et Saint-Esprit, par votre pouvoir et par votre autorité, j'interdis au roi Henri, fils de l'empereur Henri, qui par un orgueil insensé s'est élevé contre votre Église, de gouverner le royaume d'Allemagne et d'Italie, je délie tous les chrétiens du serment qu'ils ont contracté envers lui et défends à qui que ce soit de le reconnaître comme roi. »

L'Église venait de s'engager dans le plus grave conflit politique de son histoire. Quand à Henri IV, il était frappé d'une excommunication qui déliait ses sujets de leur fidélité. En un temps où les liens d'homme à homme étaient le fondement de l'ordre social, la sanction pouvait se révéler terrible.

Le roi de Germanie n'apprit la nouvelle de son excommunication que le Samedi saint 26 avril, à Utrecht. Il ne pouvait plus compter que sur l'attachement de ses prélats et des grands féodaux. L'attitude des premiers, que le coup frappait de plein fouet, restait incertaine. Les seconds, qui avaient boudé l'assemblée de Worms, ne manqueraient pas de relever la tête pour contester un pouvoir qui limitait le leur. Henri IV aurait besoin des meilleures volontés et des plus déterminés de ses fidèles.

Depuis un mois déjà, il avait perdu le plus inconditionnel d'entre eux, le seul qui eût répondu à l'appel de Worms : le duc de Basse-Lotharingie.

Après avoir participé à la déposition du pape, Godefroy le Bossu était retourné vers le nord pour prêter main-forte à Guillaume d'Utrecht contre les menées de Robert le Frison et de Thierry de Hollande.

Dans la dernière semaine de février, le duc est à Vlaardingen, à une dizaine de kilomètres de l'actuelle Rotterdam. La nuit est profonde. Tout le monde dort. Godefroy seul est éveillé. Il se rend aux latrines. Un sicaire sort de l'ombre, se précipite, frappe le duc dans la partie intime de son individu et s'enfuit à toutes jambes, non sans avoir laissé son poignard dans la plaie. Le bruit courut que le coupable n'était autre que le cuisinier du comte de Flandre... Il apparut rapidement que Godefroy n'avait que peu de chances de se remettre de ce coup incongru. On le ramena mourant à Utrecht, où il agonisa plusieurs jours, en proie aux souffrances atroces que lui causait cette perforation intestinale. Sur son lit de mort, il confirma, comme le rappelle Laurent de Liège, son désir formel de voir son neveu Godefroy de Boulogne hériter tous ses fiefs et alleux.

Le 26 février 1076, Godefroy le Bossu, duc de Basse-Lotharingie, rendait le dernier soupir. Il avait un peu plus de trente ans.

CHAPITRE IV

Au service de l'Empire

Lorsque Godefroy de Boulogne apprit la mort tragique de son oncle, c'était un garçon de seize ans taillé en athlète, rompu au métier des armes, fort averti des dissensions féodales qui minaient la région, un imbroglio d'intérêts contradictoires, mais riches d'avenir, contre lesquels son oncle n'avait cessé de lutter et qui finalement l'avaient broyé. D'une droiture morale absolue et plus pieux, sans doute, qu'on avait coutume d'imaginer un futur duc de Basse-Lotharingie, bien qu'il ne fût pas encore chevalier, c'était un homme prêt à faire face à ses responsabilités.

Le duc défunt avait souhaité reposer auprès de son père Godefroy le Barbu, dans la nécropole de la Maison d'Ardenne. On achemina son corps, dûment embaumé, vers Liège, où il fut accueilli par une procession solennelle à la tête de laquelle figurait l'évêque Henri. Après une cérémonie à Saint-Lambert, la dépouille du duc fut accueillie successivement dans toutes les églises conventuelles de la ville, puis on se dirigea par petites étapes vers Verdun. L'évêque, dont ce devait être l'une des premières apparitions publiques, n'eut pas la force d'accompagner le corps de son ami jusqu'à sa dernière demeure. A Villance, il tomba gravement malade, laissa le cortège funèbre poursuivre sa route et partit se soigner à l'abbaye de Saint-Hubert.

C'est à Verdun, berceau de la famille d'Ardenne, que

Godefroy de Boulogne rendit à son oncle un ultime hommage. Il s'attarda peu. Trop de choses, en ces instants dramatiques, requéraient son attention. Il avait besoin de se recréer, de trouver à qui se confier, un homme sûr avec qui faire le point et envisager l'avenir. Il partit sans retard rejoindre l'évêque Henri de Liège qui achevait sa convalescence. Godefroy savait pouvoir compter sur ce prélat fidèle qui avait été son maître. Si l'on en croit la *Chronique de Saint-Hubert,* Godefroy le Bossu aurait d'ailleurs formellement confié à son ami les intérêts de son neveu. Il trouva dans le prélat un homme averti prêt à l'éclairer, à démêler avec lui l'écheveau compliqué dans lequel il se trouvait soudain prisonnier.

L'héritage de Godefroy le Bossu

Son oncle lui avait laissé, à sa mort, le bénéfice de tous ses alleux, des terres qu'il possédait en propre et ne lui avaient pas été concédées en fief. Au sud, le comté de Verdun, soumis à grands frais par son grand-père Godefroy le Barbu qui s'était dégagé, avec la violence qu'on sait, de l'emprise des évêques. Ce domaine, dont la Maison d'Ardenne avait été investie un siècle plus tôt, semblait avoir accepté le joug ducal et venait de prouver sa fidélité en faisant à Godefroy le Bossu des funérailles grandioses.

Plus au nord, le territoire de Bouillon en constituait l'essentiel. Assis de part et d'autre de la Semois, entre Sedan et Orchamps, sa situation géographique à la jonction du Luxembourg et de la Champagne en faisait une entité redoutable dont on avait reconnu depuis fort longtemps le puissant intérêt. Le château de Bouillon, à lui seul, en était le vivant symbole. Fondé, dit-on, par Charles Martel sur une éminence abrupte de la rive gauche de la Semois dont un méandre rend inaccessibles deux des côtés, il est puissamment fortifié vers la terre. Sa masse inquiétante, quoique fortement remaniée, atteste aujourd'hui encore son invincibilité. Au XIᵉ siècle, cet ensemble formidable de murailles et de fossés lui valait une solide réputation. Bouillon, c'était à coup sûr le joyau de l'héritage. Une terre à laquelle Godefroy de Boulogne était déjà indéfectiblement attaché.

Quelques contestations, pourtant, se faisaient déjà jour. Le petit village de Tellin, sur la route de Bouillon à Liège, faisait partie intégrante des biens allodiaux du nouveau seigneur. Mais les moines de Saint-Hubert représentèrent à Godefroy que ce village avait jadis appartenu au monastère dès le début du IXe siècle, et que la famille d'Ardenne ne se l'était approprié que par la violence. Le jeune homme se rebiffa. Il fallut toute la persuasion du prince-évêque de Liège pour vaincre sa résistance et permettre à Godefroy d'inaugurer son règne par un acte de générosité dans lequel, d'ailleurs, les moines ne virent guère qu'une juste restitution. Le jour des Rameaux, 20 mars 1076, par un acte en bonne et due forme, il remettait à Saint-Hubert la terre de Tellin. Attitude contrainte, qui lui vaudra une absolution pleine et entière...

L'affaire de la succession de Hainaut était de tout autre nature. Le 9 mai 1071, le roi de Germanie l'avait placé sous l'autorité conjointe du duc de Basse-Lotharingie et de l'évêque de Liège, qui l'avaient eux-mêmes rétrocédé à la comtesse Richilde. Mais les conventions stipulaient qu'au cas où Godefroy le Bossu mourrait sans laisser d'héritier mâle, le comté passerait *ipso facto* dans la mouvance exclusive du prince-évêque de Liège. Ce qui fut fait.

Restait l'essentiel : ce duché de Basse-Lotharingie pour lequel la Maison d'Ardenne n'avait cessé de se battre bec et ongles. La question était d'importance, et le duc défunt n'avait guère pu, sur ce point, qu'émettre un vœu. L'investiture du duché ne pouvait être accordée que par le roi de Germanie, et lui seul. Godefroy de Boulogne n'eut pas à attendre longtemps le verdict.

LA SUCCESSION DE BASSE-LOTHARINGIE

Le roi de Germanie, au cœur de son conflit avec la papauté, passait les fêtes pascales à Utrecht en compagnie des seigneurs voisins, l'évêque de la ville, un certain Guillaume, et les évêques Pibon de Toul et Thierry de Verdun. Le séjour fut troublé par l'annonce officielle, le Samedi saint 26 mars, de la déposition d'Henri IV par le synode romain. Il fut aussitôt décidé qu'on riposterait dès le lendemain, dans la cathédrale, au cours de l'office. Le jour de Pâques, lorsqu'il fut question de lancer l'anathème contre « le faux moine Hildebrand », on s'aperçut que les prélats avaient fui. A Guillaume, évêque du lieu, échut ce redoutable honneur. Il s'acquitta de sa tâche avec zèle, assaisonnant l'excommunication d'injures bien senties. Le ciel alors, dit-on, donna de la voix. « La foudre tomba ce jour-là sur la cathédrale et l'on ne manqua pas d'apercevoir dans ce phénomène naturel un jugement de Dieu que confirma, quelques jours plus tard, la mort du prélat blasphématoire. »

C'est dans cette atmosphère de cataclysme qu'Henri IV devait se prononcer sur la succession de Basse-Lotharingie. Au soir de ce dimanche 27 mars, la sentence était tombée. Le moins qu'on puisse dire est qu'elle ne comblait guère les vœux de la famille d'Ardenne et de ses partisans. Le duché vacant devenait en effet le fief du fils aîné d'Henri, Conrad, un enfant de deux ans à peine. Le duché se trouvait ainsi rattaché à la couronne germanique.

Les chroniqueurs du temps, tel Sigebert de Gembloux, et les historiens n'ont cessé de s'interroger sur les raisons qui avaient bien pu pousser Henri IV à rompre avec une tradition de succession héréditaire entrée dans les mœurs depuis trois générations et à renouer d'un coup avec une pratique qui avait dressé contre la dynastie ottonienne, avec une régularité d'horloge, les forces rassemblées d'une féodalité turbulente et jalouse de ses particularismes. H. Dorchy remarque avec pertinence qu' « il était dangereux pour le roi de laisser une partie quelconque de son Empire sans chef national. En Basse-Lotharingie, notamment, le duc jouait un rôle d'une importance capitale. Trait d'union entre le roi de Germanie et les Bas-Lotharingiens, il devait maintenir son duché dans l'obédience de l'Allemagne. Lui seul était en mesure d'assurer l'ordre pendant l'absence du souverain. Or, des agitations quasi permanentes dans tout l'Empire rendaient fréquents les déplacements du roi. C'est au duc qu'il incombait encore de défendre la frontière occidentale de l'Empire[1]. »

Il semble bien que ce fut l'énormité même de la tâche à accomplir qui dicta à Henri IV sa surprenante décision. Quelles qu'aient pu être les qualités du jeune Godefroy de Boulogne, son âge seul fut considéré par le roi de Germanie comme un vice rédhibitoire. On imaginait mal, en effet, ces terribles seigneurs lotharingiens, qui avaient hanté les nuits d'un Godefroy le Barbu ou d'un Godefroy le Bossu, courber l'échine devant un garçon de seize ans dont on ignorait tout.

Ajoutons à cette raison majeure qu'Henri IV, s'il n'avait eu qu'à se féliciter de la loyauté à toute épreuve de Godefroy le Bossu, n'envisageait peut-être pas de gaieté de cœur la perpétuation d'un pareil pouvoir au sein d'une famille d'Ardenne qui avait donné du fil à retordre à l'Empire. Au moment d'en découdre avec la papauté, et bien que Godefroy de Boulogne eût été un élève de cet Henri de Liège dont les convictions antigrégoriennes étaient de notoriété publique, on comprend aisément que le roi de Germanie n'ait pu courir de risque, si mince fût-il. Le jeune seigneur de Bouillon était, de surcroît, né dans la mouvance française, ce qui ne pouvait qu'inquiéter le soupçonneux Henri IV.

Le pouvoir du petit Conrad ne pouvant être qu'une fiction, Henri IV, dans les semaines suivantes, choisit pour vice-duc un seigneur d'envergure, le comte Albert III de Namur, le féodal le plus puissant de Basse-Lotharingie. Quant à Godefroy de Boulogne, il se contenta de l'investir de la marche d'Anvers, un fief impérial qui avait appartenu à son arrière-grand-père Gozelon et à tous les ducs de Basse-Lotharingie depuis le début du XIe siècle. Encore dut-il débourser, si l'on en croit les *Annales* de Berthold, la somme de quarante livres d'or. Sans doute est-ce en don

---

1. « Godefroy de Bouillon, duc de Basse-Lotharingie », *Revue belge de philologie et d'histoire*, tome XXVI, 1948, n° 4, page 964.

de joyeux avènement que Godefroy fit donation au chapitre de Saint-Michel d'Anvers des deux tiers des dîmes de la paroisse (d'autres situent cette donation après 1087, ou même en 1096, au moment du départ en croisade).

Après quoi Henri IV quitta Utrecht en compagnie de l'évêque Guillaume et du nouvel archevêque de Cologne, Hidulf, récemment investi au mépris des canons du synode romain. Le roi de Germanie traversa la Basse-Lotharingie et marcha vers Worms où il avait convoqué une assemblée générale de l'épiscopat allemand pour riposter à cette fâcheuse excommunication.

Il est vraisemblable que Godefroy de Boulogne, comte de Verdun, participa au côté de son seigneur aux fêtes pascales d'Utrecht au cours desquelles se trouva fixé son destin. Son absence, dans sa situation de nouvel héritier, aurait été difficilement compréhensible, et il dut à cette occasion être investi, dans les formes traditionnelles, du marquisat d'Anvers. Accompagna-t-il le roi en route vers la Germanie ? On l'ignore, tout comme ses sentiments, dont les textes ne disent évidemment rien[2].

On n'est guère mieux renseigné sur les activités du jeune marquis dans les mois qui suivirent ce que d'aucuns voyaient comme une spoliation. Rien n'indique, en tout cas, qu'il ait concrétisé un quelconque ressentiment par une hostilité affichée à la cause de son suzerain en un moment où le roi de Germanie, aux abois, avait besoin du soutien de tous ses fidèles.

CANOSSA

L'assemblée de Worms, convoquée pour la Pentecôte de 1076, avait dû être ajournée, les prélats allemands ayant boudé l'invitation royale. Elle se réunit finalement à

---

2. La *Chronique de Saint-Hubert*, de toute évidence bien renseignée sur les faits et gestes de Godefroy qui vient de leur abandonner Tellin, note sa présence à l'abbaye du 6 mars au 3 avril. On peut toutefois envisager, avec H. Dorchy, au moins un aller et retour de Godefroy à Utrecht.

Mayence, le 29 juin. Encore fallut-il constater que nombre d'évêques, dont ceux de Metz et de Trèves, manquaient à l'appel.

A ces premiers craquements s'ajoutèrent les réticences des princes hostiles à Henri IV, qui prêtaient une oreille attentive à l'encyclique que Grégoire VII avait rendue publique le 25 juillet : « Nous vous prions et nous vous ordonnons, mes très chers frères, de travailler à arracher le roi aux mains du démon, à le décider à faire pénitence, afin que nous puissions, avec l'aide de Dieu, le guider par une charité fraternelle, le rappeler dans le sein de notre commune mère qu'il s'est efforcé de diviser, de telle façon cependant qu'il ne puisse par aucune fraude accabler de nouveau la religion chrétienne et fouler à ses pieds la sainte Église. »

Le 16 octobre, les princes se réunirent à Tribur. Il y avait là Rodolphe de Souabe, Welf de Bavière, Berthold de Carinthie, les évêques Adalbert de Wurtzbourg, Adalbert de Worms et Altmann de Passau : la fine fleur de l'opposition antifranconnienne. On décida d'entrer en pourparlers avec le roi, alors en résidence dans la ville toute proche d'Oppenheim. Le légat pontifical, Cadalus, participa aux débats. Il fut finalement décidé que Grégoire VII présiderait, à la Chandeleur suivante, 2 février 1077, une grande assemblée à Augsbourg ; qu'Henri IV serait invité à se justifier et que, de son attitude dépendraient ou sa déposition définitive, ou son pardon.

Grégoire VII consentit et, dès les premiers jours de janvier 1077, quitta Rome. Il était prêt à tout, y compris à un voyage que la saison, exceptionnellement rigoureuse, rendait dangereux, pour sauver ce qui pouvait encore l'être. Arrivé à Mantoue, le pontife attendit en vain les princes allemands qui devaient lui faire escorte jusqu'à Augsbourg. Redoutant quelque piège, il rebroussa chemin et se réfugia dans la forteresse de Canossa, à quelques kilomètres au sud de Reggio d'Émilie. Le choix de cette place forte solidement assise au flanc des Apennins et dont les ruines imposantes dominent aujourd'hui encore la campagne environnante n'était pas fortuit. Le château appartenait à la comtesse Mathilde de Toscane qui, à l'exemple de sa mère Béatrice morte l'année précédente, était l'un des plus fermes soutiens de la Papauté en Italie. Il était écrit que cette femme intraitable, veuve de Godefroy le Bossu et tante du nouveau marquis d'Anvers, serait toujours à la croisée des chemins...

Au vrai, Henri IV n'était pas fâché de ce contretemps. Une assemblée présidée par le pape et où figureraient des princes qui étaient autant de compétiteurs, prendrait vite des allures de tribunal et avait toutes les chances de tourner à l'avantage de Grégoire VII. Bien décidé à se soustraire par tous les moyens à pareille humiliation, il avait quitté Spire en grand secret, quelques jours avant Noël. Il lui fallait voir le pape seul à seul, et solliciter un pardon moins contraignant pour son orgueil blessé à vif. A marches forcées, il passe Besançon, Genève et le Mont-Cenis.

Le chroniqueur Lambert de Hersfeld nous a laissé de ce voyage un récit terrible. La neige tombe à gros flocons. Un vent cinglant fouette les cimes des Alpes noyées de nuages bas. Il faut escalader des chemins à peine tracés, aux escarpements vertigineux. Tous, guides et « pèlerins », sont transis de froid. C'est une dure épreuve pour ce roi de vingt-six ans, pourtant dur à la souffrance. Pour la reine Berthe et le petit Conrad, le jeune duc de Basse-Lotharingie âgé de trois ans, c'est un calvaire. On les hale tant bien que mal, sur des traîneaux de fortune. Enfin, la petite troupe épuisée et hagarde arrive en vue de Turin, pénètre en Lombardie.

Le 25 janvier, Henri IV est au pied de la forteresse, supplie qu'on lui ouvre, implore du pape son pardon. Grégoire VII est inflexible. Trois jours durant, trois interminables jours, il reste sourd à toutes les supplications. Le roi de Germanie est nu-pieds dans la neige, grelottant de froid, avec pour tout vêtement la rude bure des pénitents, aussi obstiné dans son imploration que le pontife dans son refus. La sincérité du repentir d'Henri est bouleversante. Les témoins sont émus « jusqu'au fond de leur âme ».

Il y a là la comtesse Mathilde de Toscane, maîtresse des

lieux, le propre parrain du suppliant, Hugues de Semur, abbé de Cluny, et la belle-mère du roi, la comtesse Adélaïde de Savoie. Et nombre de cardinaux, de prélats, de seigneurs italiens. Tous, même les plus hostiles à la cause du roi de Germanie, restent bouche bée devant l'inexplicable dureté de l'Apôtre. La comtesse Mathilde et Hugues de Semur s'étonnent de cette « cruauté tyrannique », et le disent. Ils joignent leurs prières à celles du malheureux prostré devant les portes du château. Le 28 janvier, enfin, Grégoire VII, « vaincu par la persévérance du repentir », accepte de recevoir l'enfant prodigue.

C'est un Henri IV brisé qui s'effondre aux pieds du pontife, pleure comme un enfant toutes les larmes de son corps avant d'être admis « dans la grâce de la communion et dans le sein de l'Église ». Encore lui faut-il prononcer un serment solennel que paraphent les assistants pétrifiés d'émotion. Texte d'ailleurs assez vague, qui se prêtait à toutes les interprétations. Au soir de ce jour de janvier qui devait laisser dans l'Histoire tant de traces, il n'y avait ni vainqueur ni vaincu. Seulement un homme qui venait de se grandir en assurant « le triomphe de la miséricorde divine sur la justice humaine », et un autre qui, à la veille de voir le monde s'effondrer sous ses pas, gardait intactes toutes ses chances de conserver sa couronne.

C'était si vrai que les princes allemands, sidérés par ce qu'ils considéraient comme une faiblesse coupable, se résolurent à franchir le Rubicon. Le 13 mars 1077, ils se réunirent à Forchheim, déposèrent le roi et élurent Rodolphe de Rheinfelden, duc de Souabe. Le 26 mars, à Mayence, l'archevêque Siegfried couronnait le nouveau roi en présence de l'aristocratie et de l'épiscopat. Grégoire VII pouvait-il s'incliner devant une élection qui équivalait à une usurpation ? Pouvait-il entériner les décisions de l'assemblée de Forchheim au lendemain de l'extraordinaire rencontre de Canossa, après ce serment prêté devant d'innombrables témoins et dont les premiers mots consacraient la légitimité du proscrit : « Moi, Henri, roi... » ? Fait significatif, le légat pontifical, Bernard de

Saint-Victor, s'était abstenu de participer à la diète, tout comme au couronnement de Mayence.

Les hésitations du pontife eurent rapidement leur écho en terre d'Empire où elles divisèrent les consciences. Chacun se vit bientôt sommé de choisir son camp. Rodolphe, duc de Souabe par la grâce de l'impératrice Agnès, avait d'abord soutenu Henri, dont il devait d'ailleurs épouser la sœur, mais ses velléités d'indépendance avaient précipité sa disgrâce. Après l'excommunication d'Henri, il avait pris la tête du parti des grands féodaux qui, avec le haut clergé, devenaient son plus ferme appui. Henri IV, lui, pouvait compter sur le bas clergé, la petite noblesse, les paysans et les bourgeois des villes naissantes, ces opulentes cités marchandes qu'il sut rallier par des privilèges exorbitants — « exemptions de douanes, exemptions de péages, suppression des droits féodaux, mainmorte, banvin, souvent perçus par l'évêque » — qui lui fournirent, grâce à l'enrôlement systématique de leurs milices locales, le plus gros des effectifs de ses forces armées.

Pendant que Grégoire VII confiait à ses légats le soin d'enquêter sur les droits des deux ennemis, une furieuse guerre civile embrasait l'Allemagne. Les troupes de Rodolphe, au premier rang desquelles figuraient les Saxons, se heurtèrent une première fois à Henri IV, le 7 août 1078, à Melrischstad, où Henri remporta la victoire. Le 27 janvier 1080, à Flarchheim en Thuringe, les armées de Rodolphe furent de nouveau mises en pièces.

Grisé par le succès de ses armes, Henri dépêcha aussitôt à Rome deux ambassadeurs connus pour leurs positions antigrégoriennes : l'archevêque Liémar de Brême et l'évêque Robert de Bamberg. C'était assez montrer qu'il était prêt à tout pour forcer la main du pape et imposer, au besoin par la force, l'excommunication de son rival.

La riposte de Grégoire VII devait être fulgurante. Le 7 mars 1080, jour de l'ouverture du synode romain, il excommuniait et déposait Henri IV pour la seconde fois, et reconnaissait la validité du couronnement de Rodolphe de Souabe. A qui serait tenté de voir là une décision éminemment politique, on doit faire remarquer que miser sur le mauvais cheval n'a jamais constitué une preuve de perspicacité. De toute évidence, comme l'a clairement exprimé Augustin Fliche, le pape « se considère comme l'arbitre suprême qui, au nom de la justice, tranche les conflits entre les princes temporels et impose à tous le contrôle du pouvoir spirituel ». C'était une application du dernier des *Dictatus papae* : « Le pape peut délier les sujets du serment de fidélité fait aux injustes. »

C'était exactement ce que le roi de Germanie, profondément imbu du caractère sacré de son pouvoir, ne pouvait tolérer. Non plus que l'épiscopat allemand. Henri était à Liège à la mi-avril, lorsqu'il apprit sa seconde déposition. Dès le 25 juin, une assemblée des évêques allemands et lombards réunis à Brixen excommuniait Grégoire VII, proclamait sa déchéance et élisait l'archevêque Guibert de Ravenne qui, dès la première heure, s'était rangé aux côtés d'Henri IV et prit désormais le nom de Clément III.

L'Allemagne accepta mal la déposition du roi et la reconnaissance d'un Rodolphe de Souabe vaincu. Si l'épiscopat se mura « dans une prudente réserve », les partisans traditionnels du roi de Germanie furent irrités d'une décision dont ils ne pouvaient comprendre les mobiles profonds. Rassemblés autour de leur chef, ils marchèrent contre Rodolphe de Souabe, qui ne bénéficiait plus guère que du soutien des Saxons.

Tout se joua pendant l'automne, sur les bords de l'Elster.

GODEFROY A-T-IL TUÉ RODOLPHE DE SOUABE ?

> « Au jour déterminé par l'empereur, racontera un siècle après les événements l'archevêque Guillaume de Tyr dans son *Historia...,* tous les barons amènent à l'endroit fixé une multitude de guerriers venant de tous les coins de l'Empire. On voit dans leurs rangs des princes et des prélats. Tous sont prêts à attaquer les Saxons pour tirer vengeance du crime qui a été commis. »

On est au matin du 15 octobre 1080. Henri IV sait qu'autour de Rodolphe s'est concentrée une armée redoutable, composée en majorité de Souabes et de Saxons, dont la réputation de vaillance est solidement établie. Dans l'attente de renforts partis de Bohême, Henri IV concentre ses forces devant Merseburg, à quelques lieues à l'ouest de Leipzig, au nord de la plaine de Saxe. Godefroy de Boulogne, marquis d'Anvers, est présent avec son propre contingent.

Entre Henri IV et son compétiteur, seuls ne s'opposent plus que les marais de Grona. Rodolphe, qui n'a pu empêcher la jonction du corps bohémien avec le gros des troupes royales, contourne les marais et recherche l'engagement. Dans quelques instants commencera une mêlée confuse, furieuse et sanglante, dont dépendra le sort de la Germanie et, bien au-delà, l'issue du conflit avec la papauté.

« L'empereur, poursuit Guillaume de Tyr, demande alors à qui parmi les princes et chevaliers pourrait être confié en toute sûreté l'étendard impérial. Les seigneurs sont d'accord pour désigner Godefroy de Bouillon qu'ils regardent tous comme le plus digne. Celui-ci s'en défend, hésite longtemps, mais est finalement obligé d'accepter. La bataille commença donc entre les Impériaux et les Saxons. Ils en vinrent aux mains dans une lutte ardente. Beaucoup d'hommes furent tués, car l'acharnement était grand de part et d'autre. Au plus fort de la mêlée, le duc Godefroy, qui conduisait les Impériaux, s'engagea dans une grand-route où se trouvait ce Rodolphe que les Saxons avaient élu roi. Dès qu'il eut reconnu le comte il éperonna son cheval et s'élança sur lui. Du gonfanon qu'il tenait à la main, il lui transperça la poitrine et le fit tomber mort à ses pieds. Puis il releva vers le ciel sa bannière toute sanglante. »

Le récit fameux de ce fait d'armes hors du commun, repris d'enthousiasme au XIIIᵉ siècle par le chroniqueur

Aubry de Troisfontaines, a été accepté, sans plus d'examen, par l'ensemble des historiens, jusqu'à la vague d'hypercritique qui, dès la fin du XIXe siècle, en fit voler en éclats la trop belle ordonnance. Aujourd'hui, tous les spécialistes, sans exception aucune, en ont souligné le caractère conventionnel, les approximations et les invraisemblances [3].

Aucun chroniqueur contemporain ne souffle mot d'un exploit qui, à tout le moins, aurait dû faire parler de lui ! Ni Sigebert de Gembloux, ni Berthold de Constance, ni Bernold dans sa *Chronique*, ni Brunon qui, dans son *De bello saxonico*, raconte par le menu les péripéties de ce dramatique dénouement... Que s'était-il donc passé ?

Dès le premier engagement, les troupes saxonnes eurent le dessous. On rapporta bientôt au camp le cadavre de Rapotho, comte palatin de Bavière, l'un des plus fermes soutiens d'Henri IV. Peu après, Otton de Nordheim, à la tête d'un puissant corps de chevaliers souabes, se rua dans la mêlée. Cette irruption soudaine, si elle provoqua la débandade de plusieurs escadrons loyalistes, incita les plus courageux à faire front pour venger la mort de Rapotho. Mais la lutte devenait par trop inégale. Déjà l'armée saxonne s'était emparée du camp d'Henri IV où elle s'adonnait à un beau pillage. Les morts et les blessés jonchaient le champ de bataille. A la tombée de la nuit, l'armée d'Henri était battue. C'est alors que se produisit l'un de ces coups de théâtre dont dépend parfois le sort des empires.

Rodolphe de Souabe, sûr de son fait, n'avait plus autour de lui qu'une poignée de fidèles ; encore un peu et on célébrerait la victoire. Mais il se trouva bientôt en présence d'un

---

3. Henri Glaesener, dans sa belle étude sur « Godefroy de Bouillon et la bataille de l'Elster » (*Revue des études historiques*, 1938, pp. 253-264), a fait l'historique de cette « aventure » critique et anéanti le récit de Guillaume de Tyr. Certains historiens, comme H. Dorchy, ont purement et simplement nié la présence de Godefroy à la bataille de l'Elster. Mais deux chroniqueurs la mentionnent : Othon de Freisingen, dans ses *Gesta Frederici imperatoris*, au milieu il est vrai d'un fatras peu crédible, et aussi Helmod, dans sa *Chronica Slavorum*.

corps de soldats germaniques ivres de rage, prêts à en découdre. Un ultime combat s'engagea, au corps à corps, terrifiant. Une lutte pour la vie, désordonnée, sauvage. Rodolphe fut touché. Ce fut la curée. Avec une espèce d'acharnement démoniaque, une haine sourde décuplée par les souffrances de cette éprouvante journée, la soldatesque se rua sur le malheureux déjà criblé de coups et s'acharna sur cette loque désarmée. On lui coupa la main droite. Puis on lui asséna au bas-ventre un coup formidable. Il mourut quelques heures plus tard, épouvantablement mutilé, dans d'atroces souffrances. Sa dernière consolation fut la nouvelle de la victoire de ses armes. Une victoire payée de la mort de milliers de Souabes et de Saxons. Une victoire que sa propre mort, au cœur d'une triste nuit d'octobre, venait de transformer en défaite...

De cet épisode confus, de ce drame crépusculaire dont on parvenait si difficilement à reconstituer la trame, on fit une épopée dont le héros, par une démarche assez naturelle, serait celui à qui l'Histoire avait réservé le plus glorieux avenir. « Ce comte souabe, note finement Henri Glaesener, qui par sa vaillance avait... mérité la qualification d'*alter Machabacus [nouveau Machabée]* ne pouvait, aux yeux de certains, avoir été vaincu et tué que par un chevalier de même bravoure du camp adverse ; et ce chevalier, c'était Godefroy de Bouillon. »

GODEFROY AU SAC DE ROME ?

Cette bataille sanglante sonnait « comme un jugement de Dieu ». L'opposition saxonne, décapitée, se résorba d'elle-même. L'épiscopat allemand, impressionné, se rapprocha d'Henri IV, le seigneur à qui ils avaient donné leur foi. Une lettre étrange, écrite par Wenric de Trèves au nom de l'évêque Thierry de Verdun, exposa au pape le dilemme de l'Église germanique et lui rappela l'exhortation de la première épître de saint Pierre : « Soyez soumis au roi ; craignez Dieu, honorez le roi. »

Henri IV était libre de ses mouvements. Il fit hâter

l'achèvement de la cathédrale de Spire, une église impériale dont le rythme puissant, les voûtes nobles et dépouillées, le surprenant élan, démontraient à l'évidence « la supériorité du pouvoir temporel sur le pouvoir spirituel ». Il pouvait envisager enfin une action d'envergure en Italie. Il y était d'autant plus enclin que Grégoire VII, au synode de février 1081, avait solennellement renouvelé l'excommunication prononcée contre lui et ses fidèles (ce qui mettait d'emblée Godefroy de Boulogne au nombre des réprouvés), et envoyé à l'évêque Hermann de Metz une lettre qui était la réponse de Rome à celle de Wenric de Trèves pour réaffirmer la suprématie pontificale.

A la fin du mois de mars 1081, Henri IV franchissait le Brenner à la tête d'une forte armée levée dans toutes les provinces de l'Empire. Le 4 avril, il célébrait la fête de Pâques à Vérone. Le 21 mai, accompagné de l'antipape Clément III, il dressait son camp sous les murs de Rome, dans les prés de Néron. L'été romain, torride et malsain, l'obligea à renoncer à un assaut. Une nouvelle tentative, l'année suivante, connut le même sort, pour les mêmes raisons.

Les chances de Grégoire VII s'amenuisaient de mois en mois. Ses deux principaux alliés n'étaient guère en état de l'assister efficacement. La comtesse Mathilde de Toscane, réfugiée dans son château de Canossa, était tenue en respect par l'armée germanique, et Robert Guiscard, le terrible maître de l'Italie du Sud, guerroyait contre l'Empire byzantin, à la poursuite d'un rêve qui avait dominé sa vie tout entière[4].

Pour la troisième fois, en 1083, Henri IV entreprit le blocus de la Ville éternelle. Rome n'était plus défendue que par une troupe dérisoire de gens du peuple et de clercs. Le 3 juin, l'assaillant réussit à s'emparer de la cité. Toujours maître de la rive gauche du Tibre et du Transtévère, le pape établit son quartier général dans le château Saint-

---

4. Sur cette question, l'état de l'Italie pendant ces années-là et les suivantes, les dernières années de Grégoire VII, cf. P. Aubé, les Empires normands d'Orient. pp. 92-97.

Ange et Henri IV repartit pour le nord, laissant dans les quartiers conquis un contingent de quatre cents hommes qui se firent massacrer peu après son départ.

L'année 1084 devait être déterminante. Le 21 mars, l'assaut final était donné. Le parti impérial occupa le palais du Latran. Le jour des Rameaux (24 mars), l'antipape était solennellement intronisé et, le dimanche suivant, jour de Pâques, Henri IV était couronné empereur du Saint Empire romain germanique par Clément III, dans la basilique de Saint-Jean-de-Latran, avec sa femme Berthe de Turin. La ville était devenue un champ de bataille. Rue par rue, maison par maison, quartier par quartier, il fallut réduire un à un les derniers foyers de résistance. Les ruines s'accumulaient. Grégoire VII, aux abois, ne possédait plus que le château où il se terrait. Le nouvel empereur avait vaincu.

A ce stade du récit, il convient de se poser une question majeure, qui a fait couler des flots d'encre, a divisé — et divise toujours — les historiens : Godefroy de Boulogne a-t-il participé, pendant toutes ces années, à l'expédition italienne ? Était-il présent à la prise de Rome ? A-t-il assisté au couronnement impérial de son seigneur ? L'historiographie traditionnelle n'y voyait guère d'inconvénient. Pour faire bonne mesure, on lui réserva, comme lors de la bataille de l'Elster, un rôle taillé pour la stature du héros. Lors de l'assaut final, on nous le décrit, voué décidément au rôle immuable de porte-drapeau, forcer le premier la muraille romaine et planter dans la cité vaincue la bannière franconienne. « Une sorte de fatalité, commentera au XIXᵉ siècle l'historien Alphonse Vétault, qu'explique d'ailleurs l'ardeur de son courage, mettait toujours le jeune vassal en avant dans des circonstances décisives pour assumer la responsabilité des succès de son parti. En Italie comme en Allemagne, c'était encore grâce à lui que le schisme triomphait ! » N'ira-t-on pas jusqu'à affirmer qu'il portait, lors de ce glorieux fait d'armes, l'épée de Vespasien, « parce qu'il était de la race des rois romains par sa grand-mère Mahaut de Louvain qui descendait de Charlemagne... » ? Que de responsabilités accablantes, que d'honneurs s'accumulaient sur les généreuses épaules du marquis d'Anvers âgé tout juste de vingt-quatre ans !

Mais il y a mieux. Au printemps de l'année suivante, lorsque Robert Guiscard, enfin accouru au secours du pontife, aurait chassé l'armée allemande au terme d'une effroyable boucherie qui devait laisser dans la mémoire des Romains un souvenir amer, on reparlerait de Godefroy de Boulogne. Alors que l'ost germanique faisait pitoyablement retraite, on nous montre Godefroy cloué au lit, grelottant de fièvre, victime des miasmes qui envahissaient Rome dès les premières grandes chaleurs. On constata qu'il vivait ses derniers moments : « Les méditations de cette heure suprême éclairèrent sa conscience loyale, et sa conduite dans les derniers événements lui apparut sous un jour nouveau et terrible. Regardant sa maladie comme un châtiment de sa participation à une guerre impie, il fit vœu, s'il recouvrait la santé, de s'en aller en pèlerinage à Jérusalem pour le rachat de sa faute. »

Passés au crible d'une critique rigoureuse, pareils récits s'effondrent d'eux-mêmes. Outre leur caractère trop topique, ils fourmillent d'invraisemblances, et les textes contemporains ne les étayent que faiblement. Seul Guillaume de Malmesbury, dans ses *Gesta regum Anglorum (La Geste des rois d'Angleterre)* écrits au début du XIIe siècle mais en général remarquablement informés, rapporte l'épisode de la prise de Rome. Guillaume de Tyr, pourtant attentif à recueillir les moindres miettes susceptibles de mettre en valeur son héros, n'en dit rien...

En revanche, un témoignage d'Albert d'Aix, dans son *Histoire de l'expédition de Jérusalem,* mérite d'être pris en considération. La scène se passe pendant le siège d'Antioche. L'armée est en proie à des épidémies dont les ravages allaient croissant. Les hommes tombaient comme des mouches. C'est alors que Godefroy se souvint des malheurs de l'armée germanique exposée à l'atmosphère putride de l'été romain, pendant l'été 1083 qu'il avait passé au côté de son seigneur Henri IV. Il raconta à ses compagnons que, pendant le seul mois d'août, « cinquante soldats très robustes et nombre de barons étaient morts », d'autres épouvantés par la propagation du fléau.

Ce petit fait, exempt de tout pathos, libre d'amplification rhétorique, au cœur d'un ouvrage écrit à la gloire du seigneur croisé, sonne juste. Il a incité nombre de critiques, parmi les plus pointilleux, à accepter non certes les faits d'armes proprement fabuleux et les élans du marquis d'Anvers après le sac de Rome, mais à tout le moins sa présence, à un moment ou à un autre des opérations militaires de l'empereur Henri IV en Italie.

Il ne participa certainement pas à la grande descente du printemps de 1081. La présence de Godefroy en Basse-Lotharingie est attestée par des documents probants pour les années 1081 et 1082. On le voit lutter contre le comte Thierry de Veluwe, participer en mars 1082, à l'instigation du prince-évêque Thierry de Liège, à l'instauration de la paix de Dieu. Sans doute peut-on envisager comme vraisemblable, avec John C. Andressohn, un départ de Godefroy vers la fin de l'année 1082 pour cette Italie où l'appelaient ses devoirs de vassal.

Dans cette lutte entre le pape et l'empereur, Godefroy de Boulogne ne pouvait en effet voir, comme la plupart de ses contemporains, qu'un épisode fâcheux où l'honneur assignait à chacun sa place. La sienne était au côté de son seigneur. Il la tint loyalement, ni plus ni moins que beaucoup d'autres. Il y avait d'autant plus de mérite que l'empereur ne lui avait guère jusqu'alors été favorable et que lui-même avait à faire face, dans ses propres domaines, à des contestations nées en partie de cette immense querelle. Pour son propre compte, il lui faudrait défendre le droit les armes à la main.

CHAPITRE V

Préserver l'héritage

Godefroy de Boulogne, attentif à soutenir la cause de son seigneur, vivait, depuis la mort de son oncle, des heures sombres. A peine était-il entré en possession de l'héritage de la famille d'Ardenne qu'il s'était vu menacé de toute part, bientôt dépouillé du peu qui lui restait depuis la décision du roi de Germanie de l'écarter de l'investiture du duché de Basse-Lotharingie. Et l'on n'est pas peu surpris de découvrir, au cœur même de ces manœuvres spoliatrices, active à en tirer tous les fils, sa propre tante, la comtesse Mathilde[1].

On connaît bien cette fille de Boniface III de Montferrat et de Béatrice, et ses rapports, aussi lointains que tendus, avec le duc Godefroy le Bossu. Le 18 avril 1076, quelques semaines après la mort de son mari, elle perdait sa mère Béatrice qu'on inhuma dans l'admirable cathédrale de Pise, en chantier depuis treize ans. Mathilde était investie de la Toscane. Cette femme d'une trentaine d'années, qui avait déjà amplement prouvé ce que volonté voulait dire, devenait l'une des pièces maîtresses de l'équilibre de la péninsule.

1. Sur Mathilde de Toscane, on pourra consulter le monumental ouvrage édité par la ville de Modène pour commémorer le huitième centenaire de la dédicace de la cathédrale : *Lanfranco e Wiligelmo. Il Duomo di Modena*, Edizioni Panani, Modena, 1984, 850 pages, 1163 ill.

Fort avertie des affaires du monde, courageuse, farouchement attachée à ses idées, c'était, comme sa mère, la femme d'une fidélité. Elle avait maintes fois donné des preuves tangibles de son indéfectible attachement à la cause pontificale. Grégoire VII, comme ses prédécesseurs, en avait éprouvé les effets et entourait d'affection cette comtesse étonnante, solide comme le roc, auprès de qui il jouait le rôle de directeur de conscience. Associée de près aux affaires de l'Église, elle avait en personne assisté aux synodes romains où s'était joué le sort d'Henri IV. Présence à ce point envahissante que l'épiscopat allemand, irrité, avait stigmatisé ces temps nouveaux où l'on voyait l'Église si étrangement gouvernée, avant de lancer des accusations trop précises. Au XIIIe siècle, le peintre florentin Cimabue la représentera telle que la postérité ne cessera de la voir, sous les traits d'une vierge habillée en guerrier, domptant d'une main un cheval rétif cependant que l'autre tient une grenade, symbole de pureté...

L'influence de la comtesse de Toscane à la Cour pontificale était de notoriété publique. Le jour de Pâques 1074, Thierry de Leernes, abbé de Saint-Hubert, de passage à Pise, sollicitait d'elle une lettre de recommandation pour faciliter ses contacts avec Grégoire VII. Le moine Donizon, tressant une couronne d'immortalité à son héroïne, s'écriera : « On parle d'elle dans les campements des Turcs et le roi grec Alexis lui envoie en don des écharpes ornées de pierres précieuses. Le roi allemand tantôt l'aime, tantôt la hait. Mais le peuple allemand la sert partout avec amour. Russes, Gascons, Saxons, Frisons, gens d'Auvergne, de France, de Lorraine, de Bretagne, la connaissent si bien qu'ils lui adressent prière sur prière. »

Le roi allemand... On a vu Mathilde, à Canossa, vaincre les résistances du pontife et assister, soulevée d'espérance, à la soumission d'Henri IV. Depuis lors, le roi était entré en révolte ouverte contre la papauté. « Digne fille de Pierre », elle épouserait maintenant la grande querelle, lutterait pied à pied contre le parjure, contre les dangers qu'il représentait pour l'Église et pour le monde et contre ceux qui, pour leur malheur, soutiendraient cette cause impie.

Au premier rang desquels figurait en bonne place ce neveu qu'elle n'avait jamais vu, le fils d'Ide de Boulogne.

GODEFROY ET MATHILDE

Les dernières volontés de Godefroy le Bossu avaient été loin de faire l'unanimité, et la décision royale de confier la Basse-Lotharingie au petit Conrad en avait déjà singulièrement émoussé les contours. D'autres s'estimèrent lésés. Et au premier chef Mathilde elle-même, que son époux agonisant avait spectaculairement tenu éloignée de l'héritage. Mais la Toscane était loin... Sur place, il n'en manquerait pas pour contester les décisions du mourant.

L'un des plus autorisés était le comte Albert III de Namur. Ce personnage, richement possessionné, avait pour lui la force : ne venait-il pas d'être investi par Henri IV de la charge de vice-duc de Basse-Lotharingie ? Il y ajouta d'impressionnantes raisons de revendiquer l'héritage. Sa mère, la comtesse Régelinde, avait épousé en premières noces Frédéric de Luxembourg, qu'on a vu en charge du duché au plus fort des revers de Godefroy le Barbu. Mieux, c'était la propre fille de Gozelon Ier. Albert III de Namur appartenait donc, par sa mère, à la Maison d'Ardenne et se trouvait être le cousin germain du défunt Godefroy le Bossu, alors que Godefroy de Boulogne n'en était que le neveu...

Un autre compétiteur se révéla en la personne de l'évêque Thierry de Verdun. Le dossier de cette affaire remontait loin et s'avérait singulièrement compliqué. Le Verdunois, partie intégrante de la Lotharingie dès sa fondation, était entré dans la mouvance germanique à la faveur des conquêtes de l'empereur Otton le Grand. Le premier comte de Verdun nommé par l'empereur avait été Godefroy le Captif qui, sans doute en 944, avait succédé au comte Otton, son oncle par alliance. Le nouveau comte, qui avait donné au roi de Germanie des preuves émouvantes de fidélité auxquelles il devait son surnom, avait épousé une fille du duc Hermann de Saxe dont il avait eu au moins deux filles et cinq garçons, dont Godefroy, qu'on a vu en charge du duché de Basse-Lotharingie en 1012.

A la mort de Godefroy le Captif, aux alentours de l'an mille, son fils aîné, Frédéric, lui avait succédé. Mais, soulevé par la vague de ferveur religieuse qui avait accompagné le *millenium,* et sous l'influence de Richard, abbé de Saint-Vanne de Verdun, Frédéric s'était converti au monachisme et, vers 1005, s'était retiré dans ce monastère qui avait connu, de ce fait, un renouveau inattendu. Il avait alors abandonné l'administration de son comté à son frère Godefroy, duc de Basse-Lotharingie. Frédéric était mort à Saint-Vanne, le 6 janvier 1022, et Godefroy l'année suivante, le 26 septembre. Leur frère Gozelon avait alors hérité de tous les titres et fonctions, au grand dam du nouvel évêque de Verdun, Raimbert, qui s'était empressé de secouer la pesante tutelle du duc et comte et d'investir du comté le comte Louis de Chiny. C'était faire peu de cas de la Maison d'Ardenne, qui se considéra comme spoliée d'un bien auquel la rattachaient des liens patrimoniaux anciens tout autant que l'intérêt. Gozelon Ier se rua sur Verdun qui fut mise à feu et à sang. Le palais épiscopal n'échappa pas à la vindicte du duc. Louis de Chiny succomba sous les coups d'un adversaire soulevé de passion. Grièvement blessé à proximité du mont Saint-Vanne, il s'éteignit peu après, le 28 septembre 1025, ayant tout juste eu le temps de se faire admettre à l'abbaye.

Gozelon était rentré dans son droit. Pendant près de vingt ans, le duc de Basse-Lotharingie était resté le détenteur du pouvoir comtal à Verdun, mais s'était de plus en plus déchargé de cette tâche sur son fils Godefroy le Barbu, associé à son père dès 1026. Il s'acquitta de sa tâche avec l'autorité qu'on devine.

A la mort de Gozelon, en 1044, Godefroy le Barbu hérita des fiefs et alleux (biens propres) paternels. On sait qu'il ne devait pas tarder à se révolter contre l'autorité de son seigneur Henri III. Dès le mois de septembre 1044, la diète d'Aix-la-Chapelle ne lui reconnaissait plus que la possession de ses biens allodiaux. L'évêque de Verdun reçut l'ordre formel d'avoir à nommer un nouveau comte ; mais, circonspect, il s'en garda bien.

Lorsqu'à la fin de 1046, Thierry succéda à l'évêque Richard de Verdun, Godefroy le Barbu tenta de se concilier les faveurs du nouveau prélat. Devant le refus cassant de l'évêque, il devint fou de rage. A l'automne de 1047, il marchait sur le Verdunois. Le 25 octobre, il entrait dans la ville qui connut, pour la deuxième fois en un quart de siècle, des jours d'apocalypse. Le feu prit aux quatre coins de la ville. Il se communiqua accidentellement à la cathédrale construite quelques années plus tôt par l'évêque Haimon. En dépit des efforts de l'armée d'invasion pour maîtriser l'incendie, l'édifice fut sérieusement touché.

Godefroy le Barbu en fut atterré. Pour faire oublier cet acte involontaire, mais criminel, et rentrer dans la communion de l'Église, il lui fallut se soumettre à une pénitence publique, bien dans le goût de son temps. Devant une population muette et bouleversée par la sincérité de son repentir, Godefroy se présenta devant la cathédrale à la toiture calcinée, aux murs noircis. Il était en chemise, et pieds nus. Humblement, il se traîna à genoux jusqu'à l'autel majeur, et là implora son pardon.

Puis, comme les faits étaient têtus, il se vit réinvestir du comté. Verdun y gagna plusieurs décennies de paix. Et une avalanche de libéralités diverses qui devaient laisser, dans la mémoire du temps, un souvenir attendri. Et un rien d'affection pour cet homme excessif qui avait été le bourreau de Verdun mais avait voulu mourir et être inhumé dans ses murs...

Le retour du comté à la famille d'Ardenne avait été confirmé sous Godefroy le Bossu. A sa mort, en 1076, on aurait pu penser que le duc laisserait la totalité de ses biens à sa femme, Mathilde de Toscane. On sait qu'il n'en fut rien.

Selon toute apparence, la passation des pouvoirs devait s'effectuer sans heurts notables. L'évêque Thierry de Verdun — celui-là même qui, trente ans plus tôt, avait assisté impuissant au déferlement de l'ost lotharingien et était encore loin du terme d'un interminable épiscopat de qua-

rante-deux ans... — venait de faire à Godefroy le Bossu
des funérailles somptueuses.

Le passé semblait oublié. L'évêque se conduisait en
fidèle vassal de la Maison d'Ardenne. Quelle erreur !
Thierry n'avait rien oublié des terribles journées de 1047,
non plus que de ses droits, sanctionnés par la coutume, de
nommer le comte. Cette prérogative, dont s'enorgueillis-
saient tous les évêques de Verdun depuis Haimon, était de
notoriété publique. L'aurait-il effacée de sa mémoire que
nombreux seraient ceux qui s'ingénieraient à la lui rappeler. Mathilde de Toscane la première.

Spoliée de ses droits, la comtesse reprochait surtout à
Godefroy de Boulogne son attachement, sans cesse plus
affirmé, à la cause germanique. Championne des intérêts
pontificaux, la « Déborah italienne » était prête à lutter
sur tous les fronts, partout où l'Église serait, selon elle,
menacée. Y compris contre ce neveu irrémédiablement
condamné. La bataille autour de l'héritage passait, au premier chef, par le comté de Verdun.

Pour le marquis d'Anvers, l'abandon de Verdun, berceau de sa famille maternelle, était doublement inacceptable. D'abord parce que sa Maison s'y était toujours agrip-
pée, défendant avec une volonté farouche l'héritage de
Godefroy le Captif, « le véritable fondateur de la dynastie ». Ensuite parce qu'il s'était déjà vu retirer le duché de
Basse-Lotharingie et ne pouvait se résoudre à abandonner
un fief où les comtes jouissaient d'un pouvoir et d'un prestige considérables.

Vestige de l'antique *pagus Virdunensis*, il formait, malgré
son étendue modeste, une entité compacte autour de Verdun, située en une position stratégique que l'Histoire,
jusqu'à nos jours, a toujours reconnue. Puissamment
gardé par une série de châteaux et d'abbayes fortifiées, il
jouait le rôle, essentiel, de sentinelle de l'Empire face au
royaume occidental. Comme comte de la ville et du *pagus*,
Godefroy de Boulogne pouvait exercer la fonction de
grand « avoué » de l'évêché, ce qui étendait son pouvoir
jusqu'aux possessions épiscopales extérieures au comté

lui-même : plusieurs domaines en pays mosellan et jusqu'aux portes de Metz, dans le diocèse de Trèves et la principauté de Liège et jusqu'en Aquitaine, où l'abbaye Saint-Amand de Rodez dépendait de l'évêché de Verdun. Sur ces prérogatives étendues se greffait le rôle d'avoué des grandes abbayes et des chapitres : Saint-Vanne, Saint-Maur et Saint-Paul de Verdun, Saint-Maurice de Beaulieu, etc. On comprend que Godefroy de Boulogne ait été fort soucieux de préserver cet ensemble cohérent...

A cette entité compacte, il convenait d'ajouter nombre de biens épars, constituant une véritable nébuleuse ardennaise : la terre de Bouillon, position stratégique essentielle au contact des comtés de Bar et de Namur, et de la principauté de Liège ; des biens dans le sillon Mosan et en Brabant, et un fief de plusieurs villages dépendant de l'archevêché de Reims, situé entre la Chiers et la forêt de Bouillon[2].

L'AFFAIRE DU COMTÉ DE VERDUN

C'est d'ailleurs par ce fief épiscopal que devait commencer la curée. Mathilde, outrée des dispositions testamentaires de son époux, insista auprès de Grégoire VII pour qu'il contestât, par les moyens appropriés, l'héritage et poussât à l'action les compétiteurs du jeune marquis d'Anvers.

Dès 1078, le pape écrivait à l'archevêque de Reims, Manassès, une lettre l'incitant à lier sa cause à celle des ennemis de Godefroy de Boulogne. La démarche était d'autant plus étrange que l'archevêque ne correspondait guère, c'est le moins qu'on puisse dire, au « profil » du

2. Il est hors de question d'entrer dans le détail des biens passés dans l'héritage de Godefroy de Boulogne. La mise au point la plus complète est, en attendant sa thèse, la communication de Christian Dupont aux Journées lotharingiennes du Centre universitaire de Luxembourg (octobre 1980). Voir « Les domaines des ducs en Basse-Lorraine au XIe siècle », in *Publications de la Section historique du G.-D. de Luxembourg*, vol. XCV, 1981.

prélat prôné par la réforme grégorienne. Son élection avait été entachée de simonie, et lui-même n'avait cessé de la mettre en pratique sur une large échelle, spoliant églises et monastères, au point qu'il lui avait fallu, en 1077, aller à Rome et promettre de restituer « les trésors, les ornements et autres dépouilles » dont il s'était emparé. La démarche était récente et notoire. Mais ce prélat véreux avait, en l'occurrence, un avantage éminent : la possession d'un domaine inféodé à la Maison d'Ardenne.

Le contenu exact de la lettre de Grégoire VII ne nous est pas parvenu, mais on possède la réponse de l'archevêque de Reims, qu'a conservée la *Chronique* d'Hugues de Flavigny. Elle ne laisse planer aucun doute sur la teneur du bref pontifical : « Sur votre intervention et à vos prières, j'ai restitué à la marquise Mathilde toutes les terres que son prédécesseur tenait de moi. Je lui promets de tenir fidèlement mes engagements et de consacrer conseil et aide à sa défense. Je suis prêt à faire tout ce qu'elle demandera pour rejeter Godefroy et à recevoir le comte Albert de Namur, ainsi qu'il avait été convenu pendant les jours saints de la Pentecôte, avec notre confrère, votre fidèle Thierry, évêque de Verdun... »

Ainsi donc, les puissances se concertaient pour abattre ce jeune homme de dix-huit ans, affaibli et déjà dépouillé du duché de Basse-Lotharingie. Grégoire VII, Mathilde de Toscane, Albert III de Namur, Thierry de Verdun et Manassès de Reims, réunis dans cet extraordinaire document dont le code devait bien vite devenir un secret de polichinelle (seule l'identification de la lettre A prête à discussion : certains historiens tendent à y voir le comte Arnoul de Chiny, dont les biens étaient peu éloignés du fief rémois...), s'accordaient pour réduire à néant le rejeton de la Maison d'Ardenne. Pour cause de fidélité à Henri IV.

Que le pape ait prêté la main à cette action étonne quelque peu. « Grégoire VII, souligne Henri Glaesener, durant son long pontificat, fit presque toujours preuve d'une grande perspicacité comme aussi d'un sens aigu des nécessités spirituelles et morales du moment. Mais il paraît bien qu'en l'occurrence l'illustre pontife manqua un peu de psychologie et se laissa trop influencer par les instances et les appréhensions de la comtesse en prêtant, lui aussi, au neveu de Mathilde des desseins auxquels celui-ci ne songeait guère. » Quant à la personnalité des autres protagonistes, elle ne manque pas non plus de surprendre. Albert de Namur était soumis corps et âme à la cause impériale. Manassès de Reims menait la vie douteuse qu'on a dite. Quant à Thierry de Verdun, il avait été l'un des plus ardents défenseurs d'Henri IV lors de la diète de Tribur, et était fort lié au fameux évêque Brunon d'Osnabrück qui devait se signaler par une haine recuite contre Grégoire VII...

Mais cette espèce de vendetta eut l'effet escompté. Arpent après arpent, Godefroy de Boulogne vit ses fiefs fondre comme neige au soleil. L'héritage de Godefroy le Bossu faisait retour, avec une belle unanimité, à la veuve du dernier duc de la Maison d'Ardenne : Mathilde de Toscane.

Manassès de Reims abandonna à la comtesse son fief ardennais, dont elle investit aussitôt Albert de Namur. Le 8 septembre 1082, l'évêque Thierry de Verdun spoliait à son tour Godefroy : loin de conserver le comté au siège épiscopal, il reconnaissait à Mathilde des « droits héréditaires » et lui remettait le fief, qu'elle s'empressa de confier au même Albert, qui devenait, de ce fait, son avoué pour l'ensemble de ses domaines lotharingiens.

Godefroy ne possédait plus que le marquisat d'Anvers et la terre de Bouillon. Albert III de Namur était le grand bénéficiaire de l'opération. Et ce avec l'assentiment d'Henri IV lui-même, qui avait tout intérêt à conforter son pouvoir sur ses frontières occidentales, ne serait-ce que par personne interposée, à un moment où la Germanie vivait des heures tragiques. L'évêque Henri de Liège, conseiller de Godefroy, n'avait rien pu faire que d'orienter son élève et protégé sur les voies de la résignation.

Godefroy lui-même, engagé aux côtés d'Henri IV dans le conflit le plus retentissant du siècle (et, en cela, il accomplissait strictement ses obligations vassaliques), s'était pendant de longues années tenu éloigné des domaines contestés. Il avait bien confié la défense de ses intérêts au comte Henri de Grandpré. Mais, faute d'une volonté tenace propre à en orienter favorablement l'issue, l'affaire s'était enlisée...

NOUVELLE CONTESTATION : L'ALLEU DE BOUILLON

La contestation des droits de Godefroy sur le comté de Verdun était une chose ; celle de son alleu de Bouillon en était une autre. On sait quel prix attachait la Maison d'Ardenne à ce bien patrimonial érigé en symbole, à un point tel que Godefroy de Boulogne, dans la longue mémoire des hommes, devait à jamais en illustrer le nom.

Le vice-duc de Basse-Lotharingie, sur le point d'ajouter à ses domaines du Namurois — au prix des intrigues les plus tortueuses et en excipant de son lignage — l'àvouerie des biens dévolus à Mathilde de Toscane, ne pouvait tolérer que lui échappât le fleuron de l'héritage, cette terre qu'une position exceptionnelle, au sud de ses États, rendait redoutable.

Estimant sans doute que le morceau serait dur à avaler, il tenta d'en négocier la cession avec Godefroy. Dès 1077, l'abbaye de Saint-Hubert fut le cadre d'une conférence houleuse. Godefroy était assisté d'un des conseillers de son oncle, Albéron, un Italien originaire de Constance que Godefroy le Bossu avait invité à le suivre en Basse-Lotharingie. Il devait servir le neveu aussi fidèlement qu'il avait servi l'oncle, avant de faire profession monastique à Saint-Hubert et de finir sa vie comme abbé de Saint-Vincent de Laon. Godefroy pouvait compter sur cet homme loyal et aussi sur la vigilance du prince-évêque Henri de Liège, prêt à tout pour éviter cette estocade contre laquelle et sa conscience et ses intérêts se rebellaient. Godefroy refusa donc sèchement d'abandonner son fief. C'était la rupture. L'affaire devait attendre son dénouement pendant près de dix années...

Mais s'il était quelqu'un qui lorgnait, accumulant

preuves et titres, sur la forteresse de Bouillon, c'était bien le comte Thierry de Veluwe. Il était le fils de Gérard le Roux, apparenté à la famille d'Ardenne, qui avait été l'un des familiers de Gozelon Ier. Sa Maison, originaire de la vallée du Rhin, s'était établie au début du XIe siècle en Ardenne où elle détenait d'importants fiefs proches de Bouillon.

Excité à la perspective de mettre la main sur la place forte, il soutint la cause d'Albert de Namur et marcha sur Bouillon pour en découdre, mais fut fait prisonnier. Godefroy donna l'ordre de l'incarcérer dans la forteresse de Bouillon, qu'il avait si âprement convoitée, mais de le traiter avec ménagement. Lambert le Jeune, prieur de l'église Saint-Pierre, le réconfortait souvent dans sa prison. En dépit de ce régime de faveur, le comte devait mourir quelques mois plus tard, en 1082, sans avoir été remis en liberté. Godefroy, prévoyant, en profita pour chasser ses fils, qui durent abandonner la région et se réfugier sur leurs terres d'origine, entre Meuse et Rhin.

Dans cette lutte acharnée pour Bouillon, le bourg de Mirwart, à une quarantaine de kilomètres au nord de la forteresse, sur la route de Namur, avait une importance primordiale. Situé tout près de Saint-Hubert, il semble bien que Mirwart ait appartenu jadis à la grande abbaye. Pour l'heure, c'était un fief relevant de la comtesse Richilde de Flandre. Il était de notoriété publique qu'Albert de Namur avait l'intention de compléter les fortifications de la place pour en faire une puissante base d'opérations contre le château de Bouillon.

L'évêque Henri de Liège, inquiet de cette menace qui n'épargnait pas sa propre principauté, réagit énergiquement, préférant prévenir que guérir, et acheta aussitôt à Richilde le fief en même temps que deux autres de ses possessions, avec tous les droits qui y étaient attachés. L'évêque mit la place en état de défense et autorisa l'abbé Thierry Ier de Saint-Hubert à y fonder un prieuré (on voit l'abbaye donner 2 880 deniers aux ouvriers chargés de mener à bien les travaux).

Henri de Liège n'était d'ailleurs pas le seul à apporter

un soutien actif à Godefroy. Hermann II, comte palatin du Rhin, lui aussi impliqué dans le conflit, fit alors construire le château de Dalhem pour couper les communications du comte de Namur avec son avouerie de Meersen, à quelques kilomètres de Maestricht, et tenir sous surveillance constante la forteresse de Limbourg inféodée à la famille de Chiny qui soutenait la cause d'Albert III.

Pour le comte de Namur, l'achat de Mirwart et la construction du château de Dalhem étaient de sérieuses blessures d'amour-propre. A vrai dire, dans sa mission pour réduire l'agitation féodale (c'était pour cela qu'Henri IV l'avait mis à la tête du duché), il faisait plutôt mauvaise figure. Sa tutelle, battue en brèche à l'est et au sud, était tout aussi contestée en Hollande, où le comte Thierry V était tombé à bras raccourcis sur son ennemi juré, le prince-évêque d'Utrecht, à qui il était parvenu à arracher, avec l'aide de son beau-père Robert Ier de Flandre, des territoires dont il se disait injustement dépouillé.

Au moment de régler une fois pour toutes la question épineuse de l'héritage de Godefroy, cet effritement du pouvoir ducal devait avoir, pour Albert de Namur, les plus fâcheuses conséquences. Et d'abord d'affaiblir dangereusement le pouvoir ducal au profit de l'autorité épiscopale. Le 27 mars 1082 — peut-être à la demande d'Albert de Namur aux abois —, un tribunal de la Paix de Dieu présidé par le prince-évêque de Liège décidait de réglementer l'usage des armes sur l'ensemble du diocèse. C'était mettre en application un principe vieux maintenant d'un demi-siècle et issu de la réflexion des clercs pour circonscrire dans le temps le recours systématique à la violence que l'Église n'avait jamais admis et qu'elle avait déjà tenté de canaliser en sacralisant l'état des chevaliers.

Godefroy de Boulogne, marquis d'Anvers, Henri de Durby, frère d'Albert de Namur, Hermann, comte palatin du Rhin, les comtes Conrad de Luxembourg, Henri de Limbourg, Henri de Laach, Arnoul de Looz, Henri de Louvain et Conon de Montaigu donnèrent leur aval à cette institution nouvelle. Henri IV, d'Italie où il guerroyait alors, en accepta les termes. L'archevêque Sigewin

de Cologne l'adopta pour son diocèse le 20 avril 1083.
« Désormais, remarque H. Dorchy, ce serait l'évêque... qui
assurerait le maintien de la tranquillité publique dans une
grande partie du duché. Le système de l'Église impériale
s'avérait toujours le meilleur. »
    Redoutable dualité, pourtant, qui devait dans un avenir
proche susciter d'innombrables malentendus...

LE JUGEMENT DE DIEU

    L'affaire de Bouillon devait traîner en longueur, atten-
dre que les principaux compétiteurs en aient terminé avec
la lutte ouverte par Henri IV. On put enfin vider l'abcès, à
une date qui nous est exactement connue par une notation
du chroniqueur Laurent de Liège : « La quarantième
année du pontificat de Thierry de Verdun », monté sur le
trône épiscopal en 1046 [3], soit 1086. Cette année-là, Albert
de Namur marche sur les terres de Bouillon, à la tête d'un
ost bas-lotharingien où figurent des troupes levées par
l'évêque de Verdun. Godefroy, qui a pris soin de verrouil-
ler la place forte, réplique vigoureusement et, sous une
grêle de flèches, le comte doit lever le siège.
    Sans doute est-ce à ce moment qu'il convient de placer
le combat singulier sur lequel s'appesantira Guillaume de
Tyr. Le comte de Namur, offusqué d'une résistance qu'il
juge attentatoire à son honneur, en aurait appelé du jugement de Dieu. Le duel judiciaire, solidement ancré dans
les mœurs du temps, mettait aux prises deux champions
désignés, et le vainqueur était réputé détenir le droit.

    « Lors commença la bataille, raconte la savoureuse
traduction de l'*Histoire d'Éracles*, trop fière et trop

---

3. La plupart des historiens acceptent cette chronologie. Disons toutefois qu'H. Dorchy récuse la date de 1086 et propose une chronologie
courte, liant le règlement de l'affaire de Bouillon à l'entrevue de Saint-
Hubert, soit pendant les années 1077-1078.

âpre, car ils étaient forts et bons chevaliers. Trop
s'entreferraient durement et dura moult longtemps,
tant que le duc Godefroy donna à l'autre moult grand
coup à son heaume, si bien que son épée vola en
pièces et que sur la croix de l'épée il n'y eut plus
qu'un demi-pied [de lame].

« *L'intervention des barons présents qui, devant une
lutte devenue inégale, imploraient qu'on fasse enfin la
paix, demeura sans effet...* Aussi recommença la
bataille, plus cruelle et plus dure qu'elle n'avait été
devant. Celui qui avait l'épée entière ne craignait pas
les coups du duc qui n'en avait qu'un tronçon. Aussi
lui courait-il sus et le pressait tant qu'il ne lui donnait
nul loisir de se reposer. Alors le duc reprit courage, se
dressa sur ses étriers et frappa [Albert de Namur] à la
tempe gauche et l'étendit à terre si à plat qu'on crut
qu'il était mort. Lors descendit le duc, jeta son bout
d'épée et prit celle qui gisait à terre. Lors appela les
barons qui la paix avaient apportée et leur dit : " Seigneurs, cette manière de paix que vous m'offrîtes, je
suis prêt à la prendre, car si j'y ai dommage, je n'y ai
point de honte. Et moult bien me plaît de me départir
de mes droits que d'occire celui-ci qui est mon cousin. " Quand les barons ouïrent ceci, ils commencèrent
de pleurer. La paix fut faite telle comme il disait. »

Quel panache ! Ne conservons de cette page d'épopée
que ce qui peut, raisonnablement, en être sauvé : l'affirmation du courage et de la grandeur d'âme du héros. Et, surtout, la confirmation de la déconfiture du comte de
Namur. Dès ce moment, le renom du marquis d'Anvers
semble avoir été immense. Donnons-lui donc enfin le titre
qui devait traverser les siècles jusqu'à effacer de la
mémoire des hommes celui de Boulogne : Godefroy de
Bouillon.

Quant à la paix, voire.

Sitôt levé le siège de Bouillon, Godefroy poussait son
avantage et marchait sur Stenay et Mouzay. Ces deux *villae*, situées à égale distance de Bouillon et de Verdun,

appartenaient à la Maison d'Ardenne. Après la mort de Godefroy le Bossu, Mathilde de Toscane en avait obtenu la jouissance. Mais, depuis 1085, elle en était privée : le 1er juin, en effet, lors d'un séjour à Metz, Henri IV, qui vouait une haine tenace à cette femme redoutable qu'il trouvait sans cesse sur sa route, avait confisqué les deux fiefs au profit de l'évêque de Verdun.

Godefroy de Bouillon passa la région au peigne fin, fortifia Stenay et lança ses incursions ruineuses sur les terres épiscopales. Thierry de Verdun accourut à la tête d'un ost auquel s'étaient joints Albert de Namur et le comte Frédéric de Toul. Stenay fut assiégée. Et en grand danger de succomber. Mais les renforts affluaient de partout. Du marquisat d'Anvers et, surtout, de Boulogne. Eustache et Baudouin, les deux frères de Godefroy, avançaient à marches forcées pour faire lâcher prise à ceux qui en voulaient au fils d'Ide de Boulogne. L'armée verdunoise se retira[4].

L'épisode ultime du drame eut lieu le 12 septembre 1086. Les forces de Godefroy se heurtèrent à celles de Thierry de Verdun. La bataille se termina dans un bain de sang, notera Laurent de Liège, sans qu'on pût savoir qui, au juste, l'avait emporté. Il fallut que l'évêque Henri de Liège, dont le prestige était considérable dans les deux partis (rappelons qu'il avait été archidiacre de Verdun), proposât sa médiation. Le prélat avait quelque pratique de ce genre d'intervention et, quelques années plus tôt, on l'a vu, avait institué la Paix de Dieu sur toute l'étendue de la principauté de Liège.

Les ennemis d'hier se réconcilièrent aux dépens de la comtesse de Toscane et de son avoué, le comte de Namur. Les biens de Mathilde récemment confisqués (Stenay et Mouzay) s'ajouteraient aux possessions de l'évêque de Verdun, mais celui-ci dut reconnaître Godefroy de Bouil-

4. Il semble bien que Godefroy de Bouillon n'accepta jamais la cession de Stenay et de Mouzay à l'évêché de Verdun. On le verra, en 1093, disposer de l'un en faveur de l'abbaye de Gorze et vendre les deux contre « une forte somme d'or et d'argent » au successeur de Thierry sur le siège épiscopal de Verdun.

lon comme comte, héritier de la famille d'Ardenne. La boucle était bouclée. Albert III de Namur semble avoir très tôt pris son parti d'une situation qu'il était bien en peine de dominer. Dès le mois d'août 1086, on voit le vice-duc et le marquis d'Anvers, seigneur de Bouillon, assister côte à côte aux obsèques de l'abbé Thierry de Saint-Hubert.

Le jeune féodal s'est révélé de la trempe de tous les Godefroy. Il a su, les armes à la main, préserver l'héritage. En cette fin d'année 1086, on parle beaucoup du maître de Bouillon. Il a vingt-six ans.

CHAPITRE VI

Duc de Basse-Lotharingie

Ces querelles féodales autour des biens de Godefroy de Bouillon pouvaient à bon droit sembler dérisoires comparées au conflit très dur qui, depuis des décennies, opposait ouvertement la papauté au seigneur du jeune marquis d'Anvers et seigneur de Bouillon.

Après le couronnement mouvementé de 1084, Henri IV avait connu des fortunes diverses. A la fin du mois de mai, l'intervention forcenée du Normand Robert Guiscard avait chassé de la Ville éternelle martyrisée tout à la fois le pontife et son compétiteur. Grégoire VII, atterré par l'ampleur du saccage, haï des Romains, courut se réfugier à Salerne. Il n'en devait plus jamais bouger.

L'empereur ne s'attarda pas davantage en Italie. Son retour en Germanie ne pouvait être plus longtemps différé : les Saxons avaient relevé la tête et s'étaient donnés à Hermann, comte de Salm, frère du comte Conrad de Luxembourg, qui venait de remporter, le 11 août, une victoire retentissante sur les troupes impériales, à Hochstaedt. Henri IV traversa l'Italie du Nord en trombe. Mathilde, intraitable, harcela sa retraite : le 2 juillet, à Sorbaria, elle bouscula ses armées puis ne cessa de rallier les partisans de la réforme grégorienne.

Mais, en quelques mois, l'empereur réussit à se concilier les faveurs de l'épiscopat germanique. A force de libelles incisifs, la cause de l'antipape gagnait du terrain. A l'assemblée de Gerstungen, Henri IV ne parvint pas à se rapprocher des Saxons mais, au printemps de 1085, le synode de Mayence reconnaissait solennellement Clément III et proclamait la déchéance des rares évêques encore fidèles à la pensée grégorienne. Au nombre des participants figuraient l'archevêque Sigewin de Cologne, les princes-évêques Henri de Liège et Conrad d'Utrecht. Ces prélats de Basse-Lotharingie devaient, par la suite, se montrer parmi les partisans résolus et dévoués du roi de Germanie.

Mort de Grégoire VII

Le 25 mai 1085, Grégoire VII mourut à Salerne, oublié de tous. Pendant un an, dans une Rome livrée au chaos et désertée par Guibert de Ravenne, les cardinaux divisés et hésitants ne parvinrent pas à lui trouver un successeur. Le 24 mai 1086, enfin, ils élurent Didier, abbé du Mont-Cassin, cardinal de Sainte-Cécile du Transtévère, qui avait été un intime de Frédéric de Lorraine. C'était un homme d'une soixantaine d'années, paisible, artiste, lettré et bibliophile dans l'âme. « L'Église, constate Augustin Fliche, avait besoin d'un homme d'action, animé d'un souffle surnaturel, pénétré de l'importance de sa mission, ayant assez d'énergie et de ténacité pour mener à bien la réforme et la libération du Siège apostolique : elle ne trouve en Victor III qu'un amateur d'art, détaché des réalités de ce monde... »

Cette élection était pour les défenseurs de la pensée grégorienne un véritable désastre. Les partisans de l'empereur relevèrent aussitôt la tête. Nombre d'ouvrages, pénétrés de la grandeur impériale et nostalgiques du monde carolingien, s'employèrent alors à théoriser ou à célébrer les thèses césaro-papistes. Le plus illustre d'entre eux, le *Liber ad Heinricum* de l'évêque Benzon d'Albe, fourmille de formules lapidaires qui chantent l'empereur, « image de Dieu », « Christ de Dieu », « vicaire du Seigneur », et n'hésite pas à emprunter à Salluste une définition frap-

pante du principe monarchique : « Accomplir impunément sa volonté, c'est être roi. » Dans le même temps, le
cardinal Benon et l'évêque Guy de Ferrare multipliaient
les pamphlets contre la mémoire de Grégoire VII et
s'efforçaient de trouver une solution à la redoutable question des investitures.

Pour Henri IV, cette offensive était une aubaine. Mais,
fort occupé à juguler les résistances saxonnes, peu apprécié en Italie du Nord où l'invasion germanique avait laissé
quelques souvenirs cuisants, séparé de l'antipape qui
s'incrustait dans Ravenne, l'empereur tira peu de profit de
toutes les bonnes volontés qui se dépensaient sans compter pour la cause du Saint Empire. Il profita toutefois de
cette conjoncture favorable pour prendre une décision qui
tout à la fois confortait son pouvoir présent et assurait
l'avenir de sa dynastie.

Le 30 mai 1087, à Aix-la-Chapelle, il fit couronner roi
des Romains son fils Conrad, âgé de treize ans, par
l'archevêque Sigewin de Cologne. Le nouveau roi ne pouvait conserver les fonctions (qu'il n'avait d'ailleurs jamais
exercées) de duc de Basse-Lotharingie ; Albert de Namur,
de son côté, avait surabondamment prouvé son incapacité
à gouverner le duché. L'empereur investit donc, ce jour-là,
Godefroy de Bouillon du fief qu'avait jadis tenu son oncle
maternel. Le rédacteur des *Annales de Saint-Jacques de
Liège* lie les deux événements : « 1087 : Le jeune Conrad,
fils de l'empereur Henri, est élevé à la royauté à Aix, et le
marquis Godefroy à la dignité de duc[1].

1. La date de la succession de Godefroy de Bouillon au duché de
Basse-Lotharingie a divisé des générations d'historiens. La *Chronique* de
Sigebert de Gembloux date l'événement de 1089 ; les *Annales de Saint-
Jacques de Liège* de 1087. H. Dorchy, dans un article célèbre, s'efforça de
démontrer que Godefroy exerçait les fonctions ducales dès 1082, et
porta, dès 1084 un titre qui ne lui fut toutefois reconnu officiellement
qu'en 1087. La décision d'Aix-la-Chapelle n'aurait donc fait que sanc-
tionner « un état de choses qui s'implanta naturellement, à la faveur des
circonstances ».

Georges Despy, professeur à l'Université libre de Bruxelles, au terme
d'une critique implacable des sources diplomatiques et narratives, a pul-
vérisé cette thèse et établi de manière formelle la véracité de la date pro-

C'était, dans un même mouvement, redonner à la Maison d'Ardenne un pouvoir qu'elle détenait depuis plus d'un siècle et demi, et reconnaître la valeur, les mérites et la loyauté du jeune marquis d'Anvers.

« PREUX, DROITURIER, SANS NULLE CONVOITISE »

Le nouveau duc de Basse-Lotharingie avait alors vingt-sept ans environ. Le duché auquel il devait maintenant consacrer le meilleur de son habileté et de ses forces comprenait, entre Rhin et Escaut, le Brabant, le Hainaut, le Limbourg, le Namurois, le Luxembourg et une partie de la Flandre, et coïncidait approximativement avec les évêchés de Cologne, Trèves, Liège et Cambrai. A cela s'ajoutaient les fonctions comtales qui, depuis 1085, lui étaient reconnues sur Verdun. Après avoir lutté, pendant d'interminables années, au côté de son seigneur et assuré les armes à la main les droits de son lignage, il parvenait enfin à l'apogée de sa « carrière » de grand féodal.

On souhaiterait pouvoir, au travers des témoignages du temps, saisir la personnalité de Godefroy de Bouillon au moment où semblait se fixer son destin. Il faudra se contenter du portrait, assez convenu mais puisé sans doute possible à bonne source, qu'en tracera au siècle suivant l'archevêque Guillaume de Tyr.

---

posée par les *Annales de Saint-Jacques de Liège.* « Toute tentative, conclut-il, de faire de Godefroy de Bouillon un duc de Basse-Lotharingie, officiellement ou officieusement, avant le 30 mai 1087, se trouverait démentie par les sources dont nous disposons. »

Les résultats de cette analyse sont aujourd'hui acceptés par tout le monde. Signalons toutefois que le premier diplôme impérial citant Godefroy de Bouillon comme duc de Basse-Lotharingie date du 5 avril 1089. Sur cette question, voir G. Despy : « La date de l'accession de Godefroy de Bouillon au duché de Basse-Lorraine », *Revue belge de philologie et d'histoire,* 1958, pp. 1275-1284. Et du même : « Les actes des ducs de Basse-Lotharingie du XIe siècle », *Section hist. de l'Institut G.-D. de Luxembourg,* vol. XCV, 1981, pp. 65-132.

« C'était un homme intègre, généreux, pieux et craignant Dieu, droit, ennemi de tout mal, sévère et résolu dans ses paroles. Il méprisait les gloires de ce monde, ce qui, en ces temps et tout particulièrement dans le métier des armes, est rare. Il était assidu à la prière et aux œuvres de piété, d'une générosité notoire, d'une grande affabilité, bienveillant et compatissant, exemplaire en toutes ses actions et agréable à Dieu. Il était de haute taille, mais toutefois sans excès, et d'une force peu commune. Il avait des membres puissants, la poitrine large, les traits d'une grande beauté, les cheveux et la barbe châtain clair. De l'avis général, sa pratique du métier des armes et sa valeur au combat étaient sans équivalent. »

De toute évidence un homme de guerre accompli, rompu à tous les exercices militaires, d'une résistance exceptionnelle, qui savait manier en virtuose l'arc et l'épée. Un chrétien aussi, à la foi profonde, chevillée au corps, indéracinable. Mais un fidèle volontiers confit en dévotion, d'une piété frisant la bigoterie et qui, les chroniqueurs en porteront témoignage, n'était pas sans étonner les plus scrupuleux de son entourage.

C'était de surcroît un homme sans femme. En un temps où le mariage était un impératif social et politique majeur, où chacun savait que « le sang et le nom véhiculaient les qualités exceptionnelles qui définissaient le preux », le fait n'a pu manquer de surprendre. La situation matrimoniale de bien des barons défiait alors la chronique et alimentait la recherche théologique des clercs (Guillaume le Conquérant, notoirement fidèle à son épouse Mathilde de Flandre, avait constitué une exception remarquée...)

Godefroy de Bouillon, sur ce point précis, tranche singulièrement. Faut-il rechercher la cause de cette chasteté volontaire dans l'éducation reçue de sa mère Ide de Boulogne ? On en peut douter. Ses frères Eustache et, surtout, Baudouin, n'auront pas ces scrupules... Dans l'échec de l'union de son oncle Godefroy le Bossu avec Mathilde de Toscane ? Dans l'idéal monastique de l'abbaye de Saint-

Hubert, dont il n'avait pu manquer de subir l'ascendant ?
Ou tout simplement — ce qui peut arriver — n'avait-il
aucun goût pour le mariage ? Au fond, il importe peu. Un
fait demeure : on ne lui connaît ni femme, ni enfant, ni
maîtresse, ni bâtard[2].

Un féodal falot ? Un moine manqué ? Un médiocre ?
Méfions-nous. S'il n'attache aux choses que l'importance
qu'elles ont, il est tenace, fort attaché à remplir exactement les devoirs que lui crée son lignage. Il défend ses
droits avec détermination, au besoin avec brutalité et, en
quelques rares cas, une insensibilité qui choque les déli-
cats que nous sommes. Il est de son temps. Jamais il
n'oublie les obligations qui lient le vassal à son seigneur.
Dévotement soumis au magistère de l'Église, il n'éprouve
aucune hésitation, aucun trouble de conscience lorsqu'il
lui faut s'engager dans le combat le plus lourd de conséquences du moment, et il le fait au côté de son seigneur.
Toute cause qu'il croit juste mérite un engagement sans
réserve. Il est disponible.

En fait, et tous ses contemporains l'ont reconnu, le
modèle du parfait chevalier dont l'*Histoire d'Éracles* résu-
mera les traits en une formule lapidaire : « Il était preux et
droiturier, sans nulle convoitise. »

Un grand féodal

L'évocation de l'activité de Godefroy de Bouillon
comme duc de Basse-Lotharingie se heurte à une cruelle
pénurie de sources documentaires solides. Les seuls récits

2. Ce célibat, si contraire aux mœurs de son temps, en a surpris plus
d'un. Au XVIIe siècle, dans son *Labores Herculis christiani Godefridi Bul-
lionii*, Guillaume de Waha mariera le duc de Basse-Lotharingie avec... sa
tante Mathilde de Toscane. Un autre lui fera épouser une certaine
Sibylle, fille de Foulque d'Anjou, qui lui aurait donné deux enfants ;
puis, en secondes noces, la très énigmatique Flore, fille d'Holopherne de
Calabre. Peu avant la dernière guerre, une œuvre dramatique de circonstance fiançait Godefroy à une demoiselle d'honneur de sa mère Ide de
Boulogne. Comme quoi... (Voir Marcel Lobet : *Godefroy de Bouillon.
Essai de biographie antilégendaire*, Bruxelles, 1943, pp. 38-39, 166-167.)

contemporains sont les deux *Chroniques* des abbayes de Saint-Hubert et de Saint-Trond, aux intentions à peu près opposées, et qui en tout état de cause ne s'intéressent aux décisions ducales que pour autant qu'elles influent sur le destin des deux monastères. A cela s'ajoutent les sources diplomatiques, rares, mais que Georges Despy a décemment analysées et critiquées.

En dépit des pires difficultés et les armes à la main, Godefroy le Bossu avait su maintenir l'équilibre du duché. En une décennie, l'impéritie d'Albert de Namur en avait fait un fief divisé, déchiré de particularismes, livré aux appétits des seigneurs féodaux. La *Chronique de Saint-Hubert* reconnaît tout net que « la justice et la paix » avaient disparu de Basse-Lotharingie. Cet effritement du pouvoir séculier avait favorisé la montée de la puissance ecclésiastique, la seule force à tenter encore de garantir le droit. La paix de Dieu instituée dans les diocèses de Liège et de Cologne avait nettement marqué ce glissement de l'autorité.

Dès son accession, et dans les conditions les plus difficiles qui soient, Godefroy de Bouillon prétendit jouer son rôle de garant de la « *pax publica* », dans les limites que lui fixait la coutume, mais sans faiblesse, de sorte que fût pleinement reconnue l'autorité souveraine dont sa maison était redevenue la dépositaire.

Le nouveau duc agissait comme si le gouvernement mou d'Albert de Namur n'avait été qu'un intermède. On a souligné, non sans raison, l'insistance de Godefroy sur le thème de l'hérédité des fonctions ducales que traduit la formule : « Légitime successeur et héritier du duc... »

Godefroy de Bouillon devait bientôt réorganiser autour de lui cet embryon de chancellerie dont on attribue raisonnablement les origines aux activités de Godefroy le Barbu et de son fils en Toscane. Godefroy le Bossu avait ramené d'Italie cet Albéron de Constance qu'on a vu assister le jeune marquis d'Anvers dans le maquis de procédure où se perdaient ses droits sur Bouillon. Les actes expédiés par la Cour ducale seront bientôt scellés du sceau de Godefroy de Bouillon, à l'effigie du duc, lance au poing droit, bouclier au bras gauche, chevauchant un cheval de guerre, avec la légende :

+ GODEFRIDUS GRA DI DUX ET MARCHIO

De toute évidence, et bien qu'aucun témoignage concret ne soit venu en administrer la preuve formelle, le nouveau duc fit frapper des monnaies à son effigie (le premier duc de Basse-Lotharingie à avoir émis un monnayage avait été Godefroy Ier, son arrière-grand-père), deniers qui devaient offrir « de grandes similitudes avec la monnaie impériale ». Parallèlement, il s'employa à réorganiser la puissance militaire du duché et le service d'ost auquel étaient soumis les vassaux. C'était un « test ». Il semble bien que la plupart des seigneurs laïques et ecclésiastiques se soient soumis sans trop renâcler à une autorité aussi nettement affirmée.

Ce point était un acquis d'autant plus important que la fonction ducale, comme l'a montré Georges Despy, avait évolué au point de ne plus faire de son titulaire que le « gouverneur militaire » de la Basse-Lotharingie :

« Poursuivant d'autres objectifs qu'autrefois — outre la défense de la frontière occidentale de l'Empire, il fallait [aux empereurs] assurer la mainmise du pouvoir central sur les principautés territoriales qui se forment au XIe siècle en Basse-Lotharingie tant du point de vue institutionnel que du point de vue géographique —, ils ont cherché à les atteindre par d'autres moyens que la seule institution ducale. Ils ont, en effet, imaginé tout un arsenal de moyens politiques et militaires : le duché n'était plus que l'un d'eux et il était normal qu'il fût conçu d'une manière plus limitée qu'au Xe siècle (dans le domaine militaire, les empereurs ont créé un système de marches qui couvraient tout l'Escaut ; dans le domaine politique, ils se sont systématiquement appuyés sur les évêchés de Cambrai, Liège et Utrecht, auxquels ils ont conféré de nombreux comtés). On ne peut donc parler d'une désagrégation interne de la fonction ducale au

XIᵉ siècle, pas plus que l'on ne peut soutenir, comme certains ont voulu le faire, qu'elle souffrit d'un déclin particulier et supplémentaire entre 1076 et 1100[3]. »

Si limitée fût-elle dans les faits, Godefroy eut à cœur de porter haut l' « *auctoritas publica* » du duc, par tous les moyens en son pouvoir. On n'en est que plus irrité de ne pouvoir suivre au jour le jour son itinéraire pendant les quelque neuf années qu'il passa à la tête du duché, le suivre à la trace dans ses efforts pour affermir le pouvoir ducal ou dans ses démêlés avec l'évêché de Verdun qui lui contestait toujours, en dépit de la sentence d'Henri IV, ses droits sur le comté. La mort de Thierry de Verdun, en 1089, et l'accession de l'évêque Richer ne devaient pas apaiser une hostilité latente qui ne trouverait sa conclusion qu'en 1096.

Ses relations avec le prince-évêque de Liège, l'inspirateur et le garant de la Paix de Dieu, ne pouvaient être que plus compliquées encore. Godefroy de Bouillon, dans ses efforts pour raffermir une autorité assez émoussée du fait de la personnalité de son prédécesseur, ne pouvait que se heurter à une volonté qui, à la faveur des circonstances, tendait à se substituer à la sienne. Tant qu'Henri de Verdun fut à la tête de l'Église liégeoise, les rapports restèrent empreints de sérénité. L'évêque avait été son maître, son ami et soutien en des temps difficiles. Il mourut le 31 mars 1091. S'il avait toujours soutenu la cause impériale, il s'était comporté en homme droit, attentif à préserver son diocèse des abus les plus criants ; et cette rigueur lui avait d'ailleurs attiré de solides inimitiés. A sa mort, le diocèse fut littéralement mis à l'encan.

Wolbodon, ancien abbé de Saint-Laurent de Liège, et Lupon, qu'Henri avait chassé du monastère de Saint-Trond, relevèrent la tête, et firent tout pour pousser Otbert, un ancien chanoine de Sainte-Croix. Henri IV se

---

3. Georges Despy : « La fonction ducale en Lotharingie puis en Basse-Lotharingie de 900 à 1100 », *Revue du Nord*, XLVIII, 1966, pp. 107-109.

laissa convaincre. A prix d'or. Le 2 février 1092, Otbert fut
sacré à Cologne. Peu scrupuleux, simoniaque, d'une ambition dévorante, mais terriblement avisé, il devait vite exas-
pérer Godefroy de Bouillon qui, on le verra, ne manquera
aucune occasion d'entraver les initiatives de ce dangereux
rival.

Cette vigilance s'imposait d'autant plus que le duché
évoluait au rythme du conflit qui opposait toujours la
papauté à l'Empire, et dont on suivait avec anxiété les
tumultueux et imprévisibles développements.

REVERS D'HENRI IV

Après un pontificat météorique qui n'avait pas peu fait
pour asseoir le prestige de l'empereur, Victor III était mort
le 16 septembre 1087, désabusé et malade, dans sa chère
abbaye du Mont-Cassin. L'antipape Clément III réoccu-
pait Rome. Après plusieurs mois d'atermoiements, les cardinaux se réunirent enfin dans l'église Saint-Pierre de Ter-
racine, en Campanie, et le 12 mars 1088, élurent l'évêque
d'Ostie Eudes, qui prit le nom d'Urbain II.

C'était un Français originaire de Champagne. Il était né
quelque cinquante-cinq ans plus tôt à Châtillon-sur-
Marne, au sein d'une famille de vieille noblesse. Après de
solides études à l'école cathédrale de Reims où il avait eu
pour maître saint Bruno, le futur fondateur de la Char-
treuse, il avait été ordonné prêtre. Comblé de dons, il avait
vu s'ouvrir devant lui une carrière facile et, à vingt-quatre
ans, avait été nommé archidiacre de Reims. Après un
voyage en Italie, il avait décidé de se consacrer à la vie
monastique et avait couru s'enfermer dans l'abbaye de
Cluny, alors à l'apogée de son renom. Ses vastes qualités
intellectuelles et spirituelles le destinaient pourtant à de
plus grandes tâches. En 1078, sur les instances de Grégoire VII et de l'abbé Hugues de Semur, il avait dû accepter l'évêché d'Ostie. Et cet ancien moine à la vie exemplaire était bientôt devenu l'un des conseillers les plus
écoutés du pape réformateur. En 1084-1085, il avait été

légat en Germanie en un temps où pareille mission n'était pas une sinécure.

Pour un tel homme, le programme réformateur était une réalité intangible, imparable. Dès le lendemain de son élection, pour que nul n'en ignore, il écrivit aux évêques allemands : « Ayez confiance en moi comme jadis en notre bienheureux père, le pape Grégoire. En toutes choses, je veux suivre sa trace. Je rejette ce qu'il a rejeté ; je condamne ce qu'il a condamné ; je chéris ce qu'il a aimé ; je confirme et approuve ce qu'il a considéré comme juste et catholique ; enfin, en toutes choses, je pense comme lui. » Je suis « le suivant », le disciple, disait-il. L'ombre du vaincu de Rome, l'incarnation même de l'esprit de la réforme.

Il avait fort à faire pour imposer des idées qui, prêchées partout, ne s'étaient encore enracinées nulle part. De synodes en conciles, de bulles en décrets, il devait s'efforcer de maintenir le cap, luttant pied à pied contre les manquements à la discipline ecclésiastique ou à la condamnation de l'investiture laïque, s'appuyant sur le monachisme, et en particulier sur Cluny dont il était issu et qui, au fil des ans, devait prendre une place prépondérante dans le combat réformateur.

Fin diplomate, il devait renouer des liens étroits avec les royaumes de la péninsule Ibérique où s'intensifiait la lutte contre l'islam, pratiquer avec la méfiante Angleterre une politique conciliante, conforter le pouvoir du comte Roger en Italie du Sud. Au Nord, il s'appuyait sur Mathilde de Toscane, toujours attachée à la cause pontificale, pour faire pièce aux ambitions d'Henri IV.

A la fin de l'année 1088, l'empereur paraissait pourtant au faîte de sa puissance. En janvier, Conrad, roi des Romains, était parti en Italie pour représenter l'autorité paternelle, et Henri IV était enfin débarrassé de son compétiteur, Hermann de Salm, mort le 28 septembre 1088 au cours d'une échauffourée. Le corps de celui que les Saxons avaient élu roi de Germanie reposait maintenant dans Metz et ne viendrait plus hanter les rêves du souverain... Au printemps de 1089, Clément III réunit à Rome un concile qui leva l'excommunication qui, depuis neuf ans, frappait Henri IV, cependant qu'Urbain II se terrait dans une île du Tibre. Mais, le 3 juillet, après avoir lancé un raid audacieux et mis en fuite le préfet impérial, le pape légitime faisait dans la ville une entrée triomphale. C'était une péripétie : il en faudrait plus pour entamer la belle sérénité de l'empereur.

C'est un coup de théâtre assez singulier qui devait redonner d'un coup un tour aigu à la grande querelle. En août 1089, Mathilde de Toscane, veuve depuis 1076 de Godefroy le Bossu, convolait avec le duc Welf V de Bavière. Mariage politique s'il en fut : l'épousée avait largement dépassé la quarantaine ; le jeune homme était tout juste âgé de dix-sept ans... Mais le duc avait le rare mérite d'incarner la révolte des barons allemands contre l'empereur. Cette alliance, qui unissait pour le meilleur et pour le pire « les deux têtes de l'opposition allemande et de l'opposition italienne », était pour la papauté un succès inappréciable. Et une bravade, qu'Henri IV reçut comme une gifle.

Rompant des pourparlers qui traînaient depuis des mois, l'empereur fondit sur l'Italie du Nord. Le 10 avril 1090, il était à Vérone. Précédée d'une intense campagne de dénigrement où s'exaltaient les droits de l'antipape Clément III, l'offensive fut engagée tambour battant par un siège en règle de Mantoue où résidait la comtesse de Toscane — mais celle-ci s'était enfuie à temps. En un an, tous les châteaux de la rive gauche du Pô se rendirent. En juin 1092, l'empereur franchissait le fleuve et envahissait l'Italie centrale.

Urbain II était aux abois. Dès le mois de juin 1090, il avait dû fuir précipitamment et depuis lors errait en Italie du Sud, attendant en vain une aide que ses alliés normands, englués depuis la mort de Robert Guiscard dans d'interminables querelles intérieures, ne pouvaient lui fournir.

En juin 1092, Henri IV investissait la forteresse de Monteveglio. Les possessions de la comtesse de Toscane fondaient comme neige au soleil. Réfugiée dans Canossa, elle se vit contrainte d'engager des négociations. Henri IV, sûr de son fait, posa la seule condition qu'en conscience la comtesse ne pouvait accepter : la reconnaissance de Clément III comme pape légitime. Elle rompit net. Aussitôt, l'empereur quitta Monteveglio et marcha sur Canossa traquer l'âme de la résistante italienne dans son repaire. Elle s'était volatilisée, à la tête de ce qui lui restait de troupes fidèles.

A partir de ce moment, l'empereur est perdu. Il lui faut abandonner cette forteresse qui, décidément, ne lui a jamais porté chance. Harcelé, il doit évacuer une à une les places gagnées depuis le début de la campagne, et se réfugier dans Pavie.

C'est là qu'il apprend que son fils Conrad, celui-là même qu'il a fait couronner à Aix-la-Chapelle et dont il a fait son légat, vient de se faire couronner roi d'Italie à Milan, avec l'appui de Mathilde de Toscane et de son mari, Welf de Bavière. Chaque jour qui passe, le pouvoir de l'empereur germanique se liquéfie davantage. Milan, Crémone, Lodi et Plaisance entrent en dissidence et constituent une ligue pour une durée de vingt ans. L'Empire tout entier est parcouru de sinistres craquements. En octobre 1094, un concile réuni à Autun renouvelle l'excommunication contre Clément III et Henri IV. Le parti de l'antipape perd pied ; au printemps suivant, il vend à Urbain II le droit de réintégrer le palais pontifical.

Le vent a tourné. Autant de soubresauts qui parviennent jusqu'en Basse-Lotharingie, où s'agitent les esprits. D'aucuns, d'ores et déjà, sont prêts à en tirer les conclusions qui s'imposent.

GODEFROY AU CŒUR DU CONFLIT

Loin de Germanie (l'empereur séjournera en Lombardie et en Vénétie jusqu'en mai 1097), Henri IV ne pouvait enrayer les progrès des idées grégoriennes propagées par le légat pontifical Gebhard de Constance. Même l'évêque Pibon de Toul, qui avait été chancelier de l'empereur, se rapprochait ouvertement d'Urbain II et, à Verdun, l'évêque Richer abandonna la cause impériale. A Cambrai, la mort de Gérard, le 12 août 1092, l'opposition entre un évêque impérialiste et un évêque urbaniste entraînèrent l'éclatement du diocèse et la formation, autour d'Arras, d'une Église autonome.

A Liège, l'évêque Otbert demeurait pourtant obstinément fidèle à l'empereur, à qui il devait son siège. Il se livra sans plus attendre à quelques mesures d'épuration qui devaient avoir les conséquences les plus fâcheuses. « Heureuses fautes » qui détermineront l'intervention de Godefroy de Bouillon et nous permettront, au milieu d'un véritable désert documentaire, de jauger sur pièces l'activité du duc de Basse-Lotharingie...

Aussitôt investi, l'évêque Otbert avait chassé sans ménagements Béranger, successeur de Walbodon à la tête de l'abbaye Saint-Laurent de Liège, et rétabli dans ses fonctions l'ancien abbé qui avait soutenu de ses deniers son investiture. Lupon, qu'Henri de Liège avait écarté de Saint-Trond, fut lui aussi rétabli dans sa charge. Outré, Bérenger courut se réfugier à l'abbaye de Saint-Hubert, qu'il connaissait bien pour y avoir été moine. Thierry II, abbé du monastère depuis 1086, lui réserva le meilleur accueil, « préférant être agréable à Dieu plutôt qu'à son évêque ».

Otbert ne supporta pas cette rébellion, accusa Thierry II de collusion avec le parti urbaniste et le remplaça à la tête du monastère par un certain Ingobrand. Les deux abbés déchus trouvèrent asile auprès de l'archevêque de Reims, Renaud du Bellay, sur le territoire de qui l'abbaye de Saint-Hubert possédait plusieurs terres et prieurés. L'affaire était grave et ne pouvait qu'attirer l'attention du duc de Basse-Lotharingie.

Godefroy de Bouillon comptait en effet au nombre de ses fonctions l'avouerie de l'abbaye de Saint-Hubert. Cette institution, née à l'époque carolingienne, visait à décharger les abbés des monastères devenus souvent des fiefs considérables des tâches matérielles les plus contraignantes (administration des biens, levée des impôts et des troupes, exercice de la justice...). On les confiait alors à un avoué laïc *(advocatus)* qui accomplissait ces besognes au mieux des intérêts de l'abbaye. Ou des siens propres, dans la droite ligne d'une tradition qui remontait loin et avait donné lieu, on l'a dit, à d'insupportables excès.

Au début, le duc sembla avoir fermé les yeux et attendre la suite. Ingobrand se vit bientôt pieds et mains liés, incapable d'exercer sa fonction. Les revenus des terres abbatiales étrangères à l'évêché de Liège (le monastère possédait des biens dans les diocèses de Reims, Laon, Metz et Verdun) étaient systématiquement prélevés par l'abbé révoqué, Thierry II, pour qui toute occasion était bonne de nuire à son successeur, d'attiser les rancœurs et de favoriser un désordre qui le servait. Ne racontait-on pas que la situation s'était dégradée au point qu'une bande de chevaliers de Bouillon avait intercepté un convoi de douze chariots appartenant à Otbert et qu'après l'avoir dirigé sur Mirwart, on s'en était allégrement partagé les dépouilles ?

Le prince-évêque de Liège, excédé, en référa à Godefroy de Bouillon qui non seulement lui refusa toute assistance, mais souligna le fait qu'il « devait plutôt s'en prendre à lui-même d'avoir créé tant de désordres en un endroit jusque-là honorable en remplaçant l'abbé légitime par une créature à lui qui le conseillait et lui donnait de l'argent ».

Bientôt, le duc ne se contenta plus d'une condamnation verbale des agissements d'Otbert et d'une réserve qui, en tout état de cause, profitait assez largement à l'abbé exilé, et interdit à ses vassaux d'apporter leur concours à Ingobrand et les pressa de ne rien faire qui pût nuire aux intérêts de l'ancien abbé. De son côté, Thierry II, duc de Haute-Lorraine, informé, consentit à faire à ses barons des recommandations identiques. En fait, Godefroy de Bouillon faisait flèche de tout bois. Sur la route difficile où il était engagé, cet embrouillamini lui fournissait une excellente occasion de saper le prestige d'une puissance ecclésiastique qui lui portait par trop ombrage.

L'affaire s'éternisa. A l'abbaye de Saint-Trond, l'abbé Lupon n'avait pu jouir longtemps des faveurs de son protecteur. Il était mort le 1er août 1093. Si l'on en croit les

Gesta abbatum Trudonensium, peu favorables au duc de Basse-Lotharingie, celui-ci s'empressa d'imposer à prix d'or un certain Hermann, coup de force qui déchaîna un véritable tohu-bohu. On vit s'opposer évêques impérialistes et évêques réformateurs. Otbert ayant refusé l'investiture, le comte Henri Ier de Limbourg intervint et se heurta à Arnoul Ier, comte de Looz, accouru pour empêcher ce qu'il considérait comme un abus de pouvoir. Il fallut que Godefroy Ier, comte de Louvain, s'interposât pour éviter un massacre.

Les moines de Saint-Trond répugnaient eux-mêmes à accepter l'abbé qu'ils devaient à l'intervention ducale. Au début de l'année 1095, la même chronique nous montre Godefroy de Bouillon se ruer sauvagement à l'assaut de l'abbaye. Avec le soutien d'Henri de Limbourg et du comte palatin Henri II, il devait porter le pillage et la ruine sur toutes les terres relevant de l'abbaye, jusque sur les bords du Rhin, de la Moselle et de la Meuse. En cette occasion, il se comportait en digne descendant de tous les Godefroy, sentait battre dans ses veines le sang coléreux de la Maison d'Ardenne. Dans un même mouvement, il minait l'ascendant du prince-évêque et renforçait la cohésion du haut baronnage autour de l'autorité ducale. Fût-ce au prix d'un douteux combat.

On le vit bien quelques semaines plus tard, lorsque Otbert réunit à Liège tous les seigneurs de son diocèse pour régler le contentieux qui l'opposait au comte Godefroy Ier de Louvain à propos du comté de Brugeron, en Hesbaye. Le prince-évêque avait excommunié le comte qui, à ce qu'il semble, se soucia comme d'une guigne de la sanction canonique. Pour débattre de cette grave question se trouvaient assemblés le duc de Basse-Lotharingie, le comte Albert III de Namur, Henri Ier de Durby, Conon de Montaigu, Arnoul de Chiny et Donon de Cons : les plus hauts représentants de l'aristocratie liégeoise.

Otbert se répandit en récriminations, dénonça la félonie du comte de Louvain et souligna la désinvolture avec laquelle il considérait la peine qui le frappait. Godefroy de Bouillon saisit la balle au bond pour faire resurgir la triste affaire de l'abbaye de Saint-Hubert. Mi-figue, mi-raisin, il interrompit le prélat : « J'ai entendu moi-même le comte de Louvain affirmer qu'il n'attribuait aucune valeur à cette excommunication ; pour avoir force obligatoire, elle devait être ratifiée par Thierry ; si l'abbé se prononçait en faveur du comte, celui-ci pourrait se considérer comme légitimement absous. » Pendant cette sortie assez raide, « un léger sourire flottait sur ses lèvres ».

Otbert n'était pas homme à apprécier l'ironie mordante de Godefroy : « Vous manquez de respect à la Sainte Vierge et à saint Lambert ! » La riposte était bien faible. Les barons présents ne se désolidarisèrent pas du duc et, pincés, firent remarquer que le conflit était pour le moins louche et qu'ils désiraient y regarder de plus près. Le prélat dut s'incliner et fixa au 29 juin une assemblée générale pour faire toute la lumière sur ce scandale qui empoisonnait la vie du duché.

Pendant ce temps, Bérenger, abbé révoqué de Saint-Laurent, toujours réfugié dans le diocèse de Reims, remuait ciel et terre, inondait le haut clergé de Liège de protestations de toute sorte, cherchait par tous les moyens à faire valoir le droit. Il reçut même une lettre du pape Urbain II qui le félicitait « d'avoir défendu la foi, la vérité et la justice » et lui annonçait l'excommunication d'Otbert pour cause de simonie. L'affaire prenait un tour aussi vif qu'inquiétant. Aussi, lorsque Bérenger manifesta le désir de le rencontrer, le duc de Basse-Lotharingie éluda. Pire, il rencontra le prince-évêque de Liège à Villance et, moyennant une forte somme d'argent, consentit à reporter aux calendes grecques l'assemblée prévue. C'était une infamie, du moins est-ce l'opinion du rédacteur de la *Chronique de Saint-Hubert*. A moins qu'il ne faille voir dans cette surprenante transaction une réticence, une volonté politique de ne pas ruiner d'un coup, en présence de tous les féodaux, l'autorité du prince-évêque qui restait, en dépit de ses faiblesses et de ses tares, l'un des éléments majeurs de l'équilibre du duché.

Quoi qu'il en soit, Godefroy de Bouillon n'avait pas hésité à malmener l'équité. Si le fond traduisait bien un

souci d'homme d'État, la manière manquait d'élégance...
Et, le 29 juin, le duc était bel et bien absent de Basse-
Lotharingie. Il était à Reims, pour tenter d'atténuer le dif-
férend qui opposait Arnoul de Chiny à l'archevêque
Renaud du Bellay depuis que le comte, trois ans auparavant, avait ravagé et brûlé le château de Mouzon. Comme
bien on pense, la question de Saint-Hubert et de Saint-
Laurent fut rapidement mise sur le tapis. Bérenger porta,
en présence du duc, les accusations les plus graves contre
Otbert. Le prélat sut trouver les paroles qu'il fallait pour le
toucher ; convaincu, Godefroy promit de tout faire pour
rétablir Bérenger et Thierry II à la tête de leurs abbayes
respectives. Restait à attendre l'occasion.

Au mois de juillet, le prince-évêque décida d'assiéger le
château de Clermont-lès-Nandrin, entre Huy et Liège,
devenu un repaire de soudards qui entravaient la circulation sur le cours de la Meuse, au grand dam d'Otbert qui
voyait s'évaporer de substantiels profits. L'évêque convoqua donc le duc de Basse-Lotharingie et tous les seigneurs
de la principauté pour en finir avec cette racaille.

Chacun répondit à l'appel. On se préparait à donner
l'assaut lorsque Godefroy suspendit tout à coup les opérations et s'écria :

> « Compagnons d'armes, quel secours espérons-
> nous obtenir de Dieu si non seulement nous ne défen-
> dons pas les églises qui courent à leur ruine, mais si
> nous empêchons aussi de s'exprimer une libre contra-
> diction ? Car il nous a constitués tout exprès pour
> veiller aux biens de la communauté. Et nous irions,
> par égard pour nos biens personnels, refuser notre
> aide à la Providence qui nous a choisis pour défendre
> ses droits dans ce monde ? »

Tous les barons présents comprirent sans peine à quoi il
faisait allusion, et joignirent leurs voix à la sienne pour
exiger d'Otbert le rétablissement des deux abbés injustement dépouillés. L'évêque tenta vainement de justifier sa
conduite, puis s'inclina : quelques jours plus tard, Wolbo-

don et Ingobrand furent déposés. Thierry II reprit sa place à la tête de l'abbaye de Saint-Hubert ; le 9 août 1095, vigile de la fête de Saint-Laurent, Bérenger fut solennellement réinvesti de sa charge par le prince-évêque. Godefroy de Bouillon était présent.

Pour le duc de Basse-Lotharingie, l'affaire était close[4].

ACTIVITÉ ET ÉNERGIE

Ces rares miettes épargnées par l'Histoire de l'activité de Godefroy de Bouillon comme duc de Basse-Lotharingie démontrent à l'évidence que ce personnage parfois si décrié pouvait, au besoin par la force et par la ruse, imposer sa volonté. Habilement, il faisait face aux situations et savait les apprécier dans leur diversité et leurs interactions. Le sort qu'il réserva à l'abbaye de Saint-Trond prouve éloquemment que les scrupules religieux n'étouffaient pas le fils très pieux d'Ide de Boulogne lorsqu'étaient en jeu son autorité et son prestige. Le duc entendait bien que rien ne se perdît d'un pouvoir dont les vicissitudes de l'Histoire et la politique impériale n'avaient déjà que trop émoussé les contours.

Que Godefroy de Bouillon n'ait pas été l'astre unique autour duquel gravitaient les destinées de la Basse-Lotharingie en cette fin du XIe siècle, c'est l'évidence même. Mais, au sein d'une société féodale où primaient les liens d'homme à homme, la présence d'une personnalité en qui on s'accordait à reconnaître prudence, sagesse et volonté n'était pas de mince conséquence.

Au terme d'une étude serrée de la fonction et des pouvoirs ducaux en Basse-Lotharingie, Arlette Laret-Kayser rejette, après beaucoup d'autres, l'image à laquelle Henri Pirenne avait apporté sa caution, d'un Godefroy assez mièvre, condamné à l'immobilisme par la puissance croissante de l'aristocratie laïque : « Il n'est plus personne

---

4. Voir l'étude de Georges Despy : « Godefroy de Bouillon et l'abbaye de Saint-Hubert en 1095 », *Saint-Hubert, Cahiers d'histoire,* n° 1, 1977.

pour douter encore que Godefroy de Bouillon exerça en Basse-Lotharingie un pouvoir réel, qui ne fut pas tout de suite oblitéré dans le souvenir de ses contemporains par le rôle qu'il tint à la croisade. »

Au moment même où Godefroy, après avoir tranché le nœud gordien, voyait s'apaiser enfin les conflits où s'était enlisé le prince-évêque de Liège, se cristallisaient quelques aspirations encore confuses qui, par la puissance du verbe, devaient ébranler l'Occident tout entier et, en quelques mois, précipiter le duc de Basse-Lotharingie sur de nouveaux chemins.

CHAPITRE VII

« Dieu le veut ! »

1er mars 1095. Plaisance, au nord de l'Émilie, sur la rive droite du Pô. Une région enfin apaisée, après le maelström impérial qui, trois ans plus tôt, avait failli tout emporter. La ville rassemblait une multitude bigarrée : prélats, clercs et laïques avaient afflué, venus d'Italie, de France, d'Allemagne ou de Bourgogne pour répondre à un appel pressant du pape Urbain II. Réinstallé à Rome depuis plus d'un an, dans des conditions précaires, le pontife n'avait pas jugé la ville suffisamment sûre pour y réunir sans risques le concile général qu'imposaient les difficultés de l'heure. Plaisance, au cœur des domaines de la comtesse Mathilde, présentait toutes les garanties.

Depuis quelques jours, Urbain II était arrivé, venant de Crémone. Pour la première fois depuis la mort de Grégoire VII, l'épiscopat réformateur pouvait se réunir en toute liberté. Plusieurs milliers, au témoignage du chroniqueur Berthold de Constance, étaient au rendez-vous. A tel point qu'on n'avait pu trouver, à l'intérieur de la ville, un édifice assez vaste pour les réunir tous. Il fallut s'installer hors les murs, en plein air, pour des débats qui devaient durer une pleine semaine.

Les difficultés nées du schisme ne manquaient pas, auxquelles il faudrait apporter une solution précise. Et d'abord le problème épineux des prêtres consacrés par un évêque nommé par Clément III, le pape impérial. On tran-

cha dans le vif, déclarant nulles ces ordinations. On renouvela avec fermeté la condamnation des clercs simoniaques
ou qui vivaient en concubinage. On légiféra sur nombre de
questions qui touchaient à la discipline ecclésiastique et à
l'administration des sacrements. De l'investiture laïque,
pas un mot.

Et pourtant, l'ombre de l'empereur planait sur l'assemblée. On se montrait l'impératrice Praxède de Kiev,
deuxième femme d'Henri IV, qui depuis quelques temps
déjà vivait séparée de son mari[1]. Elle était là tout à la fois
pour demander justice et implorer son pardon, comme elle
l'avait fait un an plus tôt, devant les prélats réunis à
Constance. Elle dénonça les pratiques scandaleuses auxquelles la contraignait son époux, et qu'elle devait subir à
son corps défendant. L'affaire était plus que délicate :
l'impératrice s'en retourna absoute[2]...

Les problèmes conjugaux de l'empereur n'étaient d'ailleurs pas les seuls dont devait avoir à connaître l'assemblée de Plaisance. Ceux du roi Philippe Ier de France
défiaient aussi la chronique. Dans sa jeunesse, il avait
épousé Berthe de Frise, qui après neuf ans de mariage, lui
avait donné un héritier, le futur Louis VI. Un an plus tard
était née une fille, Constance, qui devait épouser le comte
Hugues de Champagne. Mais Philippe, un homme assez

1. C'était une fille de Vsevolod Ier, prince de Kiev, et de Marie de
Byzance. Née en 1071, elle avait en 1089 épousé l'empereur Henri IV,
veuf depuis deux ans de Berthe de Turin, fille du comte de Maurienne.
Les alliances avec la descendance de saint Vladimir n'étaient pas une
nouveauté dans la dynastie franconienne : la fille cadette de l'empereur
Henri III avait épousé Salomon Ier de Hongrie, fils aîné du roi André Ier
et d'Anastasie de Kiev, tante de l'impératrice Praxède.
2. Les accusations de l'impératrice contre son mari étaient terriblement précises. Elle allait jusqu'à lui reprocher « d'avoir pris un plaisir
maladif à la prostituer à tout venant, même à son fils Conrad, issu d'un
premier lit »... Une légende tenace a fait de Praxède une fille d'Ide de
Boulogne, une sœur de Godefroy de Bouillon. Cela pour expliquer
« logiquement » l'empressement de Godefroy à soutenir la cause impériale, ce qui était certes la moindre des choses si Henri IV était son beau-
frère ! Inutile de souligner que cette généalogie est totalement controu-
vée. On a prêté à Godefroy une autre sœur, prénommée Ide comme sa
mère, aussi inexistante que la première...

carré, égoïste, à la sensualité exacerbée, s'était vite lassé des charmes approximatifs de cette Flamande « obèse ». Lors d'un séjour à Tours, il avait séduit Bertrade de Montfort, la femme de Foulques le Réchin, duc d'Anjou. C'était dans le courant du mois de mai 1092. Cet enlèvement de l'épouse d'un vassal qui, de surcroît, était sa cousine, avait fait scandale. Philippe n'en avait eu cure et à Orléans, avait aussitôt épousé cette femme ensorcelante. Après vingt ans de mariage, il avait répudié et enfermé Berthe de Frise au château de Montreuil-sur-Mer où elle mourut deux ans plus tard.

La disparition de la reine ne changeait rien à l'affaire. Depuis les drames soulevés par le divorce de Lothaire II, l'autorité ecclésiastique avait eu le temps d'approfondir ses théories. L'évêque Yves de Chartres avait tout fait pour que cessât cette pratique. Le 16 octobre 1094, Hugues de Die, archevêque de Lyon et légat pontifical, et le synode des évêques français réunis à Autun, excommuniaient le roi de France. L'affaire maintenant s'éternisait, divisant l'Église de France.

C'est alors que se présenta à Plaisance une ambassade de Philippe Ier chargée de faire le point de la situation et, si possible, de faire lever la sanction canonique. Yves de Chartres avait supplié le pontife d'y regarder à deux fois : « Vous allez bientôt recevoir les messagers du roi de France. L'esprit de mensonge parlera par leur bouche... Si vous lui pardonnez sans qu'il fasse preuve de repentir, quel espoir de pécher impunément vous donnez à ceux qui pèchent ! »

En un moment où l'Église s'efforçait de « sacramentaliser » le mariage, l'enjeu était de taille. L'affaire fut laissée en suspens : le pape accorda à Philippe un nouveau délai, au terme duquel, quoi qu'il arrive, il devait avoir rompu cette « union scélérate ». Le roi de France, envoûté par les charmes inquiétants de la belle Bertrade, y était moins disposé que jamais. Cette obstination devait avoir quelques conséquences inattendues...

ISLAM ET CHRÉTIENTÉ

Une autre ambassade, arrivée elle aussi à Plaisance pendant les débats du concile, était promise à d'incalculables développements : celle envoyée par le *basileus* Alexis Ier Comnène. Depuis le schisme qui, en 1054, avait consacré la rupture entre les Églises d'Orient et d'Occident, les rapports de Rome et de Byzance semblaient au point mort. Au début du pontificat d'Urbain II, on avait timidement tenté un rapprochement auquel le *basileus* s'était montré favorable, car l'empire d'Orient vivait des heures difficiles, et aucune alliance n'était plus à dédaigner.

Le 19 août 1071, Romain IV Diogène avait été battu à plate couture par Alp Arslan, sultan des Turcs seldjoukides, à Menzikert, non loin du lac de Van, en Arménie. Les Turcs avaient pénétré profondément en Asie Mineure où ils avaient établi le sultanat de Roum, avec pour capitale la ville impériale d'Iconium. Depuis lors, Jérusalem était tombée, puis Nicée. En 1085, Antioche avait succombé à son tour, puis Smyrne, Clazomène, Chio, Lesbos, Samos et Rhodes. Par pans entiers, l'édifice byzantin s'effondrait sous les coups de l'islam.

A plusieurs reprises, Byzance s'était déjà manifestée auprès des Occidentaux. En 1073, deux ans après Menzikert, le *basileus* Michel VII avait envisagé un rapprochement des Églises. L'année suivante, on avait vu Grégoire VII se préoccuper d'envoyer en Orient un corps expéditionnaire destiné à soutenir l'empire contre les Turcs. Dans une lettre au comte Guillaume de Bourgogne, le pontife avait lancé un pathétique appel au combat contre l'infidèle. Le 1er mars, dans une encyclique adressée à « tous ceux qui veulent défendre la foi chrétienne », il avait précisé : « L'exemple de notre Rédempteur, le devoir de la charité chrétienne nous prescrivent non seulement de nous affliger de ces malheurs, mais encore, s'il le faut, de nous sacrifier pour nos frères. »

Il avait aussi fallu ajouter à cette lutte contre l'islam une résistance ruineuse contre la poussée des Petchénègues, qui

bénéficiaient de sympathies actives jusque dans la péninsule Balkanique. Puis, ça avaient été les Serbes et les Coumans. Campagnes usantes, sans issue, qu'on devait alimenter d'un nombre toujours croissant de mercenaires. En
1087, Robert le Frison, comte de Flandre, de retour du
pèlerinage de Jérusalem, avait été entrepris à ce sujet par
Alexis Comnène, et avait promis de lui fournir, dès son
retour en Flandre, un contingent de cinq cents cavaliers...

C'est très exactement dans ce contexte que s'inscrivait
l'ambassade byzantine auprès de la papauté. Elle s'étendit
avec complaisance sur les souffrances des chrétiens
d'Orient, sur la perte de territoires chers au cœur de tous
les fidèles, de toutes ces villes d'Asie Mineure qu'avaient
sanctifiées les prédications apostoliques. Leur émotion
était communicative. Urbain II, bouleversé jusqu'au fond
de l'âme, chercha dès lors passionnément un moyen de
répondre à de pareilles angoisses [3].

A Plaisance se manifestèrent aussi des représentants du
clergé et des royautés d'une péninsule Ibérique qui venait
de s'engager, avec toutes ses forces vives, dans la *Reconquista*. En 1064, les armées hispaniques, renforcées de contingents aquitains, bourguignons, champenois et provençaux
accourus à l'appel de l'ordre de Cluny qui imposait sa mar-
que à l'ensemble du monde occidental, avaient repris la ville
de Barbastro. Deux ans plus tard, le vicomte de Castelbo,
Arnaud Mir de Tost, écrivait à l'abbé Hugues de Semur :
« Nous sommes en Espagne, aux frontières de la chrétienté,
d'où, par la vertu du Seigneur notre Dieu qui nous a précé-
dés, accompagnés et suivis, nous avons expulsé les Sarrasins,
non sans grande effusion de sang de part et d'autre. » Le
25 mai 1085, Alphonse VI de Castille avait réussi un coup de
main contre Tolède. Sa chevalerie, assistée de corps français,

---

3. On comprendra qu'il soit impossible de mesurer ici, une fois de
plus, les fondements réels de l'appel de Byzance, singulièrement minimi-
sés par la plupart des historiens modernes, non plus que les causes profondes du mouvement de croisade. On aura recours aux travaux classi-
ques de J. Prawer, R. Grousset, Cl. Cahen, P. Rousset, J. Richard, St.
Runciman, E. Delaruelle, P. Alphandéry, etc.

bourguignons et allemands, s'était emparée de cette ville-symbole mollement défendue par Al Cadir, un roi incapable. L'entrée triomphale des armées chrétiennes dans l'antique capitale de l'Espagne wisigothique avait été célébrée dans toute l'Europe comme le premier pas d'une reconquête définitive de l'ensemble des territoires sous contrôle musulman depuis plus de quatre siècles.

Mais l'entreprise n'avait pas été à l'abri de graves revers. En 1086, Alphonse VI avait tenté d'endiguer une contre-offensive musulmane conduite par Yousouf, émir des Almoravides. Le 23 octobre, les troupes maghrébines, renforcées d'escadrons venus d'Afrique noire, avaient brisé la résistance espagnole, férocement. Pour colmater la brèche, il avait fallu toute la fougue d'Aragon, de Navarre, de Béarn, de Gascogne et de Bourgogne, lancée à l'assaut de l'islam, soudain revigoré. En 1092, Rodrigue Diaz de Bivar — le Cid — avait constitué, autour de Valence, un royaume chrétien, sentinelle avancée face au front almoravide.

Urbain II suivait avec une attention passionnée l'évolution de la reconquête en Espagne. Le 15 octobre 1088, il avait envoyé le *pallium* à Bernard, un moine clunisien qu'il avait constitué son légat pour l'ensemble de la péninsule Ibérique et la Narbonnaise et nommé archevêque de Tolède. Dans le même temps, il s'était employé à resserrer les liens de la papauté avec les royaumes hispaniques, en faisant l'une des pièces majeures de sa nouvelle politique méditerranéenne.

En Italie même, la lutte contre l'islam n'était pas une nouveauté. Plus de deux siècles auparavant, le pape Léon IV avait opposé aux raids musulmans la grande muraille « léonine » et lancé des appels qui, déjà, étaient une invitation à la guerre sainte : « Quiconque sera mort fidèlement dans ce combat, les royaumes célestes ne lui seront pas refusés. » Depuis plusieurs décennies, en accord étroit avec la papauté, les Normands de Robert Guiscard et de son frère Roger de Hauteville menaient un combat sans merci contre les musulmans en terre sicilienne et volaient de succès en succès. En 1061, les infidèles avaient été battus à Cerami et, onze ans plus tard, les Normands étaient entrés dans Palerme ; Tra-

pani, Syracuse, Agrigente étaient tombées. Quatre ans avant
le concile de Plaisance, en février 1091, la dernière forteresse
musulmane de Sicile s'était rendue. Malte avait suivi de peu.

Au XIIIᵉ siècle, avec la sûreté d'un grand historien, Ibn
al-Athir datera ce tournant avec précision :

> « La première apparition de l'Empire des Francs,
> la montée de leur pouvoir, leur invasion des terres de
> l'islam et l'occupation de certaines d'entre elles sur-
> vinrent en 478 (1085-1086), quand ils s'emparèrent de
> la ville de Tolède et d'autres cités d'Andalousie... Puis
> en 484 (1091-1092) ils attaquèrent et conquirent l'île
> de Sicile. Ils poussèrent ensuite jusqu'aux côtes de
> l'Afrique où ils enlevèrent quelques places qui leur
> furent reprises, et d'autres encore... »

« L'idée se développait, constate Claude Cahen, que
l'Église romaine avait un droit particulier sur les églises
des territoires récupérés sur les infidèles. » La pensée
d'Urbain II, fidèle aux principes clunisiens qu'elle dépassait pourtant singulièrement, devait se développer au
cours des mois à venir d'une manière cohérente et efficace. En un moment où la lutte contre l'islam faisait pour
ainsi dire partie de l'air ambiant, elle allait précipiter, pour
des siècles, la chrétienté sur de nouveaux chemins. Aux
impasses dans lesquelles se perdait un Occident divisé
contre lui-même, elle allait substituer un but de dépasse-
ment individuel et collectif d'où la masse des fidèles
devait sortir transfigurée.

Au début du mois d'avril 1095, le pape quittait Plaisance pour Crémone où il eut une entrevue avec Conrad
en révolte contre son père Henri IV. Le jeune homme lui
donna toutes les assurances possibles : il serait, on n'en
pouvait plus douter, un auxiliaire zélé de la politique pontificale. Puis Urbain II gagna Milan, Verceil, Asti et
s'achemina vers le Piémont. A la fin du mois de juillet, il
franchissait les Alpes, sans doute au col du Mont-Genè-
vre.

Le chroniqueur Foucher de Chartres a fait de l'état

d'esprit du pontife au moment où il quittait l'Italie une peinture significative :

> « Le pape..., remarquable tant par sa vie que par son caractère, fit ses efforts pour élever sans cesse la situation de la Sainte Église et pour agir en tout avec autant de sagesse que de courage. Mais à la vue des dommages énormes que tous, clercs ou peuple, causaient à la foi chrétienne et des guerres incessantes qui divisaient les princes de la terre..., à la nouvelle que les provinces de la Romanie avaient été conquises par les Turcs sur les chrétiens et réduites brutalement en servitude, touché de compassion et poussé par l'amour de Dieu, il franchit les montagnes et descendit en Gaule. »

Il était des raisons plus précises à ce voyage. L'Église de France s'assoupissait chaque jour davantage, renouait avec ses vieux démons et oubliait trop, dans le quotidien, les exigences de la réforme grégorienne. L'état du clergé, miné par « la dépravation simoniaque » et des mœurs plus que douteuses, était lamentable. Les rivalités de personnes empoisonnaient la hiérarchie. Quant aux affaires matrimoniales du roi Philippe Ier, elles réclamaient un règlement urgent. « Urbain II avait trop intérêt à une entente avec le roi de France pour ne pas tenter personnellement un dernier effort en vue de ramener le roi à l'observance de la morale chrétienne, avec laquelle il ne peut lui permettre de composer, et sa venue en France constituait le dernier espoir d'une solution conforme aux règles canoniques. »

Le dimanche 5 août, le pape avait atteint la vallée du Rhône et consacrait, à Valence, la nouvelle cathédrale dédiée à saint Apollinaire et que l'évêque Gontard se hâtait de faire achever. Il accomplissait ainsi, pour la première fois en terre française, un geste qu'il lui faudrait répéter inlassablement à chacune de ses étapes pendant un an. Car le monde occidental se métamorphosait à vue d'œil, entraîné dans le raz de marée d'une croissance démographique d'immense conséquence. « En dehors du néolithique et de la révolution industrielle, souligne Pierre Chaunu, il n'est pas d'exemple dans l'histoire d'une croissance aussi rapide et aussi soutenue. » Cette « construction du premier véritable monde plein » avait de nécessaires répercussions sur l'édification de nouveaux lieux de culte, au point que depuis une génération l'Occident se couvrait de ce « blanc manteau d'églises » qui excitera l'admiration du moine Raoul Glaber...

Le 15 août, Urbain II était au Puy. Devant une foule montée à l'assaut de ce sanctuaire en vogue, le pape célébra la messe solennelle de l'Assomption. Puis il s'entretint avec l'évêque du lieu, Adhémar de Monteil. C'était un personnage de noble extraction, originaire du Valentinois, qui avait embrassé la carrière des armes avant d'entrer dans les ordres et — le fait à son importance — de faire le pèlerinage en Terre sainte. On ne sait rien de ce que purent se dire le pontife et l'évêque. Toujours est-il que, le soir même de ce jour de liesse et de réflexion, partaient les bulles de convocation pour un concile qui devait s'ouvrir le 18 novembre suivant, à Clermont en Auvergne. L'appel était pressant. « Nous t'invitons, écrit le pape à l'évêque Lambert d'Arras, de sorte que tu n'oublies pas de te présenter, toutes affaires cessantes, au moment fixé et au lieu susdit. »

Trois jours plus tard, le 18 août, Urbain II était à La Chaise-Dieu où, en compagnie de quelques-uns de ses anciens condisciples de Cluny, il présidait à la dédicace de l'église abbatiale. De là, on le vit regagner la vallée du Rhône. Le 23 août, il était à Romans. Le 1er septembre, la prestigieuse abbaye de Saint-Gilles-du-Gard, dans tout l'éclat de sa prime jeunesse, l'accueillait à son tour, à l'occasion de sa fête patronale. Urbain II devait y rester plus d'une semaine, au cours de laquelle il eut sans aucun doute possible plusieurs entretiens avec Raymond IV de Saint-Gilles, comte de Toulouse et marquis de Provence, le plus puissant seigneur de ce Midi qui avait engagé tant et tant de chevaliers dans la *Reconquista*. Raymond était d'ailleurs un ardent défenseur de la réforme grégorienne et, depuis bientôt vingt ans, l'un des principaux animateurs de la lutte contre les musulmans d'Espagne. Il y a fort à parier qu'au départ du pape, Raymond de Saint-Gilles n'ignorait rien de ses projets.

Le 11 septembre, Urbain II était à Tarascon. Par Avignon, Lyon et Mâcon, il s'achemina par petites étapes vers Cluny où il arriva le jeudi 18 septembre. Cluny ! Il retrouvait là, au creux des collines, telle qu'il n'avait jamais cessé de l'aimer, merveilleuse entre toutes, l'abbaye dont on louait dans toute la chrétienté la ferveur et la sainteté. Il y retrouvait ses compagnons d'hier, et l'ami le plus cher, l'abbé Hugues de Semur, celui-là même qui l'avait accueilli au cloître quelques vingt ans plus tôt. Rien n'avait changé depuis son départ. C'était le même recueillement, les mêmes préoccupations, le souci lancinant de toutes ces abbayes « filles » qui, à travers l'Europe entière, se réclamaient de l'esprit du monastère bourguignon.

Rien n'avait changé, et il redécouvrait avec émotion le chant des scies et des marteaux, l'activité de fourmilière qui, depuis des décennies, marquait la vie quotidienne de Cluny. Une foule de maçons, de carriers, de charpentiers, de sculpteurs s'affairait à dresser, à tailler et à appareiller ce qui devait devenir le joyau de l'Occident, la grande église abbatiale, symbole de la prospérité de l'Ordre et de son rayonnement, dont on avait posé la première pierre sept ans plus tôt. Le 25 octobre 1095, il consacrait lui-même l'autel majeur.

Après ce bain de jeunesse au cours duquel on ne manqua pas d'évoquer la lutte contre l'islam qui se révélait, on le sait, l'une des préoccupations majeures de l'Ordre, Urbain II gagna Autun, puis Souvigny. Il y avait tout juste un siècle que le saint abbé Mayeul était mort dans ce petit prieuré clunisien. Il y reposait toujours, multipliant les miracles, attirant un flot de pèlerins « venus de tout le monde romain » implorer celui en qui le pape Sylvestre II avait reconnu « la plus brillante des étoiles ».

Puis, en compagnie de Durand, évêque de Clermont, qui était allé à la rencontre du pontife, on s'achemina vers l'Auvergne. On était à la mi-novembre.

LE CONCILE DE CLERMONT

Clermont en Auvergne. Un paysage aride et torturé, aux excroissances inquiétantes, noyé de laves tourmentées où quelques pâturages atténuaient à peine le tumultueux envahissement de la forêt.

Le 18 novembre, en l'octave de la Saint-Martin d'hiver, la cathédrale regorgeait d'évêques, d'abbés et de laïques accourus de tout le monde chrétien pour répondre à l'appel pontifical. Par centaines, venus d'Italie, d'Espagne, d'Angleterre ou de France... Le voyage n'avait pas toujours été sans risques, et l'évêque Lambert d'Arras, par exemple, à qui on avait fait en cours de route un mauvais parti, ne devait d'être présent à l'ouverture du concile qu'à sa lointaine parenté avec le duc de Basse-Lotharingie.

Les évêques du Domaine royal, à l'exception de ceux d'Orléans et de Senlis, avaient préféré s'abstenir plutôt que d'encourir les foudres du roi empêtré plus que jamais dans ses désordres conjugaux. Des terres d'Empire, quelques-uns, non sans courage, étaient venus, tels Poppon de Metz, Gérard de Thérouanne, Gervin d'Amiens, les abbés de Saint-Waast et de Saint-Bertin. Et, figure marquante entre toutes, Pibon de Toul, ancien chancelier d'Henri IV, dont la présence était une cinglante provocation envers l'autorité impériale.

Comme à Plaisance l'année précédente, on se pencha sur les difficultés de l'heure. Après avoir tenté de résoudre diverses oppositions de personnes au sein de la hiérarchie, rappelé les exigences du célibat ecclésiastique et des bonnes mœurs, renouvelé la condamnation de la simonie et de l'investiture laïque, le concile adopta plusieurs décrets concernant l'administration des sacrements et insista fermement sur le respect de la Paix de Dieu. Cette idée de mettre un frein à la violence en protégeant les plus démunis faisait son chemin et devait rester l'une des gloires de l'Église de ce temps.

On en profita aussi, les ultimes appels au roi de France étant restés jusque-là sans réponse, pour excommunier en bonne et due forme Philippe Ier et sa « maudite épouse » Bertrade de Montfort.

Le dixième jour du concile, 27 novembre 1095, devait prendre dans l'Histoire une dimension capitale. Urbain II avait décidé de parler ce jour-là en public. Toute la campagne environnante semblait suer une foule compacte, avide de curiosité. Une foule décidée, venue de partout et de nulle part, aspirée par une force mystérieuse, qui voulait voir et entendre celui sur qui reposait le sort du monde, celui à qui avait été donné le pouvoir de lier et de délier, sur la terre et dans les cieux.

Il était là, debout devant la porte du Champ-d'Herm, à l'est de la ville, au pied de la basilique de Notre-Dame-du-Port en construction. On le voit de loin, sur une estrade qu'il a fallu édifier en toute hâte, hors les murs de la ville tant l'affluence promettait d'être considérable. Depuis une quinzaine de jours qu'il était ici, au cœur de cette Auvergne réservée et sauvage, c'était la première fois qu'il voyait tant de gens assemblés, assoiffés d'entendre sa parole vibrante. Et il parla. Il prononça des paroles qui devaient bouleverser le monde et dont, par un paradoxe étrange, on ne connaîtra jamais l'exact contenu. Des quatre versions que nous ont laissées les chroniqueurs, celle de Foucher de Chartres, présent à cette assemblée mémorable, semble conserver la substance de l'appel.

    « Frères bien-aimés,
    « Poussé par les exigences de ce temps, moi, Urbain, portant par la permission de Dieu la tiare pontificale, pontife de toute la terre, suis venu ici vers vous, serviteurs de Dieu, en tant que messager pour vous dévoiler l'ordre divin... Il est urgent d'apporter en toute hâte à vos frères d'Orient l'aide si souvent promise et d'une nécessité si pressante. Les Turcs et les Arabes les ont attaqués et se sont avancés dans le territoire de la Romanie jusqu'à cette partie de la

Méditerranée que l'on appelle le Bras de Saint-Georges, et pénétrant toujours plus avant dans le pays de ces chrétiens, les ont par sept fois vaincus en bataille, en ont tué et fait captifs un grand nombre, ont détruit les églises et dévasté le royaume. Si vous les laissez à présent sans résister, ils vont étendre leur vague plus largement sur beaucoup de fidèles serviteurs de Dieu.

« C'est pourquoi je vous prie et exhorte — et non pas moi, mais le Seigneur vous prie et exhorte comme hérauts du Christ —, les pauvres comme les riches, de vous hâter de chasser cette vile engeance des régions habitées par nos frères et d'apporter une aide opportune aux adorateurs du Christ. Je parle à ceux qui sont présents, je le proclamerai aux absents, mais c'est le Christ qui commande...

« Si ceux qui iront là-bas perdent leur vie pendant le voyage sur terre ou sur mer ou dans la bataille contre les païens, leurs péchés seront remis en cette heure ; je l'accorde par le pouvoir de Dieu qui m'a été donné... Que ceux qui ont été autrefois mercenaires pour des gages sordides gagnent à présent les récompenses éternelles ; que ceux qui se sont épuisés au détriment à la fois de leur corps et de leur âme s'efforcent à présent pour une double récompense. Qu'ajouterai-je ? D'un côté seront les misérables, de l'autre les vrais riches ; ici les ennemis de Dieu, là ses amis. Engagez-vous sans tarder. Que les guerriers arrangent leurs affaires et réunissent ce qui est nécessaire pour pourvoir à leurs dépenses. Quand l'hiver finira et que viendra le printemps, qu'ils s'ébranlent allégrement pour prendre la route sous la conduite du Seigneur ! »

Ces paroles que chacun, ici, était préparé à entendre, suscitèrent un extraordinaire enthousiasme dont la plupart des chroniqueurs, tardifs il est vrai, ont porté témoignage. Les fidèles, soulevés d'émotion et de foi, firent leur dans l'instant cet appel surprenant à « l'exil volontaire ». La foule se mit à acclamer le pontife. Puis un seul cri jaillit de milliers de poitrines unanimes : « *Deus lo volt !* Dieu le veut ! »

L'évêque Adhémar de Monteil s'agenouilla alors devant Urbain II et s'engagea solennellement à refaire le « passage ». Était-ce le signal que chacun attendait ? La plupart des chevaliers présents firent le même vœu et commencèrent à coudre sur leur épaule droite une croix d'étoffe rouge. A la ferveur des grands succéda celle des humbles qui se sentaient brûler d'une fièvre inconnue, cependant que le pape bénissait une infinité de ces petites croix qui deviendraient l'emblème du pèlerin : *crucesignatus* (marqué d'une croix).

Au soir de ce jour à jamais mémorable, chacun rentra chez soi, qui dans son château, qui dans sa chaumière, avec au cœur le sentiment d'avoir vécu des instants d'une rare densité. Mais combien comprirent qu'un chemin nouveau venait de s'ouvrir à la chrétienté, une voie royale sur laquelle chacun allait bientôt être sommé de s'engager lorsque sonnerait l'heure du choix ?

Le « retournement du monde »

Dès le 28 novembre, des envoyés du comte Raymond de Toulouse firent savoir que leur maître prendrait la croix et manifestait le désir d'achever ses jours en Terre sainte. Urbain II profita de ses dernières heures de présence à Clermont pour prendre les ultimes décisions concernant la préparation matérielle de l'expédition. On fixa au 15 août de l'année suivante la date du départ des armées croisées. Le rendez-vous était donné au Puy. Pour que nul ne puisse récuser le caractère spécifiquement religieux de l'entreprise, Urbain II mit à la tête des troupes chrétiennes l'évêque du Puy, Adhémar de Monteil, le premier à avoir pris la croix, avec le titre de légat pontifical.

Il fut décidé que le voyage, entrepris avec une intention droite, remplacerait les pénitences imposées par l'autorité ecclésiastique. Plus concrètement, on s'employa à garantir les droits de ceux qui resteraient éloignés de chez eux pen-

dant un temps indéterminé, selon toute probabilité fort
long. Les biens des « croisés » seraient mis sous la protection de l'Église. En matière judiciaire, l'engagement était
suspensif. Mais, pour freiner un recrutement anarchique,
la hiérarchie se réservait le droit d'accepter ou de récuser
une participation jugée inopportune. On crut même nécessaire de préciser que « les hommes nouvellement mariés
ne pourraient prendre la croix sans le consentement de
leur femme »... En revanche, le vœu de se croiser était à ce
point contraignant que sa violation serait passible de
l'excommunication.

Avant de quitter Clermont, Urbain II envoya à tous
les évêques qui n'avaient pu participer au concile une
lettre circulaire où se trouvaient exposés les modalités
et les buts de l'entreprise dont il venait de jeter les fondements.

Puis, évitant les États du roi Philippe excommunié (ce
qui le privait de revoir sa Champagne natale), il prit la
route du sud. Le samedi 2 décembre au soir, il couchait au
monastère clunisien de Sauxillanges, sur les rebords sep-
tentrionaux du Livradois. Par Brioude, il gagnait Saint-
Flour où, le 7 décembre, il procédait à la dédicace de la
cathédrale Saint-Pierre. Le 23, il était à Limoges où il célébra les fêtes de Noël et consacra la cathédrale Saint-
Étienne et l'abbatiale du Saint-Sauveur. Pendant tout
l'hiver, il parcourut ainsi le Limousin, puis le Poitou,
l'Anjou et le Maine, consacrant inlassablement église sur
église. Le 14 mars, il était à Tours où, deux jours plus
tard, devait s'ouvrir un synode auquel participèrent
nombre d'évêques et où il fut question de l'expédition qui
se préparait. Car, toujours infatigable, Urbain II prêchait. Partout où le portaient ses pas, devant des foules
considérables, il rappelait les décisions du concile de
Clermont, invitait au renoncement et trouvait les paroles
qu'il fallait pour émouvoir et précipiter les fidèles vers
l'inconnu.

A ceux qu'il ne pouvait convaincre par la chaleur du
verbe, il écrivait des lettres insistantes : le vœu de « croi-

sade » obligeait tout le monde [4]. On en conserve une, adressée « à l'ensemble des fidèles demeurant en Flandre » :

> « Nous pensons que votre fraternité a déjà appris par les récits de plusieurs qu'une rage barbare a détruit les églises de Dieu en Orient par une malheureuse dévastation ; plus encore, que la sainte cité du Christ, illustrée par sa Passion et sa Résurrection, a été réduite à une intolérable servitude. Saisi d'une pieuse compassion au spectacle de cette catastrophe, nous avons visité la terre de France, avons sollicité les princes et sujets de ce pays de libérer les Églises d'Orient et avons au concile de Clermont décidé ce départ pour la rémission de tous leurs péchés et établi notre très cher fils Adhémar, évêque du Puy, comme chef de ce voyage et de cette entreprise... Si à quelques-uns d'entre vous Dieu inspire de faire ce vœu, qu'ils sachent qu'ils pourront se joindre avec leur troupe à ce départ fixé, avec l'aide de Dieu, au jour de l'Assomption de la bienheureuse Marie. »

Lorsque, au mois d'août 1096, après avoir sillonné l'Aquitaine, le Languedoc et la Provence, Urbain II, par Cavaillon, Apt et Forcalquier, eut franchi les cols alpins et regagné l'Italie, la chrétienté avait déjà, au fond d'elle-même, accepté la grande commotion. Aux carrefours, sur les places des villes et des bourgs, des prédicateurs ambulants donnaient à l'appel pontifical un écho inattendu et formidable. Depuis quelques mois déjà, partout, chacun pouvait constater stupéfait ce que Michelet, en visionnaire, devait appeler « le retournement du monde ».

---

4. On sait que, si le terme « croisé » *(crucesignatus)* est fréquent chez les historiens médiévaux, le mot « croisade » n'y figure jamais. On parle plus volontiers de pèlerinage, de voyage, de passage ou même, tout simplement, de chemin de Jérusalem.

CHAPITRE VIII

L'engagement

A l'appel de Clermont, les consciences s'embrasèrent et sacrifièrent un dur présent aux incertitudes d'un avenir transfiguré par la foi. Dans tout l'Occident, le message retentit et trouva une audience dont les contemporains, et Urbain II tout le premier, furent ébahis.

On vit bientôt dans les ports, débarqués d'on ne savait où, des hommes étranges qui, « pour se faire comprendre, mettaient leurs doigts l'un sur l'autre en forme de croix, montrant par leurs signes, à défaut de paroles, qu'ils voulaient partir pour la cause de la foi ». Nombre de prédicateurs s'employaient à semer le grain, exhortaient un peuple prompt à s'enflammer, à s'arracher aux banalités du quotidien pour « s'en aller volontairement en exil ».

Chacun connaît le plus illustre de ces hérauts au souffle prophétique. Originaire de Picardie, Pierre l'Ermite était un petit homme sec, aux yeux de braise, un magnétiseur dont la voix empoignait les foules.

> « Nous le vîmes parcourant les villes et les villages, témoigne Guibert de Nogent, et prêcher partout. Le peuple l'entourait en foule, l'accablait de présents et célébrait sa sainteté par de si grands éloges que je ne me souviens pas que l'on ait jamais rendu pareils honneurs à toute autre personne... En tout ce qu'il faisait ou disait, il semblait qu'il y eût en lui quelque

chose de divin ; en sorte qu'on allait jusqu'à arracher
les poils de son mulet pour les garder comme reliques... En plein air, il portait une tunique de laine, et
par-dessus un manteau de bure qui lui descendait
jusqu'aux talons. Il avait les bras et les pieds nus, ne
mangeait point ou presque de pain, et se nourrissait
de vin et de poisson. »

Un personnage fait pour la légende, envers qui
d'aucuns ont vu, non sans raison, « un meneur d'hommes
plus imaginatif que sage ». Un parmi beaucoup d'autres.
Il n'empêche que le succès fut foudroyant. Par centaines,
par milliers, des petites gens quittèrent tout pour suivre cet
homme inspiré en qui s'incarnait l'espérance. Masse
confuse sur laquelle planait encore l'horreur de la terrible
disette de cette année-là, mais dont l'âme savait vibrer à
cet appel à un plus grand effort, marchait vers le salut,
vers cette Jérusalem céleste dont le nom semblait maintenant gravé, depuis la nuit des temps, au fond du cœur de
chacun.

Partout où Urbain II n'avait pu lui-même faire lever la
moisson, Pierre l'Ermite prêchait. Infatigable. Dans le
Berry et l'Orléanais, à Chartres, dans le Beauvaisis et en
Champagne. Et la troupe de jour en jour grossissait. On
vit « des pauvres ferrer leurs bœufs à la manière des chevaux, les atteler à des chariots à deux roues sur lesquels ils
chargeaient leurs minces provisions et leurs petits enfants,
et qu'ils traînaient ainsi à leur suite ». Et la troupe de
s'accroître. Elle s'en allait de ville en bourg, de château en
village et, à chaque étape, les pèlerins « demandaient si
c'était là cette Jérusalem vers laquelle ils marchaient ».

On fut bientôt dans la vallée de la Moselle, dans le
duché de Basse-Lotharingie, avant d'atteindre Trèves. Le
12 avril 1096, Pierre l'Ermite et sa caravane de loqueteux
inspirés étaient à Cologne. Demain, Jérusalem. Ou l'éternité.

LES PREMIERS PÈLERINS

« En prévision du pèlerinage à venir, prirent ensemble
la croix le vaillant et illustre seigneur Godefroy, duc de
Lotharingie, et aussi ses frères, à savoir le seigneur Baudouin et le seigneur Eustache. » C'est tout ce qu'on saura
jamais de l'engagement de Godefroy de Bouillon et de ses
frères à partir pour les rives du Jourdain. Une constata-
tion, sèche comme un acte notarié, qui laisse tout ignorer
des raisons profondes d'un grand féodal à l'autorité bien
assise soudain tenté par le vertige de l'inconnu. Sans vouloir « sonder les reins et les cœurs », sans doute peut-on
planter quelques jalons, replacer cette décision surprenante, et politiquement insensée, dans un ensemble qui,
sans rien enlever aux mérites d'une démarche individuelle,
en précise et en explique la cohérence.
Elle s'inscrivait d'abord dans le droit fil d'une vague de
pèlerinages qui, liée au réveil religieux issu du renouveau
monastique, avait pris dans le courant du XIe siècle des
proportions véritablement épidémiques. Raoul Glaber,
témoin oculaire de cette migration, l'atteste de façon irrécusable :

> « Une foule innombrable venait des extrémités du
> monde visiter le saint sépulcre du Sauveur à Jérusa-
> lem. Jamais on aurait cru qu'il pût attirer une foule
> aussi prodigieuse. D'abord la basse classe du peuple,
> puis la classe moyenne, puis les rois les plus puis-
> sants, les comtes, les marquis, les prélats. Enfin, ce
> qui ne s'était jamais vu, beaucoup de femmes nobles
> ou pauvres entreprirent ce pèlerinage. Il y en eut
> même plusieurs qui témoignèrent le plus ardent désir
> d'y mourir plutôt que de rentrer dans leur pays. »

De Basse-Lotharingie, de Flandre ou de Germanie
étaient partis des prêtres, des moines, des prélats et des
seigneurs dont l'aventure, partout rapportée et embellie,

hantait les mémoires. En 1026, le célèbre abbé Richard de Saint-Vanne avait organisé un pèlerinage grâce à la libéralité du duc Richard II de Normandie. En 1039, Thierry, comte de Hollande, avait lui aussi pris la route. Vers 1053, Théoduin, évêque de Liège, et l'un de ses chanoines du nom d'Anselme étaient partis à leur tour. L'année suivante, Lietberg, évêque de Cambrai, n'avait échoué que tout près du but, vaincu par d'insurmontables difficultés. Dans les années 1060, le comte Conrad de Luxembourg avait été expier en Terre sainte des fautes qui lui avaient valu l'excommunication. Il s'était fait accompagner de l'évêque Pibon de Toul. En 1064, c'était Gunther, évêque de Bamberg, auquel s'étaient joints les évêques Siegfried de Mayence, Otton de Ratisbonne et Guillaume d'Utrecht, qui organisait une expédition de plusieurs milliers de pèlerins dont une bande de Bédouins, en Asie Mineure, avait fait une effroyable boucherie. En 1080, le chroniqueur Lambert de Hersfeld désertait sans vergogne son abbaye « pour la gloire de Dieu », touchait aux rives de la Terre promise et ne regagnait son monastère, enfin apaisé, que l'année suivante. L'évêque Thierry de Verdun, avec qui Godefroy avait eu les relations qu'on sait, était parti lui aussi...

Mais s'il est un « passage » qui marqua les esprits, ce fut bien celui du comte de Flandre, Robert le Frison, en 1088. Il avait été reçu avec honneur, sur le chemin du retour, par Alexis Comnène. Sa mort, en 1093, en avait fait une figure de légende. Au siècle suivant, Guibert de Nogent racontera que le comte de Flandre, à Jérusalem, avait entendu son hôte musulman lui dire tout à trac : « Nous avons vu dans le mouvement des étoiles des signes extraordinaires qui nous prédisent que des chrétiens viendront dans ce pays et nous subjugueront à la suite de nombreux combats et de fréquentes victoires... » Et c'est à son fils que le pape Urbain II, au lendemain du concile de Clermont, avait envoyé une lettre pressante invitant les Flamands à suivre les traces du vieux comte. Nul doute que cet appel ait eu quelque écho en Basse-Lotharingie.

Certains ont vu dans la décision de Godefroy de Bouil-

lon des raisons plus intimes de faire œuvre de pénitence.
On le sait pieux, d'une ferveur religieuse qui, à elle seule,
expliquerait ce départ brusqué. D'autres y ont reconnu
une influence monastique, indéniable tant en France
qu'en terre impériale où la réforme clunisienne, dont on a
vu le rôle éminent dans la formation de la pensée
d'Urbain II, était fortement implantée dans des abbayes
comme Saint-Vanne de Verdun, Stavelot ou Hirschau
dont l'abbé Guillaume, mort en 1091, avait conduit de
main de maître le renouveau de la vie monastique en
Souabe et en Bavière, tout en s'opposant à la politique
antigrégorienne de l'empereur Henri IV.

Le duc de Basse-Lotharingie a-t-il voulu, par un geste
qui serait d'emblée compris de tous, expier son attitude
brutale envers l'abbaye de Saint-Trond, ses hésitations à
soutenir des droits des abbés de Saint-Laurent et de Saint-
Hubert ? Les chroniqueurs monastiques l'affirment. Ils y
trouvaient leur compte. Qui pourrait prétendre trancher en
pareille matière ?

Un fait demeure acquis. Avant même le printemps de
1096, avant que la troupe hétéroclite des pauvres gens
conduits par Pierre l'Ermite eût atteint les rives de la
Moselle, le seigneur de Bouillon avait pris la croix et
convaincu bon nombre de barons lotharingiens de se joindre à la grande expédition armée qui allait s'ébranler pour
délivrer le tombeau du Christ.

Le geste de ce vassal inconditionnel de l'Empire étonna.
Mais il faudrait compter avec cet ost de Wallons, de Flamands, de Saxons, d'Alamans, de Bavarois qui, sous un
chef unique qui savait parler dans leurs langues, suppléait
à la défection d'un empereur rebelle et excommunié.

AVANT LE GRAND DÉPART

L'entreprise n'était pas mince. Tout était à prévoir du
déroulement d'une campagne sans précédent connu, de la
survie matérielle d'hommes de guerre, de femmes,
d'enfants, de vieillards, de prêtres ou de moines jetés pour

un temps indéterminé sur des routes mal connues. Et d'abord, comme beaucoup de barons qui venaient de prendre la croix, Godefroy de Bouillon dut régler ses propres affaires et se procurer les fonds nécessaires à une levée de troupes proprement ruineuse.

Tout naturellement, il fit appel à son lignage. Son père, le comte Eustache II de Boulogne, reposait depuis quelques années dans l'église abbatiale de Saint-Vulmer. Son frère aîné, Eustache III, était devenu comte de Boulogne. Sans hésiter, il décida, conjointement avec son frère cadet Baudouin, de s'attacher au destin du duc de Basse-Lotharingie.

Toute la famille, réunie ou en ordre dispersé, s'emploie à soutenir ce nouveau combat. La *Chronique* de l'abbaye d'Afflighem fondée par les comtes de Louvain sur le domaine d'Asse en Brabant, à égale distance de Bruxelles et d'Alost, nous décrit deux des frères parcourant le duché, recrutant des chevaliers et multipliant les donations.

« Il arriva que les deux fils de la dame Ide, comtesse des Boulonnais, le duc Godefroy et son frère Baudouin, faisant leurs préparatifs de départ pour Jérusalem et parcourant toute la contrée pour rassembler l'armée des fidèles, passèrent par notre province. Comme ils distribuaient en route une partie de leurs biens aux couvents pauvres, les religieux d'Afflighem ne négligèrent pas l'occasion qui se présentait à eux d'obtenir quelque fondation. Il y avait justement dans le monastère un moine nommé Godefroy le Noir, qui avait connu le duc de Bouillon dans le monde. On l'envoya à la rencontre des princes. Les deux frères acceptèrent par amitié et piété l'hospitalité qui leur était offerte à Afflighem. Ils donnèrent au couvent cinq domaines... Mais les religieux firent bientôt réflexion que le frère de Godefroy et de Baudouin, le comte Eustache, n'était point présent à cet acte et ils en conçurent de vives inquiétudes pour l'avenir : ils craignaient d'être troublés plus tard dans la possession des biens qui leur avaient été donnés. Ils tinrent donc conseil et députèrent à Boulogne quelques-uns

d'entre eux pour obtenir du comte la ratification de
ce qui s'était fait. Eustache III, loin de réclamer
contre ce qu'avaient donné ses frères, y ajouta l'abandon de son propre droit à perpétuité... »

Ide de Boulogne était maintenant plus que quin-
quagénaire. Après la mort de son mari, elle avait apporté
à son fils aîné une aide discrète mais efficace et procédé
à bon nombre de fondations pieuses. Elle n'en surveil-
lait pas moins de fort près ses biens anglais du Dorset,
du Surrey et du Somerset et ses nombreux alleux continentaux. La décision de ses fils de partir outre-mer ne
la surprit nullement. Aussitôt, elle se mit en chasse,
arpentant ses terres lotharingiennes, visitant ses vassaux. Elle préparait aussi, en femme de tête, le grand
départ.

Au début de l'année 1096, la comtesse était à Bouillon.
Ce qu'elle y découvrit, après une longue absence, n'était
pas de son goût. Elle constata avec stupeur que le prieuré
de Saint-Pierre, dépendant de l'abbaye de Saint-Hubert,
était dans un état d'abandon navrant. Elle en fut d'autant
plus blessée que c'était une fondation que son père Godrefroy le Barbu mourant avait expressément incluse dans ses
dispositions testamentaires. Elle en référa sur-le-champ à
l'abbé Thierry II de Saint-Hubert qui dut lui révéler que
cette calamité n'était pas de son fait, mais que son frère
Godefroy le Bossu et son propre fils avaient purement et
simplement supprimé la fondation en détournant à
d'autres fins les revenus qui lui étaient alloués. L'abbé en
profita pour lui faire aussi remarquer que le duc, en vertu
d'une bulle du pape Alexandre II, était pour ce motif sous
le coup d'une excommunication.

Ide persuada alors Godefroy de Bouillon de réparer cette ignominie de manière publique et éclatante.
Elle-même donnerait l'exemple en faisant donation à
l'abbaye de Saint-Hubert de l'église de Baisy, en Brabant, qui lui appartenait en alleu patrimonial. Le duc
s'inclina et, par acte écrit, confirma au prieuré de

Saint-Pierre la possession de l'église mère de Sensenruth avec les églises qui en dépendaient, et lui donnait la chapelle de Saint-Jean au château de Bouillon devenue église paroissiale depuis la fondation de Godefroy le Barbu. La donation fut enregistrée en présence de la comtesse, d'Eustache et de Baudouin, du comte Arnoul de Chiny et « de toute la noblesse lotharingienne ».

Cette mère attentionnée ne s'arrêta pas en si bon chemin. Par un acte dont l'original est conservé, elle fit don à l'abbaye de Munsterbilsen, dans le Limbourg, où étaient inhumés sa mère Doda et son grand-père le marquis Gozelon, de divers biens, droits et revenus d'une quinzaine de localités situées dans la région de Tongres. Le diplôme mentionne l'accord de ses trois fils (dont Godefroy, qui y figure comme témoin) et l'obligation pour la communauté de distribuer des aumônes et de réciter à perpétuité des prières pour le repos de l'âme des défunts de la Maison d'Ardenne qui reposaient là.

Peu après, la comtesse complétait la donation faite par ses fils à l'abbaye d'Afflighem en offrant « aux frères, en ferme et perpétuelle possession, l'église qui est située dans mon alleu et village de Genappe, avec les dîmes et tous les revenus. Mes fils Godefroy, Eustache et Baudouin m'ont prêté leur concours... Fait à Maestricht, dans l'église de Saint-Servais, confesseur, en présence des reliques de sainte Gertrude, vierge, apportées ici en ce but. Et afin que cette donation soit ratifiée et incontestée dans les siècles à venir, je consigne exactement ce qui a été fait dans ces lettres que mon fils Godefroy et moi avons munies de notre sceau. » Au bas de l'acte fut apposé le sceau de guerre du duc de Basse-Lotharingie au côté de celui, en navette, de sa mère.

Cette avalanche de dons, qui nous paraît imprudente en un moment où de toute évidence le duc aurait besoin de réunir le maximum de liquidités en un minimum de temps, s'inscrivait naturellement dans le mouvement d'ascèse personnelle de tous ceux qui s'étaient engagés dans ce pèlerinage et faisaient ainsi « bénéficier la communauté... de l'effort entrepris sous l'effet de la grâce ».

Et tout cela se passait « en cette année de l'Incarnation de Notre-Seigneur Jésus-Christ mil quatre-vingt-seize, l'année du départ des chrétiens qui s'en vont combattre les païens à Jérusalem ».

LA VENTE

Ce mépris des « richesses périssables », ces marques de respect, d'affection et de piété, le souci qu'avait cette « humble servante du Christ » du salut de son âme ne faisaient pas oublier la grande affaire du moment : cette expédition armée qui promettait d'engloutir des sommes considérables. La comtesse semble avoir été une femme fort avisée, qui savait que l'argent était le nerf de la guerre. Le même jour, toujours à Saint-Servais de Maestricht, elle vendait à l'abbaye de Nivelles ses alleux de Genappe et de Baisy, excepté, bien entendu, les églises données aux abbayes d'Afflighem et de Saint-Hubert.

Mais il tombait sous le sens que le produit des ventes des alleux de la seule comtesse Ide ne pourrait couvrir l'ensemble des dépenses d'équipement et, surtout, fournir en quantité suffisante les espèces métalliques absolument indispensables à la survie d'un ost important sur une route aussi longue et aventureuse. Il fallut à Godefroy de Bouillon engager ses propres domaines.

Il se sépara du comté de Verdun, qu'il avait d'abord pensé céder à son frère cadet. Lorsqu'il apprit que Baudouin s'était croisé à son tour, il vendit le comté, ainsi que les fiefs de Stenay et de Mouzay qui lui avaient coûté tant de peine, à l'évêque Richer de Verdun qui, au témoignage de Laurent de Liège, fut contraint de faire main basse sur les biens ecclésiastiques pour réunir « une forte somme en or et en argent » dont on ignore le montant exact. Auparavant, il avait pris soin d'étendre les domaines que possédait en propre, à Stenay, l'abbaye de Gorze depuis qu'en 1093 il l'avait dotée d'un prieuré par un diplôme dont le musée Condé de Chantilly possède aujourd'hui encore l'expédition authentique.

Ces procédures financières n'étaient que peu de chose auprès de la cession du château et des terres de Bouillon, à laquelle il allait bien falloir se résoudre. C'était le joyau de la famille d'Ardenne, l'endroit où il avait été élevé, pour lequel il s'était si longtemps battu et dont il portait le nom. Cette décision d'aliéner cette terre patrimoniale dut être un déchirement. Encore fallait-il trouver un acquéreur qui eût une encaisse métallique en rapport avec l'objet de la vente et suffisante pour subvenir aux besoins du croisé. Et établir avec rigueur, dans les moindres détails et au mieux des intérêts des parties, les modalités de cette énorme transaction.

Le seul dans le duché de Basse-Lotharingie à pouvoir réunir une somme importante pour l'acquisition d'une place forte était évidemment l'évêque Otbert de Liège. Le personnage, pour peu recommandable qu'il fût et quels qu'eussent été l'attitude et les sentiments de Godefroy à son égard, avait en l'occurrence un avantage éminent : c'était un homme d'affaires accompli, et tout le monde s'accordait à lui reconnaître un talent incomparable dans les « manipulations monétaires ». Trop d'ailleurs, au dire des réformateurs dont il était, depuis belle lurette, la cible favorite et qui vouaient aux gémonies cette « jument du diable », ce « porte-étendard de l'antéchrist ».

Godefroy de Bouillon, pressé de réaliser ses biens, ne pouvait s'arrêter à ces détails. Et si vives qu'eussent été les préventions du prince-évêque de Liège envers un duc qui n'avait jamais manqué une occasion de saper son autorité, Otbert se garda bien de se dérober à un arrangement qui, d'un coup, accroissait démesurément son pouvoir et son influence. Le départ de Godefroy était déjà en soi une aubaine qu'Otbert accueillit avec délectation. Il aurait désormais les mains libres pour imposer, au détriment du prestige ducal, une puissance épiscopale que, depuis des décennies, tous les évêques de Liège s'étaient employés à

développer. Quant à l'acquisition de Bouillon, elle s'inscrivait d'emblée dans la ligne de l'instauration, encore
récente, de la Paix de Dieu. Le moment n'allait pas tarder
où Otbert, dans une charte en faveur de Notre-Dame de
Dinant, qualifierait la transaction d' « accroissement glorieux de la chose publique ».

D'aucuns, fort préoccupés de l'honneur posthume du duc
de Basse-Lotharingie, ont jeté sur cette opération financière
un voile pudique. D'autres se sont étonnés de ce que l'argent
nécessaire à la croisade provînt « d'une source bien douteuse ». Au contraire, il semble bien que Godefroy de Bouillon, en politique lucide, ait vu clairement qu'il était de son
intérêt de confier la gestion de ses biens à un orfèvre en la
matière. Henri Glaesener s'est fait, non sans de solides raisons, le défenseur de ce point de vue : « Malgré de graves
infractions d'ordre moral, (Otbert) avait à son actif d'appré-
ciables qualités au point de vue pratique... Avec un tel protecteur, les domaines de Godefroy, offerts en gage à l'évêque, couraient évidemment moins de risques qu'avec un
autre prélat plus absorbé qu'Otbert par les intérêts spirituels
de ses ouailles. »

Il apparaît d'ailleurs que les contemporains, comme
souvent, furent moins sévères que les modernes censeurs
et aient apprécié à sa juste valeur le choix d'un « gestion-
naire ». Seuls les réformateurs, pour qui tout accommodement avec l'évêque simoniaque était passible de sanctions
et qui n'allaient pas tarder à faire les frais de l'opération,
crièrent au scandale. Encore mirent-ils moins en cause le
principe même de la cession que la manière dont Otbert,
pressé, s'était procuré les fonds.

De par la volonté des empereurs germaniques, les
princes-évêques de Liège avaient le privilège de battre
monnaie dans huit ateliers répartis sur l'ensemble de la
principauté, dont l'un était d'ailleurs établi à Bouillon
même. Mais on ne pouvait, en ces temps où les réserves
étaient réduites, opérer une ponction importante sur le
numéraire en circulation sous peine de déséquilibrer gravement les finances publiques. Aussi Otbert n'hésita-t-il
pas à recourir aux expédients et à frapper lourdement les

établissements qui relevaient du temporel de l'Église liégeoise. Il fallut envoyer sur-le-champ à la fonte tous les
objets précieux d'or et d'argent pour en faire des lingots.
Crosses ornées de pierres rares, vêtements sacerdotaux
brodés de fils d'or, et jusqu'aux plaques d'or de la châsse
de Saint-Lambert, tout fut englouti par le nouveau Lévia-
than. L'église de Lobbes dut se défaire d'une « table
d'argent » qu'elle avait su jusque-là défendre contre toutes
les convoitises. A l'abbaye de Saint-Hubert, les émissaires
d'Otbert enlevèrent une table d'autel recouverte d'or, bri-
sèrent trois croix dont ils arrachèrent les pierres précieuses, sans se laisser intimider par l'anathème dont feu
l'évêque Henri de Liège avait menacé quiconque enlève-
rait la plus grande de ces croix. Après leur départ, les
moines rassemblèrent les parcelles d'or qui avaient
échappé à la vigilance des accapareurs. Détail cocasse : le
marc et demi d'or ainsi récupéré fut employé à l'achat
d'un alleu appartenant au comte Conon de Montaigu, lui
aussi sur le point de se croiser...

Car le procédé, s'il incitait les victimes à pousser des hauts
cris, n'était pas nouveau. Depuis l'époque mérovingienne,
les trésors des églises étaient unanimement considérés
comme « une réserve métallique destinée à parer à toutes les
éventualités ». Les disponibilités des princes territoriaux
consistait le plus souvent en métaux précieux non mon-
nayés. C'était déjà le cas au temps de Godefroy le Barbu.

La vente de Bouillon fut conclue sur le pied de 1 300
marcs d'argent fin, auxquels il faut ajouter, au témoignage
de Laurent de Liège, 3 marcs et une livre d'or (le marc
d'or, depuis l'époque carolingienne, équivalait à 12 marcs
d'argent). C'était une somme assez considérable. On peut
en apprécier l'importance par quelques comparaisons.
Quelques années plus tôt, l'abbé de Saint-Trond avait
acheté une *villa* pour 100 marcs d'argent. Vers 1088, Brunon, prétendant à l'évêché de Metz, avait vendu quatre *villae*
pour la même somme. Le comte Baudouin II de Hainaut
avait engagé son château de Couvin pour 50 marcs d'or (soit
600 marcs d'argent). Au siècle suivant, Frédéric Barberousse
devait engager à l'évêque de Liège tous les biens impériaux

situés à l'ouest de la Meuse pour 1 000 marcs d'argent. La faible quantité d'or remise au duc de Basse-Lotharingie était le symptôme de la grave pénurie de ce métal en Occident où il n'était plus frappé. L'or était rare, mais pas totalement absent. En 1071, l'abbaye de Saint-Hubert avait prêté à la comtesse Richilde de Hainaut cinq cents besants d'or byzantins contre l'engagement de son alleu de Chevigny. Transaction exceptionnelle.

Godefroy de Bouillon n'avait pas fait une si mauvaise affaire, même si la masse métallique ainsi recueillie ne souffre pas la comparaison avec les fonds dont pourrait disposer un autre croisé, Robert Courteheuse, duc de Normandie, fils du Conquérant, qui avait cédé son beau duché à son frère Guillaume le Roux, roi d'Angleterre, pour la somme astronomique de 10 000 marcs d'argent.

Telle qu'elle était, la somme faisait déjà du duc de Basse-Lotharingie, au témoignage d'Anne Comnène, fille de l'empereur de Byzance, un homme « riche ». Suffisamment pour qu'on hausse la mise. Au siècle suivant, Orderic Vital, dans son *Historia ecclesiastica*, portera le montant de la cession à 7 000 marcs. Au XIIIe siècle, dans sa *Chronique*, le moine Aubry de Troisfontaines, témoin d'un temps d'intense circulation monétaire, décrira le grand autel de Saint-Lambert de Liège croulant sous une montagne de deniers d'argent réunis là pour l'occasion. Il n'en était rien.

Le montant de la transaction dut être remis en lingots d'or et d'argent (l'Orient ne vivait pas, comme l'Occident à la même époque, sous le régime du monométallisme argent, et l'or devait se révéler précieux dans l'Empire byzantin). Cette pratique, couramment appliquée aux gros paiements (le règlement du château de Couvin, dont on a parlé, s'était effectué « au poids »), avait le double avantage de préserver la principauté d'un exode massif de numéraire et, surtout, de fournir aux croisés une grande masse de métaux précieux sous une forme aisément transportable (l'argent à lui seul représentait une masse d'environ 360 kg) et transformable en monnaie locale au gré des besoins et des pays traversés.

Il restait à régler les modalités juridiques de la vente. Il est aujourd'hui acquis que la cession se fit « à réméré ». C'était une pratique fort répandue pendant toute la période médiévale, qui consistait à mettre en gage une possession quelconque tout en laissant au vendeur (ou à des héritiers dûment désignés par lui) la faculté de racheter ses biens dans un délai fixé par contrat, en remboursant le prix et les loyaux coûts de la vente. C'était une manière habile d'enfreindre les interdictions sans cesse réitérées de l'Église en matière d'usure [1].

Est-il besoin de souligner que la procédure utilisée prouvait que Godefroy, pèlerinage achevé et mission accompli, n'avait nullement l'intention de s'établir en Orient et, en tout cas, n'était pas disposé à aliéner les biens de la famille d'Ardenne ? Il n'empêche que sa décision fut diversement appréciée. L'auteur de la *Chronique de Saint-Hubert* n'est pas loin d'y voir une trahison. Godefroy de Bouillon y est dépeint — comme tous les croisés d'ailleurs — sous les couleurs les plus noires : un féodal qui man-

---

1. Il semble que les héritiers de Godefroy prévus au contrat aient été ses deux frères Eustache et Baudouin (ou « trois personnes désignées par lui », les sources divergeant sur ce point). Tous moururent sans avoir racheté le gage. Bouillon devint alors une possession de l'évêché de Liège, et la source d'âpres contestations. L'évêque Otbert dut commencer à rembourser les églises qu'il avait en cette occasion « dépouillées », mais ne put éponger la totalité du passif. En mars 1104, dans le palais d'Aix-la-Chapelle, un tribunal ecclésiastique présidé par l'archevêque Frédéric de Cologne devait le juger pour altération de la monnaie, vente d'abbayes et de dignités, spoliation de biens d'Église. Blâmé, condamné à réparer, le prince-évêque ne fut sauvé que par l'intervention d'Henri IV. Peu après, l'empereur destitué se réfugiera à Liège, auprès de cet attentif serviteur de la cause impériale, et y mourra en 1106, dans le plus extrême dénuement.

L'acte de vente du château et des terres de Bouillon n'a jamais été retrouvé. Déjà, à la fin du XVIIe siècle, un érudit liégeois, après avoir compulsé tous les diplômes de l'immense dépôt de l'évêché, constatait avec regret cette lacune. Seules demeurent les sources littéraires (Lambert de Liège, *Chronique de Saint-Hubert*, le *Triumphus Sancti Lamberti de castro Bullonio* attribué à Renier de Saint-Laurent, les *Gesta episcoporum Leodiensium* de Gilles d'Orval, etc.), qui présentent entre elles de notables divergences, notamment quant au montant de la transaction. La question a été exposée de manière lumineuse par Jean-Louis Kupper dans un article remarquable : « Otbert de Liège. Les manipulations monétaires d'un évêque d'Empire du XIIe siècle », in *Le Moyen Age*, t. LXXXVI, 1980, pp. 353-385.

quait à ses devoirs les plus sacrés, abandonnait ses fiefs, sacrifiait « le certain à l'incertain ».

Quoi qu'il en soit, le duc avait tout fait pour que la chevalerie lotharingienne fût prête au jour fixé par Urbain II pour le grand passage. Une partie de sa vie était déjà derrière lui. Qui pourra jamais dire qu'il l'abandonna sans regrets ? Mais l'attrait d'un inconnu transfiguré par la foi était puissant. Partout en Occident se fourbissaient les armes. Trop lentement, au gré de certains. « Les princes qui avaient besoin des services de tous les hommes attachés à leur suite, constatera Guibert de Nogent, faisaient fort longuement et ennuyeusement leurs préparatifs. »

Le petit peuple, lui, ne s'était pas laissé arrêter par des considérations d'ordre matériel. Au printemps, à la suite du brûlant Pierre l'Ermite, il s'était jeté sur les routes d'Europe centrale. Un élan fou, irraisonné, irrésistible, dans le sillage duquel, déjà, le meilleur côtoyait le pire.

POGROMS

Depuis quelques mois, une foule enfiévrée s'était trouvé des victimes de choix. « En passant par les villages où il y avait des juifs, racontera Salomon Bar Siméon, ils se disaient l'un à l'autre : voici que nous marchons par une longue route à la recherche de la maison d'idolâtrie et pour tirer vengeance des Ismaélites, et voici les juifs, dont les ancêtres le tuèrent et le crucifièrent pour rien, qui habitent parmi nous. Vengeons-nous d'eux d'abord, effaçons-les du nombre des nations. »

Guibert de Nogent ne s'exprime pas autrement que le chroniqueur juif : « Nous désirons aller combattre les ennemis de Dieu en Orient ; mais nous avons sous les yeux des juifs, race plus ennemie de Dieu que ne l'est aucune autre... » Avec une espèce de fureur sacrée, exacerbée par l' « imminence de la Fin », soutenue par les perspectives eschatologiques de l'attente de la Parousie, de cette Jérusalem qu'on allait toucher demain et qui sonnait l'heure du retour de chacun à la vraie foi, on ne laissa

au peuple juif que le choix entre l'apostasie et la mort.
« Avant de se rendre en ces lieux, note scrupuleusement
Richard de Poitiers, ils exterminèrent par de nombreux
massacres les juifs dans presque toute la Gaule, à l'exception de ceux qui se laissèrent convertir. Ils disaient en effet
qu'il était injuste de laisser vivre dans leur patrie des ennemis du Christ, alors qu'ils avaient pris les armes pour
chasser les infidèles. » Le thème revient, lancinant comme
un *leitmotiv.*

De ces pogroms en terre française, seul nous est connu
avec certitude celui de Rouen, qui décima une communauté particulièrement florissante dont le prestige culturel
rayonnait jusqu'en Angleterre et en Allemagne. Le 26 janvier 1096, la populace envahit le Clos des Juifs, multipliant les massacres et les atrocités. Traînés de force dans
une église voisine, les malheureux furent sans délai soumis
à l'épreuve d'un impossible choix [2]

La nouvelle de ces tueries se propagea à travers toute
l'Europe. La communauté juive de Mayence décréta un
jeûne public et prescrivit des prières. Les Juifs français
envoyèrent à leurs frères allemands des lettres angoissées
qui les avertissaient du danger et les invitaient à tout faire
pour écarter les persécutions, au besoin en fournissant aux
croisés des vivres et de l'argent.

Le 20 avril, les bandes armées de Pierre l'Ermite quittèrent
Cologne et, par la vallée du Rhin, se dirigèrent vers la frontière hongroise. Il semble bien qu'on s'abstint alors, contre de
substantiels dédommagements, de tout excès criminel.

Il n'en alla pas de même lorsque firent irruption en Rhénanie les hordes de soldats pillards qui, dans le sillage des croisés, suivaient quelques seigneurs brigands dont le but avoué
était de tout mettre à feu et à sang. Le 3 mai, une bande
commandée par Guillaume le Charpentier, vicomte de

2. Le seul ouvrage d'ensemble sur cette question est l'étude de Nor-
man Golb, professeur à l'Université de Chicago : « Toledoth hayehudim
be'ir rouen bimé habenayim » (en hébreu), Tel-Aviv, 1976, qui vient
d'être traduite en français sous le titre « les Juifs de Rouen au Moyen
Age, portrait d'une culture oubliée », Publications de l'université de
Rouen, n° 66, 480 pages.

Melun, et Emich de Leisingen, un soudard de la pire
espèce, entrait dans Spire et commençait la chasse à
l'homme. C'était le jour du sabbat. « Onze saintes personnes » furent tuées. Les autres trouvèrent refuge auprès
de l'évêque Jean, qui les hébergea dans son château tout le
temps que la soldatesque séjourna dans la ville. Le 18 mai,
la tourmente s'abattait sur Worms où l'évêque ne put longtemps protéger la communauté qu'il avait d'abord accueillie auprès de lui. Les juifs préférèrent se suicider plutôt
que d'apostasier. « Le nombre des tués fut de huit cents. »
A la fin du mois, la troupe entrait dans Mayence.

> « Emich et tous ceux de sa bande, racontera Albert
> d'Aix, ayant tenu conseil, allèrent au lever du soleil
> attaquer les juifs à coups de pioches et de lances...
> Ayant brisé les serrures et enfoncé les portes, ils les
> atteignirent et en tuèrent sept cents qui cherchèrent
> vainement à se défendre contre des forces trop supé-
> rieures. Les femmes furent également massacrées, et
> les jeunes enfants, quel que fût leur sexe, furent aussi
> passés au fil de l'épée... Il n'échappa qu'un petit nom-
> bre de juifs à ce cruel massacre, et quelques-uns reçu-
> rent le baptême, bien plus par crainte de la mort que
> par amour de la foi chrétienne. »

Emich se dirigea vers le sud, massacra la communauté
juive de Ratisbonne avant de partir, en Hongrie, porter la
ruine et la mort. Au même moment, Cologne fut à son tour
victime d'autres émeutes furieuses, venues de l'ouest. Les
juifs se réfugièrent chez des chrétiens amis, ou dans les
environs, où on les traqua comme de la vermine. Trois
semaines durant, pillages et massacres se succédèrent sans
interruption, à Xanten, Neuss, Mörs, Kerpen, Weverling-
hofen, Altenahr et Sinzig.

Dans l'ensemble, les populations locales furent horri-
fiées de ce déchaînement de violence et de haine. « Seule
la lie du peuple, remarque l'historien Léon Poliakov, se
joignait partout aux massacreurs. » Dès le début des
pogroms, Henri IV avait reçu, en Italie où il résidait tou-

jours, des messagers qui le mirent au courant du drame qui se déroulait sur ses terres. Aussitôt, il enjoignit à tous ceux qui avaient quelque responsabilité, princes, ducs, comtes ou évêques, de sauvegarder à tout prix les droits et la vie des membres des communautés juives de l'Empire.

Godefroy de Bouillon ne pouvait rester indifférent à cette tuerie qui se perpétrait quasiment sous ses yeux. Salomon Bar Siméon, dans sa *Relation des Gzérot de 4856* écrite au milieu du XIIe siècle, campera un duc de Basse-Lotharingie assoiffé de haine et de sang, poursuivant de sa vindicte le peuple déicide avant de s'incliner devant les ordres impériaux. Encore n'aurait-il accordé sa protection aux persécutés qu'au prix d'importants versements en argent comptant. La plupart des historiens ont accueilli avec les plus expresses réserves ce témoignage accablant, mais tardif et unique. Les deux autres sources hébraïques des pogroms de 1096 en Rhénanie, l'Anonyme de Darmstadt et Eliezer Bar Nathan, antérieurs au récit de Salomon Bar Siméon qui s'en est largement inspiré, ne disent rigoureusement rien du duc de Basse-Lotharingie [3]. Jean Stengers, qui s'est livré à un dépouillement exhaustif du matériel documentaire, constate n'avoir pas relevé la mention d'une seule communauté juive sur l'ensemble du territoire des anciens Pays-Bas et de la principauté de Liège. Il n'en exclut pas pour autant la possibilité d'une intervention de Godefroy de Bouillon en Rhénanie. Mais qui pourrait, en pareille matière et devant une pénurie de sources concordantes, se résoudre à trancher ?

Les communautés juives, elles, furent marquées pour toujours, dans leur chair et dans leur âme, par ces persécutions terribles et soudaines qui, dans l'histoire de la Diaspora, constituèrent une rupture. En dépit des prises de position d'Henri IV qui, notamment, devait déclarer nuls

---

3. L. Sonne, dans son « Nouvel examen des trois relations hébraïques sur les persécutions de 1096 », *Revue des études juives*, 1933, p. 119, après avoir analysé les récits traditionnels, conclut au sujet des accusations de Salomon Bar Siméon : « Je (les) considère comme des additions postérieures. »

et non avenus les baptêmes forcés, quelque chose s'était brisé. Pour honorer la mémoire des victimes, on traça dès lors sur des *Memorbücher*, pieusement conservés dans les synagogues de chaque ville, les noms de ces milliers de victimes offertes en un inutile holocauste.

On conviendra que, tout en exaltant la part lumineuse qui féconde l'histoire collective et les destins individuels, on ne pouvait taire ce drame sanglant. Devant l'éternité, il avait surgi de ces régions ténébreuses de l'âme qui, tout au long de l'Histoire, témoignent de l'ambiguïté fondamentale de toutes les actions humaines[4].

4. Le lecteur curieux lira avec intérêt l'intervention d'Israël Shahak, professeur à l'Université hébraïque de Jérusalem et président de la Ligue israélienne des Droits de l'Homme et du Citoyen, lors de la conférence-débat organisée à l'UNESCO, le 19 novembre 1982 par l'Association française Islam et Occident. Tout en récusant le terme même de « Moyen Age », il remarque : « Notre objectif étant de promouvoir l'esprit de tolérance et de compréhension, il est bon de rappeler que cet âge de " ténèbres " fut préservé des persécutions et de la chasse aux sorcières... En tant que juif, je ne dois pas oublier que les pires discriminations dont les juifs furent victimes ne se sont pas produites en cette période dite d'" obscurité ", mais par la suite. » (On trouvera le texte complet de cette communication dans *Islam et Occident*, numéro spécial d'octobre 1983). Qu'il n'y ait pas eu de persécution concertée, organisée et théorisée par les pouvoirs est l'évidence même. Ce qui n'empêchait pas, le cas échéant, les « tumultes »...

DEUXIÈME PARTIE

« L'éternité, c'est Jérusalem »

CHAPITRE PREMIER

Les routes d'Europe centrale

« L'hiver et les frimas étant passés, dès qu'on reconnut les premiers signes du retour du printemps et d'une température plus douce, tous préparèrent leurs chevaux, leurs armes, leurs bagages, et s'adressèrent réciproquement des messages pour s'inviter au départ... »

Au cœur de l'été 1096, l'Europe occidentale était secouée de fièvre. Une fièvre soigneusement entretenue depuis des mois pendant lesquels il avait fallu tout prévoir jusque dans les moindres détails pour subvenir aux besoins d'un ost considérable bientôt livré aux périls de l'inconnu. « On préparait tout ce qu'on jugeait devoir suffire pour une aussi longue route, racontera Guillaume de Tyr. Tous cherchaient, autant que possible, à proportionner leurs approvisionnements à la longueur du trajet, ignorant que les voies de Dieu ne sont pas dans la main des hommes, car l'infirmité mortelle ne sait même pas ce que lui prépare le lendemain... »

Paradoxalement, aucun roi ne participerait à l'événement le plus retentissant du siècle. Henri IV, excommunié et affaibli, dont la politique était à présent contestée par tout le monde, s'enfonçait dans une vieillesse prématurée, désabusée et ténébreuse. Philippe Ier de France, excommunié lui aussi, louvoyait toujours d'un écueil à l'autre, soumis corps et âme à Bertrade de Montfort, et tentait désespérément d'atténuer les rigueurs des foudres pontificales.

Quant au fils du Conquérant, Guillaume le Roux, roi d'Angleterre, tout englué dans d'interminables querelles féodales, brutal et jaloux de l'indépendance d'une Église qu'il tenait soigneusement à l'abri des influences romaines, il se souciait fort peu de quitter son île.

Seuls répondirent à l'appel les grands barons, qui prirent la route du Sud en grand arroi. Un premier groupe rassemblait quelques-uns des plus grands noms de France, de Normandie et de Flandre, commandés par des hommes en qui on s'accordait à voir l'élite de la chevalerie franque. On se montrait Hugues de Vermandois, un soldat superbe, dans la force de l'âge, mais volontiers infatué de lui-même (n'était-il pas le frère cadet du roi de France ?), arrogant autant qu'indécis. Et Robert Courteheuse, duc de Normandie, une personnalité complexe, versatile et brouillonne qui avait, très tôt, fait le désespoir de son père Guillaume le Conquérant, mais courageux jusqu'à la témérité. Pour partir, il avait dû en passer par le bon vouloir de son frère Guillaume le Roux et vendre son beau duché, on l'a vu, pour la somme fabuleuse de 10 000 marcs d'argent.

Au côté de Robert chevauchait son beau-frère Étienne, comte de Blois et de Chartres (il avait épousé Adèle, une fille du roi Guillaume et de Mathilde de Flandre, à qui il enverra scrupuleusement des nouvelles à chaque étape de l'expédition). C'était un prince fastueux et cultivé, d'une opulence proverbiale, et dont la sûreté de jugement impressionnait. Se joignit aussi à cette armée un cousin de Robert de Normandie, le comte Robert II de Flandre, celui-là même qu'on a vu faire le pèlerinage de Terre sainte, passer par Constantinople, recevoir de l'empereur Alexis Comnène d'instantes demandes de renforts et, du pape Urbain II, la seule convocation à la croisade qui soit parvenue jusqu'à nous. S'il était un homme préparé de longue date au grand voyage, c'était bien ce chevalier intrépide et violent qu'on surnommera bientôt « l'épée des chrétiens ».

A leur suite, une foule de chevaliers et de barons : Robert de Paris, Évrard de Puisaye, Achard de Montmerle, Gauthier de Saint-Valery, Roger de Barneville, Guy de Trusselle, Raoul de Beaugency, Rotrou du Perche, Yves et Aubry de Grantmesnil, Ralph de Gaël, l'évêque Eude de Bayeux, demi-frère du Conquérant et oncle de Robert de Normandie. Une armée de volontaires bretons, normands, flamands et français à laquelle s'était agrégé le comte Eustache III de Boulogne. Tous marcheraient bientôt sur la vallée du Rhône et les cols alpins...

Du Midi, une autre armée se préparait à partir, sous les ordres directs du légat pontifical Adhémar de Monteil, mais dont le personnage le plus en vue était sans conteste le comte Raymond IV de Saint-Gilles, le premier croisé. C'était alors un homme ayant largement dépassé la cinquantaine, pieux et droit, mais d'une volonté inflexible et d'une susceptibilité ombrageuse. Il avait fait vœu de ne jamais revenir en Occident et emmenait avec lui son fils et son épouse, Elvire de Castille, vivant témoin des hauts faits des Provençaux pendant la *Reconquista*. C'était un ost superbe, admirablement organisé. Beaucoup de barons avaient déjà croisé le fer avec l'islam et en éprouvaient une légitime fierté. On trouvait là tout ce que les pays de langue d'oc comptaient de plus prestigieux : Rambaud d'Orange, Roger de Foix, Gaston de Béarn, Gérard de Roussillon, Guillaume d'Urgel, comte de Forcalquier, Guillaume de Montpellier, Guillaume de Sabran, Raymond du Forez, les évêques d'Apt, de Lodève et d'Orange.

L'appel était aussi parvenu jusqu'à la lointaine Sicile. Et Bohémond de Tarente, un fils du terrible Robert Guiscard, y avait souscrit d'enthousiasme, pour des raisons à peu près diamétralement opposées à celles d'un Raymond de Saint-Gilles. La lutte contre Byzance faisait partie de la tradition familiale des Hauteville, ce clan de Normands de génie qui, en un siècle et les armes à la main, s'était taillé au sud de la Péninsule une principauté vouée à un avenir exceptionnel. Bohémond, son neveu Tancrède, Richard de Salerne, son frère Rainolf et son neveu Richard, Geoffroy de Rossigno, Boel de Chartres, Hermann de Cannes et quelques autres avaient sauté sur cette occasion unique et s'apprêtaient à traverser l'Adriatique pour tenter l'aventure, au sens le plus strict du mot, et conquérir quelques beaux fiefs. D'ici à quelques mois, tous seraient sur la route.

« Partout, et quelles que fussent les affaires domestiques de chacun, selon sa condition, ici le père de famille, là le fils, ailleurs même tous les habitants de la maison, se disposaient à entreprendre le voyage... Ils s'arrachaient des bras de leurs amis au milieu des sanglots, et se disant les uns aux autres un éternel adieu, ils se séparaient enfin après de tendres embrassements. »

L'OST DE GODEFROY

La ville du Puy, qu'on avait choisie comme point de ralliement des armées croisées dans l'enthousiasme du concile de Clermont, ne connaîtrait jamais les soubresauts du grand départ. On avait abandonné cette idée lorsqu'il ne fit plus de doute qu'un grand ost se formait en Europe du Nord, sous les ordres de Godefroy de Bouillon, duc de Basse-Lotharingie.

Dans les premiers mois de l'été 1096, sur toutes les terres impériales relevant de Godefroy, on venait d'achever les ultimes préparatifs, après avoir vendu ou engagé les derniers fiefs. On avait entouré de soins vigilants cavalerie et armement, entassé le fourrage, le blé et les salaisons pour les premières étapes.

« Était venu le mois d'août de l'an de l'Incarnation 1096, le quinzième jour du mois, le vaillant duc Godefroy de Bouillon, duc de Lorraine, assembla ceux qui devaient être ses compagnons de route et sortit de son pays à grand appareillement. » On parle avec admiration de ces milliers de chevaliers et d'hommes de pied, écuyers, artisans, valets ou aumôniers. Des milliers d'hommes qui quittaient les bouches du Rhin et les bords de Meuse pour un Orient de féerie. Wallons, Français, Flamands, Allemands, côte à côte, soudés par une même foi, unis sous un même chef.

Ils sont tous là, piaffant d'impatience. Le frère cadet du

duc de Basse-Lotharingie, Baudouin de Boulogne, brillant et redoutable, et son cousin, Baudouin de Bourcq, fils du comte Hugues de Rethel. Et Baudouin II, comte de Hainaut, Pierre de Stenay, Donon de Cons, Baudouin de Stavelot, Conon de Montaigu, Henri et Geoffroy d'Esch, Renaud de Toul, Garnier de Grez, Théodore de Dixmude, Érembault de Bruges, Arnoul d'Audenarde, Gautier de Nivelles, Gilborde de Fleurus. Et des barons venus de Mons, de Tournai, d'Ypres, de Bruxelles, de Namur, de Courtrai, « chevaliers très courageux et princes illustres »...

Étrange coalition que cet ost disparate surgi de Brabant, du Hainaut, de Hollande, des confins de l'Empire germanique et du Luxembourg. « A la tête de ses troupes, note Henri Pirenne, Godefroy nous apparaît comme un Rénier au Long-Col ou un Giselbert chez lequel, à l'esprit féodal, se serait substitué l'enthousiasme religieux. Sous sa direction se confondent des hommes de races différentes, préparés depuis longtemps déjà, par l'action des influences auxquelles ils sont soumis, à prendre part ensemble à une même entreprise. Ils ont adopté les uns et les autres l'idéal religieux et l'idéal chevaleresque qui leur sont venus de France, avec la même facilité qu'ils avaient adopté jadis les institutions carolingiennes. Une fois de plus, ils ont joué à l'époque des croisades ce rôle d'intermédiaires que l'histoire semble leur avoir réservé entre les deux grandes nations de l'Occident. » Un ost composite et polyglotte, qui différait fort des autres armées — provençale, française ou normande — enrôlées sous la bannière pontificale.

On avait choisi, pour des raisons évidentes de commodité, de suivre la route la plus directe, celle qui, par la vallée du Danube et les Balkans, permettait de joindre la capitale de l'Empire byzantin en évitant l'antique *via Egnatia* que devaient emprunter les autres armées croisées. Souvenir aussi d'une époque révolue : c'était, aux dires du chroniqueur anonyme, « la route qu'autrefois Charlemagne, le magnifique roi des Francs, fit établir jusqu'à Constantinople... ».

Un siècle plus tôt, pareille chevauchée eût été impossible. Il eût fallu traverser la Hongrie, alors farouchement indépendante et peuplée d'éleveurs nomades, dont les poussées vers l'ouest qui, pendant plus d'un siècle, avaient terrorisé l'Europe, avaient été définitivement enrayées par Otton Ier près d'Augsbourg. Et le prince Géza, le premier chef magyar à ne plus vivre sous la tente, qui n'avait nulle envie de tomber sous la coupe de Byzance, s'était rapproché de l'Empire germanique. Sa femme Adélaïde accueillit avec empressement les missionnaires allemands : son fils avait été baptisé sous le nom d'Étienne et avait épousé Gisèle, une sœur du duc de Bavière, avant de prendre, quelques mois plus tard, le pouvoir. En l'an mille, le pape Sylvestre II avait envoyé à Étienne une couronne royale. Un nouvel État était né et avec lui une nouvelle route vers l'Orient. « Le prince, remarquera Guibert de Nogent, rendit bientôt la route très sûre. Il accueillait comme des frères tous ceux qui se présentaient et leur faisait des présents magnifiques. » C'est d'ailleurs la route danubienne que, dès 1026, le pèlerinage conduit par l'abbé Richard de Saint-Vanne avait empruntée.

Depuis un an régnait sur la Hongrie le roi Coloman, un fils du grand Ladislas Ier qui, en vingt ans, avait conquis la Slavonie, la Croatie et les villes dalmates. Selon toute probabilité, la traversée de l'immense plaine pannonienne, riche en plantes fourragères, se ferait sans la moindre difficulté. Mais, comme on ne pouvait engager tant d'hommes sans avoir pris toutes les précautions possibles, Godefroy de Bouillon avait envoyé Geoffroy d'Esch pour s'enquérir des intentions du roi. Cette mission ayant remporté le succès escompté, rien ne s'opposait plus au départ.

A la mi-août, l'armée s'ébranla. Une armée exemplaire, bien équipée, soumise à une stricte discipline, qui pénétra sur le territoire du Saint Empire, traversa la Franconie et marcha vers la plaine danubienne qu'elle rejoignit aux environs de Ratisbonne.

Après plus d'une vingtaine de jours d'une progression sans embûches, et avant de pénétrer en terre hongroise, on dressa le camp à Tulln (le *Tollenburg* d'Albert d'Aix), à une trentaine de kilomètres à l'ouest de Vienne. C'était un endroit idéal pour une première halte prolongée. La place, un ancien camp où les Romains avaient jadis situé le port d'attache d'une de leurs flottes danubiennes, était bien protégé et présentait toutes les garanties[1].

C'est là, au cœur de la forêt viennoise, que parvinrent les premiers échos des atrocités commises quelques mois auparavant par la troupe des soldats sans aveu conduite par Volkmar, Gottschalk et Emich de Leisingen. Non contents d'avoir laissé sur leur route la trace sanglante du massacre des communautés juives de Spire, de Mayence, de Cologne, de Trèves et de Worms, ils avaient pénétré en Hongrie, pillant greniers et boutiques, s'attaquant aux villes et aux bourgs, mettant tout à feu et à sang. Cette fureur gratuite s'était vite retournée contre la soldatesque déchaînée. Coloman, excédé, avait réuni ses troupes et éliminé successivement, dans un bain de sang, les trois corps des seigneurs brigands. Avant même d'avoir commencé, la croisade se trouvait déshonorée aux yeux même de ceux qui devaient en faciliter le bon déroulement.

C'était ce que racontaient, dans le camp de Tulln, les rescapés des batailles de Wieselburg, de Belgrade et de Nitra. Quelle consternation ! Mais, par une disposition assez naturelle à l'être humain, on en venait à oublier les sévices infligés au peuple hongrois pendant ces semaines tragiques, les femmes forcées et les enfants empalés, le cheptel décimé, les villes attaquées et pillées, pour ne plus s'attendrir que sur les débris hâves échappés à la vengeance de Coloman. Après toutes les précautions qu'on s'était efforcé de prendre, c'était à désespérer de Dieu !

Irrité par ce contretemps, Godefroy de Bouillon se résolut à envoyer une délégation conduite par Geoffroy d'Esch — qui avait l'avantage de connaître le roi de Hongrie — accompagné de douze chevaliers triés sur le volet

---

1. On a parfois identifié *Tollenburg* avec la ville de Bruck, sur la Leitha, ou avec Altenburg, plus proche de la frontière hongroise. L'affaire est de peu de conséquence. Mais Tulln semble aujourd'hui faire l'unanimité, ne serait-ce que pour des raisons d'onomastique.

et proches du duc de Basse-Lotharingie, dont Baudouin de Stavelot. L'ambassade partit sur-le-champ avec une lettre fort raide de Godefroy pour Coloman :

> « Nos seigneurs et princes s'étonnent qu'étant attachés à la foi chrétienne, vous ayez fait subir un si cruel martyre à l'armée du Dieu vivant, que vous lui ayez interdit de traverser votre terre et votre royaume, et que vous l'ayez à ce point injustement accusée. C'est pourquoi, frappés maintenant de crainte et d'incertitude, ils ont décidé de s'arrêter à Tulln jusqu'à ce qu'ils apprennent de la bouche du roi pourquoi un si grand crime a été commis par des chrétiens persécutant d'autres chrétiens. »

Les ambassadeurs, d'après Albert d'Aix, qui nous a laissé du « passage » de Godefroy de Bouillon un récit irremplaçable, furent reçus par Coloman avec tous les honneurs dus à leur rang. Pendant la semaine entière que durèrent les entretiens, ils furent logés au palais royal et partagèrent la table de leur hôte. Coloman n'eut apparemment aucune peine à convaincre Geoffroy d'Esch, Baudouin de Stavelot et leurs compagnons, sans doute avec des preuves accablantes à l'appui, de la « nécessité » dans laquelle il s'était trouvé de châtier avec la dernière énergie les exactions dont s'étaient rendus coupables, en un pays qui leur faisait bon accueil, les troupes germaniques échauffées. A leur retour au camp de Tulln, ils remirent à Godefroy de Bouillon une lettre du roi, dont la chaleur et les ouvertures durent vaincre les appréhensions des chefs les plus prévenus de l'armée lotharingienne :

> « Le roi Coloman au duc Godefroy et à tous les chrétiens, salut et amour sans faux-semblants. Nous avons appris que tu es un homme puissant et prince sur sa terre, et que ceux qui t'ont connu ont toujours apprécié en toi la fidélité. C'est pourquoi, connaissant cette rare réputation, je souhaite maintenant te voir et te connaître. J'ai donc décidé que tu aies à te rendre

auprès de nous au château de Cyperon, sans avoir à redouter aucun danger. Nous nous arrêterons sur une rive du marais, chacun de son côté, et nous aurons ensemble des entretiens sur tout ce que tu nous demandes et au sujet de quoi tu nous crois coupables. »

Godefroy de Bouillon, rassuré par le ton conciliant du message, se rendit à l'invitation de Coloman, ne prenant avec lui qu'un escadron de trois cents chevaliers. Et l'on chevaucha jusqu'au lieu du rendez-vous, Ödenburg (l'actuelle Sopron), première ville frontière de la Hongrie, à une centaine de kilomètres de Tulln, au sud-ouest du lac de Neusiedt. Parvenu aux marais, et à ce pont qui seul à présent le séparait du roi de Hongrie, Godefroy laissa sur la berge le gros de son escorte et s'avança entouré de Garnier de Grez — l'un de ses plus proches familiers —, de Renaud et de Pierre de Toul.

Le roi de Hongrie se porta aussitôt à sa rencontre. Les deux hommes s'embrassèrent. La glace était rompue. Il ne fut bientôt plus question que de la concorde et de la réconciliation des chrétiens. Le roi proposa au duc de Basse-Lotharingie de l'accompagner sur ses territoires, avec une troupe réduite, tant étaient vives les préventions de tout un chacun après ce qu'avait enduré le malheureux royaume. Godefroy accepta, confia à son frère cadet, Baudouin de Boulogne, le gros de la cavalerie qui l'avait accompagné jusqu'à Ödenburg et, avec douze des siens, pénétra en Pannonie à la suite de l'armée hongroise. C'était un signe évident de bonne volonté.

Pendant une semaine, le duc fut somptueusement traité par Coloman et la noblesse magyare. Au terme de pourparlers qu'on imagine fort âpres, le roi accepta d'autoriser l'ost lotharingien à traverser ses domaines. Il y mettait toutefois une condition formelle : pour témoigner concrètement de ses intentions droites et mettre d'emblée un contrepoids sérieux à toute velléité d'indiscipline, Godefroy devait se résoudre à laisser en Hongrie quelques « otages » de choix pendant tout le temps que durerait le

passage de son armée. L'armée croisée ne serait pas
inquiétée et aurait toute faculté d'acheter sur place, au
plus juste prix, tout ce qui serait nécessaire à sa subsis-
tance.

Après avoir sollicité l'avis de son entourage, Godefroy
accepta ces clauses et décida de laisser en Hongrie, à la
demande expresse de Coloman, son frère Baudouin de
Boulogne. Son épouse, Godvère, et ceux de sa Maison
devraient l'accompagner. L'affaire ainsi conclue, le duc
envoya un messager jusqu'à Tulln presser le gros de l'ost
d'avoir à faire mouvement pour gagner Ödenburg à
marches forcées et dresser ses tentes sur la rive hongroise
du fleuve et des marais. Après quoi il se mit en selle sans
tarder et rejoignit ses troupes.

A Ödenburg, il exposa d'abord le pacte conclu avec le
roi de Hongrie, puis le prix à payer pour traverser pacifi-
quement le pays. Baudouin de Boulogne, après tout le premier concerné et d'un tempérament qui s'accordait peu
avec ce qu'il considérait comme une faiblesse, s'emporta
et fit savoir qu'il n'avait pas la moindre envie de jouer le
rôle peu reluisant d'otage. Godefroy, lui, ne pouvait, après
bientôt un mois d'atermoiements, tergiverser davantage. Il
fallait partir, coûte que coûte. Si Baudouin ne s'inclinait
pas devant des exigences qui, de toute façon, le dépas-
saient, lui-même prendrait sa place et l'on verrait ainsi
l'impensable : le chef incontesté de l'ost lotharingien
otage, avec les siens, en terre étrangère. Alors Baudouin,
« pour le salut de ses frères, prit le chemin de l'exil ».

TRAVERSÉE DE LA HONGRIE

Plus rien ne s'opposait à ce qu'on levât le camp. Mais,
pour que nul n'en ignore, Godefroy envoya des hérauts
par toute l'armée pour crier que quiconque se rendrait
coupable de vol, de violence ou d'indiscipline serait immédiatement passible de la peine de mort. De son côté, Coloman fit proclamer à travers toute la Hongrie que ce dont
l'ost croisé pourrait avoir besoin (pain, vin, blé, orge, bes-

tiaux ou volailles) pendant les longues semaines que durerait sa progression, devrait être vendu, sous peine des
sanctions les plus sévères, au meilleur prix et, autant que
possible, à un tarif préférentiel.

A la fin du mois de septembre, l'armée quitta les
marais du lac de Neusiedt et s'enfonça dans la grande
plaine hongroise. Immense colonne de chevaliers, de fantassins et de chariots qui progressait lentement au cœur
d'interminables espaces où paissaient les troupeaux, ou au
milieu des riches terres à blé. On avait achevé la moisson.
A peine apercevait-on, au loin, l'armée de Coloman qui,
autour des otages, avançait, d'un même pas, toujours en
alerte...

Après une semaine de marche, on longea les bords du
lac Balaton. Encore quelques lieues et on fut sur la Drave.
Il fallut prendre toutes les dispositions pour faire passer
l'armée, réunir des monceaux de troncs d'arbres et de
branchages, couper l'osier, fabriquer des radeaux. La
rivière franchie, on traversa la Slavonie, interminable, lancinante. Jusqu'à Mangjeloz (la *Francavilla* d'Albert d'Aix).
Bientôt 600 kilomètres depuis Ödenburg !

Trois jours durant, on fit halte, ivre de fatigue, pour
reconstituer les vivres, soigner les malades et les montures.
Puis on gagna Zemun, une position solide sur la rive
gauche de la Save, en vue de Belgrade. L'armée y campa
le temps nécessaire aux préparatifs que nécessitait le fran-
chissement de la rivière. C'était la dernière étape en terre
hongroise. Au-delà des eaux, c'était le pays bulgare.
L'Empire de Byzance.

Mais les bruits les plus pessimistes couraient maintenant de tente en tente. On racontait à qui voulait l'entendre que le *basileus* Alexis Comnène venait de masser à ses
frontières des troupes pour interdire aux armées croisées
tout accès à l'Empire . Allait-on revivre l'insupportable
attente de Tulln ?

Pour en avoir le cœur net, Godefroy de Bouillon envoya
en éclaireur un escadron de mille chevaliers bien armés,
qu'il fit passer sur trois vaisseaux, et ils occupèrent la rive
droite de la Save. Aucun mouvement de troupes, aucune

manœuvre hostile n'était à signaler. Le gros de l'armée pouvait traverser à son tour...

C'est alors seulement qu'on vit Coloman apparaître, avec toute sa Maison et les otages qu'il libéra sur-le-champ. On s'accabla de bonnes paroles. On échangea des cadeaux. On s'embrassa. Et le roi de Hongrie, qui avait si scrupuleusement tenu sa foi, si puissamment facilité la marche des Lotharingiens, ne fut bientôt plus qu'un point à l'horizon.

EN PAYS BULGARE

Le duc et ses hommes étaient maintenant en terre bulgare. Le soir même, l'ost établit ses quartiers dans Belgrade. Depuis plusieurs mois, la ville était vide. Toute la population, affolée, avait fui devant les hordes de Pierre l'Ermite. Et la bande surchauffée qui suivait la croisade populaire s'était vengée en livrant la ville au pillage et aux flammes. Il était donc écrit qu'il faudrait, partout, suivre la trace des exactions commises par cette meute enragée... Dès le lendemain — on était au tout début du mois de novembre —, l'armée abandonna Belgrade et ses fantômes. Longeant le Danube, puis la Morava, elle marcha plein sud à travers la grande forêt serbe. A chaque instant, on s'attendait à rencontrer les troupes byzantines ou ces terribles mercenaires petchénègues à qui l'Empire avait confié la garde de ses frontières septentrionales. Rien. Toujours la forêt. « Une forêt immense et extraordinaire », s'exclama Albert d'Aix, une forêt comme jamais on n'en avait vu.

C'est sur la route de Nish que se manifestèrent enfin les envoyés du *basileus,* porteurs d'un message qui ressemblait à s'y méprendre, par les préventions dont il témoignait, à celui du roi de Hongrie :

« Alexis, empereur du royaume grec de Constantinople, au duc Godefroy et à ceux qui le suivent, particulière affection. Nous te supplions, duc très chrétien, de ne pas souffrir que tes hommes dévastent et pillent le royaume et nos terres sur lesquelles tu viens de pénétrer. Mais nous t'accordons l'autorisation d'acheter, de façon que les tiens aient en abondance tout ce qui peut, dans notre Empire, être vendu ou acheté. »

Ce message était la première manifestation du désarroi et de la crainte Alexis Comnène face à cette marée occidentale. Il avait certes, en son temps, demandé l'envoi de troupes, tant à la papauté qu'à Baudouin de Flandre. L'état de son Empire, menacé par les Petchenègues qui avaient poussé leurs déprédations jusqu'à Constantinople puis par les Coumans qui s'étaient avancés jusqu'à Andrinople, était alors plus que précaire. Mais, depuis lors, Byzance s'était ressaisie. Quant à la lutte contre l'islam, elle faisait partie, depuis des siècles, du quotidien de la vie impériale. « En revanche, soulignera l'historien yougoslave Georges Ostrogorsky qui a remarquablement analysé ces questions, l'idée de croisade était parfaitement étrangère à l'Empire byzantin au sens qui était le sien en Occident... La délivrance de la Terre sainte, qui était après tout une ancienne terre byzantine, leur apparaissait comme une mission de leur État, nullement comme une affaire commune de la chrétienté. Ajoutez à cela que les conditions étaient moins favorables que jamais à une collaboration avec l'Occident, après la séparation des Églises. Ce qu'on attendait de l'Occident, c'étaient des mercenaires ; on n'avait que faire de croisés. »

Le passé le plus récent (il datait de trois mois...) n'avait que trop justifié ces alarmes. La foule des gens de Pierre l'Ermite livrés à eux-mêmes et démunis de tout, avait mis le pays en coupe réglée et, plus d'une fois, il avait fallu ferrailler pour contenir cette masse déréglée. Parvenus dans la capitale byzantine, ils avaient, en dépit des facilités accordées par l'empereur, eu peine à refréner leurs instincts devant les merveilles et les richesses qui s'étalaient à profusion devant leurs yeux éblouis. « Ils se conduisaient avec une extrême insolence, rapportera Guibert de Nogent, renversaient les palais de la ville, mettaient le feu aux édifices publics, enlevaient les plombs qui couvraient les toits des églises et revendaient ensuite ces plombs aux Grecs. Effrayé par cet excès d'audace, l'empereur leur donna l'ordre de traverser le Bras de Saint-Georges sans aucun délai... » Euphoriques, les malheureux s'étaient alors précipités, au mépris de toute prudence, vers l'Asie Mineure. Le 21 octobre, quand Godefroy de Bouillon et ses hommes arpentaient les plaines hongroises, les Turcs de Nicée avaient fait de tous ces pèlerins inconscients un épouvantable massacre. Il avait fallu qu'Alexis Comnène, compatissant, envoyât en toute hâte quelques navires pour soustraire au carnage le peu qui avait pu réchapper. Il venait de les installer, soigneusement désarmés, dans la banlieue de Constantinople. L'Empire vivait pourtant en état de choc.

> « Le passage ou l'invasion des Francs, je ne sais quel nom il convient de lui donner, écrira Théophylacte, évêque d'Ochrida, à l'un de ses correspondants, nous a tellement effrayés et préoccupés que nous en avons perdu la tête... J'étais comme un homme ivre, mais maintenant, depuis que nous avons pris l'habitude des misères causées par les Francs, nous supportons plus aisément nos malheurs. »

Dans le courant du mois de novembre, le premier seigneur croisé était arrivé dans la capitale byzantine. C'était le frère du roi Philippe Ier de France, Hugues de Vermandois. Son arrivée n'avait d'ailleurs rien eu de très glorieux. Après un naufrage qui, dans le canal d'Otrante, l'avait séparé du gros de sa chevalerie, il avait été recueilli par une patrouille grecque et remis à Jean Comnène, neveu de l'empereur et gouverneur de Durazzo. A Constantinople, Alexis Comnène l'avait reçu avec honneur et générosité. Le débarquement, sans armes ni bagages, de ce noble Franc n'était pas de nature à inquiéter le *basileus*. Il n'en allait pas de même des contingents occidentaux qu'on savait affluer de partout. Alexis avait appris la nouvelle de

cette stupéfiante et redoutable expédition par une lettre du
pape Urbain II partie de Rome dans le courant de l'été :

> « Une grande multitude d'hommes a pris la croix,
> écrivait le pontife, si bien qu'on en peut compter trois
> cent mille. Godefroy et ses frères Eustache et Bau-
> douin, comtes de Boulogne, ont levé de nombreuses
> troupes... A ces immenses préparatifs, il ne manque
> que les approvisionnements nécessaires, qu'une aussi
> grande armée ne manquera pas de trouver auprès de
> toi. Je te prie instamment de favoriser de tout ton
> pouvoir cette guerre juste et glorieuse. Bien que je ne
> doute pas que telle soit ton intention, j'ai voulu
> cependant te faire savoir par cette lettre que ce serait
> particulièrement agréable, tant à moi-même qu'à
> l'ensemble du peuple chrétien. »

La fille *du basileus,* Anne Comnène — elle avait alors
quatorze ans — fut vivement frappée par cette attente
anxieuse et s'en fera plus tard l'écho dans le livre qu'elle
consacrera à la mémoire de son père.

> « La réalité était beaucoup plus grave et plus terri-
> ble que les bruits qui couraient, car c'était l'Occident
> tout entier... qui émigrait en masse, cheminait par
> familles entières et marchait sur l'Asie en traversant
> l'Europe d'un bout à l'autre... Ils arrivaient les uns à
> la suite des autres avec armes, chevaux et tout l'équi-
> pement militaire. Ces hommes avaient tant d'ardeur
> et d'élan que tous les chemins en furent couverts... »

Alexis, non plus que sa fille, ne pouvait nourrir d'illu-
sions sur ces troupes mal dégrossies qu'à Byzance on
recouvrait du terme générique de « Celtes ».

> « [Mon père], note Anne Comnène, en redoutait
> l'arrivée, car il connaissait leur élan irrésistible, leur
> caractère instable et versatile... Il savait qu'ils ont tou-
> jours la bouche ouverte devant les richesses et qu'à la

première occasion on les voit enfreindre les traités
sans scrupules. Cela, il l'avait toujours entendu dire
et parfaitement vérifié. Loin de se décourager, pourtant, il prenait toutes les dispositions pour être prêt à
combattre si l'occasion le demandait. »

Pour l'heure, la troupe lotharingienne, nombreuse et
aguerrie, marchait sur la ville de Nish. Ce n'était encore
qu'une grande et persistante rumeur. La fièvre régnait
pourtant dans Constantinople. On attendait la suite des
événements, à l'affût du moindre faux pas.

SAC DE SELYMBRIA

Le message impérial à Godefroy de Bouillon, s'il expo-
sait sans fards des craintes dont les croisés devaient commencer à s'irriter, n'en dissipait pas moins une lourde
inquiétude. L'armée pourrait poursuivre sa route sans courir le risque de heurts avec les populations locales. Les
ambassadeurs byzantins escortèrent l'ost jusqu'à Nish, où
les hommes purent se recréer, quatre jours durant, « dans
l'opulence et le bien-être ». Comme on avait toute licence
de commercer, la troupe en profita pour reconstituer ses
réserves « en blé, en orge, en vin et en huile ». Prévenant
jusqu'au bout, le *basileus* fit offrir à la table du duc de
Basse-Lotharingie quelques pièces de venaison qui furent
particulièrement bien accueillies... On reprit ensuite la
route du Sud. En suivant le cours de la Nishiva et, après
quatre ou cinq jours de marche, on campa autour de
Sofia. On se rendit sans plus attendre à Philippopoli
(l'actuelle Plovdiv), « ville très illustre » où revivait le souvenir de Philippe de Macédoine, le père d'Alexandre le
Grand, dont les exploits n'avaient pas fini de hanter l'imagination des hommes de ce temps. Là encore, l'empereur
n'avait pas lésiné et, pendant toute une semaine, les croisés furent l'objet de mille prévenances et inondés de largesses.
Dans cette cité où Hugues de Vermandois avait

séjourné quelques semaines plus tôt circulaient les nouvelles les plus contradictoires. Les uns racontaient (Albert
d'Aix s'en fait l'écho) que le frère du roi de France et deux
de ses compagnons d'infortune, Dreux de Nesles et Clai-
rambaud de Vendeuil, avaient été on ne peut plus mal
reçus à Constantinople et que le *basileus* les avait proprement fait mettre aux fers. Pour un homme qui avait cru
bon de faire savoir, par une lettre assez ridicule, qu'il
entendait être accueilli « avec une pompe digne de sa
haute naissance », quel camouflet ! D'autres, en revanche,
se plaisaient à vanter la somptuosité de la réception que
l'empereur avait réservée aux premiers croisés, accablés
d'honneurs et de richesses. Il y eut au moins deux barons
pour prêter une oreille attentive à ces propos mirifiques.
Au petit matin, Baudouin de Hainaut et Henri d'Esch sortirent du camp encore endormi et, sans en avoir référé au
duc, piquèrent des deux et coururent à bride abattue vers
Constantinople, bien décidés à ne pas laisser passer leur
chance d'avoir leur part de la manne impériale.

Lorsqu'il apprit cette désertion, Godefroy de Bouillon
ravala sa colère et ordonna aussitôt de lever le camp et de
marcher sur Andrinople (l'actuelle Edirne) qu'on atteignit
quelques jours plus tard et où l'on ne passa qu'une seule
nuit. Le lendemain, l'armée franchit le pont sur la Marica
et ne s'arrêta que sur les bords de la mer de Marmara, à
Selymbria (l'actuelle Silivri). Là, on dressa les tentes au
milieu de « prairies fort riantes ».

Et l'armée lotharingienne, incompréhensiblement, va
faire de cette campagne enchanteresse un lieu de désolation. Était-ce représailles contre la prétendue incarcéra-
tion d'Hugues de Vermandois ? Doutons-en. Le récit
d'Albert d'Aix est suspect : l'empressement des deux
barons à avoir sans délai leur part du gâteau le prouve
assez. Faut-il invoquer la fatigue, l'ennui, les nerfs à fleur
de peau après plus de 2 000 kilomètres d'une marche de
quatre mois pendant lesquels il a fallu se contenir toujours, réprimer une ardeur bouillonnante ? Est-ce ce désir
torturant d'une Jérusalem qui faisait l'objet de toutes les
conversations et qu'on en venait à désespérer de voir

jamais ? Le sang trop chaud de troupes contenues trop longtemps dans les limites d'une stricte discipline ? Tout cela, sans doute, plutôt qu'un ordre formel de Godefroy de Bouillon (qu'évoquent ensemble Albert d'Aix et Guillaume de Tyr). Ordre au demeurant imbécile, et que l'attitude la plus constante du chef de l'ost lotharingien rend difficilement vraisemblable [2].

Pendant une longue semaine, toute la région fut pourtant méthodiquement pillée et ravagée, en dépit des promesses faites à l'empereur et de l'empressement d'Alexis Comnène à subvenir aux besoins des croisés. Navrantes déprédations, qui provoquèrent l'affolement et l'exode des populations locales.

Le *basileus,* à la nouvelle de cette dévastation, expédia sur-le-champ à Selymbria deux hommes de confiance qu'il avait tenu à choisir avec soin. C'étaient deux Francs « fort expérimentés » au service de la diplomatie byzantine, Raoul Peeldelau et un certain Roger, fils de Dagobert. Les médiateurs durent trouver les mots qu'il fallait. Toujours est-il que le pillage cessa. Godefroy de Bouillon donna l'ordre de lever le camp. Par la route de la côte, l'antique *via Egnatia* en son dernier tronçon, l'ost lotharingien au grand complet s'avança vers le Bosphore.

« Deux jours avant la Nativité de Notre-Seigneur », le duc Godefroy faisait dresser les pavillons de sa grande armée devant les murailles de Constantinople.

---

2. F. Chalandon, s'appuyant sur le témoignage d'Anne Comnène, a souligné les incohérences du récit d'Albert d'Aix. Il a été suivi par René Grousset et la plupart des historiens postérieurs.

CHAPITRE II

Constantinople

« Or vous pouvez savoir que bien regardèrent
Constantinople ceux qui oncques ne l'avaient vue ;
car ils ne pouvaient penser que si riche ville pût être
en tout le monde, quand ils virent ces hauts murs et
ces riches tours dont elle était close tout entour à la
ronde, et ces riches palais et des hautes églises, dont il
y avait tant que nul ne l'eût pu croire s'il ne l'eût su
avec l'œil, et la longueur et la largeur de la ville qui
de toutes les autres était souveraine. Et sachez qu'il
n'y eut si hardi à qui la chair ne frémît ; et ce ne fut
pas merveille, car oncques si grande affaire ne fut
entreprise par si peu de gens depuis que le monde fut
créé. »

Celui qui s'extasie ainsi devant les splendeurs de cette
ville incomparable, ce n'est pas un compagnon de Godefroy de Bouillon pétrifié devant cette cité de légende,
« bien sertie de murailles, de tours et de barbacanes ».
C'est Geoffroy de Villehardouin, un noble champenois
habitué aux raffinements d'une Cour qu'on s'accorde à
décrire comme l'une des plus cultivées d'Europe.
Lorsqu'il découvre la capitale byzantine, plus d'un siècle
s'est écoulé depuis l'arrivée des armées de la Meuse, de la
Moselle et du Rhin aux rives de la mer de Marmara. Un
siècle pendant lequel des milliers et des milliers de pèle-

rins, soldats et marchands ont eu tout loisir de chanter, en
Occident, aux oreilles d'auditeurs ébaubis, « la beauté
incomparable du site, la splendeur orgueilleuse des édifices, la puissance redoutable de l'appareil militaire ».

Imaginons le saisissement de ces rudes chevaliers flamands, brabançons, lorrains, allemands ou hennuyers
devant cet éperon tendu vers l'Asie, ce joyau qui semblait
s'évanouir dans les eaux bleues du Bosphore et de la
Corne d'Or. Quelques mois plus tôt, les paysans de Pierre
l'Ermite avaient béé d'admiration et de convoitise devant
une telle accumulation de trésors et d'œuvres d'art, saisis,
empoignés par ce monde nouveau, contrasté et ensorce-
lant.

C'était une profusion de maisons délicatement ouvra-
gées, ornées de balcons et de loggias, de gemmes au milieu
de jardins de féerie. Au fond des souks, sur les marchés,
dans les rues populeuses des quartiers périphériques ou le
long de cette *Mésè* pavée de marbre qui, par le Forum
Amastrianum, joignait la porte d'Andrinople à la porte
Dorée, des boutiques à profusion, qui regorgeaient des
produits les plus divers de l'Orient et de l'Occident. Et des
églises, nombreuses comme les étoiles du ciel, où s'amon-
celaient les reliques les plus précieuses de la chrétienté,
dont les mosaïques rutilantes scintillaient de la lueur des
innombrables cierges qui témoignaient là de la ferveur
d'un peuple volontiers mystique. Et la première d'entre
elles, Sainte-Sophie, cette merveille d'équilibre et de légè-
reté dont on voyait de loin se découper le galbe parfait des
coupoles. Et le Sacré Palais, et l'hippodrome, et les bâtiments du Sénat, et le Boucoléon dont les degrés de marbre
étaient battus par les flots du Bosphore...

Ce monde insolite et luxuriant grouillait d'une population cosmopolite venue des quatre coins de l'Empire et
d'ailleurs. Des Grecs, des Hongrois, des Bulgares, des
Turcs, des Arméniens, des marchands descendus de Kiev,
de Novgorod ou de la lointaine Scandinavie, des Persans,
des Cappadociens, des négociants juifs, vénitiens, génois
ou levantins, un monde bariolé où s'arrêtaient toutes les
rumeurs de l'univers.

Et, montant strictement la garde devant le palais des Blachernes, cette garde varangienne de colosses blonds qui veillait sur le *basileus,* l'âme de cet extraordinaire microcosme.

ALEXIS COMNÈNE

C'est un empereur inquiet qui, en ces derniers jours de décembre, vit se masser dans le quartier suburbain de Kosmidion face au palais des Blachernes, « sur un terrain qui s'étendait du pont jusqu'à Saint-Phocas », cette troupe énorme qu'Anne Comnène évalue à 10 000 chevaliers et 70 000 fantassins dont, tout à la fois, il redoutait l'indiscipline et les foucades, et pouvait espérer quelque profit politique.

Éclairé par les récents événements (l'irruption de la horde croisée de Pierre l'Ermite au printemps et, surtout, la terrible poussée des Normands de Robert Guiscard dix ans plus tôt, sous laquelle l'Empire avait bien failli crouler), Alexis Comnène avait tout à craindre d'une attaque brusquée lorsque, l'un après l'autre, les corps d'armées venus d'Europe auraient fait leur jonction sous ses murs. Aussi n'avait-il pas la moindre envie d'autoriser l'ost lotharingien à pénétrer dans sa capitale où tant de richesses risquaient de faire tourner la tête de ces « Celtes » brutaux et mal élevés... Il continua donc de pourvoir à l'entretien des hommes et des montures, tout en sachant que ce cantonnement dans les faubourgs immédiats de la ville, à portée du fruit défendu, ne pouvait sans péril se prolonger trop longtemps.

L'homme était d'une intelligence exceptionnelle, un politique habile, clairvoyant et pragmatique. Lui qui, en quinze ans, avait su redonner à Byzance un lustre depuis longtemps évanoui savait d'expérience que rien n'était jamais irrémédiablement perdu et que, l'esprit de finesse aidant, de tout mal pouvait sortir un bien. Il vit aussitôt les avantages qu'il pourrait tirer de cet afflux massif de gens de guerre. Pour peu qu'il agisse vite, avec doigté, qu'il leur fasse miroiter quelques substantiels avantages, qu'il les circonvienne un à un, au fur et à mesure de leur arrivée et avant toute concertation préalable, il en ferait des mercenaires à sa solde, engagés pour son propre compte dans la lutte contre l'islam. Il renouerait ainsi, imperceptiblement, avec la doctrine traditionnelle des appels de Byzance à l'Occident, tels qu'ils s'étaient concrétisés dans les relations qu'il avait eues avec la papauté et Baudouin de Flandre.

Encore faudrait-il convaincre tous ces barons de lui prêter hommage. Le tissu féodal, serré, serait difficile à rompre, même au profit du *basileus*. L'affaire était donc délicate. Mais non insoluble. Au témoignage d'Alexis Comnène, Hugues de Vermandois n'avait guère hésité à prêter serment, à devenir l'homme de l'empereur et à s'engager à combattre pour la gloire de Byzance. Sans doute, démuni comme il était, n'avait-il guère d'autre choix. Mais les débuts étaient prometteurs...

Dans le camp lotharingien, chacun attendait. On vivait à nouveau dans l'incertitude, tant les nouvelles qui, d'heure en heure, affluaient de Constantinople étaient contradictoires. Les premiers à entrer en contact avec l'armée furent des rescapés de Herzek, ces malheureux qui, depuis des semaines, attendaient là l'arrivée des barons. Ce qu'ils racontèrent de leur équipée en Asie Mineure, de la cruauté des Turcs et de la fin calamiteuse de cette folle expédition dut en émouvoir plus d'un, et inciter tous ces hommes impatients à venger ce carnage. Ils s'empressèrent ainsi de dépeindre Alexis Comnène sous les dehors les plus noirs, flétrissant sa fourberie, ses louvoiements et ses paroles trompeuses. On peut croire que le duc, avant même d'avoir eu avec le *basileus* le moindre contact direct, était dès lors fort prévenu et, en tout cas, sur ses gardes.

Hugues de Vermandois apparut à son tour au camp de Kosmidion et dut éclairer Godefroy de Bouillon sur les dispositions de l'empereur, évoquer ce serment solennel auquel il avait été contraint, et que le duc devrait bien, un jour ou l'autre, se résoudre à prêter. L'esprit altier de ce féodal issu du sang de Charlemagne et vassal de l'empereur germanique ne pouvait qu'y répugner. Aussi éludat-il l'invitation d'Alexis à se rendre au palais impérial avec quelques-uns de ses proches.

Le *basileus,* choqué par ce refus incroyable en quoi il voyait, à juste raison, beaucoup plus qu'un manquement aux usages, décida d'employer la manière forte et coupa les vivres. Il n'y avait pas une journée que l'on campait devant Constantinople que déjà recommençaient les difficultés. Sous les tentes, on jugea sévèrement l'attitude déloyale de l'empereur. Les moins soupçonneux y trouvaient matière à réflexion. En guise de représailles, et pour se procurer l'indispensable pitance, la chevalerie se répandit dans la campagne, pillant nourriture et fourrage. Baudouin de Boulogne, à qui les beaux coups ne déplaisaient pas, s'en donna à cœur joie. Quant à l'empereur Alexis, il était acculé à montrer plus de souplesse. Il ne tenait pas à voir se reproduire, sous ses yeux, les scènes de Selymbria. Au soir du 24 décembre, les mesures de restriction furent levées. Pour la Noël, on fit taire tous les ressentiments. Ce fut, remarque Albert d'Aix, un jour de fête et de joie : « Entre la maison impériale et le duc régnait maintenant la concorde. » Pour combien de temps ?

C'était la mauvaise saison. Déjà la neige et le froid avaient fait leur apparition. Depuis plusieurs jours, il pleuvait sans discontinuer. Les tentes, fort éprouvées, prenaient l'eau de toute part. Les hommes, trempés jusqu'aux os, pataugeaient dans la boue. On murmurait. Il fallait en finir une fois pour toutes et trouver pour chacun un hébergement décent.

Quatre jours plus tard, le 29 décembre, avec l'accord empressé d'Alexis Comnène, l'ost plia bagages et, longeant les murailles septentrionales de la capitale, établit ses quartiers de l'autre côté de la Corne d'Or, sans doute à Péra ou à Galata, à l'emplacement prescrit par l'empereur. L'armée fut installée dans des casernements convenables, les chefs dans les palais et des maisons fortifiées dont les installations, assure Albert d'Aix, s'étendaient sur 30 milles le long des côtes...

Alexis Comnène avait tout lieu d'être satisfait. Ainsi éloignée, l'armée croisée serait plus facile à surveiller par les troupes byzantines et l'on pourrait, au cas où la morgue « celte » reprendrait le dessus, user plus commodément d'arguments frappants. Pour l'instant, il se contenta d'attendre et de fournir « des vivres en abondance et tout ce qui était nécessaire » à l'ost.

En fait, la trêve de Noël n'avait pas dissipé cette atmosphère de suspicion qui, depuis le départ de l'armée, empoisonnait les rapports des croisés avec ceux qui se voyaient contraints de les accueillir. Au début de janvier 1097, le *basileus* renouvela auprès de Godefroy de Bouillon son offre d'une entrevue d'où pourrait sortir enfin un rapprochement décisif. Une fois encore, le duc refusa et se contenta d'envoyer à la Cour Conon de Montaigu, Baudouin de Bourcq et Geoffroy d'Esch, avec une réponse qui dut horrifier la rigide et chatouilleuse chancellerie byzantine :

> « Le duc Godefroy à l'empereur, fidélité et soumission. Selon ton vœu, j'irai volontiers vers toi, j'admirerai les fastes et les richesses de ta maison. Mais trop de bruits fâcheux répandus contre toi sont parvenus à mes oreilles et me remplissent de crainte. J'ignore cependant s'il faut les attribuer à l'envie ou à la haine. »

Cette lettre, si jamais elle fut rédigée en ces termes, était proprement injurieuse, et le moment n'allait pas tarder où, dans l'armée lotharingienne, on ne parlerait plus que de « l'inique, du misérable empereur ». Alexis eut beau assurer Godefroy de sa bonne volonté et de la droiture de ses intentions, rien n'y fit. Le duc continua de suspecter ouvertement le *basileus* et « ses promesses doucereuses ».

On s'est longuement interrogé — Henri Glaesener plus que quiconque — sur les motifs de ces tergiversations. Outre l'antagonisme qui opposait Grecs et Latins (opposition qu'il ne faut d'ailleurs pas, Claude Cahen l'a encore récemment souligné, monter exagérément en épingle), le heurt inévitable des cultures, des mentalités, de sensibilités différentes, il semble bien que, dans l'esprit de Godefroy de Bouillon, il ait été urgent d'attendre la belle saison et, avec elle, l'arrivée sous Constantinople des autres corps croisés. Les chefs, unis vers un même but, soudés par une même foi, auraient plus de chances d'imposer leurs vues à l'empereur. Cette tactique, que dictait le simple bon sens, allait à l'encontre de la stratégie d'Alexis Comnène : diviser pour convaincre et, selon le mot de Georges Ostrogorsky, « donner à l'aventure une tournure acceptable » pour Byzance.

Le désaccord était fondamental. Il n'allait pas tarder à prendre un tour aigu.

L'attente s'éternisa pendant trois longs mois. Les croisés, isolés de la ville par la Corne d'Or, se morfondaient. Mais Godefroy de Bouillon, en dépit des demandes réitérées d'Alexis Comnène, refusait toujours obstinément de prêter serment. Le *basileus*, pour hâter un dénouement qui ne tardait que trop, multiplia les petites vexations. On le vit d'abord réduire sensiblement l'approvisionnement en orge et en poisson. Bientôt, le pain même se fit rare. L'armée, aux abois, se procura comme elle put ce qu'on lui refusait et écuma la région. Mais les Turcopoles et les Petchénègues au service de Byzance faisaient bonne garde, limitaient ces incursions ruineuses et s'efforçaient de contenir cet inquiétant bouillonnement.

On en vint bientôt aux mains. Un matin, un groupe d'une cinquantaine de Turcopoles « armés d'arcs et de carquois » débarquèrent de navires qui croisaient au large du faubourg de Péra. Ils s'attaquèrent à des croisés laissés là en vigiles, dont plusieurs furent tués et d'autres gravement blessés. « A cette nouvelle, racontera le chroniqueur anonyme, Baudouin, le frère du duc, se mit en embuscade, les surprit en train de massacrer son peuple, les attaqua courageusement et, avec l'aide de Dieu, en vint à bout. Il en captura soixante, en tua une partie et présenta le reste au duc, son frère. » Des deux côtés, on craignait l'engrenage fatal des provocations et des représailles. Déjà, l'empereur avait suspendu toute livraison de vivres et de fourrage. Aujourd'hui, c'était la lutte ouverte. Sur-le-champ, Godefroy de Bouillon décida de réagir.

LA GRANDE PEUR DE CONSTANTINOPLE

Les trompettes sonnèrent le rassemblement. Dans les palais, les maisons fortifiées, les casernes qui depuis l'hiver rassemblaient l'ost franc, ce fut le branle-bas de combat. Chacun emportait avec soi armes et bagages. Avant d'abandonner définitivement ses positions, on pilla tout ce qui pourrait, un jour ou l'autre, être de quelque utilité. L'armée était sur le pied de guerre.

D'énormes panaches de fumée noire s'élevaient au-dessus du quartier de Péra que les croisés, en bon ordre, étaient en train d'évacuer. L'incendie faisait rage. Les casernements ne furent bientôt plus qu'un gigantesque brasier dont les lueurs portaient loin. Godefroy de Bouillon craignait, à juste raison, que l'armée byzantine, alertée, occupât le pont qui joignait Galata à la capitale. Isolés, les Lotharingiens couraient à une perte certaine. Le duc ordonna à son frère Baudouin de rassembler autour de lui un corps de cinquante chevaliers armés jusqu'aux dents et d'assurer la défense du pont qui reliait Galata aux murailles de Constantinople.

Cette précaution sauva l'armée. Alexis Comnène fit tout ce qu'il put pour empêcher le retour des croisés aux portes de sa capitale. Le pont fut aussitôt cerné de Turcopoles. Sur la Corne d'Or, les vaisseaux byzantins patrouillaient sans relâche. Les archers harcelaient les chevaliers de Baudouin qui, de part et d'autre du tablier du pont, faisaient de leur corps un rempart pour protéger l'ost qui, en une longue coulée, évacuait les faubourgs. Pendant des heures et des heures, ce fut un flot ininterrompu qui quitta lentement les casernements devenus la proie des flammes. Cohue de fantassins et de chevaux, de femmes, d'enfants, de chariots. Godefroy de Bouillon commandait personnellement l'arrière-garde. C'était un véritable exode, qui dura du lever au coucher du soleil, sous une grêle de flèches.

Pour la première fois depuis le départ de Lotharingie, on
essuyait un vrai combat...

Grâce à Baudouin de Boulogne qui avait défendu le
pont comme un lion ; grâce au duc qui avait contenu
jusqu'au bout les assauts des Grecs et évité un massacre,
l'opération était un succès. Le soir venu, on dressa les
tentes sous les murailles de Constantinople, devant ce
palais des Blachernes où le *basileus*, inquiet et surpris de
ce coup de main, se demandait de quoi demain serait fait.
Et il y avait l'armée normande de Bohémond de Tarente,
le fils de Robert Guiscard, son ennemi le plus implacable,
dont on lui annonçait la toute prochaine arrivée.

Pour la première fois depuis bien des années, Constantinople eut vraiment peur. Devant les fortifications occidentales de la ville, le tumulte grandissait. Plusieurs palais,
près du lac d'Argent, étaient la proie des flammes. Godefroy de Bouillon donna enfin l'ordre d'attaquer. L'assaut
se concentra sur la porte de Gyrolyme, devant le palais
des Blachernes.

« Aussitôt, s'émeut Anne Comnène, les Latins marchèrent en phalanges serrées contre Byzance... en
même temps qu'ils attaquaient les remparts, non pas
avec des hélépoles, car ils n'en avaient pas, mais forts
de leur multitude, en poussant l'insolence et l'audace
jusqu'à mettre le feu à la porte située au-dessous du
palais impérial... Ce n'est pas seulement la foule de la
populace byzantine, tous les lâches et les ignorants de
la guerre qui, à la vue des troupes latines, se lamentaient, gémissaient, se frappaient la poitrine, ne
sachant que faire sous le coup de la terreur, mais plus
encore l'ensemble de ceux qui étaient dévoués à
l'*autocrator*... Le *basileus*, pourtant, ne s'alarma nullement ; il ne revêtit pas sa cuirasse à lamelles pla-
quées en forme d'écailles, il ne prit en main ni bouclier ni lance, il ne ceignit pas d'épée, mais avec sang-
froid resta fermement assis sur le trône impérial,
encouragea tout le monde par sa sérénité et rendit à
leurs cœurs la confiance, en même temps qu'il déli-

bérait avec ses parents et les chefs de l'armée sur les mesures à prendre. »

C'était le Jeudi saint, 2 avril 1097. Devant le palais, la situation devenait critique. Une tentative de négociation échoua. « Les Latins renforçaient leurs troupes, poursuit Anne Comnène. Ils envoyaient une telle nuée de flèches qu'un des hommes debout près du trône impérial fut blessé à la poitrine. »

Dans l'après-midi, Alexis Comnène donna à son gendre Nicéphore Bryennos l'ordre de conduire un corps d'armée et d'effectuer une sortie par la porte de Saint-Romain. « Les hommes exécutèrent pleins d'ardeur les ordres du *basileus*... Ils tuèrent pas mal de leurs adversaires, tandis que seulement quelques-uns d'entre eux étaient blessés ce jour-là. Finalement, l'*autocrator* fit donner sa propre garde et mit en fuite la phalange des Latins. »

La nuit était tombée. Godefroy de Bouillon, au soir de cet assaut manqué, avait joué ses dernières cartes. Faute d'avoir pu pénétrer dans Constantinople, il lui faudrait recommencer de piller pour survivre, disperser ses troupes, fourrager de plus en plus loin des rives du Bosphore. On en était revenu à la situation initiale ; à ces journées de décembre où chacun pouvait encore se permettre de jouer au plus fin. A présent, chaque journée qui passait devenait plus coûteuse. La famine s'installait. Le moment approchait où, de gré ou de force, le duc devrait franchir le pas tant redouté, et prêter serment.

Entra-t-il en rapport avec « le très sage Bohémond », dont l'armée approchait de Byzance ? Guillaume de Tyr l'affirme, et fait état d'une lettre du prince de Tarente au duc de Basse-Lotharingie :

« Sachez que vous avez affaire à la pire des bêtes féroces. Cet homme déloyal [l'empereur Alexis] ne cherche qu'à décevoir les peuples latins, qu'il poursuit d'une haine mortelle. Vous reconnaîtrez vous-même un jour que je le juge bien. J'ai éprouvé la malice des Grecs. Ne faites donc aucun accommodement avec leur empereur. Il vaut mieux que vous vous retiriez dans les contrées fertiles d'Andrinople et de Philippopoli. Vos troupes y trouveront l'abondance et le repos. Quant à moi, s'il plaît à Dieu, j'irai vous y rejoindre au commencement du printemps et vous prêter mon aide, comme à mon seigneur, pour renverser le prince impie des Grecs. »

Albert d'Aix l'affirme aussi. Mais le chroniqueur anonyme, historiographe attitré de Bohémond de Tarente, qui suivit son maître d'un bout à l'autre de l'expédition, n'en dit rien. Les deux hommes, c'est le moins que l'on puisse dire, n'avaient pas le même idéal.

Au dire de l'Anonyme, Godefroy de Bouillon attendit encore cinq jours avant de se résoudre à l'inévitable. Cinq jours de débats intérieurs qu'on imagine douloureux. Mais qu'était-ce donc qu'un serment, si Jérusalem était à ce prix[1] ?

LE SERMENT

L'empereur, à ce qu'il apparaît, s'efforça d'adoucir l'épreuve. Il était en position de force. Hugues de Vermandois, qui coulait des jours heureux dans la capitale byzantine, fut une fois de plus envoyé auprès du duc de Basse-Lotharingie : les faits lui permettaient aujourd'hui d'être convaincant. La situation de l'armée croisée était devenue impossible. Sa survie même, et le sort de l'expédition, dépendaient exclusivement de la volonté impériale. Le *basileus* était prêt à témoigner de sa loyauté en donnant

---

1. La chronologie de toute cette période est éminemment confuse, et toujours susceptible d'être discutée. Albert d'Aix et Anne Comnène, dont les buts sont à peu près opposés, situent le paroxysme du drame, le premier au début de janvier, la seconde au début du carême. Nous avons préféré suivre le témoignage de la fille de l'empereur, témoin direct, à la suite de Ferdinand Chalandon, René Grousset, Joshua Prawer, Paul Rousset et de bien d'autres, sans pour autant nous dissimuler les faiblesses de sa chronologie. Andressohn et Glaesener suivent Albert d'Aix.

l'héritier du trône, son fils Jean Porphyrogénète, en otage pendant tout le temps que Godefroy de Bouillon serait l'hôte de la Cour. Après quoi tout rentrerait dans l'ordre, et Byzance fournirait à l'ost lorrain les navires indispensables pour passer en Asie.

Le lendemain de bonne heure, Conon de Montaigu et Baudouin de Bourcq escortèrent le prince Jean jusqu'au camp croisé, où il fut confié à la garde de Baudouin de Boulogne qui, pendant l'absence de son frère, prit le commandement de l'armée, prêt à intervenir en cas de nécessité.

Après quoi Godefroy de Bouillon, accompagné de Garnier de Grez, de Pierre de Dampierre et des principaux barons, se dirigea vers Constantinople. Pour cette circonstance hors du commun, ils avaient abandonné l'austère cotte de mailles pour un costume plus en rapport avec la solennité du moment. Ils étaient vêtus de tuniques d'apparat « tissées de pourpre et d'or, garnies d'hermine, de martre, de petit-gris et de vair ».

Le duc de Basse-Lotharingie fut bientôt introduit dans le palais des Blachernes, au nord de la capitale, le long de la muraille construite par l'empereur Théodose. Là s'élevait, depuis le Ve siècle, l'église qu'avaient fait édifier l'empereur Marcien et sa femme Pulchérie pour abriter l'une des reliques les plus précieuses de la cité, l'*omophorion,* le voile de la Vierge, véritable *palladium* qu'on ne sortait de sa châsse que lorsque Constantinople était en danger. De la résidence qui l'avoisinait, Alexis Comnène, abandonnant le Sacré Palais trop exposé, avait fait une forteresse et son séjour habituel, « ouvert sur de vastes plaines, tout près du grand parc de Philopation réservé à la chasse... ».

On devine l'émoi de ces rudes guerriers au spectacle qui s'offrit soudain à leurs yeux. Toutes les merveilles de l'Orient semblaient s'être donné rendez-vous dans cette résidence impériale rutilante de mosaïques précieuses, pavée de marbres multicolores. Les salles regorgeaient d'œuvres d'art, de tissus, de broderies d'or et d'argent, de

tout un luxe écrasant qu'avaient accumulé sept siècles
d'une civilisation raffinée.

Alexis Comnène, hiératique, était assis sur son trône.
Godefroy de Bouillon puis, un à un, les barons qui
l'accompagnaient lui donnèrent le baiser de paix et, dans
la plus pure tradition féodale, prêtèrent serment de fidélité. L'empereur enfin sortit de son mutisme :

> « Je sais que tu es chez toi un chef de guerre et un
> prince très puissant. C'est pourquoi je te reconnais
> comme mon fils adoptif. Tout ce que je possède, je le
> confie à ta puissance pour que tu le préserves des
> attaques de cette multitude rassemblée à nos portes et
> de celles qui pourraient s'y présenter par la suite. »

Après quoi l'empereur prit dans les siennes les mains
jointes de ce duc de Basse-Lotharingie devenu, par ce seul
geste, vassal de l'Empire de Byzance.

Que devenait, à l'issue de cet hommage, la prééminence
pontificale ? Le légat Adhémar de Monteil s'acheminait
vers Constantinople avec l'armée de Raymond de Saint-
Gilles, sans rien savoir des événements qui avaient agité la
croisade lorraine. Et voici que l'expédition basculait du
côté de Byzance. Godefroy de Bouillon, « lige de l'empereur germanique dans l'Empire romain d'Occident, devenait, et ses barons avec lui, lige du *basileus* dans l'Empire
romain d'Orient. L'espèce d'adoption que lui octroya
Alexis Comnène achevait cette transformation juridique.
Elle signifiait qu'en droit la croisade franque s'inscrivait
dans la croisade byzantine. Habituée depuis des siècles à
employer en Asie, dans sa lutte presque cinq fois séculaire
contre l'islam, des mercenaires francs, normands ou varè-
gues, la Cour de Constantinople considérait désormais le
duc de Basse-Lotharingie comme l'un d'entre eux. »

Dès ce moment, l'ost lotharingien s'engageait à servir
Byzance et à remettre à l'Empire chacun des territoires
libérés du joug des Turcs seldjoukides. Alexis Comnène
était parvenu à ses fins.

Aussi se montra-t-il fort prodigue. Il puisa dans le Trésor impérial assez d'or, d'argent et de pourpre pour éblouir et récompenser le duc et sa suite. Il s'engagea par ailleurs à subvenir aux besoins de l'armée dont il assura d'abord la remonte. Mules et chevaux affluèrent. Régulièrement, quatre soldats grecs se présentaient au camp « porteurs de besants d'or et de dix boisseaux d'une monnaie appelée *tartaron* ». Albert d'Aix ironise :

> « Chose surprenante, tout ce que le duc avait fait distribuer aux soldats de la part de l'empereur s'en retournait illico au Trésor impérial pour payer les fournitures alimentaires et tout le reste. Rien d'étonnant à cela : l'empereur avait pour l'ensemble de l'Empire le monopole des ventes de vin, d'huile, de froment, d'orge et de toute nourriture. De ce fait, le trésor impérial est toujours plein, et nulle donation ne parvient à l'épuiser. »

Le nouvel ordre, fait du prince, méritait-il qu'on fît à ce point la fine bouche ? Godefroy de Bouillon, apparemment, était le grand perdant de cette mémorable journée. Politiquement, le fait est incontestable. Le duc avait juré sa foi et était bien décidé à en respecter scrupuleusement les termes. Demeurait l'essentiel : la route de Jérusalem était désormais ouverte.

Dès le lendemain de l'entrevue du palais des Blachernes, Jean Porphyrogénète fut renvoyé à son père avec les honneurs dus à son rang. Godefroy de Bouillon fit crier par toute l'armée la teneur de l'accord conclu, qu'entre le *basileus* et les barons régnaient maintenant paix et concorde, que chacun dorénavant pouvait acheter et vendre en toute sécurité, sans crainte de fraude sur les poids ou sur les prix. Puis il donna l'ordre de lever le camp. Jamais les chevaliers des bords de la Meuse et du Rhin ne verraient les splendeurs de Constantinople...

Des vaisseaux grecs transportèrent l'armée au-delà du Bosphore, sur les rives de la Chalcédoine, et l'ost dressa ses tentes à Pélékan, près de Héréké, à l'ouest de Nicomé-

die (l'actuelle Izmit). Il avait enfin mis le pied sur le sol de
l'Asie. On était à la mi-avril 1097.

BOHÉMOND À CONSTANTINOPLE

A peine Godefroy de Bouillon avait-il franchi le Bras de
Saint-Georges que Bohémond de Tarente se présentait
devant Constantinople. Il y était impatiemment attendu.
Alors que l'armée normande campait encore à Keshan, au
nord du golfe de Saros, deux curopalates l'avaient invité à
se rendre sans délai auprès d'Alexis. Le 5 avril, il avait
célébré la fête de Pâques à Rossa, puis il « laissa toute son
armée et poursuivit sa route vers Constantinople afin de
s'aboucher avec l'empereur, emmenant avec lui un petit
nombre de chevaliers ». Son neveu Tancrède avait pris le
commandement des troupes.
    On introduisit bientôt le « très sage Bohémond » qui, il
y avait peu, faisait trembler Byzance. C'était un chevalier
superbe, dont l'air martial et la beauté devaient longtemps
hanter les rêves de la fille du *basileus*. Et un politique
retors, aux vastes ambitions, que n'étouffaient pas les
scrupules et qui savait ce que négocier veut dire : il prêta
serment de fidélité à l'empereur sans la moindre difficulté. Alexis le couvrit littéralement d'or, d'argent et de
pierreries. Mais Bohémond voulait mieux : une charge de
grand domestique de l'Empire, qui ferait de ce petit-fils
d'un hobereau du Cotentin un lieutenant d'Alexis en
Orient. La prétention était exorbitante, impossible à réaliser sans soulever des tempêtes d'indignation au sein de
cette Cour rigide. Le *basileus* éluda, mais consentit à donner au Normand, « au-delà d'Antioche, une terre de
quinze journées de marche en longueur et de huit journées
en largeur ». C'était mieux que rien. De quoi, pour l'instant, modérer les formidables appétits du prince de
Tarente.
    Le duc de Basse-Lotharingie, revenu tout exprès dans la
capitale, assistait-il à ces surprenants marchandages ?
Albert d'Aix signale le fait. Le Chroniqueur anonyme, fort

bien informé, l'affirme aussi : « A cet entretien prirent part le duc Godefroy et son frère », Baudouin de Boulogne. Dans ce cas, c'est au cœur même du palais des Blachernes que, pour la première fois, Godefroy se trouva devant cet homme terrible dont « la vue engendrait l'admiration et la renommée, l'effroi ». De toute évidence, les deux croisés n'étaient pas taillés dans le même acier, ne vivaient pas le même idéal, ne poursuivaient pas les mêmes buts. Ceux du Normand étaient fort concrets. L'aisance et l'excessive désinvolture avec lesquelles Bohémond avait prêté un serment qui, on pouvait en être sûr, l'engageait peu, durent surprendre ce Lotharingien tout d'une pièce qui, torturé de doutes, avait mis plusieurs mois à s'incliner devant la volonté impériale.

Godefroy ne fut d'ailleurs pas le seul à s'émouvoir d'un serment qui, sitôt prêté, faisait déjà figure de parjure. « Pour esquiver le serment impérial, raconte l'Anonyme, Tancrède et Richard de Salerne traversèrent secrètement le Bras et, avec eux, presque toute la troupe de Bohémond. » Ils rejoignirent, sous Pélékan, l'armée lotharingienne. Bohémond, lui, ne cachait pas sa satisfaction. Le *basileus,* ravi d'un hommage obtenu à si bon compte, s'engagea à son tour.

> « Il jura... qu'il nous accompagnerait avec son armée par terre et par mer, qu'il assurerait avec fidélité notre ravitaillement sur terre et sur mer, qu'il réparerait exactement toutes nos pertes et qu'en outre il ne voulait ni ne permettrait que nul de nos pèlerins fût molesté ou contrarié sur la route du Saint-Sépulcre. »

Robert de Flandre et les siens arrivèrent peu après, et jurèrent également. Le 21 avril, l'armée provençale commandée par Raymond de Saint-Gilles était aussi parvenue devant Constantinople. Les choses se présentaient on ne peut plus mal. Le comte de Toulouse était furieux. En dépit des accords conclus avec le *basileus,* la progression de ses troupes s'était heurtée, d'un bout à l'autre de la *via*

Egnatia, à la surveillance tatillonne de l'armée grecque. Adhémar de Monteil en avait personnellement fait les frais. Un jour, égaré par mégarde, il s'était vu attaqué par un corps de mercenaires petchénègues. Désarçonné, il avait été sévèrement blessé à la tête et n'était pas encore remis de ses contusions... En Thrace, les Provençaux, au cri de « Toulouse ! Toulouse ! », s'étaient emparés de Keshan. A Rodosto, on en était venu à la bataille rangée.

En présence de l'empereur, Raymond de Saint-Gilles ne dissimula rien de ses sentiments, il exhala son mépris et refusa tout net de prêter quelque serment que ce fût, à moins qu'Alexis lui-même ne s'engageât à prendre la croix et à accompagner, à la tête de ses propres troupes, l'expédition jusqu'à Jérusalem. Le *basileus* n'en avait ni l'envie ni les moyens. Les négociations s'enlisaient. Le comte de Toulouse, indigné du sort réservé à ses chevaliers qui, pendant qu'il était à la Cour impériale, avaient encore dû soutenir (plutôt mal que bien) les assauts de l'armée grecque, menaçait de se faire justice lui-même et d'attaquer Constantinople.

Il fallut que Godefroy de Bouillon, qui avait quelque expérience en la matière, Bohémond, Robert de Flandre et, surtout, Adhémar de Monteil — enfin rétabli — le persuadent du caractère fratricide et suicidaire d'une pareille décision. Raymond de Saint-Gilles, de fort mauvais gré, se rendit à ces raisons. Pour faire preuve de bonne volonté, il accepta même de promettre de respecter les biens, les intérêts et la personne de l'empereur, mais jamais il ne voulut s'engager sur la voie du serment vassalique. « Il n'avait pas pris la croix, commente René Grousset, pour se donner un maître ni pour combattre pour un autre que Celui pour qui il avait quitté son pays et ses biens. Attitude catégorique qui posait la croisade latine comme un fait nouveau, créant un droit nouveau, indépendant des vieilles hypothèques byzantines. » Le temps aidant, le comte de Toulouse considérera Constantinople avec d'autres yeux...

On annonçait à présent l'arrivée des troupes venues du nord de la France commandées par Robert Courteheuse, duc de Normandie, et son beau-frère Étienne de Blois.

Tous deux s'empressèrent de prêter le serment attendu. Ils en furent, comme les autres, grassement récompensés.

A la fin du mois d'avril 1097, tous les croisés avaient gagné le lieu du rendez-vous. La plupart avaient même passé le Bras de Saint-Georges et campaient sur les bords du golfe de Nicomédie. L'Asie Mineure s'ouvrait devant eux. Un monde inconnu, menaçant, lourd d'incertitudes et de pièges. Chacun pressentait que des semaines à venir dépendait le succès ou l'échec de ce grand ébranlement.

CHAPITRE III

« Le champ des fleurs »

Ibn al-Qalisini, exact contemporain des faits, écrira dans sa grande *Histoire de Damas* : « Cette année-là (en 490 de l'hégire), des renseignements commencèrent à se succéder sur l'apparition d'armées franques venant de la mer de Marmara en une multitude innombrable... »

Allemands, Normands, Italiens du Sud, Brabançons, Flamands, Provençaux, Aquitains, chevaliers de Boulogne et du pays chartrain, de Bretagne et de l'Île-de-France, tous étaient là, de part et d'autre des détroits, à pied d'œuvre, traînant avec eux une foule de non-combattants, partageant leurs souvenirs de route, les bons et les mauvais, les souffrances endurées, les découvertes, les étonnements et les émois, pensant peut-être, la nuit tombée, au pays. Rassemblement hétéroclite d'hommes qui, peu à peu, dépassant les disparités de sensibilité et de langue, apprenaient à se connaître et attendaient d'en découdre.

Une foule ? La question des effectifs engagés dans le grand passage n'a cessé d'intriguer et de diviser les historiens. Mais tous sont d'accord pour récuser les chiffres avancés par Anne Comnène pour la seule armée de Godefroy de Bouillon (10 000 chevaliers et 70 000 fantassins), proprement fabuleux.

Ferdinand Lot, passant les textes au crible d'une critique impitoyable, évoquant la paralysie d'une intendance d'ailleurs à peu près inexistante devant une pareille marée humaine, a réduit d'emblée le nombre des croisés à un total absolument squelettique. Stephen Runciman propose pour l'ensemble de l'ost entre 4 000 et 5 000 chevaliers et une trentaine de milliers de fantassins, sans compter les non-combattants. L'historien allemand Delbrück en suggère plus du double. La plupart ne se prononcent pas, mais s'accordent tous pour réduire considérablement les effectifs « napoléoniens » avancés par les chroniqueurs qui, en tout état de cause, ne se préoccupaient nullement d'une quantification précise. Retenons pourtant que tous, sans exception, ont voulu montrer que l'armée, pour l'époque, était considérable. Joshua Prawer estime le nombre total des croisés (vieillards, femmes et enfants compris) à un flot de 60 000 à 100 000 âmes. Sans doute n'est-il pas loin de la vérité [1].

Et que de disparités d'intentions, dans cette troupe encore dépaysée ! S'il n'appartient pas à l'historien de juger, au moins doit-il s'efforcer de dépister, au travers des textes, les buts et les ambiguïtés propres à chacun.

Pour la plupart des participants à cette entreprise insensée, une incontestable ferveur religieuse, « un élan extraordinaire d'enthousiasme et de foi », la conviction profonde de communier à « un fait mystique ». Pour eux la croisade était bien un acte de foi et d'amour, « la manifestation d'un élan spirituel jailli du fond le plus noble de l'âme, l'expression héroïque d'une foi qui ne se satisfait que dans le sacrifice, une réponse à un appel de Dieu ». Le duc de Basse-Lotharingie et le comte de Toulouse étaient d'assez bons exemples de ce que devait être ce qu'on a appelé « le parfait croisé ». Godefroy de Bouillon ne laissait rien derrière lui, ni femme, ni enfants, ni domaines. Sa terre la plus chère, ce château de Bouil-

---

1. L'inflation numérique n'est pas un apanage des chroniqueurs de la première croisade. Au XIVᵉ siècle, pour souligner l'importance de la magnifique armée réunie en juillet 1347 par Philippe VI de Valois pour tenter de débloquer Calais assiégée par Édouard III d'Angleterre, Froissard n'hésitera pas à avancer le chiffre de 200 000 chevaliers et fantassins... Quant à la difficulté d'évaluer l'importance numérique d'une troupe en marche, les rapports divergents sur nos modernes manifestations de rues nous en convaincront aisément.

lon où palpitait le cœur de la Maison d'Ardenne, avait été engagée. Il partait avec un cœur neuf, sans jeter un regard en arrière. Quant à Raymond de Saint-Gilles, il avait fait vœu de ne jamais retourner en Occident. Il est vrai qu'à son âge... A ce moment précis, et chez ceux-là, la mystique n'avait pas encore été vaincue par la politique.

D'autres, en revanche, témoignèrent très vite de tout autres ambitions. Baudouin de Boulogne, si différent de son frère, avait hérité de son père, Eustache, un sens aigu de l'opportunisme politique. C'était une tête froide, un organisateur de génie qui ne manquerait pas, le moment venu, de placer ses pions sur l'échiquier oriental.

Et que dire de Bohémond de Tarente, du « très sage », du « très courageux », du « très honorable » Bohémond ? Comme son père Robert Guiscard, il était de la race des conquérants. Admirable homme de guerre, stratège dans l'âme, assoiffé de gloire, il n'avait pas son pareil pour faire flèche de tout bois. Pour lui, de toute évidence, la croisade serait bien la continuation de la politique, par d'autres moyens.

Mais tous, ceux qui pensaient au ciel et ceux qui n'y pensaient pas, avaient dès maintenant leur place inscrite dans le grand drame qui allait se jouer. Les uns auraient pour mission de conduire les armées à la victoire ; les autres, soldats de Dieu, de rappeler à tout moment les exigences d'un plus haut service. Un combat dans le siècle. Un combat pour l'éternité. Par la force des choses, c'était le même combat.

LE SIÈGE DE NICÉE

Car il faudrait se battre. L'adversaire seldjoukide était à quelques lieues, disséminé dans toute l'Asie Mineure, disposant dans les villes de solides garnisons, occupant le terrain, nomadisant au gré de ses besoins sur tout le plateau anatolien. Une population déterminée, qui avait l'habitude d'affronter, avec le succès qu'on sait, les armées byzantines.

Autour de Pélékan, on procédait aux derniers préparatifs. Bohémond de Tarente était toujours dans Constantinople « afin de tenir conseil sur les moyens de ravitailler la troupe ». Tout le monde, dans la capitale, se méfiait de tout le monde. Le *basileus* était rongé d'inquiétude. « Il mit à nu les soupçons qu'il avait sur les intentions des Francs, témoigne sa fille Anne Comnène. Il eut sur ce sujet de longues conversations... et recommanda de surveiller constamment les manœuvres perfides de Bohémond. » On apprit bientôt qu'un contingent grec, aux ordres de Tatikios, se joindrait à l'armée franque.

D'un commun accord, et pour satisfaire aux exigences byzantines, on était convenu d'attaquer d'abord Nicée (l'actuelle Iznik), à une quarantaine de kilomètres au sud de Nicomédie, sentinelle avancée de l'islam face à Constantinople. La ville était auréolée d'un passé prestigieux : c'était là que, huit siècles plus tôt, le 19 juin 325, un concile réuni dans la salle du Palais d'été avait défini un *Credo* proclamé par Constantin loi d'Empire et que, depuis lors, tous les chrétiens savaient par cœur et considéraient comme le résumé de leur foi. Depuis quinze ans, Nicée était au pouvoir des Turcs seldjoukides et Qilij Arslan, sultan de Roum, y avait établi sa capitale.

Au début du mois de mai, Godefroy de Bouillon et Tancrède partirent en avant-garde pour Nicomédie, où ils restèrent trois jours. C'est là que les rejoignit Pierre l'Ermite et les rescapés du massacre d'Herzek. L'accès direct à Nicée présentait de sérieuses difficultés. Le massif de l'Ouzoum Tshaïr Dagh, qui culmine à plus de 1 600 mètres, creusé de gorges profondes et de ravins, constituait un obstacle naturel où s'était engluée la « croisade des pauvres gens ». Godefroy de Bouillon, prévoyant, organisa un corps du soldat du génie.

« Le duc, raconte le Chroniqueur anonyme, s'apercevant qu'il n'existait aucune route par laquelle il pût conduire ces troupes jusqu'à Nicée, car la voie que les premiers croisés avaient d'abord suivie se trouvait insuffisante pour un peuple aussi nombreux, envoya en avant-garde trois mille hommes armés de haches et d'épées qu'il chargea d'élaguer et d'élargir cette voie, afin qu'elle fût praticable à nos pèlerins jusqu'à Nicée. Ils ouvrirent un chemin à travers les défilés d'une montagne immense et, sur leur passage, ils fabriquaient des croix de fer et de bois qu'ils plaçaient sur des socles, afin qu'elles servissent d'indication à nos pèlerins. »

Grâce à ce travail de fourmi, l'armée lotharingienne put s'écouler en quelques jours et, le 6 mai, investissait Nicée. C'était une ville formidable, protégée depuis l'époque romaine par une forte muraille scandée de deux cent quarante tours (il en reste aujourd'hui d'impressionnants vestiges), la façade occidentale baignée par les eaux du lac Ascanien d'où pouvaient parvenir aux assiégés vivres et renforts. Albert d'Aix nous montre les chefs de l'armée galoper à perdre haleine autour de la ville, laisser leurs chevaux éprouvés par une route difficile la bride sur le cou, et admirer l'ordonnance majestueuse de cette place forte redoutable qu'il faudrait bien prendre.

Les opérations se présentaient plutôt bien. Le sultan Qilij Arslan, totalement pris au dépourvu, séjournait alors à Mélitène, à des centaines de kilomètres de sa capitale où il avait laissé sa femme, ses enfants et ses trésors. D'heure en heure, les corps d'armée se concentraient autour des murailles. Au bout de quelques jours, le ravitaillement devint difficile, puis ce fut la panique : « Il y eut une telle disette de pain parmi nous qu'un seul pain se vendait jusqu'à vingt ou trente deniers. » Une somme exorbitante ! Et le prince Bohémond qui s'éternisait dans Constantinople ! Il arriva enfin, et « fit venir par mer un abondant ravitaillement. Il en venait des deux côtés à la fois, par terre et par mer, et une grande prospérité régna dans l'armée du Christ ». Heureux Bohémond !

Par le prince de Tarente, on apprit qu'Alexis Comnène avait établi son quartier général à Pélékan et que Tatikios,

l' « homme au nez d'or » (*la Chanson d'Antioche* l'appelle
drôlement « Estatin l'Esnasé » : c'était un mutilé de guerre
à qui, dit-on, avait été appliquée une prothèse de métal
précieux), ne tarderait pas à rejoindre l'ost croisé à la tête
d'un contingent grec.

Le 14 mai, on commença l'investissement de la ville.
Godefroy de Bouillon, le premier arrivé sur les lieux, prit
position le long de la muraille nord-est de la ville, entre la
porte de Constantinople et la porte de Lefke (toutes deux
existent toujours). Sur son flanc droit s'allongeait l'armée
normande de Bohémond et de Tancrède ; à gauche, le
corps byzantin de Tatikios. Seuls les remparts méridio-
naux et la porte de Yenishehir étaient encore vides de
troupes. On attendait, pour combler cette brèche, l'arrivée
de Raymond de Saint-Gilles, de Robert Courteheuse et
d'Étienne de Blois.

Cette faille dans le dispositif d'investissement pouvait
avoir les plus funestes conséquences. Le va-et-vient entre
les assiégés et les troupes turques qui s'acheminaient vers
Nicée en renfort était incessant. Quelques jours plus tard,
deux espions de Qilij Arslan furent saisis au moment où
ils s'apprêtaient à s'embarquer sur le lac pour gagner la
ville par la porte de la Mer. On les fit parler de force. Au
dire de Guillaume de Tyr, ils étaient porteurs du message
suivant :

« Il n'y a pas lieu de craindre beaucoup le peuple
barbare et misérable qui vient vous assiéger. Je suis
dans votre voisinage avec des forces importantes, et
j'en attends de plus considérables encore, qui me suivent de près. Nous allons tous ensemble fondre à
l'improviste sur le camp des chrétiens. De votre côté,
préparez-vous à seconder mon attaque par une sortie
en masse. Ne redoutez pas leur multitude. Ils viennent des pays lointains où le soleil se couche : ils sont
exténués par le voyage et n'ont pas de chevaux capa-
bles de soutenir les fatigues de la guerre ; ils ne pour-
ront tenir contre les troupes fraîches que je vous
amène. Rappelez-vous avec quelle facilité naguère

nous en avons exterminé en un seul jour plus de
50 000. Courage donc, et confiance ! »

Sans délai, les croisés s'employèrent à renforcer leurs
positions, à construire des machines de siège — Alexis
Comnène devait en envoyer lui-même de Pélékan — et à
entreprendre le travail de sape au pied des murailles.

Le 16 mai — c'était « le samedi après l'Ascension du
Seigneur » —, les troupes d'appoint envoyées par Qilij
Arslan lancèrent une attaque au sud de la ville, encore
libre d'assiégeants, au moment précis où Raymond de
Saint-Gilles venait prendre position avec ses Provençaux.

> « Ce comte, rapporte le Chroniqueur anonyme,
> venant d'un autre côté, protégé par la vertu divine et
> tout resplendissant dans son armure terrestre, à la tête
> de sa courageuse armée, se heurta aux Turcs qui
> s'avançaient contre nous. Armé de tous côtés du signe
> de la croix, il les chargea vigoureusement et les vain-
> quit, et ils prirent la fuite en abandonnant beaucoup
> de morts. »

Les Turcs tentèrent une nouvelle attaque, au nord-est,
contre les troupes commandées par Godefroy de Bouillon.
La mêlée fut acharnée, confuse. Le duc de Basse-Lotharingie et Bohémond se ruèrent à l'assaut des escadrons ennemis. Albert d'Aix nous les montre, lance au poing, désar-
çonnant et tuant, encourageant les leurs. « Jamais on ne
vit pareil fracas de lances, pareil cliquetis d'épées et de
casques. » Le soir venu, la plaine était jonchée de cadavres et de têtes coupées. Les Turcs qui en avaient réchappé
s'enfuirent dans les montagnes. Dans le camp croisé, on
fêtait la victoire et, « à l'aide d'une fronde, les nôtres lançaient dans la ville les têtes des tués, afin de jeter l'effroi
parmi les Turcs... »

On s'installait dans le siège. La parole était maintenant
aux « ingénieurs ». Dans les forêts voisines, on abattait les
troncs nécessaires à la fabrication des machines. Henri
d'Esch et le comte Hermann firent construire à leurs propres

frais, en poutres de chêne, une machine appelée *renard*. Ils
la revêtirent ensuite d'une forte enveloppe en osier pour
protéger contre les projectiles les travailleurs chargés de
saper la muraille. Lorsque toutes les pièces en furent bien
assemblées, vingt chevaliers et deux barons s'y introduisi-
rent et un grand nombre de pèlerins, réunissant leurs
efforts, la poussèrent vers le rempart. Mais, cahotée par
les inégalités du terrain, fracassée par les blocs de rocher
que les assiégés faisaient pleuvoir sur sa toiture, elle
s'affaissa avec fracas, ensevelissant sous ses ruines tous
ceux qui y étaient enfermés... On allait ainsi de tentatives
en échecs, sans pour autant désespérer. Un autre jour,

> « des hommes furent désignés pour miner une tour
> qui se trouvait devant leurs tentes, avec des arbalé-
> triers et des archers pour les protéger. Ils creusèrent
> jusqu'aux fondements de la muraille et entassèrent
> des poutres et du bois, puis y mirent le feu. Le soir
> venu, la tour s'écroula, alors qu'il faisait déjà nuit et,
> à cause de l'obscurité, on ne put engager le combat.
> Au cours de la nuit, les Turcs se levèrent en hâte et
> restaurèrent le mur si solidement que, le jour venu, il
> fut impossible de leur causer le moindre dommage de
> ce côté ».

Pour échapper aux tâches les plus rebutantes, désespérément répétitives et couronnées de bien maigres succès, il
ne restait plus guère que l'éclat, toujours apprécié, des
faits d'armes individuels.

Albert d'Aix, qui ne perd aucune occasion de célébrer le
duc de Basse-Lotharingie, raconte qu'un jour, alors que
les soldats lorrains s'efforçaient d'entamer les murailles,
une manière de colosse d'une habileté prodigieuse terrori-
sait les sapeurs du haut des remparts. Chacune de ses
flèches faisait mouche. Les archers francs ripostaient en
vain, les traits sifflaient autour du provocateur sans jamais
atteindre leur but. Le géant, enhardi par cette maladresse,
se débarrassa de son bouclier et s'exposa totalement à
découvert, accablant ses adversaires de sarcasmes humi-

liants. « Avec le peu de notre langue qu'il savait, précise l'*Histoire d'Éracles*, il n'en finissait pas d'insulter ceux qui l'assaillaient, et les appelait couards. » Criblé de traits, transformé en hérisson, il résistait toujours et balançait des quartiers de roc qui faisaient des ravages au pied des murailles.

Le défi devenait proprement intolérable. Godefroy de Bouillon, calmement, saisit un arc et, cependant que deux de ses hommes le protégeaient de leur bouclier, décocha une flèche qui frappa le Turc en plein cœur. L'exploit sortait de l'ordinaire. Il fit le tour du camp. On devine aisément l'enthousiasme de ces hommes simples, qui ne demandaient qu'à s'émouvoir...

Dans le courant de la première semaine de juin parvinrent devant Nicée Robert Courteheuse, duc de Normandie, et son beau-frère Étienne de Blois. Ils complétèrent le blocus terrestre de la ville, au sud de la porte de Lefke, entre le corps de Robert de Flandre et celui des Provençaux de Raymond de Saint-Gilles. Seule restait béante la façade occidentale de la cité assiégée. Les Turcs maintenaient les contacts avec l'extérieur et s'approvisionnaient largement grâce aux barques qui sillonnaient toujours, et en toute impunité, le lac Ascanien. Il fallait à tout prix interrompre cette noria, sous peine de voir le siège s'éterniser.

En dépit de la méfiance qui régnait entre Byzance et les croisés (le *basileus*, venait-on d'apprendre, avait déjà tenté de négocier une reddition séparée), on se résolut à faire appel à Alexis Comnène. Celui-ci rassembla une flotte à Herzek, au sud du golfe de Nicomédie.

« On mit les navires à sec sur le rivage, raconte Guillaume de Tyr ; puis, ayant attaché les uns à la suite des autres trois ou quatre chariots, selon que l'exigeait la longueur des bâtiments, on posa ceux-ci par-dessus, et dans l'espace d'une nuit on les traîna jusqu'au lac, à une distance de sept milles et plus, en y employant le secours de câbles et les efforts multipliés des hommes et des chevaux. Lorsqu'ils furent

arrivés, et qu'on les eut mis sur le lac, l'armée chrétienne éprouva des transports inexprimables ; tous les
chefs accoururent sur les bords du lac et firent venir
aussitôt des rameurs habiles dans l'art de la naviga-
tion[2]. »

C'était le 17 juin. La garnison turque vit avec effroi la
flotte byzantine bloquer la porte de la Mer. Toute tentative de résistance était dorénavant vouée à l'échec. Mieux
valait une reddition honorable plutôt qu'une résistance
coûteuse et sans espoir. Mais jamais on ne se rendrait aux
croisés ! L'idée de s'en remettre à ces barbares qui ne manqueraient pas de mettre la ville à sac et de donner libre
cours à leur instincts les plus bas glaçait le sang. On
renoua donc les contacts avec l'empereur Alexis.
« L'empereur, plein de vanité et de malveillance, constate
amèrement le Chroniqueur anonyme, ordonna que [les
Turcs] s'en iraient impunis et sans rien craindre... »
Le 19 juin, les Turcopoles à la solde de l'Empire
entraient dans Nicée. Au moment même où l'ost se préparait à livrer un ultime assaut, les couleurs de Byzance flottaient sur la ville. Les croisés furent scandalisés par la
désinvolture avec laquelle on venait de leur voler la victoire, au mépris des souffrances endurées et du sang
répandu par tous ceux qui, « dans la joie et l'allégresse,
avaient rendu à Dieu leurs âmes bienheureuses ».
Si la procédure était en tout point conforme aux accords
conclus à Constantinople au printemps, l'application en
était choquante, pénible à l'honneur de tous ces chevaliers, fantassins et gens de rien peu accessibles aux subtilités de la politique. Les croisés ne furent même pas autorisés à pénétrer dans cette ville hantée de tant de souvenirs,
si ce n'est par petits groupes sévèrement encadrés et sur-
veillés.

_____

2. Le procédé n'avait rien qui pût surprendre les hommes de ce temps.
Il était connu et couramment pratiqué depuis l'Antiquité. Renaud de
Chatillon l'utilisera, un siècle plus tard, pour acheminer une flotte
entière des rives de la mer Morte à celles de la mer Rouge.

Les chefs de l'expédition, qui savaient sans doute mieux à quoi s'en tenir, ne semblent pas s'être émus de ce procédé expéditif. Peut-être Godefroy de Bouillon fut-il admis, avec ses pairs, à faire ses dévotions dans l'une ou l'autre des églises de Nicée. Ce qui est sûr, c'est que le duc de Basse-Lotharingie allait avoir à connaître d'une affaire assez scabreuse dont Albert d'Aix égrène par le menu les surprenants développements.

Une religieuse du monastère de Sainte-Marie de Trèves, partie l'année précédente avec Pierre l'Ermite, avait de justesse échappé au massacre d'Herzek. Fort probablement jeune et belle, on l'avait réduite en esclavage et livrée « aux abominations d'un Turc et de quelques autres ». Après la chute de Nicée, et conformément aux dispositions de la capitulation, les captifs chrétiens furent libérés. Dans l'armée croisée, la nonne reconnut son compatriote Henri d'Esch et, les yeux mouillés de larmes, lui conta sa calamiteuse aventure. L'affaire n'étant pas banale, le comte présenta la malheureuse à l'instance supérieure, son seigneur, le duc de Basse-Lotharingie. Godefroy de Bouillon, atterré, se débarrassa prestement de ce casse-tête auprès d'Adhémar de Monteil. Le légat accepta d'absoudre la religieuse, eu égard au fait qu'elle n'avait subi les derniers outrages qu'à son corps défendant.

Mais ne voilà-t-il pas que, la nuit suivante, son Turc, fou de passion, lui fait savoir qu'il ne peut vivre sans elle ni renoncer à son « exceptionnelle beauté » et que, si jamais elle consentait à se remettre en ménage avec lui, il se ferait chrétien. La belle se précipite chez son ancien amant... Émouvant exemple d'abnégation ! Mais Albert d'Aix, décidément mauvaise langue, a tôt fait de nous détromper : on apprit bientôt que la religieuse s'était contentée de succomber aux débordements de sa passion. Sous les murs de Nicée, ce fait divers dut faire jaser...

Les chefs de l'expédition, et Godefroy de Bouillon le premier, avaient de toute façon la tête ailleurs. Laissant l'armée sous le commandement de Raymond de Saint-Gilles et de Tancrède, qui n'avaient pas prêté serment de fidélité à l'empereur, ils gagnèrent Pélékan où ils eurent avec Alexis Comnène une dernière entrevue avant de s'enfoncer en Asie Mineure.

Le *basileus* les couvrit de somptueux cadeaux et donna des ordres pour qu'on fît distribuer à la piétaille quelque menue monnaie. On s'accorda sur la poursuite des opérations. Alexis, qui voulait parfaire la réimplantation grecque dans les provinces côtières de Mysie, d'Ionie et de Lydie, ne se joindrait pas aux croisés. Mais il leur abandonnait volontiers Tatikios et son corps d'armée, « aussi bien, précise l'empereur, pour leur apporter son aide en toute occasion et les prémunir contre les dangers que pour prendre possession des villes dont ils s'empareraient ». C'était clair.

De retour devant Nicée, on s'organisa en vue d'une prochaine étape en territoire ennemi. Étienne de Blois, toujours attentif à ne pas laisser sa femme, Adèle, sans nouvelles, lui écrivait alors : « Je t'assure, ma chérie, que de Nicée nous parviendrons en cinq semaines à Jérusalem, à moins que des difficultés ne se présentent à Antioche... » Tous ne partageaient pas ce bel optimisme, et nombreux étaient les croisés qui, démoralisés par cette marche harassante dont ils désespéraient de voir jamais le terme (certains étaient sur les routes depuis bientôt un an), s'engagèrent dans l'armée byzantine.

On avait prévu, pour faciliter l'écoulement d'un ost toujours impressionnant sur des pistes de plus en plus difficiles, un départ échelonné sur trois jours. Dès le 26 juin, l'avant-garde se mettait en route pour affronter les périls du plateau anatolien.

LE « CHAMP DES FLEURS »

Il faisait une chaleur torride. Sur la mauvaise route qui s'enfonçait vers l'Asie profonde s'allongeait l'interminable file de cavaliers, de piétons et de chariots. Pendant deux jours, on se reposa à Lefke, devant le pont qui, en cet endroit, franchit la rivière Gallus. De quoi refaire les forces des hommes et des montures autour d'un point

d'eau, avant de se heurter aux rigueurs d'une région caillouteuse, accidentée et hostile. A tel point que les croisés
décidèrent de se séparer en deux corps afin, précise Albert
d'Aix, « d'avoir plus d'espace et de liberté pour bivouaquer et de trouver ainsi plus facilement du ravitaillement
et le fourrage pour les chevaux ». L'un, composé des
troupes de Bohémond de Tarente, Tancrède, Robert de
Flandre, Robert Courteheuse et Étienne de Blois, partit le
premier. L'autre, avec Godefroy de Bouillon, Raymond de
Saint-Gilles et Hugues de Vermandois, s'ébranla un peu
plus tard et suivit une route à peu près parallèle, légèrement plus au sud.

Le 30 juin au soir, l'armée de Bohémond campa dans la
vallée du Porsuk, à trois kilomètres à l'ouest de la ville
moderne d'Eskishehir, en un endroit qu'Anne Comnène
appelle Dorylée et les chroniqueurs latins « le champ des
fleurs ».

Le 1er juillet, vers huit heures du matin, la cavalerie turque de Qilij Arslan, à laquelle s'étaient joints des contingens de Danishmendites, ses ennemis de la veille, se ruèrent à l'assaut des positions croisées. La surprise était
totale. Bohémond et les siens, isolés du reste de l'armée,
durent seuls faire face à ce raz de marée.

> « Les Turcs nous entouraient déjà de tous côtés,
> raconte le Chroniqueur anonyme, témoin oculaire de
> ce drame, combattant, lançant des javelots et tirant
> des flèches à une distance merveilleuse. Et nous, bien
> qu'incapables de leur résister et de soutenir le poids
> d'un si grand nombre d'ennemis, nous nous portâmes
> cependant à leur rencontre d'un cœur unanime.
> Jusqu'à nos femmes qui, ce jour-là, nous furent d'un
> grand secours en apportant de l'eau à boire à nos
> combattants et peut-être aussi en ne cessant de les
> encourager au combat et à la défense. »

Déjà se faisaient jour des différences qui, d'un bout à
l'autre des expéditions outre-mer, devaient marquer la tactique de l'un et l'autre camp. Du côté franc, une masse

compacte de cavaliers et de fantassins bardés de fer, char-
geant en phalange, forteresse inébranlable. Du côté turc,
une troupe légère, mobile, exploitant les qualités d'un
corps d'archers hors de pair, harcelant par vagues succes-
sives, se dérobant au corps à corps, décimant un adversaire trop statique... Pendant toute la matinée, l'ost franc
ploya sous les coups, menaçant à tout instant de rompre.

« Pressés les uns contre les autres comme des mou-
tons dans une bergerie, racontera Foucher de Chartres, l'effroi nous tenait immobiles. L'air retentissait
des cris féroces des assaillants et des cris de détresse
des enfants et des femmes. Désespérant d'échapper
vivants, nous nous recommandions à la miséricorde
divine. Il y avait parmi nous quatre évêques et beaucoup de prêtres. Tous, revêtus d'ornements blancs,
chantaient et priaient avec des larmes, et une foule
des nôtres se précipitaient à leurs pieds pour se
confesser. »

Il était maintenant deux heures de l'après-midi. Un
soleil furieux frappait impitoyablement les heaumes. Une
étuve à rendre fou ! La troupe commandée par Tancrède,
l'ultime ressource avant l'hallali, était sur le point de céder
lorsque, surgi des collines voisines, fit irruption dans la
plaine de Dorylée l'armée commandée par Godefroy de
Bouillon.

Dès le matin, Bohémond avait envoyé au duc de Basse-
Lotharingie un coursier chargé de lui exposer la mauvaise
posture dans laquelle se trouvait son armée. Sans hésiter,
Godefroy avait fait sonner à la trompe le branle-bas de
combat. Laissant sur place la piétaille, il s'était lancé à
bride abattue à la tête de cinquante chevaliers sur la route
de Dorylée. Au moment crucial, il était là, prêt à prendre
le relais des troupes normandes exténuées. « Un soleil
aveuglant dardait ses rayons, raconte Albert d'Aix. Son
éclat faisait resplendir les boucliers d'or et les cottes de
mailles. Les oriflammes et les enseignes fixées aux lances,
éclatantes de gemmes et de pourpre, étincelaient... »

Sitôt au contact de l'armée musulmane, Godefroy de Bouillon fit basculer le combat. Robert le Moine témoigne : « Malheur à ceux que les Francs rencontrèrent les premiers ! Hommes il y a un instant, ils ne sont plus que des cadavres. La cuirasse et le bouclier n'ont pu les protéger, et les flèches et les arcs ne leur servirent de rien. Les mourants gémissent, broient la terre de leurs talons ou, tombant en avant, coupent l'herbe de leurs dents. » Le duc, « connu pour son audace et son courage », a bien fait les choses. L'armée de Qilij Arslan commençait à se débander.

Peu après apparurent Hugues de Vermandois, Adhémar de Monteil et Raymond de Saint-Gilles. On s'organisa rapidement pour prendre la cavalerie turque dans une gigantesque nasse. Normands et Provençaux tinrent l'aile gauche ; Godefroy de Bouillon, Robert de Flandre et Hugues de Vermandois, l'aile droite. Adhémar de Monteil, lui, contournant le dispositif musulman, resserrait les mailles du filet.

« Les ennemis s'enfuirent à une vitesse extraordinaire jusqu'à leurs tentes, mais ils ne purent y demeurer longtemps. Ils reprirent leur fuite et nous les poursuivîmes en les tuant pendant tout un jour. Et nous fîmes un butin considérable, de l'or, de l'argent, des chevaux, des ânes, des chameaux, des brebis, des bœufs et beaucoup d'autres choses que nous ignorions. Si le Seigneur n'eût été avec nous dans cette bataille, s'il ne nous avait pas rapidement envoyé [l'armée de Godefroy de Bouillon et des autres], aucun des nôtres n'eût échappé car, de la troisième à la neuvième heure, le combat fut ininterrompu. »

Inutile de souligner le prestige du duc de Basse-Lotharingie, dont l'intervention « miraculeuse » venait de transformer la défaite en victoire.

Qilij Arslan avait tout perdu. La bataille, d'abord. Et son camp, ce qui, pour un chef encore semi-nomade, signi-

fiait le plus clair de ses richesses. Après Nicée, l'hécatombe du « champ des fleurs »...

Le lendemain — la chasse à l'homme, effrénée, avait
duré toute la nuit —, on fit le décompte des morts, et
l'inventaire des trésors que recélaient toutes ces tentes
« d'un travail et d'un décor merveilleux ». « Des armes et
d'autres gains qu'ils avaient faits s'appareillèrent et se vêti-
rent moult bien ceux qui n'étaient pas bien armés. »

Pendant deux jours entiers, à proximité du fleuve, tous,
bêtes et gens exténués, purent jouir d'un peu de repos. On
célébra comme il se devait cette étonnante victoire qui
démontrait, une fois pour toutes, que les Turcs seldjoukides n'étaient pas invincibles.

Les vaincus ayant abandonné sur le terrain des monceaux de victuailles, on put largement faire ripaille. C'était
la dernière bombance avant l'enfer du plateau anatolien.

CHAPITRE IV

L'enfer d'Anatolie

Au carrefour de la grande route terrestre qui conduit des plaines danubiennes à celles de la Mésopotamie et de la voie maritime qui lie la mer Noire à la Méditerranée, l'Asie Mineure était, depuis des millénaires, la route traditionnelle des armées. Ce quadrilatère inhospitalier et rocailleux, au confluent de l'Europe et de l'Asie, avait été l'enjeu de conflits cardinaux, le creuset où, génération après génération, s'étaient fondues les civilisations les plus prestigieuses du monde connu. « Terre des agonies et des résurrections »...

LES ARMÉES SE SÉPARENT

Le 4 juillet, l'armée franque leva le camp et se remit en route. Pour éviter de nouveaux drames, on avait décidé de marcher dorénavant en colonne serrée, de ne pas succomber aux tentations, si justifiées fussent-elles, de la dispersion. L'ost s'enfonçait vers le sud-est, au flanc de l'Emirdagh et du Keshir-dagh. Des montagnes vertigineuses, terrifiantes, qu'Albert d'Aix appelle les Montagnes Noires, où il faut bien camper vaille que vaille. La steppe. Et la fournaise d'un été torride. La soif. Un calvaire pour les vieillards, les femmes et les enfants. Et l'inquiétude du lendemain. Bientôt, une dépression immense, une terre craquelée, ponctuée de marécages fétides et d'étangs salés. C'était, rapporte le Chroniqueur anonyme, témoin toujours précieux,

> « une terre dépourvue d'eau et inhabitable, d'où nous eûmes du mal à sortir vivants. La faim et la soif nous pressaient de toute part, et nous n'avions presque plus rien à manger, sauf les épines que nous arrachions et frottions dans nos mains : voilà de quels mets nous vivions misérablement. Là mourut la plus grande partie de nos chevaux, si bien que beaucoup de nos chevaliers restèrent à pied. Par pénurie de montures, nous nous servions de bœufs en guise de destriers et, dans cette extrême nécessité, des chèvres, des moutons, des chiens étaient employés à porter nos bagages ».

Sans doute égrenait-on, au fil du chemin, tous les épisodes tragiques dont cette terre cruelle avait été le témoin et dont l'Europe entière avait pieusement recueilli le souvenir vite auréolé de légende : la terrible maladie du duc de Normandie Robert le Magnifique et la mort du prince Swen Godwinsson qui, lui, jamais n'avait touché Jérusalem, vaincu par la rigueur du climat anatolien.

Albert d'Aix et Foucher de Chartres se sont fait les chantres des maux incroyables endurés au cours de ces interminables semaines d'horreur. On vit des femmes enceintes, dévorées de soif et de faim, hébétées de fatigue, littéralement desséchées par un soleil de plomb, accoucher en rase campagne, au vu de tous. D'autres, incapables de nourrir leurs enfants, se roulaient à terre, en proie à d' « indicibles souffrances ». Bêtes et gens tombaient comme des mouches. « A la canicule succédèrent les intempéries, une pluie diluvienne qui, pendant quatre ou cinq jours, ne cessa de tomber du ciel. J'ai vu, témoigne Foucher de Chartres, beaucoup de nos gens périr de ces averses froides, faute de tentes pour se mettre à l'abri. »

C'est une cohue hagarde qui, au début du moins d'août, atteignit enfin Antioche de Pisidie, une vieille cité qui avait eu son heure de gloire et où saint Paul et saint Barnabé avaient jadis séjourné et prêché. Le 15 août, l'armée était en vue d'Iconium (l'actuelle Konya). Il avait fallu un mois et demi pour parcourir les quelque quatre cents kilomètres qui séparent Dorylée des confins de la Cilicie. Il y avait un an, très exactement, que Godefroy de Bouillon et l'armée lotharingienne s'étaient lancés sur la route de Jérusalem.

La région était plus fertile (aujourd'hui encore, on la considère comme le grenier à blé de la Turquie). Les croisés, éblouis, la parèrent de toutes les vertus : c'était une terre « excellente, remplie d'aliments corporels, de douceurs et de toute espèce de ressources ».

C'est dans cette ville désertée par les Turcs que Raymond de Toulouse, épuisé, et que son âge respectable rendait plus vulnérable, tomba si gravement malade que l'évêque d'Orange dut lui donner les derniers sacrements. Il survécut pourtant, « par les prières de saint Gilles »...

Il fallait poursuivre. Les habitants d'Iconium se montrèrent accueillants. « Ils nous persuadaient et nous avertissaient d'emporter avec nous des outres pleines d'eau car, pendant tout un jour de marche, il y a une grande pénurie d'eau. »

Un jour de marche... Pendant un long mois, les croisés devraient suivre, au flanc du Taurus, la steppe anatolienne aux horizons illimités. Cent cinquante kilomètres d'une plaine ocre, d'une pauvreté pathétique, ponctuée de marais bordés de roseaux, soulevée d'affleurements étranges, plages de sable blanc trouées de rochers noirs. Une étendue lancinante, balayée de brusques coups d'un vent mauvais ; un univers de poussière qu'atténuaient à peine les maigres cours d'eau qui dévalaient de la barrière voisine.

De villages en villages, de troupeaux en troupeaux, on atteignit finalement Héraclée de Cappadoce (l'actuelle Eregli), vers la mi-septembre. Héraclée, au pied du Taurus central, était une étape importante. On était à la croisée des chemins. La route la plus directe pour gagner la Syrie était de toute évidence celle du sud. Après avoir franchi le Taurus aux fameuses « portes de Cilicie » — c'était, depuis des siècles, la route traditionnelle des armées, qu'avaient empruntée tour à tour Cyrus et Alexandre le Grand —, la progression, en contournant le golfe d'Alexandrette, était des plus aisées.

Les barons ne parvinrent pas à se mettre d'accord sur un itinéraire commun. Des rivalités qu'on pressentait depuis longtemps éclatèrent au grand jour. Jamais encore n'étaient apparus avec autant de netteté les mobiles de chacun. On se sépara. A cet éclatement, on trouva aisément les raisons les plus profondes : les difficultés du ravitaillement, l'urgence de se rendre maître au plus tôt des principautés turques les plus importantes... Tout n'était pas faux dans ces raisonnements. Encore fallait-il y ajouter l'ambition dévorante de quelques-uns, qui n'entendaient pas se battre et souffrir pour rien.

Baudouin de Boulogne, le frère de Godefroy de Bouillon, et Tancrède, le neveu de Bohémond de Tarente, avec d'assez maigres troupes, se dirigèrent vers la Cilicie, dans le but avoué de s'y tailler l'arme au poing quelques beaux domaines. L'occupation turque, au fur et à mesure de leur avance, semblait se volatiliser. A la fin du mois de septembre, le Normand arrivait le premier devant Tarse, la ville natale de l'apôtre des Gentils.

La cité allait ouvrir ses portes lorsque Baudouin de Boulogne, à la tête d'un escadron plus étoffé, se présenta à son tour et réclama pour lui-même le bénéfice de la conquête. La discussion s'envenima. Baudouin, dont la force créait le droit, s'empara de Tarse. Tancrède, furieux, ne devait jamais oublier cet affront. Il continua d'écumer la région, faisant main basse sur Adana et Mamistra.

Juridiquement, cette conquête menée à des fins personnelles était inacceptable : toute ville recouvrée devait, en vertu des accords de Constantinople, être remise au *basileus*. On l'avait déjà oublié. Quant à Tancrède, il avait toujours refusé de prêter serment...

C'est à Tarse que Baudouin de Boulogne fit une rencontre qui dut le remplir d'aise. La flotte d'un certain Guynemer croisait au large des côtes de Cilicie. Ce Guynemer était un marin boulonnais qui avait été longtemps au service du comte Eustache II. Pendant des années, il s'était adonné avec délice à la piraterie en Méditerranée, arraisonnant sans distinction navires occidentaux, byzantins ou musulmans, « et moult était riche de ce mauvais gain ». Il se mit sur-le-champ au service de Baudouin, lui prêta hommage, lui donna une petite troupe de trois cents hommes et l'aida à se rendre maître des villes côtières de l'Asie Mineure.

Tout se présentait donc au mieux, et tous ces politiques voyaient loin. « En occupant les villes et les ports de Cilicie, constate Paul Rousset, Tancrède et Baudouin assuraient au gros de l'armée une couverture sur son aile droite et, par la collaboration avec les indigènes arméniens, donnaient à leur cause une force morale supplémentaire. Baudouin, en cet automne 1097, amorçait une politique qui devait, par le détour d'Édesse, le mener sur le trône de Jérusalem. »

UN « HERCULE CHRÉTIEN »

« Cependant, la grande armée, Raymond, comte de Saint-Gilles, le très savant Bohémond, le duc Godefroy et beaucoup d'autres entrèrent dans le pays des Arméniens, altérés et avides du sang des Turcs. »

Le départ d'Héraclée et l'entrée de l'ost croisé en Cappadoce fut l'occasion d'un drame au cours duquel Godefroy de Bouillon faillit bien laisser la vie. Un jour que l'armée était au bivouac et qu'on procédait à l'habituelle corvée de bois... Mais laissons plutôt Guillaume de Tyr chanter tout au long cet épisode épique qui devait porter loin la légende de l'« Hercule chrétien » :

« Au matin, les hommes entrèrent dans le bois, et chacun suivit son chemin. Le duc, comme il allait parmi la forêt, ouït crier un homme et s'enquit d'où cela venait. Il vit qu'un pauvre homme qui était allé quérir une bûche pour porter à l'ost fuyait moult criant devant un ours moult grand et moult horrible.

Le duc lui courut sus et tira son épée pour secourir le pauvre homme. L'ours se retourna contre le duc et laissa celui qu'il suivait. Et son cheval lui navra si durement qu'il le jeta à terre. Le duc se releva et tint l'épée. La bête... courut sus au duc et le mordit moult cruellement à la cuisse. Après, elle se dressa contre lui et l'embrassa de ses pattes de devant pour le terrasser. Le duc, quoique blessé, fut fort et courageux, et ne tomba pas. Il prit l'ours par la peau du cou, de la main gauche, pour éloigner sa tête de lui. Il appuya son épée au cœur, et l'enfonça entre les côtes jusqu'à la garde, et l'abattit mort. Après, il s'assit, car il avait tant saigné de la plaie à la cuisse et était si fort navré qu'il ne pouvait tenir sur ses jambes. Le pauvre homme qu'il avait sauvé de la mort courut à l'ost et donna des nouvelles du duc. Tous ceux qui l'ouïrent furent si effrayés que les barons et les autres coururent à moult grande hâte et le trouvèrent gisant à terre moult abattu et décoloré, puis le mirent en une litière et l'emportèrent en l'ost... Aussitôt firent venir des mires de partout pour le guérir. »

Au moment où l'armée, du fait des divergences d'intérêts ou de conceptions, se trouvait profondément divisée, Godefroy de Bouillon se voyait physiquement diminué et à la merci de son entourage. Il devait mettre des semaines à se rétablir...

D'Héraclée, l'ost se dirigea vers le nord-est et, suivant les contreforts du Taurus central, pénétra en Cappadoce où la communauté arménienne avait trouvé refuge après l'occupation de la Grande Arménie par les Turcs seldjoukides. « Il y avait là un homme appelé Siméon, rapporte l'Anonyme, qui était né dans le pays et qui demanda cette terre, afin de la défendre contre les entreprises des Turcs. Ils lui baillèrent la terre et il y demeura avec sa gent. » Les croisés, déjà, se faisaient des vassaux.

Ils passèrent par Nigde, au pied de l'Ala-dagh et, à la fin du mois de septembre, entrèrent dans Césarée de Cappadoce (l'actuelle Kayseri). Puis ils infléchirent leur route vers l'est et firent lever le siège que les Turcs entretenaient depuis plusieurs semaines autour de la ville de Placentia, au grand soulagement de la population arménienne. Les barons la remirent à Tatikios, représentant du *basileus*, qui la rétrocéda à Pierre d'Aups, un seigneur provençal qui avait été au service de Robert Guiscard avant d'embrasser la cause byzantine.

LA « MONTAGNE DU DIABLE »

Dans la première semaine d'octobre, l'ost atteignit Coxon (l'actuelle Göksun), où l'on campa quelques jours avant de franchir les défilés de l'Anti-Taurus. La région, remarque le Chroniqueur anonyme, « possédait les ressources abondantes qui nous étaient nécessaires. Les chrétiens qui habitaient cette ville se rendirent aussitôt. Nous y fûmes pendant trois jours dans de bonnes conditions et les nôtres purent s'y refaire entièrement ». C'est là qu'on apprit que la garnison turque d'Antioche venait d'évacuer la ville. Raymond de Toulouse, bien décidé à exploiter au plus vite cette situation favorable, envoya aussitôt un escadron de cinq cents chevaliers avec pour mission de reconnaître le terrain et de s'assurer la maîtrise d'Antioche, clé de la Palestine. C'était une fausse nouvelle...

Le 9 ou le 10 octobre, l'armée affronta la montagne. Un massif compact, dominé par la cime du Berit-dagh qui, du haut de ses 3 000 mètres, semblait une perpétuelle menace. Un paysage creusé de gorges profondes, vertigineuses, à ce point terrifiant que les croisés l'appelèrent « la montagne du Diable ». Elle était

« si élevée et si étroite que, dans le sentier situé sur le flanc, nul n'osait précéder les autres. Les chevaux se précipitaient dans les ravins, chaque cheval de bât en entraînait un autre. De tous les côtés les chevaliers montraient leur désolation et se frappaient de leurs propres mains, de douleur et de tristesse, se demandant que faire d'eux-mêmes et de leurs armes. Ils vendaient leurs boucliers et leurs bons hauberts avec les heaumes pour une somme de trois à cinq deniers ou pour n'importe quoi. Ceux qui n'avaient pu les vendre les jetaient pour rien loin d'eux et continuaient leur route ».

Cet armement qu'on avait payé à prix d'or et pour l'acquisition duquel beaucoup s'étaient ruinés ou avaient engagé leurs terres... « Nul ne pouvait s'arrêter ou s'asseoir, écrit Robert le Moine. Nul ne pouvait aider son compagnon ; seulement celui qui marchait derrière pouvait prêter assistance à celui qui marchait devant. Quant à celui-ci, à grand-peine pouvait-il se retourner vers celui qui le suivait. » Un piège...

Épuisée, démoralisée, allégée d'un équipement indispensable mais inadapté, l'armée sortit enfin de « cette exécrable montagne » et déboucha dans la plaine du Seyhan. Le 13 octobre, elle atteignit Marash, une ville au passé millénaire, ancienne capitale de l'Empire hittite, la *Germaniceia* des Romains, tassée au pied de sa citadelle. Une vingtaine d'années plus tôt, un chef de bande arménien, Philarétos Brakhamios, s'y était taillé un fief dont jamais les Turcs n'étaient parvenus à le déloger. Les croisés furent accueillis en triomphateurs : « Les habitants (tous Arméniens) sortirent à notre rencontre tout joyeux, en nous apportant un copieux ravitaillement, et nous y fûmes dans l'abondance. »

L'ost passa là presque une semaine à se refaire, avant de marcher sur Antioche, étape capitale sur la route de Jérusalem. Vers le 15 octobre, Baudouin de Boulogne, qui avait appris l'accident survenu à son frère auprès d'Héraclée, rejoignit l'armée à Marash. Sans doute eut-il tout loisir de raconter par le menu le conflit qui l'opposait maintenant à Tancrède. Quelques jours plus tôt, les deux barons en étaient venus aux mains autour de Mamistra. Le chef normand, qui n'avait pas autant de raisons que Baudouin de venir aux nouvelles, continuait méthodiquement, avec l'aide de Guynemer, la conquête de la Cilicie.

Cet antagonisme, dont on pouvait prévoir les conséquences, nécessairement fâcheuses pour la suite de l'expédition, n'était-il que la manifestation visible d'une réalité plus sournoise et plus grave qui aurait opposé, dès ce moment, Bohémond de Tarente et Godefroy de Bouillon, par parents interposés ? Conflit majeur, qui aurait dressé l'un contre l'autre deux des plus puissants seigneurs croisés en vue du commandement de la croisade ? Un passage de la chronique d'Albert d'Aix le suggère. A l'occasion d'un arbitrage en faveur de Bohémond, Baudouin de Boulogne aurait littéralement explosé, remettant sans inutile précaution de langage chacun à sa juste place :

> « Bohémond et Tancrède... ne sont ni les plus grands ni les plus puissants de l'armée chrétienne. Ils ne peuvent en rien être comparés à mon frère Godefroy, duc et chef de l'armée tout entière, et non pas seulement de sa propre famille. Mon frère, le duc Godefroy, est un grand prince, le plus illustre du royaume de l'empereur des Romains, et il tient son pouvoir de ses nobles ancêtres par droit héréditaire. L'armée dans son ensemble le vénère. Les grands et les petits obéissent en tout à sa voix et à son conseil, et tous l'ont choisi et établi leur chef et leur seigneur. »

Cette volée de bois vert était bien dans le style du fils cadet d'Eustache de Boulogne. Sans doute témoignait-elle davantage des ambitions de Baudouin que de celles de son frère. Ou, encore plus prosaïquement, des désirs hâtifs d'Albert d'Aix, éclairés par l'Histoire. Le duc de Basse-Lotharingie jouissait certes de l'estime et de l'admiration de ses pairs. Tous les témoignages concordent sur ce point. De là à le voir s'imposer d'emblée, à quelques lieues de cette Antioche qui ne manquerait pas d'attiser les moins avouables convoitises, on hésite à conclure.

Godefroy de Bouillon se remettait d'ailleurs difficilement de sa blessure. Il devait en souffrir durant plusieurs semaines encore, et la traversée des défilés de l'Anti-Taurus avait dû mettre à rude épreuve son organisme déjà affaibli.

L'état sanitaire de l'armée laissait pour le moins à désirer. La femme de Baudouin de Boulogne, Godvère de Toény, minée par une maladie déjà ancienne et qu'on avait recommandée au duc de Basse-Lotharingie, était à la dernière extrémité. La dernière étape l'avait achevée. Elle mourut là, et on l'ensevelit dans cette ville arménienne.

Son mari fut-il présent à ses derniers moments ? Il était si pressé de voler vers son destin ! Abandonnant à Tancrède la conquête de la Cilicie, il quitta précipitamment Marash et, marchant droit vers l'est, s'enfonça en Petite Arménie. La chance devait lui sourire, et Godvère allait être promptement remplacée.

L'AIDE DES ARMÉNIENS

L'armée, privée des hommes de Baudouin de Boulogne et de Tancrède, leva le camp de Marash vers le 16 octobre, prit la route du sud et parcourut la grande plaine qui, par Rawendan et Azaz, menait à la vallée de l'Oronte.

Au fur et à mesure de leur avance, signale la *Chronique d'Alep,* « les habitants des places fortes et des châteaux du voisinage se révoltèrent contre les garnisons (turques) qui s'y trouvaient cantonnées et les massacrèrent ou les forcèrent à fuir ». On le vit bien à Artah (l'*Arthesia* d'Albert d'Aix) où, avant même l'arrivée de l'avant-garde commandée par Robert de Flandre, les chrétiens arméniens et syriaques s'étaient livrés à un véritable massacre de la garnison turque. « Ils les occirent tous, les têtes jetèrent pardessus les murs à notre gent, puis ouvrirent les portes et reçurent (les nôtres) en la ville à grande joie. » Une contre-offensive, menée depuis Antioche, devait être repoussée sans pertes notables.

Cette assistance des chrétientés orientales, et surtout de la communauté arménienne, devait se révéler un atout considérable. Claude Cahen a encore récemment constaté que les Arméniens « étaient ceux qui ignoraient le moins ce qu'étaient les Francs. Ils étaient aussi les seuls qui avaient le souvenir récent d'une puissance politique, et la pratique du métier des armes. Il n'est pas douteux qu'ils espérèrent trouver dans l'armée nouvelle un renfort contre les Turcs, à la manière des mercenaires d'hier, renfort qui avait l'avantage de ne pas se présenter sous les traits du Byzantin tracassier d'antan. » Aide précieuse donc, mais qu'il faudrait toujours patiemment susciter, et dont l'automatisme était loin d'être assuré. L'avenir proche le démontrera amplement.

Les garnisons des villes évacuées par les Seldjoukides s'étaient concentrées dans Antioche. On avait tout à redouter de cette ville puissante. Le moral des combattants se ressentait de cette appréhension. Si l'on en croit Albert d'Aix, le légat Adhémar de Monteil dut s'employer à raffermir des courages défaillants.

> « Nous avons appris, avoue-t-il, de manière à n'en pouvoir douter, que tous les ennemis du nom chrétien, Turcs, Sarrasins, Arabes, fuyant devant notre face, des montagnes de la Romanie et de tous les autres côtés, se sont rassemblés dans Antioche. Nous devons donc nous tenir sur nos gardes, ne pas nous séparer les uns des autres, ne pas nous porter en avant trop témérairement, et nous avons donc résolu très sagement de marcher dès demain, d'un commun accord et avec toutes nos forces, vers le Pont de Fer. »

Le 20 octobre, l'armée déboucha au sud du lac d'Antioche, dans la spacieuse et riante vallée de l'Oronte. Antioche n'était plus qu'à quelques kilomètres. Encore fallait-il franchir le fleuve. Le seul passage possible était le Gisr el-Hadid (le Pont de Fer), d'une exceptionnelle importance stratégique, sur la route d'Antioche à Alep. C'était un ouvrage formidable. A ses extrémités, deux tours bardées de métal en interdisaient l'accès. Chacune possédait sa propre garnison d'archers turcs. La cavalerie musulmane défendait les rives.

La journée fut chaude. Une première attaque, menée par Robert Courteheuse et Roger de Barneville, n'aboutit pas. A l'appel d'Adhémar de Monteil, le gros de l'armée, utilisant la vieille technique romaine de la tortue, s'avança sur le pont, lentement, « d'un seul cœur et d'une seule âme ». Bohémond, Godefroy de Bouillon, Raymond de Saint-Gilles, Robert de Normandie passèrent tour à tour, à la tête de leurs bataillons, sous un véritable tunnel de boucliers. Les défenses turques avaient lâché pied et reflué en désordre vers Antioche.

« Vainqueurs, les nôtres firent par la grâce de Dieu un énorme butin de chevaux, de mulets, d'ânes chargés de blé et de vin. » Le soir même, l'ost croisé campa sur la rive gauche de l'Oronte. Seul Bohémond de Tarente, toujours prévoyant et qui n'avait pas oublié la promesse du *basileus,* partit avec sa cavalerie, sans plus attendre. « Il vint se poster devant une des portes de la ville, afin de veiller à ce qu'on n'y entrât et n'en sortît secrètement pendant la nuit. »

Le lendemain, 21 octobre 1097, dans un ordre parfait, l'armée s'avança dans la plaine. Godefroy de Bouillon, Henri d'Esch, Pierre de Stenay et Garnier de Grez chevauchaient en tête. « Ils s'en vont vers les murailles d'Antioche, s'émerveille Albert d'Aix, dans la splendeur de leurs boucliers dorés, verts, rouges et de toutes les couleurs. Ils déploient leurs drapeaux d'or et de pourpre. Ils sont montés sur des chevaux de guerre et revêtus de boucliers et de casques étincelants. »

Au milieu du jour, l'ost se déployait enfin autour de « la reine de l'Orient ».

CHAPITRE V

Antioche

Lorsque les croisés découvrirent enfin Antioche, ces murailles formidables dont ils ne pouvaient, d'un seul regard, embrasser les ondes immenses, ils furent saisis de stupeur devant cette merveille qui se confondait avec l'imaginaire de la chrétienté et, depuis des semaines, n'avait cessé de hanter leurs rêves et d'attiser leur inquiétude ou leur convoitise.

C'était là, entre la montagne et le fleuve, que Barnabé, Paul et Pierre avaient prêché. C'était à Antioche que, pour la première fois, les disciples avaient reçu le nom de chrétiens. Chacun savait cela. Et elle s'étalait devant eux, resplendissante au soleil d'automne, énigmatique et vaguement inquiétante, chargée d'une histoire millénaire. Quatrième ville de l'Empire romain, opulente, orgueilleuse, le monde semblait s'être donné rendez-vous à l'intérieur des remparts démesurés dont Justinien l'avait enclose au temps de sa splendeur. Longtemps, elle avait été l'une des perles les plus rares de l'Empire de Byzance, avant de succomber à la pression arabe. Reconquise en 969 par Nicéphore Phocas, elle avait cédé sous la poussée des Turcs seldjoukides. Aujourd'hui, depuis plus de dix ans, la ville était soumise à Yaghi-Siyan, un homme à poigne qui avait su louvoyer au sein des rivalités qui rongeaient la Syrie musulmane et qu'une armée franque n'effraierait guère.

Le site même de la place et sa configuration la rendaient

inexpugnable. A quelques lieues des rivages méditerranéens, elle communiquait avec le port de Saint-Siméon
par le cours de l'Oronte, véritable cordon ombilical auquel
elle devait son étonnante expansion commerciale. Elle
s'appuyait à l'est sur les pentes du mont Silpius, au flanc
duquel s'accrochait la citadelle, éperon qu'on ne pouvait
atteindre, et fort difficilement, que par un sentier étroit. A
l'ouest la bordait le cours de l'Oronte, et celui d'un de ses
affluents, l'Ouadi Zogheibo.

Mais ce qui faisait sa force et son prestige, c'était la
muraille gigantesque, hypertrophiée qui, depuis cinq siècles, l'enserrait dans un corset inviolable. C'était une
enceinte de douze kilomètres, hérissée, assure Guillaume
de Tyr qui la vit, de trois cent soixante tours. Muraille
cyclopéenne, de deux mètres d'épaisseur ou plus,
construite en blocage de maçonnerie paré de pierres de
taille. « Des pierres d'énormes dimensions, remarque
Albert d'Aix, des pierres liées entre elles par un ciment
inconnu et inentamable. » Des défenses insensées, sans
équivalent dans le monde, qui bordaient le fleuve, s'élançaient à l'assaut du mont Silpius, et dont les vestiges
déchiquetés, épars sur plusieurs kilomètres, forcent
aujourd'hui encore l'admiration parce que, volontairement disloquées, elles n'ont jamais cessé de tendre vers le
ciel, comme un défi.

Jamais on n'avait pu bâtir dans sa totalité l'espace déli-
mité par ces murs immodérés, qui flottaient autour de la
ville comme un vêtement trop large. A l'intérieur se pressait une population cosmopolite, autour des places, des
marchés et de jardins de rêve. Depuis l'arrivée des Francs
en Asie Mineure, la conquête des villes de Cilicie et de
Cappadoce, l'espace urbain s'était vu investi d'une foule
d'étrangers. Mais il semble que l'émir ait largement
pourvu au ravitaillement, et plusieurs aqueducs amenaient
de l'eau fraîche en abondance.

Sept mille cavaliers turcs et dix mille fantassins tenaient
leurs postes et veillaient à l'intégrité de la ville.

« Cette place, notera Guillaume de Tyr, effrayait ceux
qui la regardaient. » Mais, passé le premier émoi, on se

rendit vite compte que la situation ne présentait pas que des désavantages. La région était plantureuse à souhait. « Bientôt, prenant nos quartiers autour d'Antioche, nous trouvâmes en cet endroit une extrême abondance, vignes bien garnies, cachettes remplies de blé, arbres couverts de fruits et toutes espèces de ressources utiles à la nourriture. »

Après les épreuves de l'Anti-Taurus, un paysage et un climat qui ne manquaient pas d'agrément. La plaine, accueillante, couverte de figuiers, de palmiers, de citronniers, de jujubiers et d'orangers, la prolifération des fontaines, les rives de l'Oronte, des bosquets enchanteurs, rien à vrai dire qui incitât vraiment au combat.

Les premiers jours, les corps d'armées prirent position. Comme il était impossible d'investir dans sa totalité un pareil périmètre défensif, on opta pour le réalisme. Chaque contingent occupa une position stratégique. Bohémond et ses Normands, les premiers arrivés, conservèrent jalousement un point on ne pouvait plus favorable, devant la porte de Saint-Paul, au nord-est, face à la route d'Alep. Sur son flanc droit, Robert de Flandre, Robert Courteheuse, Hugues de Vermandois et Étienne de Blois, entre la porte de Saint-Paul et la porte du Chien. Puis Raymond de Saint-Gilles et Adhémar de Monteil, face aux marais. Enfin l'ost de Godefroy de Bouillon, « avec ses milliers de Lotharingiens, de Saxons, d'Allemands et de Bavarois », occupa la face nord de la ville, entre l'Oronte et la porte que, bientôt, on appellera « la porte du Duc ».

Ce blocus partiel avait l'inconvénient majeur de laisser libres de toute surveillance les trois quarts du périmètre fortifié de la ville, les défenses du mont Silpius et toute la façade occidentale, du côté de l'Oronte par où Yaghi-Siyan avait toute facilité de communiquer avec l'extérieur et de presser l'arrivée d'éventuels renforts. Depuis le siège de Nicée, la difficulté n'était pas nouvelle.

L'émir n'était d'ailleurs pas dans une situation très confortable. Avant l'arrivée des forces franques, il avait chassé tous les chrétiens de sexe masculin, ces ennemis de l'intérieur susceptibles d'aider les envahisseurs. Mais, souligne le chroniqueur Ibn al-Athir, « il protégea les familles des chrétiens qu'il avait expulsés d'Antioche et ne permit pas qu'on touchât à un cheveu de leur tête ».

Politiquement, la position de Yaghi-Siyan était précaire. Brouillé avec son seigneur et plus proche voisin, le prince d'Alep Ridwan, il ne pourrait guère compter sur une assistance rapide. Il envoya donc au plus vite des messagers à Duqaq, prince de Damas, et à Kerboga, prince de la lointaine Mossoul. Dans Antioche assiégée régnait l'incertitude. « Nos ennemis les Turcs, constate avec satisfaction le Chroniqueur anonyme, avaient de nous une telle frayeur que pendant quinze jours nul d'entre eux n'osa attaquer l'un des nôtres. »

Les croisés, pendant ce temps, s'installaient assez mollement, jouissant sans retenue des agréments et des ressources que leur procurait en abondance la plaine d'Antioche et le lac tout proche, très poissonneux. Le chapelain du comte de Toulouse, Raymond d'Aguilers, constatera ce gâchis :

> « Il y avait une telle abondance de nourriture *(tantam copiam victualium)* que, sur les bœufs, on ne voulait prélever rien d'autre que la noix et les épaules. Très rares étaient ceux qui allaient jusqu'à la poitrine. Quant au grain et au vin, inutile de dire avec quelle facilité on s'en procurait. »

> « Dans le camp, renchérit Guillaume de Tyr, on n'observait aucune règle, on ne suivait aucun principe d'économie, cette conseillère des hommes sages. Partout régnait un luxe et une profusion sans exemple, et cette prodigalité ne s'étendait pas seulement à tout ce qui concernait la nourriture des hommes. On ne prenait non plus aucun soin des fourrages destinés aux bêtes de somme et aux chevaux. »

GODEFROY HORS DE COMBAT

En dépit des pressions de Raymond de Saint-Gilles pour tenter un assaut immédiat, les barons continuèrent de tergiverser. La seule activité qu'on signale en ces jours d'attente fut la construction d'un pont de bateaux sur l'Oronte, au nord des lignes tenues par Godefroy de Bouillon, qui permettrait de communiquer avec la rive droite du fleuve et le port de Saint-Siméon d'où on pourrait peut-être acheminer des renforts. De fait, le 17 novembre, une flotte génoise débarqua un contingent de chevaliers.

A la fin du mois, on se mit d'accord sur la construction d'un bastion au flanc des positions tenues par Bohémond de Tarente et Tancrède, enfin revenu de son expédition musclée en Cilicie. On l'appela *Malregard*. « Le château étant construit et fortifié, tous nos chefs le gardaient tour à tour. » Ajoutons à ces initiatives un coup de main réussi contre le château de Harenc, à l'est du Pont de Fer, dont la garnison constituait une perpétuelle menace sur les arrières des assiégeants. « Beaucoup de nos ennemis périrent ; d'autres, faits prisonniers, furent conduits devant la porte de la ville, et ce fut là qu'on les décapita afin d'augmenter la douleur de ceux qui étaient dans la ville. »

En fait, on s'ennuyait ferme autour d'Antioche. Le siège — ce siège qui n'en était pas un — menaçait de ne jamais connaître de terme. Les Turcs, constatant qu'on ne tentait rien pour s'emparer de la ville, sortirent de leur passivité et multiplièrent les sorties. Malheur à ceux qu'on surprenait isolés, à fourrager ou à tuer tout bonnement le temps à l'ombre de quelque bosquet !

Albert d'Aix raconte une anecdote qui en dit long sur l'inaction et l'insouciance où avait sombré l'armée croisée. Un jour, l'archidiacre Adalbéron de Metz, « jeune homme de sang royal et parent de l'empereur des Romains », allongé mollement dans l'herbe au pied d'un arbre fruitier, jouait aux dés avec une femme d'une extrême beauté. Un raid turc les surprit. Adalbéron fut décapité, et la femme traînée de force dans Antioche où, pendant toute la nuit, il lui fallut assouvir les passions de la soldatesque. Au matin, on envoya sa tête et celle de l'archidiacre au camp lotharingien où le duc leur fit préparer une sépulture convenable...

Godefroy de Bouillon, mis à part cet acte de piété, était remarquablement absent des quelques rares engagements qui ponctuèrent les premiers mois du siège. « Le duc, note Guillaume de Tyr, qui était toute la sûreté de l'ost, et aussi comme l'étendard, gisait malade moult grièvement. » Aggravation de la blessure qu'il avait eue « en la terre de Pysidie, près de la petite Antioche », à moins qu'il n'ait été atteint de crises répétées de paludisme, son camp étant dressé à proximité des marais qui stagnaient entre les murailles de la ville et le pont de bateaux. Peu importe. Ce qui est sûr, c'est qu'Albert d'Aix, empressé pourtant à recueillir les moindres miettes susceptibles d'ajouter à la geste de son héros, non plus que les autres chroniqueurs, ne mêle en rien le duc aux événements qui marquèrent les dernières semaines de l'année 1097.

Semaines pénibles, au cours desquelles les Turcs harcelèrent l'armée croisée, firent de nuit des raids ruineux, poursuivant les chevaux et décimant ainsi une précieuse remonte. Les hommes ressentaient les premiers effets d'une imprévoyance à peine croyable. « Déjà, avant Noël, le blé et tous les aliments commençaient à renchérir. » Les denrées de première nécessité atteignirent des cours astronomiques.

> « L'armée, raconte Guillaume de Tyr, arriva à un tel degré de dénuement que la famine ne tarda pas à se déclarer, et que tout le peuple se vit menacé de périr faute de vivres. Les soldats se réunissaient en détachement et s'engageaient par serment à partager entre eux, par portions égales et de bonne foi, tout ce qu'ils pourraient recueillir dans leurs expéditions ; puis ils partaient par bandes de trois ou quatre cents

hommes et battaient le pays, cherchant à se procurer des vivres. »

A la pénurie de ravitaillement s'ajoutèrent bientôt les rigueurs du climat. La pluie se mit à tomber sans discontinuer, transformant le camp en un bourbier où s'enlisaient des hommes et des bêtes transis de froid.

> « Pendant tout l'hiver, écrit Étienne de Blois à sa femme Adèle, nous avons souffert pour le Christ Notre-Seigneur d'un froid excessif et d'énormes torrents de pluie. Ce que certains disent de la chaleur du soleil qui serait impossible à supporter en Syrie n'est pas vrai, car l'hiver ici est tout à fait semblable à notre hiver d'Occident... »

Le moral était sérieusement atteint. Deux jours avant Noël, les barons décidèrent d'opérer au sud d'Antioche une razzia de grande envergure pour subvenir aux besoins d'un ost exsangue. Pendant que Raymond de Saint-Gilles assurerait la garde du camp, et que Godefroy de Bouillon gisait toujours sous sa tente, Bohémond et Robert de Flandre pillèrent la vallée de l'Oronte. Le 31 décembre, la colonne franque se heurta à une armée musulmane de renforts envoyée par Duqaq, prince de Damas, aux environs d'al-Bara, à trois jours de marche d'Antioche. « D'un seul élan, tous les nôtres chargèrent les ennemis, qui prirent la fuite et se hâtèrent de tourner le dos en laissant beaucoup de morts. » C'était un succès. Mais l'armée, gênée par cette diversion, ne rentra au camp guère plus riche qu'elle en était partie.

Les défections se multipliaient. Robert de Normandie était parti vers la côte, à l'appel d'Edgar Aetheling et de Robert Godwinson, des corsaires anglais au service de Byzance, accourus là sur les traces de Guynemer. Au début du mois de janvier, le corps grec de Tatikios plia bagages, dans des conditions mal élucidées, mais où on s'accorde à reconnaître la main de Bohémond dont les visées sur Antioche s'accommodaient mal de la présence obsédante d'un représentant d'Alexis Comnène. Il fallait à tout prix faire cesser cette hémorragie.

Un jour, Guillaume le Charpentier, vicomte de Melun et parent d'Hugues de Vermandois, ce reître sans scrupules qu'on a vu semer la terreur en Rhénanie, s'enfuit en catimini. Il était accompagné, chose étrange, de Pierre l'Ermite, le petit homme brûlant qui avait pu échapper au massacre d'Herzek. Tancrède eut tôt fait de leur mettre la main au collet. Ramenés tout contrits, ils essuyèrent de la part de Bohémond une mercuriale dont ils devaient se souvenir longtemps. Au fil des semaines, l'ost s'enfonçait dans la misère la plus noire, matérielle et morale, et fut bientôt la proie des aigrefins.

> « Les Arméniens et les Syriens, témoigne le chroniqueur anonyme, se concertèrent pour parcourir les montagnes et la contrée, y rechercher habilement et y acheter du blé et des aliments et les rapporter au camp... Ils vendaient la charge d'un âne huit hyperpères, qui valaient cent vingt sous en deniers. Alors beaucoup des nôtres moururent, qui n'avaient pas les moyens d'acheter aussi cher. »

Tous les chrétiens orientaux n'agirent sans doute pas de même, et le chroniqueur arménien Matthieu d'Édesse signale que « tous les fidèles en cette occasion rivalisèrent de dévouement ». Qui croire ?

Il n'empêche que l'horreur s'installait. Foucher de Chartres, dans une page terrifiante, montrera « les affamés manger des tiges de fèves qui poussaient encore dans les champs, des herbes de toute sorte, des chardons qui leur piquaient la langue parce qu'ils n'avaient pas assez de bois pour bien les cuire, de la viande de cheval, d'âne, de chameau et même de chien et de rat. Les plus pauvres mangeaient jusqu'au cuir des animaux et, est-il permis de le dire, les grains récupérés dans les excréments. »

On décela vite dans ces souffrances majuscules un signe du Ciel : « Telle fut la pauvreté, telle fut la misère que Dieu nous réserva pour nos péchés. » Car la « gent de

Notre-Seigneur », sous les murs d'Antioche, était bien loin de mener une vie exemplaire, conforme aux exigences évangéliques. Outre les pillages, les réquisitions brutales et quelques atrocités sur lesquelles les chroniqueurs s'étendent avec une certaine complaisance, le camp était devenu un mauvais lieu où on noyait ses maux comme on pouvait, et plutôt mal que bien.

Les barons se réfugièrent dans l'ordre moral. On chassa de l'armée « les folles femmes » qui, comme dans toutes les armées du monde, vouaient leurs charmes au repos du guerrier. On interdit « la fornication et l'adultère », les jeux de hasard et les blapshèmes. Les récalcitrants étaient promis à des châtiments raffinés.

Les jours passaient, ternes. Désespérés. On sentait passer le vent des causes perdues.

Dans le courant du mois de janvier, le duc de Basse-Lotharingie se remit lentement de ses maux. Il fut bientôt totalement rétabli. « Il était revenu en pleine santé, note avec satisfaction Guillaume de Tyr, dont tous ceux de l'ost avaient moult grande joie, et ils croyaient fermement que leurs pénitences et leurs oraisons lui avaient rendu la vie. »

L'ost que Godefroy retrouvait n'était plus qu'une troupe amoindrie, l'ombre de la belle armée qui, un an auparavant, convergeait des quatre coins de l'Europe vers Constantinople, la joie au cœur. « Dans toute l'armée, s'alarme le Chroniqueur anonyme, on n'eût pu trouver mille chevaliers qui eussent des chevaux en bon état. » Il ne fallait pas compter sur des renforts notables. On savait maintenant que Sven, fils du roi de Danemark, arrivé en Asie Mineure avec un contingent de quinze cents chevaliers, avait été surpris par les Turcs et massacré avec la plupart de ses hommes.

C'est dans ces conditions précaires que les croisés eurent à faire face à l'offensive la plus sérieuse tentée par les forces seldjoukides depuis le début du siège. Dans les premiers jours de février 1098, les barons apprirent par des chrétiens orientaux venus de l'arrière-pays qu'un puissant corps musulman marchait sur Antioche. Faisant taire les griefs qui l'opposaient à Yaghi-Siyan, Ridwan, prince d'Alep, avait pris la tête d'une armée considérable levée dans toute la principauté et s'avançait vers la vallée de l'Oronte.

On tint conseil. Il fut décidé de barrer à tout prix la route à l'armée alépine. Toute la cavalerie disponible devait participer à l'engagement. Les hommes de pied garderaient le camp et s'opposeraient à toute velléité de sortie des assiégés.

Godefroy de Bouillon était présent, « toujours prêt à en découdre ». S'il faut en croire Albert d'Aix, il s'adressa à tous les chevaliers rassemblés autour de lui et sut trouver les mots qu'il fallait pour calmer les appréhensions et ranimer les courages vacillants.

« Nous sommes les fidèles du Dieu vivant et de Notre-Seigneur Jésus-Christ. C'est en son nom que nous nous battons. Nos ennemis comptent sur leurs propres forces ; mais nous, nous sommes réunis au nom du Dieu vivant. Confiants dans sa grâce, nous n'hésiterons pas à attaquer les impies et les païens. Vivants ou morts, c'est au Seigneur que nous appartenons. Si nous voulons vaincre, il nous faut faire mouvement dans le plus grand secret, de peur que nos ennemis, prévenus de notre avance, ne se sauvent épouvantés et refusent le combat. »

Le 8 février au soir, l'armée franque conduite par Bohémond de Tarente franchit l'Oronte sur le pont de bateaux et occupa, dans le courant de la nuit, la plaine qui s'étendait entre le lac d'Antioche, le fleuve et le Gisr el-Hadid. C'était une position remarquablement choisie qui, tout à la fois, contrôlait le passage sur la rive gauche de l'Oronte et « rendait impossible, comme l'a noté Ferdinand Chalandon, les attaques de flanc et les mouvements tournants » qui faisaient l'originalité et la redoutable efficacité des assauts turcs. Le lendemain matin, l'armée alépine vint se jeter de plein fouet sur les six corps de bataille qui bouclaient l'accès au fleuve.

> « Un corps à corps s'engagea, les cris résonnaient jusqu'au ciel, tous combattaient à la fois et des pluies de flèches obscurcissaient le ciel... Grâce à Dieu, les nôtres revinrent triomphants et se réjouirent du triomphe qu'ils eurent en ce jour. Les Arméniens et les Syriens, informés que les Turcs avaient perdu la bataille, sortirent de leurs villages, se mirent en embuscade dans les défilés et en tuèrent ou en prirent un grand nombre. »

Sous les murs d'Antioche, on assista bientôt aux scènes navrantes dont s'accompagnaient toujours les soirs de bataille. « Pour augmenter la douleur des Turcs », on catapulta par-dessus les murailles de la ville des dépouilles sanglantes. Des croisés, dans une ronde infernale, exhibèrent devant les assiégés horrifiés les têtes coupées des vaincus du jour...

NÉGOCIATIONS AVEC L'ÉGYPTE FATIMIDE

On ne sait ce que pensèrent de ces démonstrations les ambassadeurs du Caire qui, depuis quelques jours, résidaient dans le camp croisé. Shah-an Shah al-Afdal, vizir fatimide d'Égypte, ennemi juré des Turcs seldjoukides qui avaient en partie étendu leur empire à ses dépens, n'était pas fâché des événements récents. « Moult lui plaisait que nos barons aient assiégé Antioche... » Maître de Jérusalem, al-Afdal avait tout intérêt à s'enquérir des intentions des Occidentaux et n'aurait sans doute pas répugné à un partage équitable du Moyen-Orient entre la puissance égyptienne shiite et l'armée croisée, en tout préférable à ces envahisseurs « qui étaient faux Sarrasins ». Les barons « reçurent ces messagers assez débonnairement. Moult les accueillirent bien et firent séjourner avec eux ». On ignore évidemment tout du résultat de ces pourparlers. Mais, après quelques semaines de négociations, les envoyés du Caire retournèrent en Égypte en compagnie de quelques émissaires croisés.

On profita de l'imminence du départ de la délégation égyptienne pour envoyer un important détachement jusqu'au port de Saint-Siméon où venait d'accoster une escadre anglaise impatiemment attendue, riche de renforts et de matériel. C'était une aubaine pour cette armée assiégeante clouée sur place depuis plus de quatre mois, impuissante, et qui s'attendait à tout moment à voir surgir les troupes de Kerboga, émir de Mossoul, à qui Yaghi-Siyan envoyait des messages désespérés. De surcroît, sur proposition du comte de Toulouse, on avait décidé de construire devant la porte de la Mer, à l'ouest d'Antioche, sur la rive droite de l'Oronte, une forteresse qui surveillerait les accès les moins défendus de la cité. On espérait qu'il serait facile de se procurer auprès des nouveaux arrivants les matériaux qui faisaient le plus cruellement défaut.

Le 5 mars au matin, Bohémond de Tarente et Raymond de Saint-Gilles partirent pour Saint-Siméon avec leurs « batailles ». Il ne restait plus sur place que les troupes de Godrefroy de Bouillon et des Francs du Nord. Ils résistèrent courageusement aux sorties que les Turcs, enhardis, multiplièrent pendant toute la journée : « Ils tuèrent plusieurs des nôtres, ce qui nous causa une grande douleur. »

Le lendemain 6 mars, Bohémond et Raymond de Toulouse, de retour du port avec des marins et des ouvriers fraîchement débarqués, tombèrent dans une embuscade.

> « Les Turcs attaquèrent les nôtres avec une telle violence que ceux-ci prirent la fuite dans la haute montagne et partout où s'ouvrait une issue : quiconque put se dérober par une fuite rapide échappa vivant, quiconque ne put fuir trouva la mort. Ce jour-là, plus de mille de nos chevaliers et de nos piétons subirent le martyre. »

Les nouvelles les plus alarmistes circulaient dans le camp. Godefroy de Bouillon prit les affaires en main, appela aux armes et adressa à ses soldats une vigoureuse admonestation — on le fait beaucoup parler en ces semaines-là, sans doute pour compenser son effacement depuis le début du siège... — qui, sous la plume du traducteur médiéval de Guillaume de Tyr, ne manque pas de tenue :

> « Beaux seigneurs, si la vérité est ainsi que la nouvelle le dit, que pour nos péchés ces chiens déloyaux aient ainsi occis si vaillants hommes, je ne vois de deux choses que l'une : ou que nous mourrions avec eux, comme bons chrétiens... ou, si Notre Sire veut que notre service lui dure encore, nous prenions haute vengeance de ces mâtins... Pour moi, je vous le dis vraiment, sur mon âme, nulle manière de vie je n'aimerai autant comme la mort, s'ils ne sont vengés ! »

Le duc, sitôt après cette harangue, vint prendre position avec sa « bataille » à l'entrée du pont qui, devant la porte de la Mer, donnait accès aux routes d'Alexandrette et de Saint-Siméon. Les Turcs, qui refluaient vers Antioche chargés de l'énorme butin prélevé sur la caravane qu'ils venaient de démanteler, tombèrent sur l'ost lotharingien et les rares survivants que Bohémond avait réussi à rameuter. Des renforts envoyés par Yaghi-Siyan furent impuissants à dompter la fougue des croisés rendus enragés par les massacres du matin.

> « Nous, témoigne le chroniqueur anonyme, nous les poussions et les précipitions dans le fleuve. Les flots rapides du fleuve étaient rougis du sang des Turcs et, si l'un d'eux cherchait à grimper sur les piles du pont ou s'efforçait de gagner la terre à la nage, il était blessé par les nôtres qui couvraient la rive du fleuve. La rumeur et les cris des nôtres et des ennemis

résonnaient jusqu'au ciel. Des pluies de traits et de flèches couvraient la clarté du jour. »

Au nombre des faits d'armes individuels, Guillaume de Tyr retiendra un beau coup qui occupera une place de choix dans l'histoire et la légende de Godefroy de Bouillon, « un coup tel dont il sera toujours parlé »... Le duc, au cœur d'une mêlée indescriptible, se battait comme un forcené. Au plus fort du combat, il abattit un cavalier turc d'un coup d'épée d'une violence telle qu'il le coupa en deux, cuirasse comprise, au niveau de la taille : « Le duc le férit par le nombril, si bien que la moitié dessus chut à terre, et l'autre moitié resta sur le cheval qui se porta en la cité avec les autres. » On se prend à imaginer l'ahurissement du peuple d'Antioche en voyant galoper ce cheval fou qu'enfourchait toujours un cavalier terriblement incomplet. Et on conçoit sans trop de peine que le chapelain Raymond d'Aguilers ait cru utile de souligner qu'en cette journée mouvementée Godefroy de Bouillon avait « brillé d'un éclat sans pareil »...

Le soir du carnage, les vainqueurs détroussèrent les cadavres des vaincus. Le même Raymond d'Aguilers, observateur scrupuleux, nous décrit les fantassins les plus pauvres revenir au bivouac gorgés de trophées en tout genre, ramenant chacun plusieurs chevaux, « deux ou même trois robes de soie..., trois, voire quatre boucliers ». Pendant la nuit, les Turcs sortirent pour donner à leurs morts une sépulture décente. Avec les corps, ils ensevelirent « des manteaux, des besants, des pièces d'or, des arcs, des flèches et autres objets que nous ne pouvons nommer ».

Le lendemain se déroulèrent des scènes d'horreur, que tous les chroniqueurs sans exception ont décrites, et qui prouvent amplement le caractère inexpiable de la lutte qu'on venait d'engager et la cruauté des mœurs guerrières des soldats-pèlerins.

« Les nôtres, apprenant que les Turcs avaient ainsi enseveli leurs morts, tous se préparèrent et vinrent en toute hâte au diabolique édifice. Ils ordonnèrent d'exhumer les cadavres, de briser les tombes et de les traîner hors des sépultures. Tous les cadavres furent jetés dans une fosse et les têtes coupées furent rapportées au camp, afin qu'on pût en savoir le nombre... A cette vue, les Turcs furent saisis de douleur et de tristesse mortelle. Chaque jour ils se lamentaient et ne faisaient autre chose que de pleurer et pousser des cris. »

A quelques jours de là, les ambassadeurs du vizir al-Afdal se préparèrent à repartir pour l'Égypte. En signe de bonne volonté, les croisés leur confièrent des têtes de ces Turcs seldjoukides abhorrés. De quoi remplir les bâts de quatre chevaux... Hallucinantes pièces à conviction, témoignage quasi surréaliste des déchirements de l'Orient musulman.

L'HEURE DE BOHÉMOND

Les derniers succès avaient donné aux croisés quelque espoir de mener le siège à son terme. Tout le mois de mars fut consacré à l'établissement d'un blocus plus strict. On mena rapidement à bien l'édification du « château de la Mahomerie », face à la porte de la Mer. Avec la belle saison s'estompèrent les difficultés de ravitaillement, et quelques raids habilement conduits accrurent les réserves « de blé, de vin, d'orge, d'huile et d'autres denrées de ce genre ».

Encore fallait-il emporter la décision avant l'arrivée de Kerboga venu à marches forcées du fin fond de la Mésopotamie pour faire la jonction avec les troupes du prince de Damas. Pendant trois semaines, l'émir avait été arrêté devant Édesse par Baudouin de Boulogne qui, en quelques mois, avait trouvé le moyen de s'imposer à la grande métropole arménienne et, à la faveur d'un coup d'État qui, le 9 mars 1098, avait éliminé le vieux prince Thoros, s'était vu élire comte et seigneur « sans contredit ».

La soudaine élévation de ce frère cadet de Godefroy de Bouillon, dont le sens politique s'affirmait et qui, avec une étourdissante virtuosité, était en train de se tailler une principauté à sa mesure, le premier État franc d'Orient, eut ses répercussions jusque sous les murs d'Antioche. Lorsqu'il apprit les difficultés au milieu desquelles se débattaient les assiégeants depuis tant de mois, le nouveau comte d'Édesse envoya aussitôt une colonne chargée «d'or, d'argent, d'étoffes de soie et de chevaux nobles et précieux». La libéralité de Baudouin de Boulogne, précise Guillaume de Tyr, ne s'étendait pas seulement aux barons les plus en vue, mais également aux plus démunis.

Il allait pourtant de soi que, dans ses largesses, Baudouin de Boulogne réservât à son frère une place privilégiée. Il attribua à Godefroy de Bouillon l'usufruit des revenus de Turbessel, une petite ville à quelque cent kilomètres à l'ouest d'Édesse, sur la rive droite de l'Euphrate. Revenus en froment, en orge, en vin et en huile, agrémentés d'un versement de cinquante mille besants d'or. La prodigalité du comte d'Édesse et son sens des relations confraternelles furent l'occasion d'une affaire assez misérable d'où personne ne sortit grandi.

L'un des familiers arméniens de Baudouin de Boulogne, sans doute désireux de progresser un peu plus dans les faveurs de son maître, se mit un jour en tête d'envoyer au duc de Basse-Lotharingie une tente d'une grandeur peu commune et d'un travail merveilleux. Une œuvre d'art. Ce cadeau somptueux fut malheureusement subtilisé en cours de route par un certain Pancrace dont on ne sait rien, à ceci près qu'il devait être fort au courant des dissensions qui, déjà, minaient l'armée croisée. Il s'empressa de faire don de cette tente à Bohémond de Tarente. Depuis les épisodes fâcheux qui avaient émaillé la conquête de la Cilicie, les relations entre la famille de Boulogne et les Normands de Sicile étaient plutôt fraîches. Lorsque Godefroy apprit que Bohémond avait accepté un présent qui, de toute évidence, ne lui était pas destiné, il réagit avec hauteur. En compagnie de Robert de Flandre, il se rendit auprès de Bohémond et exigea sans ménagement qu'on lui restituât cet objet de prix. Il en faisait une question de principe. Le Normand refusa. Les insultes fusèrent. On faillit en venir aux mains. Il fallut que des tiers, alertés par les échos de cette algarade, s'entremettent pour éviter l'irréparable. Bohémond fut long à convaincre. Il finit pourtant par remettre au duc l'objet du scandale. Après quoi « la bonne entente régna de nouveau entre les deux barons ». On peut en douter... Guillaume de Tyr qui, conjointement avec Albert d'Aix, raconte cette histoire assez sordide, en conclut que tous les hommes, quels que soient leurs mérites, sont soumis à « l'humaine condition ». Non sans s'étonner, d'ailleurs, qu'une cause si mince ait produit de si grands effets.

Mais la cause, à y regarder de près, n'était peut-être pas aussi insignifiante qu'on pouvait le penser. Elle s'inscrivait même sans doute au cœur d'un conflit d'intérêts infiniment plus vaste. Si, dans la cité assiégée, la garnison était aux abois, plus rien ne s'opposait à la marche de la grande armée de coalition commandée par Kerboga. Son arrivée n'était plus qu'une question de jours. La question de la prise de la ville et de sa destination finale se posait avec une dramatique acuité. Et là, Bohémond de Tarente évoluait sur son terrain de prédilection.

Jamais il n'avait oublié la promesse du *basileus* : « Une terre de quinze journées de marche en longueur et de huit journées en largeur... » Mais le Normand voulait plus. Jamais il n'aurait l'esprit en repos qu'il ne soit le maître de la perle de l'Orient. Déjà, il avait largement contribué à éliminer et à discréditer l'encombrant Tatikios, le représentant des intérêts byzantins. Depuis, il creusait patiemment son sillon. Il avait été jusqu'à manier l'arme du chantage. En orfèvre.

Un jour, en plein conseil, il avait benoîtement exposé aux barons médusés la précarité de sa situation : « Il voyait mourir ses gens et ses chevaux, et n'était pas assez riche pour supporter les frais d'une si longue campagne... » Tous furent anéantis. Laisser partir Bohémond, c'était se priver d'un corps d'élite, d'un chef de guerre irremplaçable, couper l'une des têtes de la croisade. On lui promit tout ce qu'il voulut, y compris la suzeraineté sur Antioche. Mais qu'il reste ! Seul Raymond de Saint-Gilles avait refusé. On devine l'aigreur des autres. A la fin du mois de mai, le Normand revint à la charge. « Il aborda les autres seigneurs » et, au témoignage du Chroniqueur anonyme, particulièrement bien informé, leur tint ce discours :

> « Chevaliers très prudents, considérez dans quelle pauvreté, dans quelle misère nous sommes tous, grands et petits, et nous ignorons à peu près de quel côté nos affaires s'amélioreront. Donc, si cela vous paraît bon et honorable, que l'un d'entre nous se désigne devant les autres et si, d'une manière quelconque ou par son industrie, il parvient à acquérir ou à emporter d'assaut la cité, soit lui-même, soit par d'autres, concédons-lui sa possession d'une voix unanime. »

Ce fut un tollé. Enigmatique, Bohémond « sourit légèrement et se retira aussitôt ».

Le 29 mai, on apprit l'arrivée imminente de Kerboga et de ses alliés. La panique s'empara de l'ost croisé. Les défections se multiplièrent (Étienne de Blois devait lui-même déserter le 2 juin). Les méfiances, les états d'âme, les blessures d'amour-propre, les ambitions petites et grandes n'étaient plus de mise. Il fallait prendre Antioche ou mourir.

C'était l'heure de Bohémond de Tarente. Le Normand, pressé de toute part, signifia aux barons que, si on le laissait agir, la situation n'était peut-être pas aussi désespérée qu'on voulait bien le dire. Encore faudrait-il lui donner carte blanche et satisfaction sur un point qui lui tenait particulièrement à cœur. Chacun comprit. Les barons francs, Godefroy de Bouillon le premier, se désistèrent de tous leurs droits en faveur du prince de Tarente et lui abandonnèrent toute souveraineté sur Antioche. Seul Ray-

mond de Saint-Gilles se montra toujours réticent. On
passa outre, et le Normand dévoila son plan.

Il était depuis quelque temps déjà en contact avec un
certain Firouz. C'était un fabricant de cuirasses, merce-
naire arménien converti à l'islam, à qui Yaghi-Siyan avait
confié la garde de la tour des Deux-Sœurs, remarquablement située au sud de la ville, sur le flanc du mont Silpius,
contiguë au lit du fleuve et qui dominait une fenêtre qui
s'ouvrait sur la vallée. Firouz n'avait guère eu à se féliciter
de ses nouveaux maîtres et, de son propre chef, était entré
en rapport avec Bohémond. En échange de « beaucoup
d'argent et de terres », il avait promis de lui faciliter
l'accès de la ville. Firouz, c'était la clé d'Antioche. Et la
clé était entre les mains du Normand... Le soir du 2 juin,
Firouz envoya son fils à Bohémond avec un message limpide : « Que demain toute l'armée franque soit convoquée
comme s'il s'agissait d'aller dévaster la terre des Sarrasins,
qu'elle se dissimule et revienne rapidement par la montagne de droite. Et moi, observant ces troupes avec attention, je les attendrai et les recevrai dans les tours que j'ai
en mon pouvoir et sous ma garde. »

Tout s'était concocté dans le plus grand secret. Alors
seulement Bohémond dévoila ses projets aux principaux
chefs de l'armée : Godefroy de Bouillon, Robert de Flandre, Raymond de Saint-Gilles et le légat Adhémar de
Monteil. « Si la grâce de Dieu nous favorise, c'est cette
nuit que nous sera livrée Antioche. »

Sur-le-champ, le duc de Basse-Lotharingie et Robert de
Flandre réunirent leurs batailles (sept cents chevaliers, au
dire d'Albert d'Aix). Godefroy parla avec fermeté :
« Nous avons décidé de marcher contre les Turcs et les
autres troupes ennemies qui approchent de nous. Nous
leur livrerons bataille, dans l'espoir de leur infliger une
grande défaite. Nous avons décidé que ceux qui feraient
quelque bruit ou tumulte seront passibles de la peine de
mort. »

De toute évidence, les chevaliers engagés dans cette
marche de nuit ignorent tout des buts réels de l'opération.
Pendant les premières heures de ce 3 juin 1098, ils contour-

nèrent le mont Silpius ou, dans le plus grand silence, lon-
gèrent les bords de l'Oronte. La progression était difficile.
Un peu après trois heures du matin, les hommes constatè-
rent que les colonnes faisaient retour sur Antioche. On se
blottit dans les ravins, au pied de la muraille méridionale.
Bohémond de Tarente était là. Firouz également.

Les veilleurs chargés de patrouiller sur les remparts ne
s'aperçoivent de rien, constatent que Firouz est à son
poste et poursuivent leur ronde. On a tôt fait d'établir une
échelle de corde. Les premiers assaillants, constitués en
commando, entreprennent la dangereuse ascension. Si
périlleuse, dans la nuit encore noire, que beaucoup
d'hommes hésitent à se lancer dans une entreprise risquée
qui les a pris au dépourvu. Bohémond doit intervenir. Puis
Godefroy de Bouillon et Robert de Flandre, qui adressent
à leurs hommes des exhortations pathétiques, sans doute
d'un niveau moins élevé que celles que rapporte le bon
Albert d'Aix...

Une soixantaine de soldats gravissent maintenant
l'échelle. Parmi eux, Bohémond, le comte de Flandre et le
duc de Basse-Lotharingie. Bientôt, encouragés par cet
exemple, les croisés se pressent par grappes, impatients
d'atteindre les créneaux.

> « Alors commença l'escalade merveilleuse, raconte
> le Chroniqueur anonyme, témoin oculaire de la scène.
> Ils atteignirent enfin le faîte et coururent à la hâte aux
> autres tours ; ils massacrèrent tous ceux qu'ils y trou-
> vaient, et le frère de Firouz périt ainsi. Puis l'échelle
> par laquelle avait lieu notre escalade se rompit, ce qui
> nous plongea dans une grande angoisse et dans la
> tristesse. »

On découvrit à temps une poterne dont on parvint sans
trop de peine à fracturer les portes. L'ost croisé s'engouf-
fra dans la ville. Au lever du soleil, la bannière de Bohémond de Tarente flottait sur Antioche. Sur les murailles,
les trompes sonnaient la victoire :

« Yaghi-Siyan s'éveilla, rapporte Ibn al-Athir, et demanda ce qui se passait. On lui répondit que le son des trompettes venait de la forteresse, qui certainement avait été prise, alors qu'en réalité il provenait non de la forteresse, mais de la tour. Saisi de panique, il ouvrit la porte de la ville et s'enfuit follement avec une escorte de trente pages. »

Il était environ six heures du matin. La ville, privée de son chef, s'abandonna à la panique. Beaucoup s'enfuirent pendant qu'il en était encore temps. Dans les rues, dans les maisons, sur les places et dans les monuments publics, les croisés se lancèrent dans une furieuse chasse au Turc. Pendant des heures, ce ne fut que pillage et massacre. Les soldats chrétiens, largement assistés des minorités arméniennes et syriaques, transformèrent la cité en charnier. « Toutes les places de la ville étaient encombrées de cadavres, au point que nul ne pouvait y séjourner à cause de la puanteur. On ne pouvait circuler dans les rues qu'en marchant sur les cadavres. » Antioche, après sept mois de siège, était brisée. Seule tenait encore la citadelle, au flanc oriental du mont Silpius.

Yaghi-Siyan errait, terrassé d'émotion et de honte. « Il se mit à pleurer d'avoir abandonner sa famille, ses fils et les musulmans, et de douleur tomba de cheval sans connaissance... Un bûcheron arménien lui coupa la tête et la porta aux Francs à Antioche. » On mit son ceinturon et le fourreau de son cimeterre à l'encan. La grande métropole, fleuron des âges apostoliques, exsangue, venait de se donner pour près de deux siècles à de nouveaux maîtres.

LE SECOND SIÈGE D'ANTIOCHE

L'ost croisé s'installait dans sa conquête. On enterra au plus vite les innombrables victimes de cette équipée sauvage. Une tentative pour réduire la citadelle échoua. On se contenta d'en surveiller les abords, avec un mince rideau de troupes. Aussitôt, la soldatesque fit main basse sur les maigres réserves encore disponibles après un aussi long investissement. On se partagea âprement les dépouilles. On célébra le succès en bombances et en débauche, au grand scandale du chapelain Raymond d'Aguilers, qui nous montre l'armée succombant aux charmes des danseuses orientales...

En fait, l'ost franc était prisonnier de sa conquête. Dès le 4 juin, lendemain de la prise d'Antioche, l'émir Kerboga atteignait les rives de l'Oronte avec des « masses innombrables de païens, Turcs, Arabes, Sarrasins, Publicains, Azymites, Kurdes, Persans, Angulans et autres peuples » commandés par Duqaq, l'atabeg Tughtikin, Janah al-Dawla, seigneur de Homs, Arslan Tash, seigneur de Sinjar, et Suqman ibn Artuq.

Aussitôt, la défense s'organisa. Godefroy de Bouillon déploya ses troupes à l'est de la ville, à l'endroit le plus exposé aux coups de l'assiégeant, devant la porte Saint-Paul et la route d'Alep. C'était reprendre les positions qu'avait tenues Bohémond pendant tout le siège. Il occupa aussi la tour de Malregard, sur le flanc droit de son dispositif. L'investissement de la place par l'armée musulmane était maintenant complet. Le deuxième siège d'Antioche commençait.

Le 8 juin, Godefroy de Bouillon lança une opération pour détruire les campements de Kerboga. Les Turcs eurent tôt fait d'enrayer cet assaut. Le duc et ses chevaliers n'eurent que le temps de refluer en désordre vers la porte Saint-Paul. Selon Albert d'Aix, deux cents hommes, gênés par l'exiguïté du passage, ne parvinrent pas à se mettre à l'abri des murailles et furent tués, blessés ou pris. La tour de Malregard fut abandonnée aux assiégeants.

Le surlendemain, une nouvelle tentative échoua aussi piteusement que la première. L'ardeur combative des Francs s'en trouva sérieusement émoussée. Les moins ardents, découragés, s'abandonnèrent au désespoir. Pendant la nuit qui suivit, bon nombre de combattants « s'enfuirent secrètement le long du mur du côté de la mer », franchirent les lignes ennemies et coururent

s'embarquer au port de Saint-Siméon. On apprit avec
effarement que quelques barons s'étaient ainsi déshono-
rés : Guillaume de Grantmesnil et son frère Aubry, Guy
Trousseau, seigneur de Montlhéry. L'un des vassaux de
Godefroy de Bouillon, Lambert le Pauvre, comte de
Clermont, près de Liège, était au nombre des déserteurs.
Pour stigmatiser leur couardise, on les affubla du sobriquet infamant de « funambules », que nous rapporte le
chroniqueur Baudry de Bourgueil. Au fil des jours, les
défections se firent plus nombreuses. A plusieurs reprises,
Godefroy de Bouillon dut intervenir, soit personnellement, soit par l'intermédiaire du légat Adhémar de Monteil. En vain.

Robert de Flandre, qui avait la garde du château de la
Mahomerie, avait dû incendier et évacuer la place. Autour
d'Antioche, le blocus musulman se resserrait. Les attaques
devenaient incessantes. Bohémond, attaché plus que quiconque à ce qu'il considérait maintenant comme son fief,
ripostait de son mieux et multipliait les sorties. Un jour,
pressé par les troupes de Kerboga, le prince de Tarente ne
dut son salut qu'à une intervention rapide de Godefroy de
Bouillon et du comte de Flandre.

Les assiégés vivaient des heures d'angoisse. La stupéfiante imprévoyance dont les Francs faisaient preuve
depuis le début de l'expédition portait une fois encore ses
fruits amers. La famine s'installait : « La plupart des chevaliers vivaient du sang de leurs chevaux. Espérant dans la
miséricorde de Dieu, ils ne voulaient pas les tuer encore. »
Mais bientôt, il fallut achever les animaux de guerre et de
bât. On vit des gens dévorer des charognes :

« Beaucoup moururent de faim, témoigne le Chroniqueur anonyme. Un petit pain se vendait un
besant ; inutile de parler du vin. On mangeait de la
viande de cheval et d'âne ; une poule valait quinze
sous, un œuf deux sous, une noix un denier. Tout
était hors de prix. La famine était si grande qu'on faisait cuire pour les manger des feuilles de figuier, de
vigne, de chardon. D'autres faisaient cuire et man-

geaient des peaux desséchées de chevaux, de chameaux, de bœufs, de buffles... »

Pendant quelque temps encore, on put se procurer une
tête de cheval, « sans la langue », pour deux ou trois
sous ; pour cinq sous, des tripes de chèvres.

Le malheur n'épargnait personne. Le comte Hermann,
« l'un des plus puissants seigneurs qui fût en terre d'Allemagne », était lui-même tombé dans la misère la plus
noire. Après avoir vendu sa cotte de mailles, son casque et
ses armes, il en était réduit à mendier. Godefroy de Bouillon, que cette détresse poignante avait ému, lui fit parvenir
chaque jour un pain et une part de viande ou de poisson
prélevés sur son ordinaire. Quant à Henri d'Esch, son vassal et son intime, qui n'avait guère plus de moyens, le duc
de Basse-Lotharingie l'invitait chaque jour à partager un
repas qu'on devine bien frugal.

Si grand que fût déjà son prestige, Godefroy de Bouillon n'en était, en effet, pas moins logé à la même enseigne
que les autres barons, et Albert d'Aix croit utile de signaler qu' « il lui fallut débourser un jour quinze marcs
d'argent pour acheter de la viande d'un vil chameau »...

L' « INVENTION » DE LA SAINTE LANCE

Abêtis, le ventre creux, affaiblis par la faim, les croisés
avaient perdu tout ressort. Les précautions de défense les
plus élémentaires devenaient fastidieuses, bientôt impossi-
bles. Les soldats, prostrés, se terraient dans les maisons
pour échapper à un service qu'ils n'étaient plus en mesure
d'accomplir. Le 12 juin, une attaque musulmane faillit
bien réussir. On fit crier le ban « mais nul ne vint ». Bohémond de Tarente, furieux, ordonna d'incendier sur-le-
champ plusieurs quartiers de la ville. Craignant de rôtir
comme des volailles, tous « abandonnèrent leurs maisons
et tous leurs biens et s'enfuirent... chacun vers la bande à
laquelle il appartenait. A ce moment s'éleva une grande

tempête de vent, au point que personne ne pouvait se tenir droit... Cette fureur dura de la troisième heure au milieu de la nuit. Puis, vers minuit, toute la violence du feu tomba. »

Le désarroi était si profond et les désertions se multipliaient à un point tel qu'Adhémar de Monteil prit l'initiative de faire « jurer par le sacrement que nul d'entre eux, tant qu'ils seraient vivants, ne fuirait, ni pour échapper à la mort ni pour sauver sa vie ». Tous les barons prêtèrent serment, y compris le duc de Basse-Lotharingie.

Quelques jours plus tard, un événement inattendu ranima le moral de l'armée. Un pèlerin provençal d'assez piètre réputation, Pierre Barthélemy, confia au comte Raymond de Saint-Gilles et au légat que saint André en personne lui avait révélé en songe que la Sainte Lance qui avait percé le flanc du Christ était enfouie dans la cathédrale Saint-Pierre. On fit pratiquer des sondages.

> « Enfin, raconte Raymond d'Aguilers, dans sa bonté, Dieu a voulu nous montrer sa lance, et moi qui écris ceci, alors que seule la pointe apparaissait au-dessus de la terre, je l'ai baisée. La joie et l'exultation qui ont alors rempli la cité, je ne puis l'écrire. C'est le 14 juin que cette lance a été trouvée. »

Les personnalités les plus autorisées, dont le légat lui-même et l'évêque d'Orange, n'accordèrent aucune espèce de crédit à cette trouvaille. Mais la plupart des pèlerins et des soldats, gens simples, jugèrent que la découverte tombait trop à propos pour n'être pas un signe du Ciel. La foi du charbonnier fit sortir chacun de sa torpeur. On tenta tout, dès lors, pour échapper à la souricière[1].

Le 27 juin, Pierre l'Ermite, non sans courage, se rendit

---

1. Guillaume de Tyr, un siècle plus tard, racontera cette histoire avec toute la prudence possible. Au XVIIIᵉ siècle, le pape Benoît XIV, devant la prolifération des reliques de ce genre, proclama fausse cette Sainte Lance qui, dans l'histoire des mentalités, avait tenu une telle place.

au camp de Kerboga pour tenter de négocier ou — sur ce
point les témoignages divergent — pour inviter les musulmans à vider proprement les lieux. Il fut fraîchement reçu.
Il ne restait plus qu'à en découdre. L'action décisive fut
fixée au lendemain. Il faudrait vaincre ou mourir.

LA VICTOIRE

Ce fut une interminable nuit. Tendue, fébrile, l'armée se
préparait au combat de la dernière chance. Ce n'était plus
qu'un ramassis d'hommes hâves, décharnés, mais dans les
yeux de qui brillaient d'étranges lueurs. On réunit à la
hâte tout ce qui pouvait encore servir à se battre : des
cottes de mailles, des casques, tout l'armement qui avait
échappé aux ventes forcées, les accessoires saisis sur les
Turcs massacrés et devant lesquels on éprouvait un évident embarras. La remonte avait été, depuis longtemps,
sacrifiée pour survivre. On vit des barons prestigieux che-
vaucher des roncins et des bourriques. Robert de Flandre
avait dû mendier sa monture. Godefroy de Bouillon lui-
même, aussi démuni que les autres, avait été contraint de
supplier le comte Raymond de Saint-Gilles, malade, de
vouloir bien lui prêter un cheval de guerre.

Les derniers moments furent consacrés à la prière.
« Tous confessèrent leurs péchés et, une fois absous, com-
munièrent fidèlement au corps et au sang du Christ. » On
décida enfin de laisser à l'intérieur de la ville le comte de
Toulouse, hors d'état de combattre, avec un petit corps de
troupes chargé de neutraliser la garnison turque qui occupait toujours la citadelle.

Six bataillons se formèrent. Français et Flamands sous
les ordres d'Hugues de Vermandois et de Robert de Flandre ; le corps de Robert Courteheuse, duc de Normandie ;
les Provençaux commandés par l'évêque du Puy, Adhémar
de Monteil ; deux batailles sous Tancrède et Bohémond
de Tarente ; Godefroy de Bouillon enfin, « avec des Ger-
mains, des Allemands, des Bavarois, des Saxons et des Lorrains, deux mille cavaliers et fantassins dont la main et

l'épée promettaient d'être dures à la nuque des ennemis »...

L'armée sortit par la porte de la Mer, traversa l'Oronte
devant le château de la Mahomerie. « Nos évêques, prêtres, clercs et moines, revêtus des ornements sacrés, sortirent avec nous portant des croix, priant et suppliant le Seigneur de nous sauver et de nous garder de tout mal. »
Raymond d'Aguilers, chapelain du comte de Toulouse,
portait la Sainte Lance. On disposa les batailles sur la rive
droite du fleuve.

A aucun moment les troupes musulmanes, saisies à la
vue de cette armée de spectres, n'avaient empêché le
regroupement des forces croisées. « Kerboga ne permit
pas qu'on les assaillît par surprise, note Ibn al-Athir, et
même, quand les musulmans tuèrent un groupe de ceux
qui sortaient, il alla en personne les en empêcher. » Il voulait trancher dans le gros des forces ennemies et mettre un
terme définitif à une invasion qui n'avait déjà que trop
agité le Moyen-Orient.

Le choc fut terrible. Un corps à corps féroce et confus.
Kerboga, qui disposait d'une écrasante supériorité numérique, envoya un escadron prendre les croisés à revers.

> « [Aussitôt] un septième corps de bataille fut
> ordonné avec des troupes du duc Godefroy et du
> comte de Normandie et placé sous les ordres de Rai-
> naud. On l'envoya à la rencontre des Turcs qui arri-
> vaient de la mer. Les Turcs engagèrent le combat avec
> eux et tuèrent beaucoup des nôtres à coups de
> flèches. D'autres bataillons furent disposés depuis le
> fleuve jusqu'à la montagne sur un espace de deux
> milles. »

Le duc de Basse-Lotharingie, au cœur de la mêlée,
volait d'exploit en exploit qu'Albert d'Aix, toujours vigi-
lant, décline avec délices. Godefroy de Bouillon est partout, perce les lignes ennemies, secourt Bohémond de
Tarente qui cède sous la pression turque. Avec Robert de
Flandre et Hugues de Vermandois, il lance une attaque

décisive. « A cette vue, s'émerveille le Chroniqueur anonyme, les autres batailles chargèrent de même. Les Turcs et les Perses poussaient des cris et nous, invoquant le Dieu vivant et véritable..., nous les vainquîmes. »

Une déroute complète, sans appel. Les armées de Kerboga se débandèrent, refluèrent vers l'est, franchirent en désordre l'Oronte au Pont de Fer, traqués par les escadrons francs grisés par la victoire, déchaînés, qui poursuivirent les fuyards jusqu'au château de Harenc. Le butin était énorme. « L'ennemi abandonna ses pavillons, de l'or, de l'argent, un mobilier abondant, des brebis, des bœufs, des chevaux, des mulets, des chameaux, des ânes, du blé, du vin, de la farine et beaucoup d'autres choses qui nous étaient nécessaires. »

Le soir même, la garnison turque qui occupait toujours la citadelle se rendait au vainqueur. C'était le 28 juin 1098, « vigile des apôtres Pierre et Paul, sous le règne du Seigneur Jésus-Christ, à qui appartiennent honneur et gloire dans tous les siècles. Amen !»

CHAPITRE VI

Le goût du fiel

Dans le *scriptorium* du monastère de Saint-Barlaam d'Antioche, le moine arménien Hovannès venait d'achever de copier un manuscrit. Au bas de la dernière page, il nota aussitôt l'événement mémorable dont il venait d'être le témoin et qui méritait de figurer en bonne place au nombre des merveilles de Dieu.

> « Chacun d'eux s'élançant sur son cheval, ils coururent sus aux menaçants ennemis ; ils les dispersèrent, les mirent en fuite et les massacrèrent jusqu'au coucher du soleil. Cela fut une grande joie pour les chrétiens, et il y eut abondance de blé et d'orge, comme au temps d'Élysée aux portes de Samarie. C'est pourquoi ils s'appliquèrent à eux-mêmes le cantique prophétique : " Je Te glorifie, Seigneur, parce que Tu t'es chargé de moi, et Tu n'as pas à cause de moi donné la joie à mon ennemi. " »

La prise d'Antioche et la déroute musulmane créaient en effet une situation radicalement nouvelle. La résistance musulmane, des rives de la Méditerranée aux confins de l'Empire perse, était brisée. Les principautés d'Alep et de Damas, de Homs et de Hama étaient hors d'état de reprendre l'offensive. Les émirs ortoqides de Diyarbékir, les armées seldjoukides du califat de Bagdad étaient battues. Plus rien ne s'opposait à ce qu'on marchât, sans plus attendre, vers Jérusalem.

En fait, il faudrait encore un an pour que les croisés voient enfin les murailles et les coupoles de la Ville sainte.

MORT D'ADHÉMAR DE MONTEIL

Pendant des mois, la question du statut d'Antioche devait peser sur l'expédition et diviser les barons. La citadelle, aussitôt livrée, avait été occupée par des troupes lorraines, provençales, flamandes et normandes. Mais Bohémond de Tarente, en quelques jours, eut tôt fait d'éliminer ses rivaux pour s'assurer la maîtrise d'une place que, d'ores et déjà, il tenait pour sienne. L'affaire prenait valeur de test. Godefroy de Bouillon et Robert de Flandre se désintéressèrent ouvertement de la question. Curieusement, seul le comte Raymond de Saint-Gilles, qui avait refusé avec obstination tout serment d'allégeance au *basileus,* résista, bec et ongles.

La ville qui, quinze ans plus tôt, était encore byzantine et dont la population était pour l'essentiel d'origine grecque aurait dû en toute logique faire retour à Alexis Comnène, et les accords conclus à Constantinople deux ans auparavant le prévoyaient expressément. Au début du mois de juillet 1098, les barons se réunirent en conseil. Si l'on en croit Albert d'Aix, Godefroy de Bouillon, Robert de Flandre et Robert de Normandie insistèrent pour qu'on s'en tienne au droit et firent planer le spectre du parjure. On décida d'envoyer auprès de l'empereur une délégation chargée de lui remettre la ville à condition qu'il vînt en personne en prendre possession et se joignît à l'expédition. Hugues de Vermandois et Baudouin de Hainaut prirent la route de Constantinople. Le comte de Hainaut ne dépassa pas la Bythinie, où il fut assassiné par des Turcopoles. Quant au frère du roi de France, il délivra son message et, sans plus attendre, abandonna l'Asie Mineure pour rentrer en Occident. Les croisés devraient patienter presque un an avant de connaître la réponse impériale...

On n'attendit pas. Après l'abandon de Tatikios, après les atermoiements dont avait fait preuve le *basileus,* la cause de Byzance se trouvait définitivement ruinée. En dépit de l'opposition tenace de Raymond de Toulouse que sa hargne contre le Normand venait de transformer en un défenseur acharné des intérêts byzantins, Bohémond de Tarente finit par l'emporter. Son sens politique, son habileté, ses manières incomparables de mettre chacun devant le fait accompli forcèrent la décision. Dès le 14 juillet, il accordait aux Génois des privilèges commerciaux, la jouissance de l'église Saint-Jean, un marché, trente maisons et un puits. Bientôt, à la grande satisfaction des chrétiens arméniens et syriaques, on le verra latiniser les cadres de la hiérarchie ecclésiastique et, peu à peu, établir les fondements sur lesquels devait s'appuyer la future principauté.

Et l'armée, maintenant libre de ses mouvements, piétinait autour d'Antioche. Dès la première semaine de juillet, le conseil se pencha sur la difficile question d'une marche immédiate sur Jérusalem. C'est alors qu'éclatèrent au grand jour les divisions qui minaient le haut baronnage. Chacun épiant l'autre ou supputant des intentions perfides, cherchait à percer les arrière-pensées, à éviter les embûches, à déjouer des pièges réels ou supposés. A tous ces féodaux jaloux de leurs intérêts, il sembla tout à coup urgent de ne rien faire. A cette démission, on trouva les raisons les plus convaincantes : les souffrances endurées, la fatigue des troupes, les dangers de la progression d'une armée affaiblie sur une terre qu'un soleil torride avait transformée en fournaise. On s'accorda pour retarder jusqu'à l'automne ce départ tant redouté.

Seul le petit peuple qui, depuis des mois et des mois, suivait sans espoir de gain ni de puissance, murmura contre cette trahison. Au nom d'intérêts assez sordides, les chefs s'employaient à éteindre cette petite flamme qui brillait dans les yeux des plus démunis et restait l'honneur de la croisade. Ce jour-là, l'historien Joshua Prawer a eu raison de le souligner, marquait « la faillite morale de la classe dirigeante ».

A ces luttes d'influences pernicieuses qui sapaient le moral des troupes s'ajouta une épidémie qui dura plusieurs mois et fit des milliers de victimes. L'une des premières fut le légat pontifical, qui mourut le 1er août. On l'enterra dans l'église Saint-Pierre d'Antioche, là où avait été découverte la Sainte Lance. « Il en résulta une grande angoisse, une tristesse, une immense douleur dans toute l'armée du Christ, car il était le soutien des pauvres et le conseiller des riches. » Bel éloge. C'était, en effet, une perte irréparable : Adhémar de Monteil, sur qui reposait la direction du pèlerinage était le seul qui aurait pu encore quelque temps assurer la cohésion du baronnage. Lui disparu, les différents corps abandonnèrent Antioche pour échapper au fléau et s'égaillèrent en Syrie du Nord dans le but avoué de se tailler quelques fiefs, à l'exemple de Bohémond et de Baudouin d'Édesse.

« Les seigneurs se dispersèrent, raconte le Chroniqueur anonyme, et chacun partit pour sa terre, afin d'y attendre le terme convenu. Les princes firent proclamer par toute la ville que ceux qui se trouveraient dans la gêne et manqueraient d'or et d'argent pourraient, s'ils le désiraient, demeurer avec eux moyennant contrat et seraient retenus par eux avec plaisir. »

Tous, déjà, inquiets des lendemains, se constituaient une clientèle fidèle de troupes soldées.

Au début du mois d'août, Godefroy de Bouillon partit pour Édesse rejoindre son frère auprès de qui il séjourna quelque temps avant de se fixer tour à tour à Ravendel et à Turbessel, deux villes dont Baudouin de Boulogne lui avait abandonné l'usufruit. C'est à Turbessel qu'Henri d'Esch, le compagnon des bons et des mauvais jours, mourut du mal qu'il avait contracté sous Antioche. Dans le courant du mois de septembre, le duc retourna sur les rives de l'Oronte. Il ne tarda pas à se trouver engagé dans un de ces conflits qui, périodiquement, dressaient l'un contre l'autre les princes musulmans.

GODEFROY ET L'ÉMIR OMAR

Sur la route d'Antioche à Édesse, à une quarantaine de kilomètres au nord d'Alep, se dressait le château d'Azaz (le Hasart d'Albert d'Aix). C'était une position hors de pair, sur une route stratégique importante pour les croisés. Nombreux étaient d'ailleurs les Francs qui avaient été les victimes d'une sortie inopinée de la garnison turque. Quelques semaines auparavant, l'un des vassaux de Godefroy, un certain Fulbert, chevalier exemplaire originaire de Bouillon même, avait été surpris au moment où, entouré d'une minuscule escorte et en compagnie de sa femme, il passait à proximité de la forteresse. Fulbert avait eu beau se défendre comme un diable, il avait cédé sous le nombre et les assaillants l'avaient décapité. Son épouse, qu'Albert d'Aix nous décrit d'une élégance et d'une beauté rares, avait été emmenée à Azaz où Omar, qui gouvernait la place forte au nom de Ridwan, prince d'Alep, séduit par sa grâce l'avait aussitôt épousée.

Entre Ridwan et son vassal, l'entente n'était pas sans nuages. L'hostilité en était arrivée à un point tel que le prince d'Alep avait décidé d'en finir avec ce vassal récalcitrant et, avec une forte troupe, avait mis le siège devant Azaz. Si l'on veut bien croire Albert d'Aix, ce fut la belle captive qui suggéra à son époux de solliciter l'assistance du duc de Basse-Lotharingie. Elle le connaissait bien, vanta son courage et sa droiture. Ainsi alerté, il ne manquerait pas de répondre favorablement à l'appel d'Omar et d'envoyer quelques bonnes troupes pour faire lever le siège. Le gouverneur aurait tort de se priver des services que pouvait lui rendre une armée inoccupée qui, du jour au lendemain, pourvu qu'elle y trouvât son compte, pouvait devenir son alliée.

Omar, aux abois, aurait eu mauvaise grâce à se montrer difficile sur le choix des moyens. Il envoya sans tarder une délégation vers le duc de Basse-Lotharingie pour lui demander son aide et, en échange, lui promettre une

alliance en bonne et due forme. Méfiant, Godefroy de
Bouillon éluda d'abord cette proposition insolite qui sentait par trop le piège. Mais Omar lui fit envoyer son fils
Mohammed : il resterait en otage à Antioche, garant de
cet accord de coopération, tout le temps qu'il faudrait. Le
duc, maintenant convaincu et sans nul doute séduit par les
avantages que ne manquerait pas de lui procurer pareil
rapprochement, donna son accord.

Les envoyés turcs ne cachèrent pas leur satisfaction et,
sur-le-champ, se saisirent de deux pigeons qu'ils avaient
eu soin d'emporter avec eux, fixèrent sous leur queue le
message qui contenait la réponse positive de Godefroy et
libérèrent les oiseaux qui s'envolèrent aussitôt droit sur
Azaz. Godefroy et ceux qui l'entouraient furent émerveillés par cet étonnant moyen de communication aérienne :
c'était la première fois qu'ils voyaient utiliser des pigeons
voyageurs...

Peu après, on signala l'arrivée de Baudouin de Boulogne qui, averti lui aussi de l'avance de Ridwan et de
l'importance des forces engagées au sud de son comté,
accourait avec trois mille hommes pour parer au plus
pressé. L'affaire était manifestement plus sérieuse qu'on
avait pu le penser. Peu enclin à s'engager à la légère,
Godefroy de Bouillon sollicita l'aide de Bohémond de
Tarente et de Raymond de Saint-Gilles. Les deux seigneurs firent la fine bouche. En fait, ils ne décoléraient
pas. Le prestige du duc les irritait, et plus encore le fait
qu'un émir turc ait proposé son alliance au Lorrain plutôt
qu'à eux. Ils ne bougèrent pas.

Godefroy était déjà sur la route d'Azaz, à un jour de
marche d'Antioche, que Bohémond et Raymond de Toulouse ne l'avaient toujours pas rejoint.

Hors de lui, il leur fit porter un message qui sonnait
comme un défi :

> « Il n'est pas convenable que vous, chefs de l'armée
> chrétienne, laissiez vos frères privés de votre secours
> et vous couvriez de faux prétextes contre nous, qui ne
> vous avons fait défaut dans aucune affliction, dans

aucun besoin, et qui avons toujours été prêts à exposer notre vie pour vous. Si vous demeurez aujourd'hui
en arrière, nous serons vos ennemis, et nous ne ferons
plus désormais un pas pour aucune affaire qui vous
concerne. »

Outré de voir à quelles extrémités conduisait l'hostilité
des barons, le petit peuple murmurait. Bohémond et Raymond de Toulouse, cédant à la pression, réunirent quelques centaines de chevaliers et d'hommes de pied et partirent.

Le gros des forces chrétiennes une fois réuni, on bivoua-
qua à quelques kilomètres de la forteresse. Dans la nuit,
Ridwan aperçut les feux qui illuminaient le camp ennemi.
Aussitôt, il ordonna à ses troupes de lever le siège et de se
disperser dans les environs. Le lendemain, Godefroy de
Bouillon marcha sur la ville. L'ost franc, très étalé en longueur, constituait une cible de choix. L'arrière-garde fut
immédiatement attaquée par la cavalerie et décimée par
les redoutables archers turcs. Le duc, rebroussant chemin,
intervint à temps pour sauver les survivants et libérer les
prisonniers. Après quoi il reprit la route.

L'émir, soulagé, sortit à la rencontre de Godefroy, se
confondit en remerciements et lui jura fidélité. Tout se
passa le mieux du monde, et le duc offrit à son nouvel
allié un heaume précieux, incrusté d'or et d'argent, et une
cotte de mailles d'une rare perfection, qui appartenait
jusqu'alors à l'un de ses vassaux, Herebrand de Bouillon.
La région enfin pacifiée, l'ost regagna les rives de
l'Oronte. Godefroy, prévoyant, ne se sépara pas du petit
Mohammed qu'il ramena à Antioche avec douze de ses
serviteurs. Garant du pacte, il ferait partie de la Maison
ducale, et Godefroy donna des ordres stricts pour que
l'enfant ne manquât de rien et fût traité selon son rang.

Quelques semaines plus tard, le fils d'Omar mourut, victime de l'épidémie qui, depuis des mois, frappait
jusqu'aux guerriers les plus résistants. Godefroy de Bouillon ordonna qu'on enveloppât le cadavre d'un tissu précieux, conformément aux coutumes musulmanes, et qu'on

le renvoyât à son père. Les serviteurs du défunt s'acquittèrent de cette pénible tâche et témoignèrent que l'enfant
avait toujours été traité avec bienveillance et honneur,
n'avait jamais été victime du moindre sévice et que sa
mort n'était due qu'à la fatalité. Omar, convaincu de la
bonne foi de son allié, ne profita pas de ce douloureux
contretemps pour rompre le traité et « demeura en paix
avec le duc et son frère Baudouin ». Godefroy de Bouillon, à l'instar des autres barons francs, traçait sa propre
voie en Syrie du Nord.

SÉDITION ET MASSACRES

En cette fin d'été 1098, que Jérusalem semblait loin !
Bohémond était parti pour la Cilicie inspecter les places
de Tarse, Adana et Mamistra qu'il comptait bien annexer
à sa principauté naissante. Raymond de Saint-Gilles et ses
Provençaux étaient partis guerroyer à l'est de l'Oronte,
aux confins du royaume d'Alep, sans que Ridwan fît quoi
que ce soit pour entraver ces incursions. Il s'était emparé
d'al-Bara, mais avait échoué devant Maarrat al-Noman. Il
ne devait pas tarder à y revenir.

Godefroy de Bouillon, qui ne voulait pas être en reste,
reprit le chemin du comté d'Édesse. Pendant un mois et
demi, il fut par monts et par vaux, venant de temps à autre
se refaire à Turbessel ou à Ravendel, mais consacrant
l'essentiel de ses forces à combattre les Turcs ou à conquérir villages et châteaux.

Mais il était un personnage que Godefroy n'avait jamais
oublié. C'était ce Pancrace qu'on a vu, avant la prise
d'Antioche, voler une tente qui lui était destinée et la faire
offrir à Bohémond de Tarente. Cette affaire avait bien
failli dégénérer en pugilat. Pancrace, renseignements pris,
était une manière de brigand habile à rançonner et autour
de qui gravitait une faune prête à tout pour faire du butin.
Il n'en était pas à son coup d'essai. Godefroy décida de
prendre les choses en main.

On connaissait bien le repaire de ces détrousseurs, un

véritable nid d'aigle inexpugnable d'où ils pouvaient lancer leurs raids en toute impunité. Le duc réunit autour de lui une cinquantaine de chevaliers de sa suite, bien équipés de cottes de mailles, de boucliers et de lances, auxquels il adjoignit un corps d'Arméniens, et se lança dans une opération de police de grande envergure. En peu de temps, les fortins furent incendiés, rasés, effacés à tout jamais de la mémoire des hommes. Vingt hommes qui avaient eu le malheur de rester sur place et de narguer les soldats de Godefroy eurent les yeux crevés sur ordre du duc. Tout cela manquait absolument de panache, mais contribua fort, n'en doutons pas, à accroître le prestige du duc de Basse-Lotharingie et à asseoir l'autorité de son frère Baudouin d'Édesse.

A la fin du mois d'octobre, Godefroy quitta le comté pour se rendre à Antioche où un grand conseil des barons était prévu pour la Toussaint. On y devait régler les derniers détails avant la marche décisive vers Jérusalem. Baudouin de Boulogne, décidément très à l'aise dans son nouveau fief arménien, ne manifesta pas même l'intention de s'y rendre. La saison était encore riante. La petite troupe de chevaliers campa dans une plaine herbeuse, à proximité de fontaines murmurantes, refit ses approvisionnements en nourriture et en vin.

A quelque distance du lac d'Antioche, on tomba sur une centaine de soldats turcs qui, embusqués là, commencèrent à mettre à mal cet escadron d'insouciants. Aussitôt ramenés aux dures réalités du moment, Godefroy et ses hommes les prirent en chasse et en firent un carnage. Le soir venu, le duc de Basse-Lotharingie entrait dans Antioche la Belle en brillant équipage, accompagné des dépouilles des vaincus. Et ce n'est pas sans un certain étonnement satisfait que les badauds virent, pendant aux selles des chevaliers francs, les têtes des sacrifiés du jour...

« Lorsque approcha le terme fixé, c'est-à-dire la fête de la Toussaint, nos chefs revinrent tous à Antioche et commencèrent à s'inquiéter des moyens d'accomplir le voyage du Saint-Sépulcre. » En fait, par suite d'un retard de Bohémond, retenu en Cilicie, le conseil ne put se réunir que le 5 novembre. Ce jour-là, « à l'endroit où est la chaire de saint Pierre », les barons délibérèrent « pour rechercher ce qui était juste ». Et le moins que l'on puisse dire était qu'il n'était pas simple de dire le droit. Entre Raymond de Toulouse et Bohémond, la compétition était chaque jour plus vive. Le Normand avait définitivement abandonné le navire byzantin. Le comte de Toulouse, le plus acharné à récuser toute tutelle, était devenu le plus fervent défenseur de la cause du *basileus* maintenant qu'il semblait y trouver quelques avantages. Les discussions s'éternisaient.

Godefroy de Bouillon, comme la plupart des autres barons, restait assez étranger à cette querelle particulière. Au fond, peu lui importait à qui appartiendrait Antioche pourvu qu'elle restât en possession des croisés. Et là, force était d'accorder la préférence à Bohémond, qui occupait les points stratégiques et avait souvent démontré les infinies ressources de son intelligence créatrice.

On était à deux doigts d'une rupture. Raymond de Saint-Gilles, ulcéré, résolut enfin de s'en remettre à l'arbitrage du conseil :

> « Avant que la route du Saint-Sépulcre soit abandonnée, si Bohémond consent à venir avec nous, tout ce qu'auront approuvé nos pairs, c'est-à-dire le duc Godefroy, le comte de Flandre, Robert de Normandie et les autres seigneurs, j'y consens fidèlement, sauf en ce qui concerne ma fidélité à l'empereur. »

Les barons approuvèrent d'autant plus facilement que c'était en revenir, ou à peu près, au *statu quo*. Les antagonistes « jurèrent entre les mains des évêques que la marche vers le Saint-Sépulcre ne serait jamais troublée par eux d'aucune manière ». Ce compromis, qui maintenait une situation en tout point favorable au Normand, avait tout lieu de réjouir les partisans de Bohémond.

Les deux compères, tirant les conclusions logiques de ces délibérations pour rien, s'employèrent à renforcer sans retard leurs positions.

« Bohémond tint conseil avec ses hommes, afin de garnir le château de la haute montagne en hommes et en vivres. De même, le comte de Saint-Gilles tint conseil avec les siens pour garnir le palais de Cassian l'Amiral[1], et la tour élevée sur la porte du pont du côté du port de Saint-Siméon[2], pour les garnir en hommes et en vivres qui pussent durer longtemps. »

Le petit peuple, excédé, ne comprenait rien à ces querelles de maquignons. Ou plutôt comprenait sans doute trop bien qu'à suivre aveuglément des chefs devenus irresponsables, on courait le risque de ne jamais voir Jérusalem. Les commentaires allaient bon train. Craignant quelque manifestation inconsidérée, Raymond de Saint-Gilles décida de quitter Antioche pour le Sud. Mais il n'était pas encore question de marcher sur Jérusalem. L'armée s'en vint mettre le siège devant Maarrat al-Noman, qui avait si bien résisté l'été précédent.

Dans la dernière semaine de novembre, la forteresse était investie par les forces provençales. Quelques jours plus tard, Bohémond, toujours impatient d'avoir sa part du gâteau, arrivait à son tour avec quelques renforts et complétait le blocus. Il n'est pas exclu que Godefroy de Bouillon y fît quelques apparitions avec son propre contingent. Il ne prit guère de part, en tout cas, à cette opération difficile dont il faut pourtant dire ici quelques mots, tant l'horreur de ces dernières semaines de 1098 devait peser lourd dans le souvenir des populations musulmanes.

La ville, puissamment fortifiée, se promettait de résister longtemps. Et les défenseurs ne manquaient pas une occasion de railler les assiégeants qui s'agitaient au pied des remparts. On se lança alors dans une opération de grand style.

« Nos seigneurs, voyant qu'il n'y avait rien à faire et qu'ils se donnaient du mal en vain, Raymond,

1. L'ancien palais de Yaghi-Siyan.
2. La porte de la Mer.

comte de Saint-Gilles, fit construire un château de bois fort et élevé, disposé et construit sur quatre roues. A l'étage supérieur se trouvaient plusieurs chevaliers et Évrard le Veneur, qui sonnait très fort de la trompette. Au-dessous étaient les chevaliers revêtus de leur armure, qui poussaient le château près de la muraille, contre une tour. Ce que voyant, la gent païenne fit aussitôt une machine qui jetait de grosses pierres sur le château, si bien que presque tous nos chevaliers furent tués. Ils jetaient aussi du feu grégeois sur le château dans l'espoir de l'incendier et de le détruire... Nos chevaliers placés à l'étage supérieur... lançaient d'énormes blocs de pierre sur les défenseurs de la muraille. Ils tapaient si raide sur leurs boucliers que le bouclier et l'homme tombaient, celui-ci mortellement frappé, à l'intérieur de la ville. D'autres tenaient des lances garnies de pennons et, à l'aide de leurs lances et d'hameçons de fer, ils cherchaient à attirer à eux les ennemis. On combattait ainsi jusqu'au soir. »

Le 11 décembre, on entreprit le travail de sape. Le soir, une partie de la muraille s'effondra. « Tout ceci eut lieu le samedi, à l'heure de vêpres, au coucher du soleil. Bohémond fit dire par un interprète aux chefs sarrasins de se réfugier, eux, leurs femmes et leurs enfants, avec leurs bagages, dans un palais situé au-dessus de la porte et s'engagea à les préserver de la mort... » Le lendemain, ce fut la ruée. Incontrôlable.

« Les notres pénétrèrent tous dans la ville, et tout ce qu'ils trouvèrent de quelque valeur dans les maisons et les cachettes, chacun d'eux se l'appropriait. Partout où ils découvraient un ennemi, homme ou femme, ils le massacraient. Pas un coin de la cité qui fût vide de cadavres de Sarrasins, et à peine pouvait-on circuler dans les rues de la ville sans marcher sur des cadavres. Bohémond saisit ceux à qui il avait donné l'ordre d'entrer dans un palais, leur enleva tout ce qu'ils possédaient, or, argent et autres parures, fit tuer les uns et conduire les autres à Antioche pour y être vendus. »

Au mépris de la parole donnée, l'horreur s'était abattue sur Maarrat al-Noman. Après quoi les croisés s'installèrent dans la ville martyre. Ils ne tardèrent pas à souffrir eux-mêmes mille morts. L'hiver était arrivé. Rien n'avait été prévu pour le ravitaillement des troupes. Après deux semaines d'un siège en règle, la place était vide de nourriture.

> « Hors de la ville, [les croisés] ne pouvaient rien trouver à saisir. Alors ils sciaient les cadavres, parce qu'on découvrait des besants cachés dans leur ventre ; d'autres découpaient leurs chairs en morceaux et les faisaient cuire pour les manger. »

Albert d'Aix rapporte les mêmes faits et réprouve qu'on ait mangé « non seulement des Turcs et des Sarrasins, mais aussi les chiens qu'on parvenait à capturer et à faire cuire... »

Il fallait que cessât cette épouvante. La troupe diminuait de jour en jour. Beaucoup de soldats s'enfuyaient dans les environs, avec armes et bagages, dans l'espoir de survivre vaille que vaille. Entre Raymond de Saint-Gilles et Bohémond de Tarente, les relations étaient devenues franchement détestables. Le Normand ne proposait maintenant rien de moins qu'un échange à l'amiable : Antioche pour lui-même, la place qu'on venait de conquérir pour le comte de Toulouse. C'était un marché de dupes que Raymond repoussa, outragé. Dans les premiers jours de janvier 1099, pour vider enfin l'abcès, il convoqua tous les chefs croisés à Rugia, sur la rive droite de l'Oronte, à peu près à égale distance de Maarrat al-Noman et d'Antioche.

Tous répondirent à cet appel. Le comte de Toulouse, désespérant de pouvoir s'accorder jamais avec Bohémond, proposa ni plus ni moins de prendre ses pairs à sa solde pour les décider à le suivre sur la route de Jérusalem. Au

témoignage de Raymond d'Aguilers, il offrit au duc de
Basse-Lotharingie 10 000 sous d'or, la même somme à
Robert de Normandie, 6 000 à Robert de Flandre, 5 000 à
Tancrède et aux autres barons des sommes correspondant
aux effectifs qu'ils étaient susceptibles d'engager.

Tous ces féodaux, fiers de leur lignage et jaloux de leur
indépendance, furent choqués d'une proposition qu'ils
pouvaient, non sans raison, juger inconvenante. Ils rompi-
rent net. Seul Tancrède, au témoignage de Raymond
d'Aguilers, rejoignit les troupes de Raymond de Saint-
Gilles « avec quarante chevaliers et beaucoup d'hommes
de pied ». La manœuvre du comte avait fait long feu. Le
Normand, intraitable, refusa tout accommodement. « A la
fin, les comtes et le duc revinrent à Antioche avec Bohémond, et le comte Raymond retourna à Maarrat al-
Noman où se trouvaient les pèlerins. »

Dans Maarrat al-Noman, la situation avait pris un tour
aigu. Les petites gens, tous ces malheureux qui depuis
plus de deux ans avaient tout supporté pour une cause qui
les dépassait, étaient à bout. A bout de forces. A bout
d'espérance. Voilà des mois qu'on les tenait pour quantité
négligeable, enjeu dérisoire des haines des grands.

> « Eh quoi ! Des disputes pour Antioche, des dis-
> putes pour Maarrat. Dans chaque lieu que Dieu nous
> donne, des luttes entre les princes, et l'armée de Dieu
> est affaiblie. Il ne faut pas qu'un nouveau conflit
> naisse pour la possession de cette ville-là. Venez !
> Rasons les murailles ! Et que la paix règne enfin entre
> les chefs ! »

Hallucinant spectacle que celui de tous ces êtres décharnés, misérables, malades et infirmes, jaillis soudain de partout, armés de bâtons, qui se dirigeaient maintenant d'un
pas mécanique vers les murailles de la ville qu'on commença sur-le-champ à démanteler. « Ces blocs de pierre
que trois ou quatre bœufs auraient difficilement pu traîner, un homme épuisé par la faim parvenait à les projeter
du haut des remparts. » Pierre de Narbonne, évêque

d'al-Bara depuis l'été, à qui Raymond de Saint-Gilles avait confié la cité pendant son absence, tenta de s'opposer à cette frénésie de destruction. En vain. Lorsque le comte de Toulouse fut de retour de Rugia, il découvrit avec stupeur que Maarrat al-Noman, étrange Jéricho, n'était plus qu'un amas de ruines.

De toute évidence, les barons avaient été trop loin. Il n'est jamais bon de désespérer les pauvres. Une force venait de surgir que plus rien désormais ne pourrait maîtriser. Raymond de Saint-Gilles comprit immédiatement cette dure leçon. Mieux valait prendre la tête de la sédition qu'être broyé par elle. Le 13 janvier 1099, le comte sortait de la ville pieds nus et, le soir même, suivi d'une foule soulevée de ferveur et de reconnaissance, campait vingt kilomètres plus au sud, autour de Kafartab. Le pèlerinage si longtemps interrompu venait enfin de reprendre.

Pendant les deux premiers mois de l'année 1099, Godefroy de Bouillon est remarquablement absent des chroniques. Albert d'Aix lui-même, héraut inspiré et attentif du duc de Basse-Lotharingie, ne rompt le silence que pour signaler la mort du petit Mohammed, fils du gouverneur d'Azaz. Autant dire rien. En ces moments décisifs, il semble étonnamment passif, désemparé devant des événements précipités dont il aurait eu quelque peine à dégager le sens.

La situation manquait pour le moins de clarté. Le combat des chefs n'avait guère abouti qu'à émietter la croisade. Chacun, au gré de ses intérêts, sillonnait la Syrie du Nord. L'alliance byzantine qui, longtemps, avait été la justification politique de l'expédition, avait sombré. Le légat pontifical était mort.' Une lettre des barons au pape Urbain II, expédiée au mois de septembre, était restée sans réponse. Fallait-il sans plus attendre marcher vers Jérusalem occupée par les Fatimides d'Égypte que, pendant le siège d'Antioche, on avait eu la surprise de découvrir si compréhensifs ? Devait-on accomplir le vœu de pèlerinage et regagner l'Europe, ou bien conquérir ce qui pouvait l'être et rester sur place pour consolider de nouveaux États ? Dans ce cas, il faudrait affronter la puissante

Égypte qui, depuis l'été 1098, occupait la Ville sainte et la plus grande partie de la Palestine. Dilemmes épuisants. Seuls les faits apportaient, bribes par bribes, quelques éléments de réponse.

Et les faits, tout bien pesé, ne plaidaient guère en faveur du duc de Basse-Lotharingie. Son frère Baudouin, avec une rare intelligence politique, habile à manier la carotte et le bâton, s'était taillé en Arménie un fief à la mesure de ses ambitions naissantes. Son mariage avec Arda, la fille d'un seigneur arménien du Taurus, promettait d'en faire avant peu le fondateur d'une nouvelle dynastie.

Le « très sage » Bohémond, contre vents et marées, se forgeait une principauté qui, des confins de la Cilicie aux portes d'Alep, lui permettrait de jouir sans entraves de la riche vallée de l'Oronte et d'exercer son influence sur tout le Moyen-Orient. Les troupes que le comte de Toulouse avait laissées dans Antioche ne devaient pas tarder à être chassées sans ménagement. Il guerroyait sans trêve ni repos, arrondissait son lopin avec un appétit de grand carnassier. Tancrède, on l'a vu, s'était joint à Raymond de Saint-Gilles, et un Robert de Normandie longtemps hésitant n'avait pas tardé à en faire autant et avait rejoint le gros du pèlerinage sous les murs de Kafartab.

Le comte Raymond, lui, avançait toujours et profitait d'une conjoncture politique éminemment favorable. Les régions méridionales de la Syrie étaient parvenues à se tenir à l'écart des rivalités qui opposaient Byzantins, Seldjoukides et Fatimides. Tant bien que mal, ces émirats locaux d'origine arabe avaient pu préserver une relative indépendance. A Shaizar régnait l'émir Soultan, de la famille des Munqidhites. L'annonce de l'arrivée de l'armée chrétienne l'avait plongé dans l'embarras. Toute réflexion faite, il lui parut préférable de se ménager des relations cordiales avec l'homme fort du moment. Il avait envoyé au comte de Toulouse de somptueux cadeaux, et l'assurance de son amitié. Non seulement il ne s'opposerait pas à l'avance des forces croisées, mais il fournirait à l'ost fourrage et nourriture autant qu'il lui en faudrait.

Fort de cette assurance, Raymond de Saint-Gilles avait

franchi l'Oronte au Gisr Asarin, au nord de Hama, et débouché dans la plaine de la Beqa, à l'est des monts Ansarieh, une région « où se trouvaient des richesses abondantes ». Au début du mois de février, il s'était emparé de Hosn al-Akrad (le château des Kurdes) avec une facilité telle que Janah al-Dawla, émir de Homs, avait préféré composer. Puis le comte de Toulouse avait infléchi sa marche vers la côte et l'émirat de Tripoli où régnait Jalal al-Mulk Aboul Hasan, d'une famille illustre et lettrée, les Banou Ammar. Tortose était tombée, par où des flottes amies avaient commencé de ravitailler les troupes. Puis il avait mis le siège devant Arqa, une position stratégique exceptionnelle, à quelques lieues de Tripoli, au milieu d' « une contrée prospère où l'eau abondait, avec des hauteurs couvertes de forêts, des coteaux plantés d'oliviers et une plaine divisée en champs cultivés et en prairies ». Raymond de Saint-Gilles, au sein de cette nature idyllique, était de toute évidence en train de se tailler un royaume...

Godefroy de Bouillon, lui, n'avait rien. Turbessel et Ravendal n'étaient guère que des bicoques. L'alliance avec l'émir de Azaz était de la poésie toute pure à côté des rets où ses égaux prenaient la région tout entière. Et il se morfondait dans cette ville d'Antioche qui s'était déjà donnée à un maître et où il voyait avec effarement son armée se dissoudre comme neige au soleil. Jour après jour, chevaliers et soldats, vaincus par la fatigue et le désespoir, abandonnaient l'ost lotharingien pour joindre le port de Saint-Siméon et le premier navire en partance pour l'Occident.

Pour atténuer cette angoissante déperdition des forces, le duc avait ordonné qu'on fermât les accès au port. Mais le seul moyen de tuer l'ennui, de circonscrire cet exode massif était de reprendre le pèlerinage. Il fallait partir. Quitter enfin cette ville où s'enlisaient les âmes.

GODEFROY SEUL CHEF DE LA CROISADE

Dans les derniers jours de février, le duc de Basse-Lotharingie, Robert de Flandre, Bohémond et tous les barons encore présents à Antioche concentrèrent leurs troupes autour de Lattaquié, à deux jours de marche au sud, le long du littoral méditerranéen. La ville était tombée, quelques mois plus tôt, au pouvoir du pirate Guynemer qui, après avoir puissamment contribué aux côtés de Baudouin de Boulogne à la conquête des places ciliciennes, avait jeté son dévolu sur les côtes syriennes. Depuis lors, et avec l'accord tacite de Raymond de Toulouse, Lattaquié était retournée à l'obédience byzantine, non sans dommages pour le ramassis d'escarpes qui constituait la flotte du forban boulonnais.

Il y avait là, affirmera Albert d'Aix, vingt mille chevaliers et hommes de pied, piaffant d'impatience, prêts à foncer sur Jérusalem. Le 2 mars, l'armée était devant Jabala. Ce fut le moment que choisit Bohémond, dont le cœur ne battait que pour Antioche, pour signifier à ses pairs qu'il n'avait pas l'intention de faire pour l'instant le pèlerinage, que son devoir et l'intérêt bien compris de tous le rappelaient vers sa principauté dangereusement exposée aux incursions musulmanes.

C'est alors que le duc apprit que le pirate Guynemer, son compatriote, croupissait depuis des mois dans les geôles de la ville. Godefroy de Bouillon exigea sa libération immédiate. A en croire Guillaume de Tyr, le terrible loup de mer passa, « avec tous ses compagnons et la flotte qu'il commandait », au service du duc de Basse-Lotharingie. Il avait pour mission de suivre, à quelques encablures du rivage, la progression des armées ducales.

Libre de ses mouvements, opportunément assisté d'une force navale qui devait se révéler un puissant atout, Godefroy de Bouillon s'abandonna sans regrets au démon de la conquête et mit le siège devant Jabala. Les habitants, frappés par le sort qu'au mépris de la parole donnée les croisés avaient réservé à ceux de Maarrat al-Noman, refusèrent catégoriquement de capituler. Le gouverneur, Abou Mohammed Ubaid Allah ibn Mansour, fit proposer aux assiégeants une « somme d'argent considérable » si l'armée chrétienne épargnait « la population, les vignes et les cultures », et s'en allait guerroyer ailleurs. Godefroy refusa tout accommodement. Ce qu'il voulait, c'était qu'on lui remît sans discuter les clés d'une place dont il comptait bien, à l'instar de ses pairs, faire le noyau de son fief futur.

Jabala ne fut sauvée que par une rumeur insistante qui, depuis quelques jours, courait dans les rangs des croisés. On racontait à qui voulait l'entendre que le sultan de Perse soi-même ou encore — on ne savait trop — le calife de Bagdad avait réuni des forces considérables et marchait vers Tripoli pour bousculer les armées provençales qui assiégeaient Arqa et jeter une fois pour toutes les chrétiens à la mer. Toujours est-il que, vers la fin de la première semaine de mars, Pierre de Narbonne, évêque d'al-Bara, se présenta au camp de Godefroy de Bouillon pour supplier le duc, au nom de Raymond de Saint-Gilles, de quitter au plus tôt Jabala et de joindre ses forces à l'ost provençal exposé de plein fouet à une attaque qu'on savait imminente.

Le duc de Basse-Lotharingie n'avait rien d'un cynique. Le danger que courait l'ensemble de l'expédition lui dictait naturellement sa conduite. Il lèverait le siège de Jabala, quitte à sacrifier son propre avenir. Mais, réaliste, il n'eut garde d'oublier les propositions d'Abou Mohammed. Les barons « conclurent un traité avec l'amiral, firent la paix avec lui, reçurent des chevaux et de l'or ». Le 11 mars, l'armée lotharingienne quittait Jabala et, en trois jours, avala les quelques cent cinquante kilomètres qui la séparaient des positions du comte de Toulouse.

A peine arrivé, Godefroy de Bouillon et Robert de Flandre s'aperçurent qu'ils avaient été joués comme des enfants. Il n'y avait pas l'ombre d'une armée musulmane à l'horizon, et tout laissait à penser qu'il n'y en aurait jamais avant longtemps. La fureur s'empara des Lorrains et des

Flamands. On en vint aux injures. Tancrède, qu'un diffé-
rend d'ordre financier opposait à Raymond de Saint-
Gilles, ne fit rien pour calmer les esprits et accusa le comte
de Toulouse d'avoir volontairement fait courir de faux
bruits pour arracher le duc à sa conquête.

Albert d'Aix et Guillaume de Tyr, fort attachés à l'étoile
du duc de Basse-Lotharingie, se font les ardents défenseurs de cette thèse, accablante pour l'honneur de Raymond. Il semble bien que la réalité ait été plus complexe,
et moins sombre.

Nombreux étaient ceux qui avaient avantage à susciter
l'affolement ou la zizanie chez les croisés. Jalal al-Mulk,
émir de Tripoli, pouvait tenter par ce subterfuge d'éloigner le comte de Toulouse. Le chroniqueur Ibn al-Athir,
peu suspect de partialité dans cette affaire, attribuera la
rumeur au cadi de Jabala, Abou Mohammed qui, « pour
éloigner les Francs, répandit le bruit que le sultan de Perse
accourait au secours de la Syrie. Les Francs s'étant assurés
que le sultan était occupé ailleurs, le cadi leur fit croire
qu'une armée égyptienne s'avançait contre eux ».

Cette entreprise de « désinformation » faillit bien réussir. Raymond de Saint-Gilles, mécontent de la tournure
qu'avaient prise les choses, était le spectateur d'un ressentiment que le duc de Basse-Lotharingie n'essayait même
pas de cacher. Il déploya des trésors de savoir-faire pour
se concilier les faveurs de Godefroy et l'accabla de flatte-
ries et de prévenances. En désespoir de cause, il lui offrit
« un cheval de grand prix et d'une exceptionnelle
beauté ». Le moyen, pour un chevalier, de résister à un
cadeau à ce point enjôleur ! Bon gré, mal gré, on se fit
bonne figure. Seul Tancrède refusa jusqu'au bout de se
réconcilier avec le comte de Toulouse et, sans hésiter,
s'amarra au vaisseau de Godefroy. C'était une recrue de
choix.

Le duc de Basse-Lotharingie, d'ailleurs, semblait avoir
le vent en poupe. Dans les rangs du petit peuple, sa popularité était grande. C'était à coup sûr un homme de bien.
Jamais on ne l'avait entendu émettre la moindre revendi-
cation. Il s'était toujours prudemment tenu à l'écart de la

bataille de chiffonniers que se livraient depuis si longtemps le comte Raymond et Bohémond de Tarente. Ne
venait-il pas de sacrifier, sans la moindre hésitation, ses
aspirations les plus légitimes à l'intérêt général ? Et ce
siège qui n'en finissait pas ! Ce siège qui, tout le monde
maintenant le savait, n'en finirait jamais !

Il y avait un mois que Godefroy de Bouillon battait la
semelle devant Arqa. Un mois encore de perdu. Et le peuple qui grondait. Certains, parmi ceux qui restaient là, tout
alanguis, avaient quitté depuis trois ans un village ou une
famille qu'ils ne reverraient sans doute jamais. Ce n'était
pas la faim qui les portait à murmurer : régulièrement, des
navires venus d'Occident débarquaient à Tortose « du blé,
du vin, de la viande, du fromage, de l'orge et de l'huile »
en abondance. Ils avaient tous faim de Jérusalem. Si
proche. Si lointaine... On s'occupait comme on pouvait.
Au début du mois d'avril, on lança une chevauchée contre
Tripoli.

> « Les nôtres trouvèrent hors de la ville des Turcs,
> Arabes et Sarrasins. Ils les attaquèrent, les mirent en
> fuite et tuèrent une grande partie des notables de la
> ville. Le massacre des païens et l'effusion de sang
> furent tels que l'eau qui coulait dans la ville et ali-
> mentait les citernes semblait rouge, ce qui les remplit
> de douleur et de chagrin. Ils étaient épouvantés à tel
> point que nul d'entre eux n'osait franchir les portes
> de la ville. »

Peu après, on lança une razzia de grande envergure
dans la plaine de la Beqa. Les croisés y « trouvèrent des
bœufs, des brebis, des ânes et beaucoup de bestiaux, ainsi
que des chameaux. Ils en raflèrent près de trois mille. » Le
pèlerinage dégénérait de nouveau en brigandage. On en
était revenu aux pires jours du siège d'Antioche. L'attente
tournait les têtes. On vit réapparaître Pierre Barthélemy, le
providentiel découvreur de la Sainte Lance, gratifié, affir-
mait-il, d'une nouvelle vision : qu'on donne l'assaut sans
plus tarder, et Arqa serait prise. Le propos en laissa plus

d'un sceptique. Arnoul Malecorne, chapelain de Robert de Normandie, suggéra qu'on prenne ses précautions et qu'on soumette le malheureux à une ordalie. Ce « jugement de Dieu », pratique d'un temps où il appartenait à l'accusé de faire la preuve de son innocence, était alors admis par tout le monde. Le jour du Vendredi saint, 8 avril 1099, Pierre Barthélemy, vêtu d'une simple chemise, s'agenouilla devant l'évêque d'al-Bara puis, la Sainte Lance à la main, marcha droit sur le bûcher qu'il lui fallait traverser sans dommage pour démontrer sa bonne foi. Atrocement brûlé, le pauvre pèlerin provençal devait succomber peu après. Dieu avait-il abandonné les siens ?

Aux environs de la fête de Pâques, une ambassade byzantine arriva devant Arqa avec la réponse au message que, par l'intermédiaire d'Hugues de Vermandois, les barons avaient adressé au *basileus* au début de l'été précédent. Après une condamnation explicite des agissements déloyaux de Bohémond de Tarente, Alexis Comnène proposait aux croisés de patienter jusqu'à la Saint-Jean, moyennant quoi il joindrait ses forces aux leurs et assurerait le soutien logistique de l'expédition.

Dans le même temps se présentèrent des envoyés égyptiens du calife fatimide du Caire, avec qui on avait eu de si fructueux pourparlers sous les murs d'Antioche. Mais le vizir al-Afdal, qui avait jadis nourri l'espoir de profiter des Francs pour abattre la puissance seldjoukide, voyait maintenant d'un fort mauvais œil ces forces chrétiennes regroupées aux portes des territoires qu'il était parvenu, non sans mal, à soumettre au contrôle de l'Égypte. Al-Afdal consentait à laisser libre l'accès à Jérusalem à deux conditions : que les croisés s'abstiennent dorénavant de toute conquête au détriment de l'Empire fatimide, et qu'ils fassent le pèlerinage par petits groupes de deux ou trois cents individus sans armes.

Les deux propositions étaient également inacceptables. Il fallait rejeter les offres d'Alexis Comnène et partir. Partir tout de suite, sans craindre l'ultimatum de l'Égypte. Partir tous ensemble « rangés en batailles et les lances levées ». Jamais les conditions ne seraient aussi favorables. Les récoltes s'annonçaient exceptionnelles : « Au milieu de mars, raconte le Chroniqueur anonyme, visiblement éberlué, nous mangions des fèves nouvelles et, au milieu d'avril, nous avions du blé. »

Le 13 mai, Godefroy de Bouillon, Robert de Flandre, Tancrède et Robert de Normandie levèrent le camp. Suivi d'une foule de petites gens, le duc de Basse-Lotharingie prenait la seule initiative qui fût encore possible. Accablé de chagrin, les larmes aux yeux, Raymond de Saint-Gilles dut se résoudre à l'inévitable. Vaincu à Antioche, vaincu à Tripoli, il en était réduit à suivre un mouvement que, cette fois, il n'avait pas entraîné.

Il était devenu clair pout tout le monde que la croisade s'était trouvé un nouveau chef.

LE DÉPART POUR JÉRUSALEM

Les barons jugèrent prudent d'emprunter la route côtière, qui leur permettait de garder contact le plus longtemps possible avec les navires de ravitaillement qui accompagnaient la progression de l'ost.

L'armée fit une premiere halte sous les murs de Tripoli. L'émir Jalal al-Mulk, atterré par le raid chrétien qui, quelques semaines auparavant, avait fait tant et tant de victimes, s'était résolu à composer. « Il envoyait souvent des messagers aux seigneurs, écrit le Chroniqueur anonyme, pour les engager à abandonner Arqa et à s'accorder avec lui. » La présence de l'ost franc au grand complet autour de sa capitale ne lui disait rien qui vaille.

Raymond de Toulouse, qui ne se consolait pas de ses déboires, pressait ses compagnons d'attaquer Tripoli, maigrement défendue. Tous s'y « refusèrent absolument », regrette une fois de plus le chapelain Raymond d'Aguilers. Encore entendaient-ils vendre leur départ fort cher.

« Le roi de Tripoli conclut enfin un accord avec les seigneurs et leur livra immédiatement plus de trois cents pèlerins qui étaient là en captivité. Il leur donna

quinze mille besants et quinze destriers de grand prix.
Il nous fournit aussi un abondant ravitaillement en
chevaux, ânes et denrées de toute sorte, ce qui enri-
chit toute l'armée du Christ. Il stipula avec les chefs
que, s'ils pouvaient gagner la guerre que leur préparait l'amiral de Babylone [le vizir al-Afdal] et prendre
Jérusalem, il se ferait chrétien et tiendrait d'eux sa
terre. Ainsi fut-il fait et conclu. »

Gageons que l'émir ne doutait guère du désastre qui
guettait l'ost franc maintenant engagé dans un combat
sans merci contre le gouverneur du Caire.

L'armée resta sous Tripoli pendant trois jours et en profita pour prospecter les environs. Les croisés y firent une
découverte promise à un bel avenir : la canne à sucre. Ils
en avaient déjà vu, en Asie Mineure, et Foucher de Chartres en avait dévoré, sur pied, « d'une dent affamée à
cause de sa saveur sucrée ». Pour la première fois, ils
contemplaient avec émerveillement les techniques de préparation de ces plantes étonnantes, « semblables à des
roseaux », et l'usage qu'on en pouvait faire.

« Il y avait dans cette campagne, rapporte Albert
d'Aix, une grande abondance de cannes remplies
d'une sorte de miel que l'on nomme *zucra*. On en
exprimait un suc délicieux dont on ne pouvait se ras-
sasier après y avoir goûté. Cette plante est cultivée
dans le pays avec un soin extrême. A l'époque de la
moisson, et lorsque la canne a mûri, les indigènes la
broient dans des mortiers ; ils en font couler le suc
dans des vases où ils le laissent reposer jusqu'à ce
qu'il soit pris et durci, et présente l'aspect de la neige
ou du sel blanc. »

Il fallait pourtant quitter cette région enchanteresse. Le
16 mai, l'armée se remit en route, conduite par quelques
guides que l'émir avait mis à la disposition des barons.
Sage prudence ! La route du littoral, étroite et accidentée,
s'infiltrait entre des massifs escarpés. On avançait même

de nuit. Les hommes et les animaux devaient progresser un par un, attentifs aux moindres aspérités du terrain. Quelques lieues interminables, qui rappelaient de bien mauvais souvenirs.

On passa par Batroun et Gibelet (l'ancienne Byblos). Puis on franchit sans ennuis majeurs le Nahr Ibrahim qui dévale des flancs du djebel Mneitri. L'armée campa sur ses bords, profita d'une eau délicieuse et abondante pour oublier les épreuves de la veille.

« Nous franchîmes une montagne par un chemin très resserré. Nous pensions y trouver des ennemis en embuscade mais, par la permission de Dieu, nul d'entre eux n'osait approcher de nous. Nos chevaliers nous précédaient et ouvraient la route devant nous. »

Les chrétiens syriens du Liban accouraient accueillir les nouveaux venus. L'entente semblait sans nuages. Renseignements pris, en dépit de la fatigue accumulée, l'unanimité se fit pour continuer par cette terrible route côtière : « C'était la voie la plus droite et la plus descombrée pour aller à Jérusalem. »

Le 19 mai, il fallut forcer le passage du Nahr el-Kalb auquel, depuis la plus haute Antiquité, s'étaient heurtés tous les conquérants. « Combien j'aurais préféré, écrira Foucher de Chartres, être à Chartres ou à Orléans ! Et je n'étais pas le seul à le penser ! » Le soir même, les croisés bivouaquaient devant Beyrouth. On venait de pénétrer en territoire fatimide.

Les habitants de la ville, prévenus de l'arrivée des Francs, leur envoyèrent une députation chargée de leur offrir « les présents les plus agréables et des paroles de paix ». A condition que les croisés évitent de saccager les arbres fruitiers, les vignes et les plantations, Beyrouth n'entraverait en rien l'avance de l'armée chrétienne et, si jamais Jérusalem tombait en leur pouvoir, ils s'en reconnaîtraient aussitôt ses vassaux. Cet accord satisfaisait tout le monde. Dès le lendemain, l'ost reprenait la route.

Le soir, on campa devant Sidon, sur les bords du Nahr

al-Auwali. La garnison de la ville, plus entreprenante que celle de Beyrouth, tenta une sortie contre quelques isolés. La chevalerie, immédiatement mobilisée, dispersa les assaillants dont beaucoup périrent dans le fleuve. On resta là deux jours entiers à profiter de la fraîcheur des lieux et, en manière de représailles, à piller les villages alentour.

On s'aperçut vite que le camp était infesté de serpents qu'Albert d'Aix appelle *tarenta* (peut-être la vipère des Indes — *Daboia xanthina* — qui pullule dans la région), dont la piqûre provoquait des enflures et des douleurs intolérables. Les autochtones consultés mirent leurs compétences médicales à la disposition des croisés. Il n'y avait guère, affirmèrent-ils, que deux moyens efficaces de lutter contre le poison. Le premier consistait à faire compresser le membre atteint par le chef de l'expédition : bienheureux garrot, qui empêchait le venin de se répandre dans le corps. L'autre était que la victime « couchât sans délai avec une personne du sexe opposé », procédé qui avait le rare mérite de se révéler tout à la fois curatif et préventif. On ignore laquelle de ces deux thérapeutiques recueillit le suffrage des croisés... Le mieux était encore d'éviter toute morsure en organisant dans le camp un grand tapage (par exemple en heurtant des pierres ou des boucliers) : les serpents, effrayés, se terraient et chacun, assure tout de go Albert d'Aix, qui n'y était pas, pourrait ainsi dormir en paix !

Le 23 mai, l'ost était devant Tyr ; cette ville qu'Alexandre le Grand n'avait pu soumettre qu'au terme d'un siège long et coûteux, bien déchue de sa splendeur d'antan, ne bougea pas. L'armée se reposa en toute tranquillité autour des eaux claires amenées par un aqueduc qui excitera la verve d'un Guillaume de Tyr et dont les vestiges subsistent encore de nos jours. Le lendemain, on était sous les murs d'Acre. Le 26 mai, après avoir traversé les faubourgs d'Haïfa, les croisés s'installaient devant Césarée. Godefroy de Bouillon et Robert de Flandre dressèrent leurs tentes au pied des montagnes, autour d'une source. Raymond de Saint-Gilles et Robert de Normandie bivouaquèrent un peu plus loin, aux abords des marécages qui s'étendaient jusqu'aux murs de la ville. C'est là que, le 29 mai, on célébra la fête de la Pentecôte.

Le 30, l'armée quitta Césarée, progressa difficilement au milieu des dunes, franchit le Nahr el-Faliq et marcha sur Arsouf. Renonçant à affronter les marécages et les sables, et plus encore la puissante garnison fatimide de Jaffa, les croisés quittèrent la route du littoral et s'enfoncèrent en Samarie. C'était maintenant l'inconnu. Terrible marche, sous un soleil de plomb, au milieu d'une population insaisissable mais qu'on savait hostile.

Le 3 juin, après avoir traversé le Nahr el-Auga, on passa la nuit sous les murs de Ramla. Le lendemain matin, Robert de Flandre et Gaston de Béarn, escortés d'une cinquantaine de chevaliers, poussèrent une reconnaissance jusqu'à la ville. Tout avait fui : hommes, femmes, enfants s'étaient réfugiés avec armes et bagages dans les montagnes des environs. On décida de rester sur place quelques jours, à l'abri du besoin. Et de s'organiser.

Les barons se réunirent en conseil pour fixer les détails de la tactique à appliquer dans les jours à venir. D'aucuns proposèrent d'abandonner momentanément Jérusalem et de foncer sans plus attendre sur l'Égypte, de frapper au cœur la puissance fatimide. L'idée ne manquait pas de grandeur. D'un point de vue purement stratégique, c'était bien au Caire que se trouvaient les clés de l'avenir politique de la Palestine. Sous cet angle, Jérusalem ne pouvait être qu'un objectif secondaire qui, une fois réglée la question cruciale, serait donné par surcroît.

Raymond d'Aguilers est le seul chroniqueur à rapporter cette analyse politique, et il semble bien qu'elle émanait du cerveau inventif de Raymond de Saint-Gilles, mal remis de ses échecs en Syrie. La plupart des barons se récrièrent, et ne doutons pas que Godefroy de Bouillon fut au nombre des opposants à cette idée trop subtile. L'armée était épuisée. On ignorait tout des populations et des régions à traverser. La foule des non-combattants refuserait de s'engager dans une nouvelle aventure, encore plus hasardeuse que celles contre lesquelles elle s'était révoltée précédemment. Dans la pratique, pareille décision eût été une folie. Le parti de la prudence, majoritaire, l'emporta.

L'incident n'en démontrait pas moins à l'évidence que, dans l'esprit des grands féodaux, mûrissait le projet de rester sur place, de se tailler un territoire les armes à la main et de faire souche. On décida d'ailleurs, pour parer à toute éventualité, de laisser une petite garnison à Ramla, position toute conquise, remarquablement située sur la route de Jérusalem à Antioche et pouvant servir d'utile relais entre la Ville sainte et le littoral.

A peu de distance, dans la petite ville de Lydda, « reposait le corps très précieux de saint Georges » que les chrétiens et les musulmans entouraient d'une égale vénération. Les barons saisirent cette occasion pour installer à Ramla un évêque « pour garder et régir cette église ». Leur choix se porta sur Robert, un clerc originaire du diocèse de Rouen. « Ils lui accordèrent des dîmes et l'enrichirent en or, en argent, en chevaux et autres animaux, afin qu'il pût vivre là dévotement et honorablement avec ses hommes. Il y demeura avec joie. » Le 6 juin, l'armée franque leva le camp et marcha vers l'est. Elle n'était plus qu'à une quarantaine de kilomètres de son but. La Judée du Nord, aride et austère, écrasée par un soleil fou, ne prédisposait guère à l'optimisme. Mais on marchait toujours.

A Qubéiba, que les croisés identifièrent tout de suite à Emmaüs, une délégation accourue de Bethléem se porta au-devant de Godefroy de Bouillon. Elle n'était pas venue jusque-là sans risques. Depuis que les musulmans avaient acquis la certitude d'une marche des Francs sur Jérusalem, les chrétiens indigènes n'étaient plus en sécurité. La garnison fatimide avait transformé la Ville sainte en camp retranché et avait expulsé les chrétiens qui avaient dû trouver refuge dans les villages des environs. Il fallait faire vite : les communautés locales, persécutées, ne mettaient plus leur espoir que dans cet ost puissant qui serait leur sauveur.

Aussitôt, le duc de Basse-Lotharingie prit des mesures d'urgence. Il envoya en avant-garde son cousin Baudouin de Bourcq et Tancrède, avec cent hommes bien armés pour prendre Bethléem et assurer la tranquillité des chrétiens de la région. La nuit tombée, l'armée enfiévrée s'ébranla à son tour. Au petit matin, elle entrait dans Bethléem. La bannière de Tancrède flottait déjà sur l'église de la Nativité.

Quelques heures plus tard, les colonnes débouchèrent à Nébi Samwil. Dans le lointain, les coupoles et les fortifications de Jérusalem s'embrasaient.

> « En entendant prononcer le nom de la Cité sainte, tous versèrent des larmes de joie. Ils étaient d'autant plus émus qu'ils se sentaient si proches de la ville pour laquelle ils avaient enduré tant de souffrances, couru tant de dangers. Ils oubliaient leurs peines et leurs fatigues, chantant des cantiques et criant de joie. »

Guillaume de Tyr, aussi bouleversé qu'Albert d'Aix, dut regretter lui aussi de n'avoir pas connu ce moment rare, unique, où tout un peuple transfiguré sembla saisir à pleines mains, dans un gigantesque et sublime embrassement, ce qui pendant trois interminables années avait fécondé son rêve. « Lors levèrent leurs mains vers le ciel, puis après se déchaussèrent tous et baisèrent la terre. »

C'était le mardi 7 juin 1099.

Secoue ta poussière, lève-toi,
Jérusalem captive !
Débarrasse-toi des liens de ton cou,
Captive, fille de Sion !

CHAPITRE VII

Jérusalem

Pleurs de joie. On avait touché le terme. La voie doulou-
reuse enfin s'achevait au Calvaire. Et bientôt pleurs de
désespoir. Car Jérusalem, dont ceux qui avait survécu
pouvaient aujourd'hui toucher les murailles, plus précieuses que les joyaux les plus convoités, était une ville
interdite. On le savait, certes, mais au soir de ce jour de
juin, comment ne pas penser qu'on venait de se faire voler
sa victoire ?

Bouleversés, à bout de forces, les croisés buttaient sur
un bloc inentamable qui, depuis l'été précédent où le vizir
fatamide al-Afdal en personne en avait dirigé la conquête,
ne se laisserait pas facilement subjuguer. Les remparts qui
entouraient la ville sur près de quatre kilomètres en faisaient un repaire formidable que quelques milliers de
musulmans, vite accourus à l'approche de l'ost franc, et
une forte garnison étaient bien décidés à défendre de
toutes leurs forces. Il faudrait encore se battre. Durement.
Pour Jérusalem, la trop promise.

PRÉPARATIFS

Dans l'après-midi de ce jour à jamais fameux, les croisés « exultant d'allégresse » se concentrèrent autour des
murailles et les « assiégèrent durement ». En réalité, il

était impossible, avec des effectifs aussi réduits (que Joshua Prawer évalue à 1 200 chevaliers et 12 000 fantassins), d'envisager un blocus complet de la ville. La façade orientale, au pied du Temple, que la vallée du Cédron rendait inaccessible, fut laissée vide de troupes, tout comme les remparts du sud-ouest, protégés par des fossés profonds.

Devant la porte de Naplouse et la poterne Saint-Ladre, au nord des fortifications, s'établirent Robert de Flandre et Robert de Normandie, le dos tourné à « l'église du premier martyr saint Étienne, à l'endroit où il fut lapidé pour le nom du Christ ». Tancrède complétait l'investissement à l'ouest, devant la tour de Goliath et à portée de flèche de la coupole du Saint-Sépulcre. Raymond de Saint-Gilles, après avoir inutilement tenté d'occuper la partie méridionale de la muraille ouest, plia bagage et s'en alla camper « au midi, sur la montagne de Sion, vers l'église de Sainte-Marie, mère de Dieu, où le Seigneur célébra la Cène avec ses disciples ».

Quant à Godefroy de Bouillon, « parce qu'il était puissant par ses forces et ses avis », il massa ses escadrons lotharingiens et germaniques à la droite des unités commandées par Tancrède, devant la porte de Jaffa et la puissante tour de David, véritable citadelle de la ville, assise inébranlable d'énormes blocs de pierres de taille soudées au plomb. C'était une position de première importance, entre la vallée de la Géhenne et le gros de la garnison assiégée, que le comte de Toulouse venait d'abandonner. Sans doute faut-il voir dans ce chassé-croisé un épisode de la lutte sourde qui opposait encore, jusque sous les murs de la Ville sainte, ces deux barons décidément peu faits pour se comprendre.

Les premiers jours, on se grisa de noms sonores qu'aussi loin que remontait la mémoire on avait toujours connus, et que soudain on pouvait hurler au vent, en toucher de ses mains la réalité. Toutes ces bouffées enivrantes qui étaient comme le parfum de l'éternité...

Un instant, on crut au miracle. Mais il avait fallu, après quelques rudes tentatives, se rendre à l'évidence : jamais la ville ne capitulerait. La garnison musulmane était nom-

breuse. Le gouverneur fatimide, Iftikhar al-Dawla, avait
eu tout le temps d'accumuler quantité de victuailles. La
cité, bien approvisionnée en eau, pouvait résister longtemps. Plus longtemps, à coup sûr, que les assiégeants qui,
à mesure que passaient les heures, jaugeaient la précarité
de leur situation.

En ce début d'été où la chaleur, furieuse, exténuait les
plus aguerris, le ravitaillement faisait cruellement défaut.
Et il fallait nourrir plusieurs milliers de pèlerins recrus de
fatigue, usés par une attente inhumaine. Des milliers de
bouches devenues inutiles. Les musulmans avaient abandonné derrière eux une terre stérile, bouché ou empoisonné les puits. Seule la fontaine de Siloé, à la droite des
positions tenues par Raymond de Saint-Gilles, était gar-
dée jour et nuit par des hommes en armes, mais ne jaillis-
sait que par intermittence, suscitant bousculades et contestations incessantes. On dut organiser des équipes pour se
procurer de l'eau à des sources distantes de plusieurs kilomètres.

Le 9 juin, plusieurs chevaliers impatients d'en découdre
« se détachèrent de l'armée. Ils rencontrèrent deux cents
Arabes, et ces chevaliers du Christ bataillèrent contre ces
incrédules : Dieu aidant, ils eurent le dessus, en tuèrent un
grand nombre et saisirent trente chevaux ». Chacun sentait combien on était loin d'une décision.

Le cinquième jour du siège, les barons s'en vinrent sur
le mont des Oliviers, à l'orient de la ville, pour consulter
un homme de Dieu qui vivait là dans la solitude, la prière
et les macérations. Dans leur désarroi, ils l'abreuvèrent de
questions, le pressant de leur révéler le moment le plus
favorable pour tenter un assaut. Il leur conseilla de jeûner
et de prier. Après quoi ils pourraient attaquer, et Dieu
donnerait la victoire. On respecta scrupuleusement les avis
de l'anachorète :

« [Le lundi 13 juin] nous attaquâmes vigoureusement la ville, rapporte le chroniqueur anonyme, avec
un tel élan que, si les échelles avaient été prêtes, la
ville tombait en notre puissance. Cependant, nous

détruisîmes le petit mur [une barbacane en avant de la muraille septentrionale] et nous appliquâmes une échelle sur le mur principal. Nos chevaliers y montaient et frappaient de près les Sarrasins et les défenseurs de la ville à coups d'épées et de lances. Beaucoup des nôtres, mais encore plus des leurs, y rencontrèrent la mort. »

C'était un échec flagrant, et riche d'enseignements. La pénurie d'échelles était le symptôme d'une improvisation coupable. Et la famine, maintenant, qui frappait tout le monde, pèlerins et soldats : « Nous ne pûmes trouver de pain à acheter pendant l'espace de dix jours. » La fontaine de Siloé « nous réconfortait, raconte le Chroniqueur anonyme, mais l'eau était vendue parmi nous beaucoup trop cher. » En désespoir de cause, on n'hésitait plus à parcourir plusieurs lieues en territoire contrôlé par l'ennemi, « pour abreuver les chevaux et les autres bêtes », jusqu'aux rives du Jourdain. Jamais le problème de l'eau ne devait d'ailleurs être résolu :

« Nous endurâmes le tourment de la soif à un point tel que nous cousions des peaux de bœufs et de buffles dans lesquelles nous apportions de l'eau pendant l'espace de six milles. L'eau que nous fournissaient de pareils récipients était infecte et, autant que cette eau fétide, le pain d'orge était pour nous un sujet quotidien de gêne et d'affliction. Les Sarrasins, en effet, tendaient secrètement des pièges aux nôtres en infectant les fontaines et les sources ; ils tuaient et mettaient en pièces tous ceux qu'ils trouvaient et cachaient leurs bestiaux dans des cavernes et des grottes. »

Guillaume de Tyr nous montre les habitants de Bethléem conduisant les croisés

« vers les fontaines qui se trouvaient situées à quatre ou cinq milles de leur camp. Là s'élevaient de nou-

velles difficultés : les arrivants se poussaient les uns
les autres et s'empressaient de puiser de l'eau ; souvent même ils en venaient à de vives altercations et,
enfin, après de longs retards, remplissaient les outres
d'une eau boueuse... »

Les croisés surent tirer les leçons de cet assaut malheureux et des cruelles souffrances endurées par les plus humbles. Le duc de Basse-Lotharingie et les autres seigneurs,
réunis en conseil, reconnurent sans peine qu'on ne viendrait pas à bout de la Ville sainte sans un abondant arsenal de machines de siège. Les matériaux faisaient hélas !
absolument défaut dans ces massifs judéens à peu près
chauves et dont les musulmans avaient détruit ou caché
les minces réserves de bois disponible. On eut recours,
rapporte Albert d'Aix, à l'aide des chrétiens de rite syria-
que qui, familiers de la région, indiquèrent aux croisés où
trouver du bois pouvant servir à la fabrication d'échelles,
de tours et de mangonneaux. Robert de Flandre et Robert
Courteheuse, avec des chevaliers et un corps de fantassins,
battirent le pays sur un rayon de quatre milles autour de
Jérusalem, chargèrent sur des chameaux les troncs qu'on
avait pu glaner ici ou là, et rentrèrent au camp sans
encombre.

Le 17 juin, une flotte génoise de six bateaux, accompagnée de quatre navires anglais, chargée de ravitaillement et de matériel, accosta dans le port de Jaffa. Sitôt
la nouvelle connue, on dépêcha cent cavaliers prélevés
sur l'ost de Raymond de Saint-Gilles et commandés
par Raymond Pilet, Achard de Montmerle et Guillaume
de Sabran qui « s'en allèrent en toute confiance vers le
port » pour protéger la flotte et surveiller le décharge-
ment.

Ils furent pris au dépourvu par une attaque des avant-
gardes fatimides qui tentaient d'isoler l'armée franque
campée sous Jérusalem du littoral méditerranéen d'où elle
tirait l'essentiel de ses ressources et de ses renforts. Une
intervention énergique de Raymond Pilet évita le pire.
« Comprenant qu'ils ne pourraient tenir devant la valeur

des Francs, frappés d'une grande terreur, ils tournèrent le dos... »

Lorsque les rescapés parvinrent devant Jaffa, ils s'aperçurent que la flotte de secours avait été victime, pendant la nuit, d'une attaque de la marine égyptienne d'Ascalon qui ne cessait de surveiller les côtes palestiniennes. Les Génois n'avaient eu que le temps de décharger l'essentiel de leur cargaison et d'abandonner leurs vaisseaux. Un seul put échapper au désastre et faire voile vers Lattaquié. Les marins se joignirent à l'escorte provençale et , dans la journée du dimanche 19 juin, gagnèrent Jérusalem.

Cette arrivée providentielle de spécialistes bien pourvus de marteaux, de clous, de haches et de cordages devait s'avérer déterminante pour l'issue des opérations d'assaut. « On construisit deux châteaux de bois et pas mal d'autres engins. Le duc Godefroy établit un château garni de machines et le comte Raymond fit de même. » Raymond d'Aguilers nous donne les noms des ingénieurs qui dirigèrent alors les travaux : Gaston de Béarn pour les Lorrains et un certain Guillaume Ricou pour les Provençaux.

Vers Jérusalem affluaient les poutres qu'on allait parfois tailler fort loin, jusqu'en Samarie, et qu'on faisait transporter par des prisonniers musulmans réquisitionnés. Les vieillards, les femmes et les enfants battaient les montagnes judéennes pour ramasser les branches de figuier ou d'olivier dont on ferait des claies et des fascines. D'autres se mettaient à la recherche des peaux de chevaux, de bœufs ou de chameaux dont on garnirait les tours roulantes pour les mettre à l'abri des ravages du feu grégeois.

A en croire Raymond d'Aguilers, les spécialistes génois n'exercèrent pas leur art sans de substantielles rétributions. Le comte de Toulouse put sans difficulté pourvoir aux salaires. Mais, dans l'armée du duc de Basse-Lotharingie, il fallut recourir à une collecte dans les rangs des pèlerins pour recueillir les fonds nécessaires.

Les travaux ne s'en poursuivaient pas moins sans discontinuer, et la garnison assiégée assistait avec inquiétude aux préparatifs de l'assaut. « Les Sarrasins, voyant les nôtres construire ces machines, fortifiaient admirablement la ville et renforçaient les défenses des tours pendant la nuit. »

L'ASSAUT

Dans le courant de la première semaine de juillet, les barons se consultèrent sur la suite à donner aux opérations et, surtout, sur l'urgence de se choisir un chef incontesté. Si près du but, on en était encore à se disputer la première place. Le clergé, scandalisé ou, plus probablement, soucieux de préserver l'avenir, insista « pour qu'on n'élise pas un roi là où le Seigneur avait souffert sa passion, mais qu'on choisisse un avoué qui eût la garde de la cité ». A bout d'arrière-pensées, on en resta là. Une fois de plus, on s'en rapporta à l'arbitrage de l'ermite du mont des Oliviers qui prescrivit derechef un jeûne d'une journée consacrée à la prière et une procession solennelle autour des murailles de la nouvelle Jéricho.

Le 8 juillet, à la suite des prêtres vêtus de blanc et portant des reliques, un immense cortège de plusieurs milliers de pèlerins, de soldats et de barons enfin réconciliés fit le tour de la Ville sainte, sous les sarcasmes et les jets de flèches de la garnison musulmane.

Le samedi 9 juillet au soir, « nos seigneurs ayant reconnu le côté le plus faible de la cité », on convint de modifier le dispositif d'assaut. Pendant la nuit, Godefroy de Bouillon prit l'initiative, déterminante, de faire manœuvrer ses troupes qui abandonnèrent la zone ouest, trop puissamment défendue, et transportèrent la tour roulante, démontée, le long de la muraille septentrionale, entre la porte d'Hérode et la tour des Cigognes qui dominait la vallée du Cédron. Tancrède dressa son propre château de bois à l'angle nord-est de la ville, sur le flanc droit des contingents flamands et normands de Robert de Flandre et de Robert Courteheuse. Raymond de Saint-Gilles garda sa position et éleva une troisième tour au sud, devant la porte du Mont-Sion. Deux jours furent encore nécessaires

pour préparer les machines, garnir les châteaux et pourvoir aux ultimes préparatifs. Il devenait urgent d'en
finir.

« A ce moment, raconte le Chroniqueur anonyme, nous
souffrîmes tellement de la soif qu'un homme ne pouvait,
contre un denier, avoir de l'eau en quantité suffisante
pour étancher sa soif. » Au sud, Raymond de Saint-Gilles
faisait activer ses troupes. Pour amener son château
devant la muraille, il fit combler les fossés. On annonça à
son de trompe que « quiconque porterait trois pierres
dans le fossé aurait un denier »...

Dans la soirée du 14 juillet, on donna l'assaut général.
Le gouverneur fatimide avait pris la précaution de renforcer les murailles extérieures de la Ville sainte avec des
balles de paille, si bien que les pierres projetées par les
catapultes étaient amorties et laissaient les remparts
intacts. Du haut des fortifications, les musulmans lançaient contre les machines des flèches enflammées. Godefroy de Bouillon, dont on connaît l'habileté à manier l'arc,
se saisit d'un brandon et ajusta les sacs qui blindaient la
muraille. Aussitôt, la paille s'enflamma, laissant les murs
nus et vulnérables.

Le jour pointait. Jérusalem était devenue la proie d'un
combat dantesque. Les incendies, le bruit assourdissant
des catapultes et des mangonneaux, le sifflement des
flèches, les plaintes des blessés, les cris des attaquants auxquels répondaient les imprécations des défenseurs...

Autour des châteaux de bois, c'était le va-et-vient conti-
nuel des petites gens acheminant l'eau, si précieuse pour
les hommes, qu'il fallait en abondance pour protéger les
machines contre l'incendie et le vinaigre qui, seul, pouvait
venir à bout des pots de naphte.

Cinq catapultes, dressées au sommet des remparts, bom-
bardaient sans arrêt le château de bois des Lorrains.
Godefroy, au milieu des blessés et des morts, l'arc au
poing, combattait avec acharnement et accablait de traits
les assiégés. A côté du duc, un soldat eut la tête fracassée
par un projectile. Dans un tonnerre d'apocalypse, les

machines creusaient enfin des brèches, ébranlaient les murailles.

« A l'approche de l'heure à laquelle Notre-Seigneur Jésus-Christ consentit à souffrir pour nous le supplice de la croix » (soit vers neuf heures du matin), on parvint à rouler la tour du duc de Basse-Lotharingie jusqu'au pied des fortifications. C'était une construction magnifique, indestructible, bien garnie de peaux de bœufs fraîchement équarris. A l'étage inférieur, entre des roues énormes, s'activaient les haleurs. A l'étage intermédiaire, les chevaliers, tassés autour de deux frères qui feront parler d'eux : Liétaud et Engilbert, originaires de la cité de Tournai. Au-dessus, Godefroy de Bouillon et son frère Eustache de Boulogne, sous la croix d'or qui dominait l'édifice et suscitait les quolibets des assiégés.

Liétaud se précipita alors sur le mur de la ville, bientôt suivi de son frère, du duc de Basse-Lotharingie et d'Eustache, puis de la masse des chevaliers qui n'attendaient qu'une percée pour s'engouffrer dans Jérusalem. Les défenseurs, affolés, abandonnèrent les remparts et refluèrent en désordre dans les rues étroites du quartier juif. Tancrède, Robert Courteheuse et Robert de Flandre se jetèrent à leur tour dans la place, et dans leur sillage une foule de soldats qui escaladaient les murailles s'élançaient du haut des tours de bois ou se ruaient par la porte Saint-Étienne que Godefroy de Bouillon avait aussitôt fait ouvrir.

Au sud, Raymond de Toulouse, qui avait eu à essuyer une contre-attaque conduite par le gouverneur lui-même, « apprenant que les Francs étaient dans la ville, dit à ses hommes : " Que tardez-vous ? Voici que tous les Français sont déjà dans la ville. " »

UN BAIN DE SANG

La garnison fatimide, aux abois, fuyait en désordre vers le sud de la ville et se rassembla pour une ultime résistance sur l'esplanade du Temple. Juifs et musulmans, terrorisés, couraient dans les ruelles, dans la quête éperdue du moindre abri qui pût leur assurer le salut. Ce fut une ruée, une poursuite sauvage, sans pitié. Tancrède, le premier, s'empara de la mosquée el-Aqsa et y planta sa bannière.

> « Entrés dans la ville, nos pèlerins poursuivaient et massacraient les Sarrasins jusqu'au Temple de Salomon, où ils étaient rassemblés et où ils livrèrent aux nôtres le plus furieux combat pendant toute la journée, au point que le Temple tout entier ruisselait de leur sang. Enfin, après avoir enfoncé les païens, les nôtres saisirent dans le Temple un grand nombre de femmes et d'hommes, et ils tuèrent ou laissèrent vivant qui bon leur semblait. Les croisés coururent bientôt par toute la ville, raflant l'or, l'argent, les chevaux, les mulets et pillant les maisons, qui regorgeaient de richesses. »

Ibn al-Athir se fait lui aussi l'écho du massacre :

> « Dans la mosquée el-Aqsa, les Francs massacrèrent plus de soixante-dix mille personnes, parmi lesquelles une grande foule d'imans et de docteurs musulmans, de dévots et d'ascètes qui avaient quitté le pays pour venir vivre en une pieuse retraite dans ces lieux saints. Sur le Rocher, ils dérobèrent plus de quarante candélabres d'argent, chacun d'un poids de 3 600 drachmes, un grand lampadaire d'argent du poids de quarante livres syriennes, et d'autres candélabres plus petits, cent cinquante en argent et plus de vingt en or, ainsi qu'un énorme butin. »

Les Juifs, qui avaient eu pour seul tort de défendre leur ville aux côtés des occupants musulmans, ne furent pas épargnés. Ils se réfugièrent dans une synagogue que les croisés transformèrent aussitôt en brasier. Les rares survivants furent réduits en esclavage et vendus jusque sur les marchés d'Europe où leurs frères s'emploieront à les racheter. « Mais beaucoup ont terminé leur vie dans toute sorte de souffrances et d'afflictions. » Un témoin juif de ce carnage écrira, peu après la prise de Jérusalem : « Nous n'avons pas entendu dire que les maudits Allemands [sans aucun doute possible les soldats aux ordres de Godefroy de Bouillon] aient violé les femmes comme faisaient les autres. » Maigre consolation...

Partout, l'épouvante. Une horreur qui jamais ne devait s'effacer de la longue mémoire des hommes.

> « Que de sang versé ! Que de belles jeunes filles ont dû de honte cacher leur beau visage dans leurs mains ! Quand la pointe des blanches épées est rougie de sang, quand les brunes lances ont ensanglanté leur fer, quand s'échangent tant de coups de lance et d'épée que les jeunes gens voient blanchir leurs tempes, celui qui évitera le gouffre de ces guerres pour sauver sa vie, il grincera ensuite des dents pour son repentir... Mais comment l'œil peut-il dormir entre les paupières quand les malheurs sont tels qu'ils réveillent tous les dormeurs ? »

Au siècle suivant, Guillaume de Tyr condamnera cette boucherie inutile et cette stupidité politique : « On ne pouvait voir sans horreur cette multitude de morts, et la vue même des vainqueurs couverts de sang de la tête aux pieds était aussi un objet d'épouvante. »

Tous les vainqueurs ? Albert d'Aix, aussi abasourdi qu'embarrassé, nous assure que Godefroy de Bouillon, impuissant à empêcher ce bain de sang, « s'abstint de participer » au crime immense qui se perpétrait sous ses yeux. Il retira sa cotte de mailles, revêtit une tunique de laine toute simple et se déchaussa. Accompagné de trois de ses proches, il sortit de la ville et fit une à une toutes les stations de la *Via Dolorosa*. Puis il se rendit « au Saint-Sépulcre de Notre-Seigneur Jésus-Christ, fils du Dieu vivant, et en larmes pria et chanta les louanges divines, rendant grâces à Dieu pour avoir été jugé digne de voir ce qu'il avait toujours si ardemment désiré ».

Pour l' « honneur de Boulogne », comme on aimerait que tout soit vrai de la déposition du clerc d'Aix-la-Chapelle ! Exemple en tout cas communicatif, puisque le Chroniqueur anonyme, qui y était, note sobrement : « Tout heureux et pleurant de joie, les nôtres allèrent adorer le Sépulcre de notre Sauveur Jésus et s'acquittèrent de leur dette envers lui. »

Tout cela se passait « l'année de l'Incarnation du Seigneur 1099, au mois de juillet, le quinzième jour du mois, dans la sixième férie, aux alentours de l'heure de nones ». Et le 22 sha'ban de l'an 492 de l'hégire.

LE PILLAGE

Dès le lendemain matin, 16 juillet, les massacres reprirent de plus belle. Un groupe de musulmans qui s'était réfugié sur le toit de la mosquée el-Aqsa autour de la bannière de Tancrède et de Gaston de Béarn qui lui avait promis la vie sauve contre rançon fut lui aussi passé au fil de l'épée. Albert d'Aix décrit sans broncher des actes d'une barbarie sans nom : femmes abattues, enfants en bas âge arrachés aux bras de leurs mères et dont on fracassait la tête contre les murs, lapidations. Ni la race ni l'âge ne préservaient de cette fureur devenue incontrôlable.

Pendant que les plus enragés poursuivaient cette tuerie, les plus « positifs » se répandaient dans les rues de la ville et faisaient main basse sur les palais et les maisons abandonnées et se les appropriaient avec tout leur contenu « de mobilier, de froment, d'huile, d'orge, de vin, d'argent et de vêtements ». Le titre de propriété revenait au premier occupant. Chacun, qu'il fût baron ou simple chevalier, s'empressa de suspendre à la porte de son nouveau domaine un signe distinctif, « bannière, écu, arme ou chapeau »...

Sur l'esplanade du Temple affluaient les trésors de métal précieux arrachés aux murs, aux colonnes et aux piliers des édifices sacrés de la troisième ville sainte de l'Islam : « Une masse incomparable d'or et d'argent » que six chameaux et des mulets suffisaient à peine à transporter. Godefroy de Bouillon procéda lui-même à un partage équitable de ces tristes trophées.

Jérusalem était devenue un charnier où pourrissaient les victimes de ces deux jours de meurtre.

« On ordonna de jeter hors de la ville tous les Sarrasins morts, à cause de l'extrême puanteur, car toute la ville était presque entièrement remplie de cadavres. Les Sarrasins vivants traînaient les morts hors de la ville, devant les portes, et en faisaient des monceaux aussi hauts que des maisons. Nul n'a jamais ouï, nul n'a jamais vu pareil carnage de la gent païenne : des bûchers étaient disposés comme des bornes et nul, si ce n'est Dieu, ne sait leur nombre. »

CHAPITRE VIII

Avoué du Saint-Sépulcre

« Un jour nouveau, s'exclame Raymond d'Agui-lers, une joie nouvelle et une allégresse éternelle, la fin des épreuves, des mots nouveaux et un chant nou-veau se levaient. Ce jour-là, qui sera chanté par toutes les générations, toutes nos douleurs et toutes nos peines se tranformèrent en joie et en allégresse. Ce jour-là furent confondus tous les païens, la chrétienté fut renforcée et sa foi rénovée. Voici le jour qu'a fait le Seigneur, exultons et réjouissons-nous en lui. »

En dépit de cette exaltation, les barons s'étaient vite aperçus que la prise de Jérusalem, dans les conditions affreuses où elle avait été menée, soulevait plus de diffi-cultés qu'elle n'en résolvait. Une fois renvoyés à Ascalon le gouverneur Iftikhar et ce qui avait été épargné de la gar-nison fatimide, la Ville sainte n'était plus guère qu'un désert, un îlot incongru au cœur d'un océan hostile peuplé d'ennemis qu'on pouvait croire prêts à venger l'incroyable massacre de la population civile.

« Dans le mois de ramadan, rapporte Ibn al-Athir, des Syriens fugitifs arrivèrent à Bagdad avec le cadi Abou Saad al-Harawi et tinrent devant la chancellerie du calife un discours à faire pleurer les yeux et émou-

voir les cœurs. Le vendredi, ils vinrent à la grande
mosquée et implorèrent du secours en pleurant, en
faisant pleurer, en racontant tout ce que les musulmans avaient souffert dans la Cité sainte : hommes
massacrés, femmes et enfants prisonniers, biens pil-
lés... »

Tout laissait à penser que l'Égypte, première puissance
concernée, serait prompte à réagir et que le vizir al-Afdal
viendrait en personne réparer cet affront. Or, la situation
militaire des croisés était plus que précaire. Les effectifs
en état de combattre étaient devenus insignifiants, et nombre de barons avaient déjà manifesté le désir, leur vœu
accompli, de regagner sans délai l'Occident avec leurs
contingents. Tel était le cas de Robert de Normandie, de
Robert de Flandre et d'Eustache de Boulogne. Bohémond,
retenu en Syrie du Nord, n'avait pas la moindre envie de
venir s'enliser dans Jérusalem. Tancrède lorgnait vers la
Galilée. Baudouin de Boulogne régnait sur le comté
d'Édesse. Chacun, défenseur acharné de ses propres intérêts, tirait à hue et à dia, en un moment où le sort de tous
réclamait la cohésion.
   Au cœur d'un arrière-pays âpre, Jérusalem ne pouvait
survivre que grâce aux ports méditerranéens où pourraient
débarquer les renforts que commençaient d'acheminer les
navires italiens. Véritables poumons économiques et stratégiques, que l'hostilité de l'Égypte fatimide pouvait à tout
moment menacer d'asphyxie. Il apparut sans doute très
vite, confusément d'abord puis avec la force de l'évidence,
que l'existence même d'une Ville sainte franque passait
nécessairement par la conquête de l'ensemble de la région,
sous une autorité unique et incontestée.
   C'était une grave question, qui soulevait des problèmes
psychologiques et juridiques multiples, excitait bien des
convoitises. L'historien israélien Joshua Prawer en a lumi-
neusement cerné les contours :

     « Les difficultés venaient pour une large part de
     l'ambiguïté du concept de croisade. Les types d'orga-

nisation envisagés différaient en effet selon que la croisade était considérée comme une expédition vouée à l'accomplissement de la prophétie et menée sous la conduite de Dieu et du Saint-Siège, avec les lieutenants de l'armée pour légats, ou qu'elle représentait une expédition de conquête destinée à fonder un État chrétien en Terre sainte. »

Le rêve des petites gens, qui attendaient tout bonnement que « le royaume de Dieu descendît sur la terre », ne fit pas longtemps illusion. Tout autres étaient les prétentions de toute une fraction du clergé de constituer autour de Jérusalem une royauté de type théocratique, relevant exclusivement du souverain pontife représenté sur place le cas échéant par un légat. C'était d'ailleurs ce qu'exprimaient les croisés, après la prise d'Antioche, dans une lettre adressée au pape Urbain II et dont Foucher de Chartres a recueilli les éléments essentiels.

« Nous vous en conjurons, Très Saint-Père, nous vous conjurons avec instance, vous qui êtes le père des fidèles, venez au milieu de vos enfants ; vous qui êtes le vicaire de Pierre, venez siéger dans son église... Venez nous conduire dans le chemin que vous nous avez tracé et nous ouvrir les portes de l'une et l'autre Jérusalem ; venez délivrer vous-même avec nous le tombeau de Jésus-Christ, et faire prévaloir le nom de chrétien sur tous les autres noms. Si vous vous rendez à nos vœux, si vous arrivez au milieu de nous, tout le monde vous obéira. Que celui qui règne dans tous les siècles vous conduise parmi nous et vous rende sensible à nos prières. Amen. »

Mais Adhémar de Monteil était mort à Antioche, le 1er août 1098. Des autres prélats, qui n'avaient ni l'envergure ni l'autorité morale de l'évêque du Puy, aucun n'était parvenu à s'imposer. Quant à Urbain II, on peut présumer de sa réaction à la réception d'une pareille demande.

POUVOIR LAÏQUE OU THÉOCRATIE ?

S'il avait toujours manifesté un intérêt croissant pour un mouvement auquel il avait imprimé l'ultime élan, le pape ne pouvait sans risques graves abandonner l'Occident où les grandes tempêtes qui avaient agité le siècle étaient loin d'être apaisées. On sait par Berthold de Constance que, pendant le synode romain d'avril 1099, Urbain II avait supplié ceux qui pouvaient se libérer de partir sans retard pour l'Orient, mais on ne voit pas qu'à aucun moment il ait manifesté le désir de le faire. Il devait d'ailleurs mourir le 29 juillet 1099, sans avoir appris la nouvelle de la prise de Jérusalem, tombée quinze jours plus tôt. Son successeur, Pascal II, lui aussi ancien prieur de Cluny, occupé à faire face à une réaction antigrégorienne qui n'en finissait pas de mourir, aurait été bien en peine d'intervenir en Palestine, le moment venu, en aussi délicate matière [1].

On n'en oubliait pas pour autant les droits de Byzance. Mais le patriarche grec de Jérusalem, Siméon (« un homme très vieux et fidèle serviteur du Christ », reconnaît Albert d'Aix), avait fui la Ville sainte pour échapper aux persécutions musulmanes consécutives à l'irruption des Francs en Orient et s'était réfugié dans l'île de Chypre où il venait de mourir.

Dès le 17 juillet, les chefs de la croisade se réunirent pour débattre de l'opportunité de mettre à leur tête un homme en qui pût s'incarner la réalité de la conquête, sans pour autant se prononcer sur la forme qu'elle serait amenée à prendre. C'est alors que se présentèrent, selon Raymond d'Aguilers, des membres du clergé qui demandèrent

1. La nouvelle de l'élection de Pascal II ne dut parvenir en Terre sainte que vers le milieu de l'automne. En septembre, Daimbert de Pise, fraîchement débarqué à Lattaquié, envoie à Rome une lettre adressée au pape défunt. A notre connaissance, on trouve la première mention du nouvel élu dans une lettre adressée de Jérusalem, en décembre, au clergé de France.

de surseoir à toute élection avant qu'ait été désigné un
patriarche :

> « Nous approuvons votre démarche, mais si vous
> agissez bien et régulièrement, de même que les choses
> spirituelles passent avant les choses temporelles, vous
> élirez d'abord un vicaire spirituel et, ensuite,
> quelqu'un qui pourvoie aux affaires du siècle. Dans
> le cas contraire, nous considérerons votre élection
> comme nulle. »

Si l'on en croit Guillaume de Tyr, l'affaire avait été
magistralement orchestrée. Un certain Arnoul, évêque de
Marturano, en Calabre, avait même le candidat rêvé, en la
personne d'Arnoul Malecorne, chapelain de Robert Courteheuse. C'était un clerc originaire de Roeulx près de
Valenciennes, en Hainaut, qui avait quelque temps ensei-
gné à Caen où le chroniqueur Raoul de Caen l'avait eu
pour professeur. Sur les conseils de sa jeune sœur Cécile,
née peu avant la conquête de l'Angleterre et qui devait
devenir abbesse de la Trinité, le duc de Normandie l'avait
pris pour chapelain. Ce n'était donc pas un homme sans
mérites. Le chroniqueur anonyme voit en lui « un homme
sage et honorable ». Il était manifestement beaucoup plus
instruit que ses pairs et, de surcroît, beau parleur. Mais sa
réputation morale n'était pas à la hauteur de sa renommée
intellectuelle et Raymond d'Aguilers, qui ne l'aime guère,
signale au passage que ses mœurs étaient à ce point disso-
lues qu'on en était arrivé à les brocarder dans des chansons qui réjouissaient fort l'ost tout entier.
    Mais il semble bien que ces turpitudes, si grandes fus-
sent-elles, ne pesèrent pas lourd dans la décision des
barons d'écarter toute candidature immédiate au titre
patriarcal — on verra d'ailleurs Arnoul Malecorne, quelques jours plus tard, recueillir les suffrages du clergé.
L'enjeu, on l'a dit, était d'une tout autre envergure : vou-
lait-on, oui ou non, un gouvernement de type théocratique ? Un prince qui, vu l'antériorité de l'élection du
patriarche, ne serait au mieux qu'une créature de l'Église,

soumis en tout à sa puissante tutelle. Cette seule perspective, qui devait rappeler à plus d'un, et à Godefroy de
Bouillon en particulier, quelques épisodes douloureux liés
à la grande querelle qui, depuis si longtemps, opposait le
pape et l'empereur, réunit contre elle tous les suffrages.
Les barons dirent non, et entreprirent sans plus attendre
de se choisir un chef temporel.

Les candidats n'étaient pas légion. Robert de Normandie, Robert de Flandre, Eustache de Boulogne s'apprêtaient à regagner leurs fiefs occidentaux. Tancrède avait
l'esprit ailleurs. Bohémond et Baudouin de Boulogne
avaient le tort d'être absents. Seuls Raymond de Saint-
Gilles et Godefroy de Bouillon restaient en lice.

Dans cette armée où chacun, depuis bientôt trois ans,
avait appris à se bien connaître, il était difficile de donner
le change. Le comte de Toulouse avait accumulé, au fil
des mois, bon nombre de handicaps qui se révélèrent vite,
en cette occasion déterminante, tout à fait dissuasifs. Son
caractère ombrageux, cassant, volontiers arrogant, lui
avait aliéné bien des sympathies. Son refus de prêter serment à l'empereur Alexis Comnène puis, lorsque son intérêt l'exigea, la défense qu'il avait soudain prise des droits
de Byzance, avaient paru suspects. Sa hargne envers Bohémond, son hostilité envers Tancrède, la manière peu élé-
gante dont il avait souhaité enrôler les barons, son obstination autour de Tripoli avaient déplu. On ne mettait
certes pas en cause sa piété, ni son rôle déterminant dans
la poursuite de l'expédition après l'éprouvante attente
d'Antioche. Mais l'homme, tout bien pesé, et quelles
qu'aient pu être ses qualités, n'attirait pas d'emblée la
sympathie.

C'était loin d'être un sot. Il sentait fort bien que, pour
peu que sur son nom se portassent les suffrages de ses
pairs, lui manquerait toujours l'assentiment des âmes. Les
deux Robert faisaient ouvertement « campagne » contre
lui, et il semble même qu'une partie de l'ost provençal se
prononça contre une élévation qui lui créerait des obligations et retarderait d'autant un retour au pays impatiemment attendu. Lorsqu'on le pressentit, raconte Ray-

mond d'Aguilers, le comte répondit « que le seul fait de porter le nom de roi en cette cité lui faisait horreur, mais qu'il se rallierait à leur avis s'ils choisissaient quelqu'un d'autre ».

Le seul candidat possible était évidemment Godefroy de Bouillon. On le connaissait tout autant que son concurrent provençal. Son nom était prestigieux. On avait pu apprécier les services qu'il avait rendus à l'armée dans le courant des derniers mois. C'était un chef de guerre dont tout laissait à penser que l'expérience serait précieuse dans un avenir proche. Il était, de surcroît, très populaire dans le petit peuple et au sein des troupes. Si l'on suit Guillaume de Tyr, il apparaît que les électeurs, dont on ignore à peu près tout, et d'abord les noms, ne se contentèrent pas de vagues et trompeuses impressions et se livrèrent à une véritable collecte de témoignages.

La plupart s'accordèrent certes pour trouver des mérites éminents au duc de Basse-Lotharingie. Il en fut pourtant pour émettre quelques réserves dont la substance ne manque pas d'étonner.

> « Ceux qui étaient des familiers du duc Godefroy, traduit l'*Histoire d'Éracles,* quand on leur demanda de ses habitudes et de ses manières, répondirent qu'il avait une coutume moult ennuyeuse car, quand il était dans une église où il avait ouï la messe et le service de Notre-Seigneur, ne s'en pouvait partir. Moult entendait volontiers les histoires et les vies des saints ; et trop les entendait, si bien que maintes fois il déplaisait à ses compagnons, et son manger en empira maintes fois, pour ce qu'il demeurait trop dans les monastères. »

Pour parler net, on reprochait surtout à ce seigneur un tantinet bigot de sacrifier ses devoirs d'hôte à des exercices de piété sans rapports avec son état, et de condamner ses proches à dîner froid...

Mais ce n'était qu'une peccadille, et il semble qu'un accord assez large se soit rapidement fait autour de son nom. Raymond d'Aguilers, favorable à la cause de Raymond de Saint-Gilles, croit utile de signaler que le duc fut élu à l'unanimité.

A cette proposition, Godefroy de Bouillon opposa d'abord un refus catégorique puis, le 22 juillet, devant les pressions qu'exerçaient ses pairs, accepta la fonction de « prince de la cité ». Encore récusa-t-il tout titre royal, se contentant de celui d'avoué du Saint-Sépulcre.

On a répété à l'envi la réflexion fameuse du premier chapitre des *Assises de Jérusalem,* fort tardives, pour accréditer l'idée d'un nouvel élu remarquablement désintéressé :

> « Les princes et les barons... élurent roi et seigneur du royaume de Jérusalem le duc Godefroy de Bouillon, et il reçut la seigneurie, et il ne voulut être sacré ni couronné à roi dudit royaume, parce qu'il ne voulait porter couronne d'or là où le roi des rois Jésus-Christ le fils de Dieu porta la couronne d'épines le jour de sa passion. »

Une chronique italienne précisera même que le prince fut couronné de paille. Jusqu'à la Révolution, la basilique Notre-Dame de Boulogne a conservé une couronne de vermeil que le procès-verbal de l'inventaire dressé par les officiers municipaux le 14 janvier 1791 décrit ainsi :

> « ... Une couronne de vermeil, étant, suivant la tradition, celle que Godefroy de Bouillon, nommé roi de Jérusalem, a refusé de porter et qu'il a donnée à l'abbaye de Notre-Dame. Ladite couronne entourée de huit reliquaires et de douze pierres communes, pesant trois marcs, argent étranger sans poinçon. »

Cet assaut d'humilité, pour émouvant qu'il soit, ne correspond sans doute que d'assez loin à la réalité des faits. Selon toute vraisemblance, le clergé et les barons souhaitaient avant tout se ménager une porte de sortie. L'élu, quel qu'il fût, était appelé à exercer un pouvoir assez vague sur une terre dont les limites exactes, la nature et l'avenir étaient loin d'être clairs. Les représentants de l'Église, peu satisfaits d'une procédure qui équivalait à nier la primauté du spirituel sur le temporel, entendaient ménager les droits du Saint-Siège. Et tous, également embarrassés, « ne se sentaient pas tout à fait libres de décider de leur propre autorité de la situation juridique du pays conquis ».

Quant à la titulature finalement retenue, sa bienheureuse imprécision était de nature à satisfaire tout le monde. Mais ce titre d'*avoué*, que Godefroy de Bouillon connaissait bien pour en avoir exercé les prérogatives en Basse-Lotharingie et dans le comté de Verdun, avait l'avantage de sonner agréablement aux oreilles du clergé : en en faisant le protecteur du Saint-Sépulcre — et rien d'autre — les barons chargeaient l'un des leurs des intérêts temporels en lieu et place d'une autorité qui, en tout état de cause et pour peu que les mots eussent un sens, ne pouvait être que l'Église[2].

Compromis fâcheux qui promettait de limiter dangereusement l'autorité de celui à qui il appartenait d'assurer à présent la cohésion des croisés face à une contre-offensive musulmane que laissait augurer le simple bon sens. Godefroy de Bouillon n'allait pas tarder à en faire l'amère expérience.

CONFLIT POUR LA TOUR DE DAVID

Raymond de Saint-Gilles, humilié, ne s'était pas résigné sans d'intimes souffrances à l'élévation de son rival.

---

2. Confusion qui devait égarer pendant un certain temps les Occidentaux. Au début du mois d'août, Godefroy de Bouillon envoya à l'archevêque Manassès de Reims une lettre où il annonçait son élection et se recommandait aux prières du prélat. La lettre est perdue, mais on en connaît la teneur par une missive du même Manassès à l'évêque Lambert d'Arras, qu'il savait attentif à tout ce qui concernait la croisade. Il lui annonce la prise de la Ville sainte et l'élection de Godefroy comme *roi* de Jérusalem.

Depuis son arrivée en Orient, il allait d'échec en échec. A Jérusalem, il tenait la Tour de David que lui avait remise le gouverneur Iftikhar al-Dawla avant de se replier sur Ascalon. C'était une véritable citadelle, « assise en la partie la plus haute de la cité, fermée de moult grandes pierres taillées, si bien que l'on peut voir dessous toute la ville. Quand le duc vit que cette tour n'était pas en son pouvoir, bien lui sembla qu'il n'avait pas la seigneurie, quand la plus grande forteresse lui manquait. Pour ce pria le comte qu'il la lui rendît. »

La requête de Godefroy de Bouillon, somme toute, était assez compréhensible. Il se conduisait en seigneur et considérait que la Tour de David, position essentielle dans le dispositif de défense de la ville dont il venait d'être investi, symbole et instrument du pouvoir qui était devenu le sien de par la volonté des barons, lui revenait de plein droit. N'importe qui aurait agi de même et, dans l'Occident de ce temps, les exemples surabondent de conflits nés de semblables contestations. Raymond de Toulouse, écorché vif, fut outré de cette demande en laquelle il voyait, vu sa situation, une insupportable provocation.

> « Le comte répondit qu'il l'avait conquise et que, de ce fait, il la tenait. Mais il avait en proposement qu'il s'en allât en son pays aux environs de la Pâque et qu'alors il la lui rendrait. Mais, en attendant, qu'il la lui laissât tenir : il lui faisait cette requête pour être plus en honneur et en plus grande sûreté dans la terre. »

Godefroy de Bouillon, piqué, qui n'avait guère non plus de sympathie pour le comte de Saint-Gilles et pas la moindre envie d'attendre six mois la remise de la forteresse, en fit une question de principe. « Le duc répondit que, s'il n'avait pas cette tour, il abandonnerait tout, car comment pourrait-il être seigneur de ce pays quand un autre avait plus grand pouvoir et plus grande force en sa cité que lui-même ? »

L'affaire s'envenimait. L'acharnement du comte de

Toulouse paraissait suspect à beaucoup. Ne témoignait-il pas de son secret désir de faire de cette place inexpugnable la base de départ pour une conquête de l'arrière-pays et du littoral méditerranéen ? Godefroy de Bouillon, soutenu comme toujours par Robert de Flandre, Robert Courteheuse et nombre de barons provençaux, ne céda pas. Au témoignage de Raymond d'Aguilers, fort averti de ces choses, on s'accorda sur un compromis. Le comte accepta de remettre la citadelle à Pierre de Narbonne, évêque d'al-Bara, un Provençal en qui Raymond de Toulouse pouvait se fier, dans l'attente d'une décision générale qui fixerait les droits et les devoirs de chacune des parties. Mais l'évêque, de son propre chef, remit aussitôt la citadelle à l'avoué du Saint-Sépulcre. « Très en colère contre les siens, le comte dit que, puisqu'il ne bénéficiait pas de la considération qui lui était due, il ne pouvait plus rester là. Il partit de Jérusalem pour Jéricho. » Puis, ayant pris des palmes, il s'en fut vers le Jourdain, pèlerin au milieu des pèlerins...

Les principes étaient saufs. Le nouvel avoué ne résida d'ailleurs jamais dans cette forteresse et préféra les édifices attenant à la mosquée el-Aqsa, au milieu des chanoines qu'il avait désignés pour desservir le Temple du Seigneur [3].

Nombre d'historiens ont saisi l'occasion de cette affaire de la Tour de David pour souligner le peu de pouvoir dont disposait le nouvel avoué du Saint-Sépulcre et, par quelques remarques bien senties, se livrer à des considérations générales sur la mollesse et le manque de personnalité de Godefroy de Bouillon. René Grousset, après et avant beaucoup d'autres, observe que « ces débuts peu brillants ne révèlent que trop à quel point Godefroy de Bouillon, malgré sa valeur de soldat et la sainteté de sa vie, manquait d'autorité ». On aura l'occasion de revenir

---

3. On sait qu'il faudra attendre trois décennies au moins pour que le roi de Jérusalem, devant l'afflux des chevaliers du Temple installés là, se décidât à abandonner le Haram pour le manoir royal édifié à l'ombre de la Tour de David, sur l'emplacement exact du palais d'Hérode le Grand.

plus longuement sur cette question d'importance. Mais on
rêve à ce qu'auraient été les commentaires pour peu que le
duc, au lieu de récupérer la forteresse, se la soit vilaine-
ment laissé souffler...

Que l'avoué du Saint-Sépulcre ne fût pas un génie politique de première grandeur, c'est l'évidence même. Les
deux seuls qui, par leurs qualités personnelles, s'étaient
élevés au-dessus du lot commun, Bohémond de Tarente et
Baudouin de Boulogne, s'étaient empressés d'exercer leurs
talents ailleurs. Que la désignation du duc de Basse-Lotharingie ait représenté un moyen terme, tous les textes du
temps, plus ou moins subtilement, le laissent entendre.
Que le clergé et les barons, dans le droit fil de la tradition
féodale, n'aient nullement souhaité se donner un maître
susceptible de broyer les initiatives individuelles, qui n'en
conviendrait ?

La position de l'avoué du Saint-Sépulcre, simple délé-
gué d'une autorité fantôme, au cœur des dissensions dont
depuis des mois il avait pu apprécier la profondeur, à la
tête d'un pays dont il ne connaissait, pas plus que ses
pairs, ni la géographie, ni les mœurs, ni les particularismes, ni les alliances, ni le profil politique, n'était guère
confortable. Mais, sans se laisser décourager par une
tâche immense, attentif et déterminé, il se préparait à faire
face.

L'ÉLECTION AU PATRIARCAT

La première difficulté à laquelle il devait se trouver
confronté fut l'élection d'un patriarche latin de Jérusalem.
Après la rebuffade essuyée par le clergé avant la promo-
tion de Godefroy de Bouillon, c'était là une désignation
qui ne pouvait plus souffrir de retard. Le 1er août 1099, les
clercs élurent, toujours sur proposition de l'évêque Arnoul
de Marturano, le fameux Arnoul Malecorne, ce chapelain
de Robert Courteheuse dont on a déjà évoqué la moralité
douteuse.

Guillaume de Tyr, en évêque pénétré de la grandeur de

sa fonction, en dit pis que pendre et flétrit cette mauvaise action perpétrée « contre Dieu et contre toute droiture ». Raymond d'Aguilers n'est guère moins incisif et, sans doute fâché de voir un Normand préféré à un Provençal, accumule les griefs contre l'élu : ses mœurs dépravées n'étaient pas le seul motif de scandale ; pas même sous-diacre, il était — circonstance aggravante — fils d'un prê-tre. Tout cela expliquant bien sûr que les « bons clercs » aient voté contre lui.

On ignore si Godefroy pesa de quelque poids dans cette élection. Mais on peut croire qu'il avait tout lieu d'être satisfait que le nouvel élu au siège patriarcal de Jérusalem ne fût pas du parti du comte de Toulouse, et la hargne de Raymond d'Aguilers s'explique, de ce fait, aisément. Mais le bon chapelain doit reconnaître qu'Arnoul Malecorne bénéficiait d'un réel soutien populaire qu'il attribue, non sans malice, à sa qualité d' « intellectuel ». Toujours est-il qu'Arnoul Malecorne « fut élevé avec des hymnes et des cantiques, et au milieu des acclamations de tout le peu-ple ».

Après quoi Godefroy de Bouilllon désigna vingt clercs pour assurer le culte « dans le Temple du Seigneur (l'ancienne mosquée d'Omar), immoler dévotement le corps et le sang du Christ ». Il donna également l'ordre de faire fondre « des cloches de bronze et d'autres métaux » pour appeler le peuple à la prière, « car il n'y avait pas dans Jérusalem, avant ces jours-là, de signal de ce genre qui pût être vu ou entendu [4] »...

Peu de temps après — à la suite d'un songe, à en croire Albert d'Aix — circula la rumeur qu'il existait dans Jéru-salem un fragment de la Vraie Croix que les chrétiens indi-

4. La tradition attribue à Godefroy de Bouillon, sans le moindre com-mencement de preuve, la fondation de l'ordre équestre du Saint-Sépulcre de Jérusalem, toujours bien vivant de nos jours. Une vaste tapisserie du XVe siècle, appartenant aux collections privées du château de Parenti-gnat, représente l'avoué du Saint-Sépulcre sous les traits d'un chevalier armé d'une hache dont l'écu et la housse du cheval sont frappés des cinq croix rouges de l'Ordre (reproduction dans Arnaud Chaffanjon : Les Grands Ordres de chevalerie, t. I, Paris 1969, pp. 160-161).

gènes étaient parvenus à soustraire à la vindicte des
musulmans en le cachant dans la basilique du Saint-Sépulcre. On finit par découvrir cette relique insigne. Arnoul
Malecorne, qui s'était pourtant signalé jadis par une hostilité marquée envers la Sainte Lance, s'empressa d'en proclamer l'authenticité. Le 5 août, après l'avoir fait sertir
dans une croix-reliquaire en argent, on la porta en grande
solennité dans le Temple du Seigneur.

La Vraie Croix, véritable palladium, devait avoir une
importance sans pareille qui, aussi longtemps que durerait
le royaume latin de Jérusalem, ne se démentirait jamais.
Un siècle plus tard, Imad ad-Din al-Isfahani, tout en se
gaussant, montrera le puissant impact qu'elle pouvait
avoir sur l'esprit des Francs :

> « Devant elle, lorsqu'elle était plantée, dressée ou
> élevée, tout chrétien se prosterne et s'agenouille. Les
> chrétiens prétendent qu'elle est faite du bois sur
> lequel, disent-ils, celui qu'ils adorent fut crucifié.
> C'est pourquoi ils la vénèrent et l'ont revêtue d'or
> pur, couronnée de perles et de gemmes, tenue prête
> pour le grand jour et pour célébrer leur fête tradition-
> nelle. Aussi, lorsque leurs prêtres la produisent, lors-
> que leurs chefs la portent, ils s'empressent et s'attrou-
> pent autour d'elle. Personne n'a le droit de rester en
> arrière, car quiconque s'abstient de la suivre ne peut
> en tirer avantage... Devant elle, leurs fronts se souil-
> laient de poussière ; leurs bouches l'exaltaient ; ils
> tombaient en défaillance quand on la présentait ; ils
> étaient comme aveugles en la contemplant ; ils se
> trouvaient mal quand elle paraissait ; ils étaient tout
> absorbés quand ils la voyaient ; ils l'invoquaient
> plaintivement quand ils la rencontraient ; ils don-
> naient pour elle leur sang. »

Le moment n'allait pas tarder où, une fois de plus, il
faudrait que la terre promise s'abreuve du sang des croisés
et des musulmans, confondus dans une même quête et un
même don.

CHAPITRE IX

L'amiral de Babylone

Les croisés, surpris de se trouver libres de leurs mouvements sur une terre dont ils ignoraient tout, s'employèrent tout à la fois à découvrir leur conquête et ceux qui la peuplaient, à organiser les rares points d'appui qu'ils possédaient en Palestine et à les accroître tout en surveillant les réactions des royaumes musulmans voisins.

Godefroy de Bouillon restait dans Jérusalem, d'où il pouvait sans trop de peine maintenir le contact avec les garnisons de Bethléem, Lydda, Ramla et Jaffa, ce port par où pourraient débarquer des renforts de troupes. L'extrême faiblesse des effectifs créait une situation où pouvait s'inscrire, à très court terme, la ruine de l'implantation franque en Orient. Nombre de combattants, leur vœu accompli, étaient repartis vers les ports palestiniens ou syriens d'où ils s'étaient embarqués pour l'Europe [1]. A peine s'il restait, à pied d'œuvre, deux cents chevaliers et un millier de fantassins. Pour combien de temps ?

---

1. Ils rapportèrent nombre de « souvenirs » du grand passage, dont quelques-uns ont subsisté jusqu'à nos jours. L'un des plus émouvants est le fameux « voile de sainte Anne », fleuron du trésor de la cathédrale d'Apt, longue pièce de lin admirablement ornée qui fut tissée à Damiette à la fin du XIe siècle et porte le nom du calife fatimide Musta'li. Elle fut amenée en France par l'un des trois croisés originaires de Haute-Provence : l'évêque d'Apt lui-même, Raimbaud de Simiane ou Guillaume de Sabran.

Foucher de Chartres, dans une page célèbre, s'est fait l'écho des angoisses qui étreignaient ceux qui étaient restés là et leur espoir, souvent déçu, d'un secours venu d'Occident :

> « A cette époque, la route de terre était encore interdite à nos pèlerins. Mais par mer, tant les Francs que les Italiens ou les Vénitiens, faisant voile avec un, deux ou même trois ou quatre navires, parvenaient à passer au milieu des pirates ennemis et sous les murs des cités des infidèles, et si Dieu daignait les conduire ils arrivaient ainsi, quoique avec de mortelles frayeurs, jusqu'à Jaffa, le seul port dont nous fussions maîtres. Aussitôt que nous apprenions leur arrivée des régions occidentales, sur-le-champ et le cœur plein de joie, nous allions à leur rencontre, nous félicitant mutuellement ; nous les accueillions comme des frères sur le rivage de la mer, et chacun des nôtres s'enquérait soigneusement des nouvelles de son pays et de sa famille. Eux de leur côté racontaient tout ce qu'ils savaient ; alors, selon ce qu'ils nous apprenaient, ou nous nous réjouissions de la prospérité, ou nous nous attristions de l'infortune de tout ce qui nous était cher. Ces nouveaux venus se rendaient à Jérusalem et visitaient les Lieux saints ; puis quelques-uns se fixaient dans la Terre sainte, tandis que les autres retournaient dans leur patrie et jusqu'en France. Il arrivait de là que la sainte terre de Jérusalem demeurait toujours sans population, et n'avait pas assez de monde pour la défendre des Sarrasins, si toutefois ils eussent osé nous attaquer... »

Étrange paradoxe, en effet ! Les royaumes musulmans ne réagirent pas.

> « Pendant près de deux siècles que durera l'occupation franque, remarque Claude Cahen, l'historiographie iraqienne ne fera aux événements syriens que de fugitives allusions. Et si quelques Iraniens s'enga-

geront momentanément peut-être sur le front de la
guerre sainte, il n'en reste pas moins que dans toute
l'historiographie des grands Seldjoukides et de leurs
épigones en Iran on chercherait en vain un seul mot
sur la Croisade de l'Orient latin. Il en va de même au
Maghreb, et même en Égypte. La notion d'une solida-
rité panislamique face à un danger commun n'arri-
vera jamais à maturité. »

Bernard Lewis, dans un livre récent, constate la même
carence.

Si les massacres de Maarrat al-Noman et la tragédie qui
avait marqué la prise de Jérusalem avaient rempli de terreur les populations locales et précipité un début d'exode
vers l'est, la situation se stabilisa d'autant plus facilement
que l'implantation franque, essentiellement urbaine, laissait à peu de choses près les habitants de l'arrière-pays
libres de toute atteinte.

Les chrétiens locaux — communautés arméniennes, très
engagées aux côtés des nouveaux venus, mises à part —
semblent s'être retranchés derrière une bienveillante neu-
tralité. Les Juifs, qui avaient si cruellement souffert lors de
la prise de la ville et à qui étaient parvenus des échos des
massacres de Rhénanie et d'ailleurs, se sentirent toujours
plus proches des musulmans que des croisés, mais étaient
trop peu nombreux pour influencer durablement le cours
des événements.

Quant aux musulmans eux-mêmes, en majorité d'origine arabo-syrienne, « à leurs yeux, le Turc était parfois
aussi dangereux que le Franc ». Le royaume de Damas ne
bougea pas. « Tant que les croisés restèrent dans les sec-
teurs côtiers, remarque Joshua Prawer, et ne forcèrent pas
le barrage naturel de l'est, c'est-à-dire la dépression
syrienne, les États musulmans ne firent rien pour les combattre. Le sentiment de l'unité musulmane, ou celui de la
détresse religieuse consécutive à la perte de Jérusalem, ne
jouèrent, durant au moins deux générations, aucun rôle
dans la politique musulmane. »

Cette passivité donna à Tancrède l'occasion de prouver

son savoir-faire et sa hardiesse. Il semble avoir été fort différent de son oncle Bohémond de Tarente. Les textes nous
le montrent d'une grande noblesse de caractère, loyal,
fidèle à la parole donnée, d'un prodigieux courage physique, doué d'un sens de la stratégie peu commun, avec ce
rien de rapacité qui lui interdirait de jamais renier sa race.
Sans doute n'eut-il pas la redoutable intelligence politique
de son terrible grand-père Robert Guiscard, non plus que
le tortueux génie de Bohémond. C'était avant tout un soldat hors de pair, plus conforme aux canons moraux de
son temps, plus accordé au tempérament d'un Godefroy
de Bouillon. On l'avait vu conquérir Bethléem et faire
main basse sur les trésors accumulés dans la mosquée el-
Aqsa.

Aussitôt après la prise de Jérusalem, dès que fut acquise
l'élection de Godefroy de Bouillon, il marcha vers la
Samarie en compagnie d'Eustache de Boulogne, « en
emmenant beaucoup de chevaliers et de piétons ». Dans la
dernière semaine de juillet, profitant du désarroi des
populations, il s'empara sans coup férir de Naplouse
« dont les habitants se rendirent immédiatement » puis,
remontant le cours du Jourdain, entra dans Bethsan, à une
trentaine de kilomètres au sud du lac de Tibériade, une
position importante au bord du Nahr Jaloud, à la jonction
de la plantureuse plaine d'Esdrelon et du Gisr es-Ahsein
qui s'ouvrait sur le royaume de Damas.

Les deux barons ne purent s'engager plus avant. « Le
duc leur manda de marcher rapidement pour arrêter l'attaque que l'amiral de Babylone préparait à Ascalon. »

LA DÉROUTE FATIMIDE DEVANT ASCALON

Dès l'annonce de la marche des croisés sur la Judée, la
garnison fatimide de Jérusalem avait envoyé en toute hâte
une délégation pour alerter le gouvernement du Caire
du danger que représentait cette invasion pour une province nouvellement conquise mais que l'Égypte avait toujours revendiquée comme sienne. Le vizir al-Afdal paraît

ne pas avoir mesuré immédiatement l'ampleur du péril. Puis, après avoir perdu en atermoiements un temps précieux, il mobilisa une armée que les chroniqueurs arabes disent importante, s'éloigna du delta du Nil et, sans doute par la route côtière, s'enfonça dans le désert pour rejoindre la place d'Ascalon, toujours intacte.

Tout laisse à penser que le vizir n'imposa pas à ses escadrons le rythme d'enfer qu'exigeait la situation (Alexandre le Grand, quatorze siècles plus tôt, avait abattu le même trajet en une semaine ; les légions de Titus, elles, n'avaient mis que cinq jours pour aller du Sud judéen au lac Menzaleh...) Le 4 août 1099, lorsqu'al-Afdal parut devant Ascalon, il y avait bientôt trois semaines que Jérusalem était aux mains des Francs. Sitôt connue l'arrivée de cette armée considérable qui menaçait de balayer comme fétu de paille l'ost franc dispersé en Palestine, Godefroy de Bouillon envoya des messagers partout où pouvaient se trouver des forces susceptibles d'être engagées dans une contre-offensive.

Tancrède et Eustache de Boulogne, rejoints en Samarie, abandonnèrent sans délai des opérations en cours.

« [Ils] pénétrèrent en hâte dans la montagne, cherchant des Sarrasins à combattre, et arrivèrent à Césarée. Puis, suivant la mer jusqu'à Ramla (où ils savaient trouver une garnison franque), ils tombèrent sur de nombreux Arabes venus en éclaireurs, les poursuivirent et en prirent plusieurs qui leur donnèrent des renseignements sur leurs positions, leur nombre et l'endroit où ils se préparaient à combattre les chrétiens. Ainsi informé, Tancrède envoya aussitôt un messager à Jérusalem au duc Godefroy, au patriarche et à tous les princes pour leur dire : " Sachez qu'une attaque est préparée contre nous à Ascalon ; hâtez-vous de venir avec toutes les forces dont vous pourrez disposer ! " »

Raymond de Saint-Gilles, qui remâchait ses rancunes quelque part autour de Jéricho où il était parvenu à s'installer aussi facilement que Tancrède à Naplouse, fit la sourde oreille. Plus grave, le duc Robert de Normandie qui, jusque-là, s'était toujours montré favorable à l'avoué du Saint-Sépulcre, témoigna lui aussi d'incompréhensibles réticences qui prouvaient, à tout le moins, qu'il ne considérait guère la semonce de Godefroy de Bouillon comme émanant d'un seigneur à qui on doit, sans discussion possible, le service d'ost.

« Ils déclarèrent, raconte le Chroniqueur anonyme, qu'ils ne marcheraient que si l'attaque leur était confirmée. Ils donnèrent l'ordre à leurs chevaliers de pousser en avant pour voir si une attaque se préparait réellement et de revenir au plus vite, car ils étaient tous prêts à marcher au combat. »

Le mardi 9 août 1099, Godefroy de Bouillon et Robert de Flandre quittèrent la Ville sainte avec toutes les forces disponibles et marchèrent vers Ramla, puis sur Yebna, une petite ville à deux lieues du littoral, sur les bords d'un fleuve côtier où se rassemblèrent les escadrons venus de Jérusalem, de Judée du Nord et de Samarie. La région était déjà occupée par les avant-postes fatimides.

« [Paissaient dans les environs], note Albert d'Aix, des troupeaux de chameaux, d'ânes, de bœufs, de buffles et toute sorte d'autres bestiaux que les Sarrasins avaient dispersés là dans l'espoir que les chrétiens, alléchés, succomberaient à la tentation du pillage, se débanderaient et, de ce fait, seraient facilement vaincus. »

L'avoué du Saint-Sépulcre, très à l'aise dans son rôle de chef de guerre, retrouva d'emblée son ascendant et interdit formellement tout pillage : les contrevenants s'exposaient à avoir « le nez et les oreilles coupés ». On se le tint pour dit.

Godefroy de Bouillon renvoya à Jérusalem l'évêque Arnoul de Marturano, avec pour mission de hâter les retardataires. Sur le chemin du retour, le prélat devait être capturé par une patrouille fatimide... Dans la ville ne restaient plus que les vieillards, les femmes, les enfants et le clergé.

« Pierre l'Ermite resta à Jérusalem, afin de prendre des mesures et de prescrire aux Grecs, aux Latins, aux clercs de célébrer en l'honneur de Dieu une procession et de faire des prières et des aumônes, afin que Dieu donnât la victoire à son peuple. Les clercs et les prêtres, revêtus de leurs ornements sacrés, conduisirent la procession au Temple du Seigneur et chantèrent des messes et des oraisons afin que Dieu défendît son peuple. »

Seule une infime garnison, stationnée dans la tour de David, restait dans la capitale pour assurer la sécurité d'une population angoissée par une attente vite insupportable.

Pendant ce temps, Godefroy de Bouillon, Robert de Flandre, Raymond de Saint-Gilles, Robert de Normandie et Tancrède progressèrent vers le sud, le long des dunes de sable qui bordent le littoral méditerranéen. La journée du 11 août se passa en escarmouches et, en dépit des ordres formels de Godefroy, en rapines.

« Le soir venu, le patriarche fit crier par toute l'armée que le lendemain, de grand matin, tous eussent à être équipés pour la bataille, excommuniant tout homme qui songerait à faire du butin avant que la bataille fût terminée. Mais, cela accompli, ils pourraient revenir dans la joie pour s'emparer de tout ce qui leur avait été prédestiné par le Seigneur. »

Le 12 août, au point du jour, l'armée croisée déboucha « dans une vallée magnifique, près du rivage de la mer », cette plaine merveilleusement plantureuse qui, entre Magdal et Ascalon, étendait au nord des murailles de la « fiancée de la Syrie » ses oliviers, ses vergers, ses vignes et ses jardins amoureusement cultivés qui embaumaient et produisaient à profusion, depuis des temps immémoriaux, cet ail succulent, les aulx d'Ascalon que les Occidentaux sauront vite apprécier et dont nous avons fait les « échalotes »...

Sitôt en vue du camp égyptien, Godefroy de Bouillon fit ordonner les batailles « autour de leurs enseignes et de leurs bannières ». Sur le flanc droit, le long du littoral, prirent position les troupes provençales de Raymond de Saint-Gilles ; à l'aile gauche, les escadrons lorrains et allemands de l'avoué du Saint-Sépulcre ; au centre, Robert de Normandie, Robert de Flandre, Tancrède et Gaston de Béarn. Précédant la cavalerie, suivant une tactique fort pratiquée à l'époque et que Guillaume le Conquérant avait savamment utilisée à Hastings, « ils disposèrent les piétons et les archers » chargés d'un premier assaut qui pût désorganiser les lignes ennemies. « Tout fut ordonné ainsi, et ils commencèrent à combattre au nom de Jésus-Christ. »

Les forces fatimides étaient prises au dépourvu. Elles se rassemblèrent pourtant en toute hâte. « Chacun des païens, rapporte le chroniqueur anonyme, témoin oculaire des péripéties de cette journée, avait sa gourde pendue à son cou, ce qui lui permettait de boire tout en nous poursuivant, mais ils n'en eurent pas le temps, grâce à Dieu. »

« Le comte de Normandie, apercevant l'étendard de l'amiral orné d'une pomme d'or au sommet d'une lance argentée, s'élança violemment sur son porteur et le blessa mortellement. D'autre part, le comte de Flandre les attaqua vigoureusement. Tancrède, de son côté, fit irruption dans leur camp, ce que voyant les païens prirent immédiatement la fuite. Leur multitude était innombrable, et nul n'en sait le nombre, excepté Dieu. La bataille était acharnée, mais une force divine nous accompagnait, si grande, si puissante que, en un rien de temps, nous les vainquîmes. »

Au plus fort du combat, Godefroy de Bouillon, son frère Eustache, Conon de Montaigu et son fils Lambert, « voyant que l'armée des gentils faiblissait, firent donner leur cavalerie et, relayant les fantassins, se ruèrent dans un grand cri à l'assaut des ennemis ». Selon Albert d'Aix, la bataille fut un moment indécise. Les hommes de pied, sûrs de la victoire, commencèrent à se débander pour aller piller le camp déjà mis à mal par Tancrède. Godefroy, hors de lui, se hâta de rallier les traînards :

> « Soldats rebelles et incorrigibles, quel est votre aveuglement de vous porter au pillage, malgré ma défense, avant d'avoir taillé en pièces, avec l'aide de Dieu, tous vos ennemis ? Aux armes ! Cessez les rapines ! Car ils se relèvent, et les voilà sur le point de prendre une cruelle revanche...
>
> [Les soldats égyptiens] étaient aveuglés et stupéfaits... Dans leur épouvante, ils grimpaient aux arbres pour s'y cacher, mais les nôtres, à coups de flèches, de lances et d'épées, les massacraient en les précipitant à terre. D'autres se couchaient sur le sol, n'osant plus se dresser contre nous, et les nôtres les décapitaient comme on découpe les animaux au marché. Près de la mer, le comte de Saint-Gilles en tua un nombre incalculable. Quelques-uns se jetaient à la mer, d'autres fuyaient çà et là. »

Pour l'armée égyptienne, la journée se terminait en désastre. Des milliers de morts jonchaient les beaux vergers d'Ascalon. Ceux qui avaient pu survivre tentèrent encore longtemps d'échapper à leurs poursuivants. Albert d'Aix nous les décrits affolés, à la recherche du moindre bosquet, grimpant aux palmiers, cherchant le salut à l'abri précaire des frondaisons des oliviers et des figuiers où les archers francs les abattaient à coups de flèches, « comme des oiseaux ».

Le vizir al-Afdal lui-même, « déshonoré », comprenant que tout était perdu, abandonna le terrain avec les débris de sa grande armée et s'enfonça dans le désert.

« Tous nos ennemis furent ainsi vaincus avec la permission de Dieu. Tous les navires des terres païennes se trouvaient là. Les hommes qui les montaient, voyant l'amiral fuir avec son armée, hissèrent aussitôt leurs voiles et gagnèrent la haute mer. »

Le soir venu, chacun se rua à l'assaut du camp, raflant tout ce qui pouvait lui tomber sous la main, rassemblant dans une indescriptible cohue troupeaux de chameaux, de buffles, d'ânes, de brebis et de bœufs. Toutes les tentes, une à une, furent passées au peigne fin. Exténué, on pouvait au moins se repaître de splendeurs et laisser libre cours à son avidité. Foucher de Chartres, manifestement saisi, fait une description enthousiaste des merveilles qu'on découvrit là, abandonnées :

« Une surabondance de richesses de toute sorte, de l'or, de l'argent, des vêtements, des pierres précieuses (jaspe, saphir, calcédoine, émeraude, sardoine, chrysolithe, béryl, topaze, chrysoprase, hyscinthe, améthyste), des vases et des ustensiles de toutes formes, des casques dorés, des bagues d'une beauté rare, des épées admirables, des vivres, de la farine, et bien d'autres choses encore... »

La peinture, de toute évidence, sent le procédé. Mais cet exercice de style, reconnaissons-le, ne manque pas de charme. Le chroniqueur anonyme, en bon chevalier discret et positif, n'en dit pas tant mais se contente de noter l'essentiel : « Les croisés emportèrent ce qu'ils voulurent, et brûlèrent le reste. »

Sur le champ de bataille, on recueillit quelques trophées de choix. « Les nôtres ramassèrent l'étendard de l'amiral de Babylone et le comte de Normandie (qui, on s'en souvient, l'avait gagné de haute lutte) l'acheta vingt marcs d'argent et le donna au patriarche en l'honneur de Dieu et du Saint-Sépulcre. Quelqu'un acheta son épée soixante besants. »

De quoi faire rêver longtemps à cette Égypte de féerie, opulente, si longtemps mystérieuse, si lointaine au-delà des déserts, et si proche...

MORTELLES DISSENSIONS

La garnison fatimide d'Ascalon, fort démoralisée par la fuite de l'armée d'al-Afdal, ne se faisait pas la moindre illusion sur l'issue d'un siège en règle. Après cette stupéfiante victoire, le spectre d'un raz de marée égyptien n'était plus qu'un mauvais souvenir. Tout indiquait que les villes côtières encore tenues par les forces fatimides, privées de tous secours terrestre et maritime, se laisseraient subjuguer sans trop de résistance.

Les habitants d'Ascalon se résolurent donc à engager des négociations avec l'armée franque, qui cernait maintenant ses murailles. Ou plutôt, avec Raymond de Saint-Gilles, le seul baron dont ils connussent l'existence. L'émir Iftikhar al-Dawla, qui avait jugé sur pièces de la loyauté du comte de Toulouse lors de l'évacuation de la Tour de David, n'avait pas dû manquer d'en toucher quelques mots lors de son passage dans Ascalon. Raymond, de surcroît, leur était familier de longue date : au témoignage de Guillaume de Malmesbury, dans ses *Gesta Regum Anglorum,* nombreux étaient les marchands ascalonitains qui, dès avant la croisade, fréquentaient les ports du Languedoc et n'avaient eu qu'à se louer de l'attitude du comte à leur égard.

La délégation fut reçue par Raymond de Saint-Gilles avec empressement. Il prit la ville sous sa protection et fit arborer sur les murailles les couleurs de Toulouse. Le comte qui, jusque-là, avait vu toutes ses tentatives pour se constituer une principauté tuées dans l'œuf par plus roublard que lui, comptait bien se rattraper dans le Sud judéen. C'était une occasion unique de s'établir enfin, loin des guêpiers d'Antioche et d'Édesse.

Godefroy de Bouillon ne l'entendit pas de cette oreille. Outré de cette nouvelle prétention, il fit valoir que, de par son élection, toute place conquise ou à conquérir lui revenait de droit. Raymond, furieux, soutint la thèse contraire : le duc de Basse-Lotharingie était avoué du Saint-Sépulcre, ni plus, ni moins. Ce titre seul constituait les bornes infranchissables de ses devoirs et de ses droits.

Le drame était qu'en ces moments cruciaux pour l'avenir de la Terre sainte, chacun avait raison et étalait sa bonne foi. L'imprécision des pouvoirs dont Godefroy était investi — imprécision mûrement réfléchie, on l'a vu —, conjuguée avec l'appétit de domination du haut baronnage, devait avoir de très graves conséquences.

Le duel de ces deux hommes également déterminés et sincères tourna au drame. Raymond de Saint-Gilles, au comble de l'exaspération, préféra abandonner la partie plutôt que de voir la ville tomber au pouvoir de celui qu'il considéra dès lors comme son ennemi. Avec tout l'ost provençal, il quitta Ascalon et reprit la route du Nord. Robert de Flandre et Robert Courteheuse le suivirent avec leurs batailles, tant les tenaillait le désir de regagner l'Occident. Albert d'Aix, fort prévenu contre le comte, affirme que Raymond de Saint-Gilles aurait consommé sa félonie en envoyant dans Ascalon un messager porteur d'une lettre confondante : « Soyez forts. N'ayez aucune crainte du duc Godefroy et ne lui remettez pas votre ville. Tous nos princes ont décidé, après en avoir fini avec cette guerre, de retourner dans leur terre natale. Dès cette nuit, il ne restera plus avec le duc, autour de vos murs, qu'une poignée de combattants. » On veut croire que le comte de Toulouse ne commit jamais cette vilenie en laquelle il ne pouvait trouver que peu d'avantages et dont Albert d'Aix, au demeurant, est le seul à parler.

Ce qui est sûr, c'est que les habitants d'Ascalon furent rapidement au courant des dissensions qui ruinaient l'efficacité du commandement de l'armée franque. Ils reprirent espoir et commencèrent à bombarder les assiégeants avec des projectiles de toute sorte. Godefroy de Bouillon, désormais à la tête d'une troupe dérisoire, abandonna la partie, la mort dans l'âme. Et la ville, place stratégique essentielle sur la route d'Égypte en Palestine, devait résister plus d'un demi-siècle avant de tomber au pouvoir des Francs...

Raymond de Saint-Gilles, obstiné, ne se tint pas pour battu. Sitôt après avoir quitté Ascalon, il longea le littoral méditerranéen, passa devant Jaffa depuis plusieurs mois aux mains des croisés et où il n'avait rien à espérer, franchit le Nahr el-Auga et s'en vint mettre le siège devant Arsuf, une petite ville côtière à l'orée de la plaine de Saron. Il escomptait bien se tailler enfin là le fief qui, partout ailleurs, lui était refusé. Il fit aux habitants les promesses les plus alléchantes, « leur proposant la vie sauve et toute sorte de bienfaits pourvu qu'ils se rendent ».

Mais l'avoué du Saint-Sépulcre, qui lui aussi avait de la suite dans les idées, marchait sur ses traces et l'eut bientôt rejoint sous les murs d'Arsuf, prêt à faire valoir ses droits. Tout recommençait. Un scénario en tout point identique (trahison comprise : Albert d'Aix, fort engagé, persiste et signe) à celui qui, quelques jours plus tôt, avait si fâcheusement illustré cet interminable combat des chefs.

Avec toutefois une variante de taille : Godefroy de Bouillon, désespérant de pouvoir jamais obtenir gain de cause par la persuasion, réunissait ses troupes pour donner l'assaut au camp provençal et vider l'abcès, par le fer et dans le sang.

Robert de Flandre et Robert de Normandie furent atterrés par l'ampleur du gouffre qui séparait maintenant les deux barons et que rien, semble-t-il, ne parviendrait à réduire. Au moment où ils se préparaient à regagner l'Europe avec le gros des forces jusque-là engagées, ils n'avaient guère d'efforts à faire pour imaginer les suites de ce drame politique et humain. Dans cette rivalité absurde s'inscrivait en lettres de sang la ruine de l'édifice dont ils avaient contribué à construire les assises, si fragiles encore. Ils s'interposèrent, parlèrent durement et mirent Godefroy et Raymond devant leurs responsabilités. Le tableau qu'ils en firent dut être apocalyptique : vaincus, brisés par l'émotion, les deux seigneurs se réconcilièrent une fois de plus.

Il n'était que temps. Quelques jours plus tard, tout le

monde se retrouvait aux environs d'Haïfa. Le comte de
Flandre et le duc de Normandie se préparaient à embarquer. Ce ne fut pas sans déchirement ni angoisse que
Godefroy de Bouillon vit s'éloigner, avec un si grand nombre de combattants, ces compagnons des bons et des mauvais jours :

> « Il embrassa chacun d'eux, raconte Albert d'Aix,
> et les supplia de se souvenir toujours de lui, de
> n'oublier jamais les frères qu'ils laissaient en exil,
> d'inspirer aux chrétiens le désir de venir jusqu'au
> Sépulcre du Seigneur et d'exhorter les guerriers à
> venir combattre avec ceux qui restaient dans les
> nations infidèles. »

Raymond de Saint-Gilles partait lui aussi, dans la direction de Lattaquié, dans l'espoir de se rapprocher suffisamment d'Alexis Comnène pour que le *basileus* l'investisse
de quelque principauté en terre byzantine.

Frappés par la subite réconciliation des ennemis de la
veille, les habitants d'Arsuf acceptèrent de traiter avec les
Francs, de payer un tribut et d'accueillir un petit contingent (des « otages ») qui garantirait les intérêts, surtout
commerciaux, des deux parties. Après tout, remarque judicieusement Joshua Prawer, ils pensaient « peut-être,
comme les Égyptiens deux ans plus tôt, qu'un changement
de maître n'entraînait qu'un changement de garnison... »
Godefroy de Bouillon laissa donc sur place quelques-uns
de ses fidèles, sous les ordres d'un chevalier à la vertu
éprouvée, Gérard d'Avesnes.

Mais, en cette fin de l'été 1099 qui avait vu la prise de
Jérusalem et l'écrasement de la contre-offensive fatimide,
l'avoué du Saint-Sépulcre devrait faire face. Seul.

Ou presque. Après cet exode massif qui vit aussi le
retour en Europe du comte Eustache III de Boulogne, il
ne restait plus autour de Godefroy de Bouillon et de quelques-uns de ses vassaux lotharingiens ou allemands qu'un
maigre rideau de troupes. Et Tancrède.

On a dit la valeur de ce chevalier intrépide et loyal qui

avait déjà conquis Naplouse et Bethsan. Le Normand qui, jusque-là, n'avait fait figure que de brillant second se trouva promu, par la force des choses. Après avoir envoyé du camp d'Ascalon la nouvelle de la victoire chrétienne à son oncle Robert Borsa, duc de Pouille et de Sicile, avec quatre-vingts chevaliers il était reparti à l'assaut de la Galilée et, en quelques mois, devait s'emparer sans grands efforts (la région était peu ou mal fortifiée) de Nazareth, de Tibériade et du mont Thabor. Il se donna sans plus attendre le titre de « prince de Galilée ». Un beau titre sonore, bien dans la manière des Normands d'Italie et de Sicile, de quoi faire pièce à son terrible oncle Bohémond d'Antioche. Godefroy de Bouillon s'empressa de le lui reconnaître. Le duc était lui-même trop occupé en Judée pour faire la fine bouche devant les ambitions de ses lieutenants...

La seule ouverture maritime par où pouvaient débarquer des renforts était, on le sait, le port de Jaffa. Il devenait urgent, pour éviter une asphyxie économique et militaire, d'accroître les bases possibles de débarquement. La place la plus facile à intégrer au dispositif était évidemment Arsuf, cette ville tant convoitée dans laquelle Godefroy avait laissé comme représentant le chevalier Gérard d'Avesnes. Mais les habitants de la ville côtière, enhardis par la minceur des effectifs chrétiens, et peut-être mécontents de la manière dont les Francs en étaient venus à considérer cette « alliance », secouèrent la tutelle des croisés et maîtrisèrent la minuscule garnison.

Godefroy de Bouillon, alarmé, accourut aussitôt assiéger la place avec le peu de force qui lui restaient et quelques barons demeurés en Terre sainte, dont Albert d'Aix nous donne les noms : Guillaume de Montpellier, Garnier de Grez, Gaudemar Carpinel et Wicker l'Allemand. A la fin du mois d'octobre, l'armée dressait ses tentes et investissait la ville. Sans plus attendre, on assembla les machines de siège et les mangonneaux. Les tours de bois furent dressées contre les murailles et l'on se préparait à donner l'assaut lorsque les croisés découvrirent un spectacle qui les glaça d'horreur.

Devant cette attaque brusquée, les habitants d'Arsouf s'étaient saisis de Gérard d'Avesnes. Ils l'avaient attaché par des cordes et des chaînes au sommet d'un grand mât dressé au beau milieu de la ville, à la vue de tous. Les chevaliers francs furent épouvantés de voir ainsi crucifié l'un de leurs compagnons d'armes. D'autant plus que le malheureux, qui ne manifestait aucun empressement à se voir ainsi sacrifier, ne cessait de hurler son désespoir et de verser des larmes abondantes.

Albert d'Aix, qui excelle dans ces scènes hautes en couleur, nous dépeint la victime suppliant son duc de tout mettre en œuvre, au besoin par un repli honteux, pour lui sauver la vie :

> « Ô duc très illustre, n'oublie pas que c'est sur ton ordre que j'ai été livré en otage et exilé au milieu de ce peuple barbare et de ces hommes sans foi. Je t'en supplie, prends-moi en pitié et ne permets pas que je souffre un martyre aussi cruel !
>
> — Gérard, soldat valeureux, rétorque l'avoué du Saint-Sépulcre, je ne puis te sauver et épargner cette ville à cause de toi. Même si c'était mon frère Eustache qui était à ta place, je ne pourrais le délivrer en sacrifiant la ville. Il faut donc que tu meures. Mieux vaut que tu succombes seul plutôt que de voir épargné ce repaire infesté d'ennemis des pèlerins. Car, en perdant la vie présente, il te sera donné de vivre avec Jésus-Christ dans les cieux. »

Cet échange aussi pathétique que grandiloquent, aux puissants accents de *virtus* antique, eut l'effet escompté. Gérard d'Avesnes, bouleversé par les exhortations et la détermination de son seigneur, accepta stoïquement le sort qui lui était réservé et s'apaisa. Il se contenta de demander à Godefroy de Bouillon d'offrir au Saint-Sépulcre, pour le salut de son âme, ce qu'il avait de plus précieux au monde : son cheval et ses armes.

Devant cette attitude héroïque, les assiégeants redoublèrent d'ardeur. Les remparts d'Arsouf furent battus jour et nuit par les pierrières et les mangonneaux, les défenseurs criblés par les archers et les frondeurs. Gérard d'Avesnes, dressé entre ciel et terre, le corps hérissé de flèches, fut bientôt transformé en un pathétique Saint-Sébastien...

Les assiégés résistaient vaillamment, rassemblaient tout ce qui pouvait servir à la défense de leur ville, incendiaient tours et balistes et faisaient des coupes sombres dans cet ost croisé si affaibli. Le découragement pesait sur les troupes franques. L'avoué du Saint-Sépulcre, écœuré, accablait les siens de sévères réprimandes :

« Soldats misérables et inutiles, pourquoi donc avez-vous quitté vos familles et vos terres si ce n'est dans le but de vous sacrifier jusqu'à la mort pour le nom de Jésus-Christ, pour le rachat de la sainte Église et la libération de vos frères ? Cette ville et tous les peuples alentour sont les ennemis de Jérusalem et les nôtres. Ne manquez pas à votre devoir et, tels des efféminés, ne laissez pas Arsouf intacte. Faites pénitence pour toutes les débauches, toutes les iniquités dont vous avez offensé Dieu pendant cette expédition. Purifiez-vous de vos fautes, apaisez la colère du Seigneur, sinon vous n'aboutirez à rien ! »

Cette semonce assez raide eut, semble-t-il, l'effet escompté. L'armée se remit au travail, tailla troncs et poutres, édifia de nouvelles machines et redoubla d'ardeur combative. Mais les habitants d'Arsouf ne s'inclinèrent pas. Les tours d'assaut furent de nouveau réduites en cendres. Les blessés gisaient dans le camp croisé, horriblement brûlés et mutilés. Avec la mauvaise saison, le désespoir s'empara de l'ost. A la mi-décembre, Godefroy de Bouillon, pressé par les siens et la mort dans l'âme, donna l'ordre de lever le siège. Les opérations avaient duré sept semaines. Sept semaines de tragédie. Pour rien.

C'est une troupe découragée et humiliée qui reprit la route de Judée. A Ramla, Godefroy de Bouillon décida de renforcer la garnison franque et laissa dans la place un contingent de cent chevaliers et de deux cents hommes de pied pour surveiller les mouvements autour d'Arsouf, saccager le moment venu champs et vignobles afin d'affamer cette ville rétive qu'un jour ou l'autre il était bien décidé à réduire.

Quelques jours plus tard, l'avoué du Saint-Sépulcre était de retour dans Jérusalem.

CHAPITRE X

L' « honneur de Dieu »
et l'avenir de la terre

Les fêtes de la Nativité approchaient. Le premier Noël que tous ces hommes recrus d'épreuves, exilés volontaires, passeraient en Terre sainte, éblouis, leurs pas dans ceux du Sauveur. Un Noël à jamais mémorable que, oubliés le désarroi et les embûches de ces dernières semaines, on vivrait dans la liesse. D'autant que s'annonçaient d'autres pèlerins, et non des moindres, qui en ce moment même cheminaient vers Jérusalem...

Pendant l'été précédent, un grand mouvement de navires avait agité les côtes de la mer Ligurienne. Une flotte de cent vingt navires italiens venait d'appareiller avec à sa tête l'archevêque Daimbert de Pise.

C'était une personnalité de premier plan. Familier du pape Urbain II dont il connaissait mieux que quiconque la pensée intime, il occupait à lui seul plusieurs créneaux dans la lutte contre l'islam. Il avait fait ses premières armes en Espagne comme légat du roi de Castille Alphonse VI, très lié avec l'ordre de Cluny et qui, après s'être fièrement intitulé l'« empereur de l'Espagne tout entière », avait combattu sans trêve, mais avec un bonheur inégal, contre la puissance islamique tout en surveillant de très près les empiétements du pouvoir pontifical dans une péninsule jalouse de son indépendance. Daimbert de Pise s'était acquitté avec un rare brio de cette mission délicate.

L'homme ne manquait pas de solides qualités. Mais

Albert d'Aix, qui l'apprécie peu, en fait un portrait acide, soulignant ses travers avec une évidente délectation. Il nous le peint fort attaché aux biens de ce monde, plus en tout cas qu'il ne sied à un prélat, âpre au gain et d'une grande avarice, n'hésitant pas à s'emplir les poches avec les sommes d'argent envoyées par le roi de Castille au pape Urbain II. Quoi qu'il en fût, l'archevêque avait fermement le désir de s'imposer en Orient, et suffisamment d'expérience et d'entregent pour réussir. Il en avait d'ailleurs acquis les moyens. Et il semble bien que le pape, à la nouvelle de la mort d'Adhémar de Monteil, ait officiellement investi Daimbert de Pise de la légation en Terre sainte.

Dans le courant du mois de septembre, la flotte pisane relâcha en vue de Lattaquié. Le légat fut reçu avec un bel empressement par Bohémond de Tarente, au mieux de sa forme et de ses ambitions. Les Pisans, en froid avec Byzance, entretenaient pour l'heure les meilleures relations avec les principautés normandes d'Italie du Sud et de Sicile, et le maître d'Antioche comptait bien tirer quelques substantiels profits de la bienheureuse arrivée de ces navires marchands.

La ville de Lattaquié, on s'en souvient, était retombée au pouvoir de Byzance. Bohémond de Tarente vit tout de suite le parti qu'on pouvait tirer de la présence de l'armada pisane. Daimbert, qui ignorait totalement les rivalités qui minaient la Syrie, trouvait là une occasion rêvée de battre en brèche l'autorité d'Alexis Comnène. Sa flotte bloqua la ville par mer, et Bohémond compléta l'investissement terrestre. La place était sur le point de se rendre — « deux tours situées sur le bord de mer, écrit Albert d'Aix, avaient déjà été prises » — lorsque Raymond de Saint-Gilles, après ses retentissantes mésaventures devant Ascalon et Arsouf, apparut devant Lattaquié en compagnie de quelques barons sur le point de rembarquer. Toute réflexion faite, cette ville pourrait bien constituer sa dernière chance de se forger en Terre sainte un fief provençal.

Lorsqu'il lui fallut se rendre à l'évidence, le comte de Toulouse fut interloqué. Une fois de plus, il était joué,

coiffé au poteau, humilié, bafoué. Il ne maîtrisa pas sa
colère, après tout assez compréhensible. Au légat qui
venait le saluer et le féliciter « bien humblement » comme
l'un des vainqueurs de Jérusalem, il répondit vertement
qu'il aurait mieux fait de s'occuper de ses propres affaires
plutôt que d'exciter des chrétiens à se dresser les uns
contre les autres. Daimbert tombait de haut. Confus, il
essaya de s'entremettre. Mais Bohémond, intraitable,
refusa d'abandonner le siège.

L'archevêque trancha. Il donna l'ordre à la flotte pisane
de suspendre les opérations. Seul, Bohémond était réduit à
l'impuissance ; heurter de front les armées provençales
était hors de question. Lorsque Raymond de Saint-Gilles
fit avancer ses troupes pour en découdre, le prince
d'Antioche avait fait retraite. Le comte de Toulouse fit son
entrée dans Lattaquié, « toutes bannières déployées et à
son de trompe ». Bientôt, ses couleurs flottèrent sur la
plus haute tour de la ville. Bohémond n'avait pas bougé.

Quelques jours plus tard, à l'instigation de Daimbert de
Pise, les frères ennemis se rencontrèrent à peu de distance
de la ville, en rase campagne, et se promirent « paix et
amitié ». Cette réconciliation forcée, et peu sincère, fixait
les positions de chacun en Syrie du Nord. A Bohémond la
principauté d'Antioche ; à Raymond de Saint-Gilles la
région de Lattaquié et de Tortose, dans la vassalité
d'Alexis Comnène. On laisse à penser quel devait être, en
cette fin d'année 1099, le mépris du Normand pour ce
valet de Byzance.

Quant aux négociants italiens, assez indifférents à ces
tristes rivalités dans la mesure où elles ne nuisaient pas au
grand commerce, ils commencèrent à tisser sans retard
une toile serrée qui, dans les ports du Levant, devait sub-
sister bien longtemps après que se fût dissoute la mainmise politique de l'Occident sur l'Orient...

PÈLERINAGE DE BOHÉMOND ET DE BAUDOUIN

« Dans la cité d'Antioche, Bohémond ayant appris de la bouche de Robert de Flandre, de Robert de Normandie et des autres barons sur le point de rentrer chez eux les nouvelles de la victoire des chrétiens, de la gloire et de l'élévation du duc Godefroy, décida de prendre la route de Jérusalem pour visiter le Sépulcre du Seigneur. »

Il était, en effet, grand temps que Bohémond accomplît son vœu de pèlerinage. Il envoya des messagers à Édesse, auprès de Baudouin de Boulogne qui était dans le même cas que lui, et l'invita à se joindre à la colonne qui se préparait à faire route vers la Judée. Au début du mois de décembre, les deux barons quittèrent la Syrie du Nord en compagnie de l'archevêque Daimbert de Pise, à la tête de « vingt-cinq mille pèlerins, tant chevaliers qu'hommes de pied », selon Foucher de Chartres, qui était du voyage.

Albert d'Aix, toujours attentif à déterrer les obscurs traquenards qui pouvaient menacer les pouvoirs du duc Godefroy de Bouillon, suspecte sans plus attendre les intentions de Bohémond et de Baudouin. Pour le bon chroniqueur, ces soudaines manifestations de piété étaient tapissées de calculs inavouables. Et il dit tout crûment que, sous couvert de religion, le très habile Bohémond n'avait d'autre désir que de flatter les ambitions de Daimbert de Pise, d'éliminer l'avoué du Saint-Sépulcre pour lui substituer le légat et recueillir le moment venu les fruits de ses troubles machinations. La démarche serait bien dans la manière du tortueux et subtil Normand, encore que l'accusation soit unique et qu'en cette matière il soit difficile de sonder les desseins...

Le voyage jusqu'à Jérusalem, au milieu d'un paysage torturé et éprouvant, fut un calvaire. C'était la mauvaise saison. Il fallait pourtant avancer, en un territoire mal contrôlé, parmi les trombes d'eau et les chutes de neige.

Les montures, exténuées, crevaient sur place et de nobles chevaliers furent contraints de poursuivre à pied. Foucher de Chartres nous a laissé une description dantesque de ces journées terribles, qu'il a vécues. Bêtes et gens souffraient mille morts, étaient accablés par le froid et la faim, mais marchaient, transis, le ventre creux, attirés comme par un aimant par cette Ville sainte dont la conquête exigeait tant de sacrifices. Le 21 décembre, enfin, le pèlerinage arrivait devant Jérusalem. On fit aux nouveaux venus un accueil triomphal.

> « Là, s'émerveille l'*Histoire d'Éracles,* furent reçus à moult grande joie du duc et des barons, du clergé et de tout le peuple. Ils visitèrent les lieux saints de la cité avec larmes et à grande douceur de cœur ; ils s'étendaient et laissaient choir dans les églises, mangeaient la terre sur laquelle Notre-Seigneur avait marché ; puis tous ceux de la ville leur firent moult grande joie et moult grande fête. Et quand la haute fête de la Nativité de Jésus-Christ approcha, tous les barons et les prélats partirent de Jérusalem et vinrent à Bethléem ; et là furent au Noël. Moult regardaient volontiers la sainte crèche où le Sauveur du monde fut couché entre les bêtes. Volontiers firent leurs oraisons devant une petite fosse où la douce dame, qui fut vierge après son enfantement, enveloppa d'un drapelet son fils et l'allaita du lait de son pis... »

On imagine la joie de l'avoué du Saint-Sépulcre à retrouver son frère et les anciens compagnons d'armes dont il était séparé depuis tant de mois. Mais, passé ces retrouvailles, il allait falloir se pencher sur le délicat problème canonique que posait le siège patriarcal de Jérusalem. Sitôt éteints les échos des fêtes de Noël, l'archevêque Daimbert de Pise dénonça en effet l'élection d'Arnoul Malecorne, dont il n'eut aucune peine à démontrer le caractère illicite. Dans le même moment, et sans qu'apparemment se fût manifestée la moindre opposition, Daimbert se vit élire patriarche de Jérusalem. Arnoul Male-

corne, aussitôt déposé, devait se contenter du titre d'archidiacre du Saint-Sépulcre qu'il accepta, semble-t-il, avec
beaucoup de rondeur.

Ce que d'aucuns considèrent comme une véritable révolution théocratique était, en fait, dans l'ordre des choses.
Godefroy de Bouillon semble avoir souscrit sans difficulté
à cette élévation qui ne modifiait en rien l'équilibre de la
Terre sainte. L'élection de Daimbert de Pise comblait, aux
yeux du Saint-Siège, le vide canonique qui s'était creusé
depuis la mort d'Adhémar de Monteil.

Albert d'Aix, on l'a dit, y a vu le résultat de manœuvres
souterraines. Bohémond, fort attaché à son indépendance,
ne pouvait que rêver d'une tutelle ecclésiastique au
demeurant fort lointaine. On prétendit qu'il était la che-
ville ouvrière d'un complot. Il en aurait été grassement
récompensé sur des *fonds spéciaux,* en l'occurrence les trésors détournés par le légat en Espagne. Godefroy de
Bouillon lui-même se serait laissé tenter et aurait touché
de substantiels pots de vin : un « bélier en or d'une facture
merveilleuse et divers présents ». Étrange manière, pour le
bon chanoine d'Aix-la-Chapelle, de magnifier son héros !

Toujours est-il que, quelques jours plus tard, l'avoué du
Saint-Sépulcre et Bohémond d'Antioche reçurent bien
humblement du nouveau patriarche l'investiture de leurs
terres respectives. « Ils s'en firent une gloire, souligne
Guillaume de Tyr, parce que le patriarche apparaissait
comme le serviteur du vicaire de Dieu. » On ne voit nulle
part que Baudouin d'Édesse se soit soumis à un pareil
hommage.

Au début du mois de janvier 1100, Bohémond
d'Antioche et Baudouin d'Édesse se préparaient à regagner, avec leur ost, leurs fiefs de Syrie du Nord. Comme
ils avaient manifesté le désir de compléter le pèlerinage,
selon la tradition, en priant sur les bords du fleuve
« où le Seigneur avait été baptisé par Jean », Godefroy de
Bouillon et le nouveau patriarche les accompagnèrent.
Le 5 janvier, « en la vigile de l'Épiphanie », ils arrivèrent
sur les bords du Jourdain où ils se baignèrent avec leur
suite, chevaliers et gens de pied. Après quoi les deux

barons embrassèrent l'avoué du Saint-Sépulcre avant de se séparer, « les larmes aux yeux ». Jamais plus ils ne devaient se revoir.

Godefroy de Bouillon et Daimbert, fort émus, regagnèrent Jérusalem.

UN IMBROGLIO JURIDIQUE

Les événements des dernières semaines et l'élection précipitée de Daimbert de Pise au patriarcat de Jérusalem n'ont cessé de diviser les historiens. La plupart y ont vu une mainmise du pouvoir ecclésiastique sur le pouvoir civil, lointain écho des théories pontificales qui, au même moment, agitaient l'Occident et dont Daimbert de Pise, grégorien convaincu, et Godefroy de Bouillon, ancien protagoniste du conflit, avaient plus de raisons que quiconque de discerner les contours et l'enjeu. René Grousset s'est fait le champion décidé de cette thèse d'un « État de Jérusalem comme patrimoine ecclésiastique ». Il semble que la réalité ait été infiniment plus complexe. Joshua Prawer l'a exposée d'une manière limpide :

> « Les historiens tendent à expliquer cet événement comme une brillante victoire de Bohémond d'Antioche. Bohémond, disent-ils, pouvait sans crainte tenir sa principauté du patriarche de la lointaine Jérusalem, qui n'était pas à même de la lui reprendre, ou de gêner son autorité. Mais Godefroy, lui aussi contraint de le faire à la suite de Bohémond, pour ne pas paraître inférieur à celui-ci en loyauté religieuse, commit, à leur sens, une grave erreur en soumettant au pouvoir ecclésiastique son royaume encore en voie de formation. Dans la même ville de Jérusalem, le pouvoir allait être partagé entre deux chefs, l'un spirituel et l'autre temporel, ce dernier proclamant l'infériorité de son rang, et la dépendance de son royaume à l'égard du chef de l'Église. En fait, il semble bien que la décision de Godefroy résulta

d'une prise de conscience où n'eurent point de part des considérations politiques. Il est impossible d'expliquer ses rapports avec le patriarche par une erreur initiale dont il ne se serait dégagé jusqu'à son dernier jour... »

Il est incontestable, à la lecture des textes, que les croisés ont été présentés comme « les soldats du Christ » et « l'armée de Dieu », et le Sauveur comme « *dux et rector, protector et adjutor* ». Ces mots reviennent à tout propos, comme un leitmotiv, sous la plume d'Albert d'Aix, de Foucher de Chartres, de Guibert de Nogent, de Baudry de Bourgueil, de Raoul de Caen, de Raymond d'Aguilers ou d'Orderic Vital. Les barons, de toute évidence, se considéraient comme tels. Et Jonathan Riley-Smith, dans une étude capitale récente, a justement souligné que la croisade fut « une étape importante dans le développement des théories pontificales du Moyen Age [1] ».

Il est tout aussi probable que Godefroy de Bouillon, dès l'été 1099, s'est considéré, on l'a vu, comme simple avoué du Saint-Sépulcre et, de ce fait, dans la dépendance de la papauté. « Il ne faut pas en déduire, note encore Joshua Prawer, que Godefroy avait l'intention de faire de son royaume un État pontifical gouverné par le patriarche. »

La suite des événements, pourtant, laisserait volontiers s'accréditer l'idée contraire. Au début du mois de février, Godefroy de Bouillon promit de remettre à Daimbert le quart de la ville de Jaffa, ce qui devait avoir pour effet une expansion commerciale foudroyante des Pisans en Terre sainte. Quelques semaines plus tard, lors des fêtes pascales, l'avoué du Saint-Sépulcre profita du fait qu'un nombre considérable de pèlerins s'étaient réunis à Jérusalem pour promettre au patriarche Jaffa tout entière, mais aussi la Ville sainte elle-même, « avec la Tour de David »,

---

1. « The first crusade and St. Peter », in *Outremer, Studies in the history of the Crusading Kingdom of Jerusalem*, Yad Izhak Ben-Zvi Institute, Jérusalem, 1982, p. 63.

s'indigne Guillaume de Tyr. Il avait donné ainsi la plus large publicité possible à cette étonnante donation.

Daimbert de Pise, dans une lettre célèbre écrite à Bohémond d'Antioche en un moment où ces fiefs lui seront contestés, exposera par le menu ces faits de notoriété publique, en les tournant à son avantage. Il fera de la donation un acte de soumission, et de l'avoué du Saint-Sépulcre son vassal. Après quoi il montre le bout de l'oreille en révélant au prince d'Antioche que Godefroy de Bouillon, lors de ces mêmes fêtes de Pâques 1100, avait soumis sa promesse à une condition expresse : que sa conquête s'étendît à l'Égypte et aux autres villes de la région.

De toute évidence, Godefroy de Bouillon, avoué du Saint-Sépulcre, « ne se considérait pas comme prince de Jérusalem seulement, mais de Jérusalem et de toutes les futures conquêtes des croisés ». Quant à la remise de Jaffa et de Jérusalem, elle s'inscrivait assez naturellement dans le cadre des traditions féodales les mieux établies en Occident et qui étaient sur le point de s'implanter en Palestine. Godefroy, en qualité de prince temporel, se devait de remettre au patriarche, incarnation du spirituel, les domaines qui lui permissent de remplir sa charge avec suffisamment de dignité et de prestige. L'autorité ecclésiastique, on l'a vu en Basse-Lotharingie, ne se concevait guère séparée de pouvoirs séculiers et de fiefs étendus. Ainsi en devait-il aller en Terre sainte.

Que la frontière de l'un et l'autre pouvoirs fût mal assurée ; que de ces divergences quant à « l'honneur de Dieu » naquissent de redoutables contestations ; que le patriarche, fort imbu de ses droits, fît tout pour accroître l'étendue et les assises de son influence, c'était dans la nature des choses. Mais, dans cette lutte pour une primauté par trop séculière, l'Église devait avoir le dessous.

REDDITION D'ARSOUF

Ces luttes d'influence où se jouait l'avenir des structures politiques de l'Orient latin n'empêchaient pas l'avoué du Saint-Sépulcre de faire son devoir et de veiller sur cette terre encore si fragile. La victoire des croisés sur les troupes fatimides sous les murs d'Ascalon avait éloigné l'orage. Pour combien de temps ? L'échec des Francs devant Arsouf ne montrait que trop les faiblesses de la présence occidentale en Terre sainte.

Aussitôt après le départ de Bohémond et de Baudouin, Godefroy de Bouillon saisit l'occasion de la présence à Jaffa des navires et des marins pisans venus dans le sillage de Daimbert pour affirmer l'implantation des croisés dans ce port essentiel à la survie de Jérusalem. La flotte égyptienne, encore sous le choc de la défaite d'al-Afdal, avait vidé les lieux. Mais tout laisse à penser que, la place d'Ascalon étant intacte, ce calme inhabituel ne se perpétuerait guère.

Dans le courant du mois de janvier, Godefroy partit donc pour Jaffa où il entreprit, avec l'aide des Pisans déjà installés dans la place, de reconstruire les murailles de la ville. Il donna aussi des ordres pour qu'on améliorât les installations portuaires et qu'on équipât la cité des infrastructures nécessaires à son essor économique et de foyers d'accueil pour les négociants et les pèlerins.

Mais le principal de ses soucis demeurait pourtant Arsouf, à quelques lieues plus au nord, menace permanente qui immobilisait toujours, autour de Ramla, une garnison puissante qu'on aurait pu, avec davantage de profit, utiliser ailleurs. Depuis bientôt deux mois, une centaine de chevaliers et deux cents fantassins menaient une guerre d'usure et saccageaient les environs d'Arsouf dans l'espoir de vaincre la résistance d'une population apeurée et, espérait-on, bientôt affamée et réduite à merci.

La mauvaise saison émoussa-t-elle la combativité des escadrons stationnés dans Ramla ? Les habitants d'Arsouf, surpris de voir la cavalerie franque soudain moins vigilante, crurent-ils que leur persévérance avait lassé leurs adversaires ? Toujours est-il que, dans le milieu du mois de février, les paysans s'enhardirent à quitter la forteresse d'Arsouf, s'égaillèrent dans les terres alentour et se mirent à vaquer à leur affaires en toute quiétude, qui dans sa vigne, qui dans son champ.

Un habitant d'Arsouf, inquiet des suites possibles d'une telle provocation pour la ville tout entière, se précipita vers Jérusalem et, dans l'espoir de s'attirer les bonnes grâces de Godefroy lui révéla d'un trait cette anomalie dont ne semblait pas s'inquiéter la garnison de Ramla. Poussant la trahison jusqu'à son terme, le transfuge indiqua le moment favorable à un rezzou de grande envergure.

L'avoué du Saint-Sépulcre sauta sur l'occasion et dépêcha vers Ramla un commando de quarante chevaliers armés jusqu'aux dents. Au jour dit, alors qu'un grand nombre de Sarrasins travaillaient dans leurs plantations, l'armée franque fit irruption et sabra sans pitié tout ce qui bougeait. « Plus de cinq cents personnes furent ainsi laissées pour mortes sur le terrain, le nez, les mains et les pieds coupés ; quant aux vainqueurs, ils firent prisonniers les femmes et les enfants, qu'ils envoyèrent jusqu'à Jérusalem. »

Terrorisée, la population envoya une délégation au calife fatimide du Caire, le suppliant d'acheminer sans retard des renforts avant qu'il ne soit trop tard. Au début du mois de mars, un contingent de cent chevaliers arabes et de deux cents mercenaires africains débarqua dans Arsouf et établit, à l'extérieur des remparts, une ligne de défense.

Godefroy de Bouillon, aussitôt alerté, prit lui-même la tête de l'ost franc et vint prendre position autour de la ville. Une tentative des renforts égyptiens pour rompre le front ennemi se solda par un désastre, et l'avoué du Saint-Sépulcre put retourner dans la Ville sainte « avec les chevaux et les dépouilles des vaincus ».

Une seconde opération, conduite par Garnier de Grez et Robert d'Apulie, anéantit les dernières résistances de la

ville. Les rares survivants du corps expéditionnaire fatimide s'enfuirent en Égypte où ils furent accueillis fraîchement. Les habitants d'Arsouf, désespérés, se résolurent à
traiter. Ils firent remettre à Godefroy de Bouillon « les
clés des portes et des tours » et s'engagèrent à payer un tribut dont l'avoué laissa jouissance à Robert d'Apulie.

RAPPROCHEMENT AVEC LES ÉMIRS ARABES

La capitulation d'Arsouf, après la mise en œuvre des
fortifications de Jaffa, résonna dans toute la région
comme le glas de l'influence fatimide sur les côtes de
Palestine. Les émirs du littoral ne voyaient pas sans
inquiétude les arrivées de navires en provenance d'Occident, qui déversaient dans les ports sous contrôle franc les
marchandises les plus diverses et des pèlerins dont le nombre, au fil des mois, promettait d'aller croissant. Les
musulmans, constate naïvement Albert d'Aix, étaient
« tristes et dolents » devant cet inquiétant transfert de
richesses. Pour échapper à cette asphyxie, ils étaient prêts
à toutes les concessions.

Les émirs arabes d'Ascalon, de Césarée et d'Acre, qui
ne se faisaient pas la moindre illusion sur la volonté de
résistance de l'Égypte fatimide, prirent sur eux d'entrer en
contact avec l'avoué du Saint-Sépulcre. Albert d'Aix nous
a laissé le texte, évidemment apocryphe, du message des
trois gouverneurs. Il ne manque pas de saveur :

> « Les émirs d'Ascalon, de Césarée et d'Acre au duc
> Godefroy, salut. Nous te supplions, prince très glo-
> rieux et magnifique, de permettre à nos citoyens de
> sortir, pour vaquer à leurs affaires, en sécurité et en
> paix. Nous t'envoyons dix chevaux et trois mulets,
> vigoureux et de toute beauté. Et chaque mois, nous te
> fournirons, à titre de tribut, la somme de cinq mille
> besants. »

A Jérusalem, cette proposition fut accueillie comme une bénédiction. De toute évidence, les croisés n'avaient pas les moyens de réduire de vive force la résistance des places côtières musulmanes. Avec habileté, ils profitèrent des circonstances sur lesquelles ils n'avaient que peu de prise (la croissance du grand commerce et le flux migratoire) pour consolider vaille que vaille et améliorer leurs positions. Pragmatique, Godefroy de Bouillon accorda aux émirs ce qu'ils demandaient. Moyennant le tribut proposé et la fourniture de vivres tels que « blé, vin, orge ou huile », les musulmans auraient toute latitude de poursuivre, comme par le passé, leurs transactions commerciales, y compris avec leurs coreligionnaires. Le futur royaume avait tout à y gagner.

A en croire Albert d'Aix, les relations de bon voisinage ne s'en tinrent pas là. « Des princes arabes ayant eu connaissance de la réputation très glorieuse du duc » manifestèrent le désir de commercer eux aussi librement avec Jérusalem et Jaffa. « Et il en fut ainsi. » De partout affluèrent vers les villes franques « des troupeaux, des bœufs, des brebis et des chevaux, des étoffes et du ravitaillement, ainsi que toute sorte d'autres produits que les musulmans vendaient aux chrétiens au plus juste prix. De la sorte, grande était la joie dans le peuple ». Les relations, momentanément interrompues, reprenaient de plus belle.

Seul demeura interdit (sans doute sous la pression des armateurs italiens) le trafic maritime entre la Terre sainte et le reste du monde islamique. « Tout navire en provenance d'Alexandrie, de Damiette ou d'Afrique du Nord était immédiatement arraisonné, son équipage arrêté et sa cargaison saisie. Les musulmans, précise Albert d'Aix, procédaient de même : le traité de paix n'avait d'existence que sur la terre ferme. » Un temps viendrait où les croisés et les marchands italiens verraient les choses avec d'autres yeux...

Une conséquence inattendue de ces accords fut la réapparition à Jérusalem de ce pauvre Gérard d'Avesnes qui avait dû supporter, pendant le siège d'Arsouf, les tribulations qu'on sait. Le malheureux jeune homme, après la retraite des troupes franques, avait été expédié en très mauvais point vers Ascalon. Après la convention qui liait désormais l'émir à l'avoué du Saint-Sépulcre, on n'avait plus de raison majeure de conserver cet otage. L'émir fit revêtir à Gérard d'Avesnes des vêtements précieux, lui donna un bon cheval et lui rendit la liberté. Le chevalier n'avait apparemment pas gardé rancune à Godefroy de sa fermeté. L'avoué l'accueillit avec des transports de joie et, pour le récompenser de son courage, l'investit du château de Saint-Abraham, à Hébron, « dont les revenus se montaient à cent marcs ».

Il semble bien que, progressivement, quelques contacts se soient noués entre les barons francs et l'aristocratie locale de l'arrière-pays. Sans doute faut-il y voir, plutôt qu'une impossible sympathie, des tentatives d'accommodement nées d'une implacable nécessité.

L'émigration de nombreux autochtones vers les régions non occupées montre surabondamment que la situation nouvelle ne pouvait qu'être génératrice de tensions et de solides rancœurs. Guillaume de Tyr, qui écrit trois quarts de siècle plus tard, en un temps où les relations entre les deux communautés étaient, du fait des circonstances, devenues plus régulières (encore que jamais l'Islam ne se soit départi d'un mépris de fer envers ces Francs que, dans l'ensemble, il tient toujours pour des barbares), nous a laissé quelques scènes attendrissantes où il exalte le respect, mêlé de crainte et d'étonnement, des notables musulmans envers l'avoué du Saint-Sépulcre.

Pendant le siège d'Arsouf, raconte-t-il, se passa un événement « digne d'être rapporté ». Les chefs des communautés de Samarie descendirent de leurs montagnes les bras chargés de pain, de vin, de figues et de raisins secs, et demandèrent à être introduits auprès du duc pour lui en faire l'hommage. Sitôt en sa présence, ils furent frappés par la tenue modeste du chef de l'armée franque et du peu d'apparat qui l'entourait. Godefroy de Bouillon était assis à même le sol, avec pour tout siège un sac garni de paille. Interloqués, ils firent observer que cette attitude d'humilité convenait mal à son état. « Aucun signe qui le distin-

guât de ses subordonnés, pas de tapis, aucune tenture de
soie autour de lui comme il sied à un roi, pas de gardes du
corps... » L'avoué du Saint-Sépulcre, s'étant fait traduire
leurs remarques, se contenta de répondre : « La terre n'est-
elle pas un siège suffisant pour un homme dont elle doit
être, après sa mort, la demeure éternelle ? »

L'affaire fit, paraît-il, grand bruit et, « par la suite on la
raconta et on s'en émerveilla jusqu'aux confins les plus
lointains de l'Orient ».

CHAPITRE XI

Une fin

Il importait de maintenir la cohésion de cette « conquête » dont, malgré soi, on constatait dorénavant les développements inattendus. Au sud, les hommes de Godefroy de Bouillon avaient étendu leur pouvoir des confins de la Samarie et des rives du Jourdain aux montagnes qui cernent le versant occidental de la mer Morte. On a vu l'avoué du Saint-Sépulcre confier à Gérard d'Avesnes la place d'Hébron, à égale distance de Jérusalem et d'Engaddi. Plusieurs places côtières payaient maintenant tribut et participaient, bon gré mal gré, à l'approvisionnement des occupants. Tancrède, avec une troupe dérisoire réduite à quelques dizaines de chevaliers, avait soumis la région de Nazareth et les abords du lac de Tibériade.

Insatiable, le prince de Galilée avait jeté son dévolu sur les plaines qui bordaient à l'est les rives du lac de Tibériade et que les chroniqueurs appellent « la terre de Suète ». L'entreprise était périlleuse. La région relevait d'un des vassaux de Duqaq, roi de Damas. Cet émir avait une stature telle et des manières à ce point frustes que les croisés l'avaient affublé du sobriquet de « gros paysan ».

Le musulman, surpris, avait fait sa soumission du bout des lèvres puis, revenant à une meilleure appréciation de la situation et comptant sans doute sur le soutien de son seigneur, avait brusquement secoué le joug. Tancrède, ne pouvant s'opposer avec ses seules forces à un front dont il avait tout lieu de redouter la profondeur, fit appel à l'avoué du Saint-Sépulcre dans le courant du mois de mai 1100. Il avait toutes raisons de se fier à la loyauté du duc en pareille matière : peu avant Noël, Godefroy de Bouillon n'avait pas hésité à monter en Galilée et à aider Tancrède à renforcer les murailles de Tibériade. Huit jours plus tard, il était sur les lieux « avec une troupe de deux cents chevaliers et de mille hommes de pied, ravagea la terre de Suète, faisant brûler les villages, trucider les uns et réduire les autres à la captivité. Pendant une semaine, raconte Albert d'Aix, toute la contrée fut livrée à l'incendie et au massacre... »

Le « gros paysan », plus madré apparemment qu'on se plaisait à l'imaginer, ne céda pas à ces terribles pressions et fit appel à Duqaq. Le roi de Damas, qui avait toutes les raisons de redouter l'expansion des conquêtes franques — les portes de Damas étaient à moins de cent kilomètres de la zone des combats —, lui envoya sur-le-champ un corps expéditionnaire de cinq cents cavaliers turcs. Ils contre-attaquèrent au moment précis où les croisés, gorgés de butin, saouls de carnage, abandonnaient sans méfiance les terres qu'ils venaient de réduire à merci. Les musulmans se ruèrent sur l'arrière-garde : une centaine de chevaliers commandés par Tancrède.

Les Francs, submergés, eurent le dessous. Le prince de Galilée lui-même n'en réchappa que de justesse. Godefroy de Bouillon, qui poursuivait sa route sans rien savoir de la tragédie qui se déroulait non loin de là, n'apprit la défaite de son lieutenant qu'au milieu de la nuit suivante, lorsque des survivants hébétés l'eurent rejoint à son bivouac. L'avoué donna immédiatement l'ordre de prendre l'armée ennemie en chasse. Pendant des heures, on battit la campagne. En vain. La cavalerie turque s'était volatilisée.

Godefroy de Bouillon, après cet échec, retourna à Jérusalem. Tancrède, lui, après quelques jours de repos à Tibériade, regagna la terre de Suète « avec six cents soldats » (chevaliers et fantassins), bien décidé à venger cette humiliation. Il dirigea de nouveau la razzia et l'étendit. Les musulmans, de plus en plus inquiets, se résolurent à demander la paix. Le gouvernement damasquin et le « gros paysan » offrirent au prince de Galilée et à Godefroy des présents magnifiques : une grande quantité d'or et d'argent et des tissus de pourpre.

L'affaire aurait pu en rester là. Mais Tancrède, dévoré d'ambition, commit l'imprudence d'envoyer auprès de Duqaq une délégation de six chevaliers « très habiles et expérimentés » pour sommer le roi de Damas d'abandonner sa capitale et de se faire chrétien. « Auquel cas on verrait à lui procurer une terre digne de lui. Dans le cas contraire, il devait savoir qu'il lui serait impossible de conserver l'amitié de Tancrède, ni pour de l'or, ni pour de l'argent. » Duqaq, outré de cette proposition humiliante et sans exemple, se mit dans une colère noire. Il fit arrêter aussitôt les six ambassadeurs. L'un d'eux, vert de peur, se convertit sur-le-champ à l'islam. Les cinq autres, tant la cause était évidente, furent décapités sans autre forme de procès.

Cette étonnante histoire, assez invraisemblable et sur laquelle il convient d'émettre les plus expresses réserves (Albert d'Aix est d'ailleurs le seul chroniqueur à en faire état), bénéficia d'une publicité tapageuse et, en tout cas, ranima d'emblée le conflit. Godefroy de Bouillon, accouru à la rescousse, se rua avec Tancrède sur cette terre de Suète déjà ravagée par deux fois. Quinze jours durant, les troupes franques passèrent la région au peigne fin, sans que personne ne s'opposât à ce raid sauvage. Le « gros paysan », maintenant isolé, n'avait d'autre ressource que de reconnaître l'autorité de Tancrède. *Volens nolens,* conclut Albert d'Aix, il lui fallut payer tribut.

Il semble bien que les accords s'étendirent jusqu'au royaume de Damas. Ekkehart d'Aura, un Allemand arrivé en Palestine en 1101, attestera des relations politiques et commerciales suivies avec le territoire damasquin. Duqaq, en froid avec ses voisins immédiats, avait tout intérêt à cultiver l'amitié franque. Cette attitude, à première vue surprenante, devait être, pendant des décennies, l'une des constantes de la vie politique au Moyen-Orient.

UN MAL MYSTÉRIEUX

Sitôt après avoir réglé cette question, Godefroy de Bouillon décida de rentrer à Jérusalem par la route du littoral. Après être passé par Naplouse et avoir traversé la plaine d'Esdrelon, il arriva devant Césarée où l'émir, depuis peu soumis lui aussi à tribut, vint à sa rencontre. L'entrevue, aux dires d'Albert d'Aix, fut des plus cordiales. L'émir proposa à Godefroy de partager son repas. L'avoué du Saint-Sépulcre refusa toute nourriture et se contenta de sucer un cédrat (*citrus medica*, une sorte de gros citron qu'on cultivait abondamment dans la plaine de Saron où les Juifs, semble-t-il, l'avaient acclimaté au retour de leur exil babylonien). Godefroy prit à se rafraîchir ainsi le plus vif plaisir.

« Peu de temps après, il fut saisi d'une grave maladie. » Albert d'Aix n'en dit pas davantage. Certains commentateur, sollicitant à l'extrême le texte du chroniqueur, se sont laissé aller à établir entre les deux événements un lien de cause à effet et à accuser l'émir de Césarée d'un lâche empoisonnement. Rien ne permet de soutenir cette thèse. Ekkehart d'Aura, sur les lieux quelques mois après le drame, n'en dit rien. Guillaume de Tyr, bien informé, n'aurait pas manqué de relever cette perfidie, et se contente de noter les progrès rapides d'un mal implacable. Quant à Foucher de Chartres, il est muet.

Peut-être Godefroy de Bouillon ressentit-il les premières atteintes du mal qui devait l'emporter avant même son arrivée devant Césarée, ce qui expliquerait son refus de toucher à quelque nourriture que ce soit, répugnance qui en toute autre circonstance n'aurait pas manquer d'offenser gravement son hôte musulman.

Toujours est-il que l'avoué du Saint-Sépulcre était au plus mal lorsqu'on apprit qu'une puissante flotte vénitienne devait relâcher dans le port de Jaffa. Godefroy de Bouillon savait trop le prix qu'il fallait attacher à ces débarquements de pèlerins pour ne pas désirer se porter lui-même à leur rencontre. C'est un homme brisé, méconnaissable, qui fit son entrée dans Jaffa à la mi-juin. On le conduisit dans une maison qu'il venait de s'y faire construire, à l'abri des regards indiscrets et des importuns. D'heure en heure ses maux ne faisaient que croître. Le malheureux était dévoré de fièvre.

« Quatre de ses parents, racontera Albert d'Aix, l'assistaient. Les uns lui réchauffaient les pieds, les autres l'aidaient à appuyer sa tête sur leur poitrine. Navrés de le voir tant souffrir, ils ne pouvaient retenir leurs larmes et redoutaient de perdre ce prince illustre dans un exil si lointain. »

Lorsque les Vénitiens apprirent la gravité de l'état de Godefroy de Bouillon, ils laissèrent éclater leur désespoir et demandèrent avec insistance à être admis à son chevet. On les comprend : avides de damer le pion aux Pisans déjà solidement implantés sur le littoral palestinien, ils redoutaient une brutale disparition du seul baron qui eût le pouvoir de leur accorder quelques substantiels privilèges commerciaux.

« Venise est une ville de marchands, a récemment souligné le professeur Guido Perocco : pour elle, chaque guerre, chaque entreprise, quelque héroïque et idéale qu'elle soit, comporte une dimension économique dans le tissu varié et multiforme de la réalité politique. C'est cette inclination qui porta Venise sur les mers de l'Orient, dans une direction constante, déterminée par son intuition mercantile. »

Dans ces conditions, on conçoit l'inquiétude que pouvait susciter ne serait-ce que la perspective d'un changement du personnel politique de l'État naissant. Le doge, l'évêque de Venise et quelques membres de l'aristocratie furent enfin admis à faire visite à l'avoué du Saint-Sépulcre. Sitôt introduits auprès du malade, « ils lui offrirent des présents admirables, des vases d'or et d'argent, des tis-

sus de pourpre et des vêtements de luxe ». Godefroy de
Bouillon, ému par ces marques de courtoisie, remercia ses
visiteurs mais les invita bientôt à regagner leurs vaisseaux.
Dès le lendemain, si l'état de sa santé le lui permettait, il
leur rendrait bien volontiers leur visite, se présenterait en
personne à tous ces pèlerins qui manifestaient avec tant
d'insistance le désir de voir le vainqueur de Jérusalem et
saisirait cette occasion pour examiner leurs requêtes
concernant leurs établissements de Terre sainte.

Dès la nuit suivante, l'infection fit des progrès fou-
droyants qui rendirent caduc le désir de Godefroy d'aller
saluer les pèlerins vénitiens. Bien plus, le duc ne pouvait
plus supporter l'agitation qui s'était emparée de Jaffa, les
rumeurs qui montaient de cette ville soudain surpeuplée,
les bruits du port où s'activaient marchands, intermédiaires, dockers et calfats. Il donna à ses proches l'ordre
de le transporter au plus vite vers Jérusalem [1].

Décontenancées, les autorités vénitiennes le suivirent
dans la Ville sainte. L'avoué du Saint-Sépulcre, terriblement diminué, confia à son compagnon de toujours, Garnier de Grez, et à Tancrède, accouru dès l'annonce de
cette maladie qui pouvait se révéler fatale, le soin de négocier avec les Vénitiens. Il fallait à tout prix utiliser ces renforts tout frais débarqués pour consolider, et si possible
accroître, les possessions franques en Orient.

Les négociations furent âpres, à la mesure de l'enjeu. La
flotte, indispensable pour venir à bout des villes côtières,
pesa de tout son poids sur l'issue des négociations. Venise

1. Les textes ne disent rigoureusement rien du mal dont devait mourir
l'avoué du Saint-Sépulcre et se contentent d'employer, comme dans la
plupart des cas similaires, des expressions stéréotypées : « aegrotare »,
« infirmitas », etc. Les circonstances de la mort de Godefroy de Bouillon
étaient à ce point mal connues qu'Ibn al-Athir notera que « le roi des
Francs de Syrie et seigneur de Jérusalem... fut atteint d'une flèche pendant le siège d'Acre et en mourut ». Toutes les sources musulmanes rapportent que le duc mourut au combat. Ne disons rien des versions fantai-
sistes qui émaillent les œuvres littéraires postérieures. Les historiens,
gens prudents, parleront de « peste », d' « épidémie », ce qui n'est guère
plus explicite. Dans ces conditions, il serait vain d'accumuler d'autres
hypothèses.

acceptait de s'engager au côté des Francs pour un temps
très court : sept semaines, du 25 juin au 15 août 1100.
Cette aide, indispensable, devait être lourdement payée.
De chaque ville conquise, les Vénitiens réclamèrent un
tiers, le reste étant laissé à la disposition des chrétiens déjà
implantés en Terre sainte. Ils devaient de surcroît bénéficier de privilèges commerciaux qui leur permissent de
concurrencer les Pisans, d'immunités diverses et d'une
franchise complète des impôts sur tout le territoire des
États chrétiens d'Orient. Un consul représenterait de
façon permanente le gouvernement de la Sérénissime en
Palestine (le premier fut Teofilo Zeno). L'accord fut
conclu dans la cité de Jaffa, à la fin du mois de juin 1100.
Godefroy de Bouillon le ratifia quelques jours plus tard, à
Jérusalem. Ce devait être son dernier acte politique [2].

L'armée commandée par Tancrède et le patriarche
Daimbert de Pise se réunissait autour de Jaffa pour marcher sur Caïffa, à quelques lieues au nord de Césarée,
lorsque Garnier de Grez apprit que son seigneur était
à l'agonie. Il chevaucha à bribe abattue jusqu'à Jérusalem.

Godefroy de Bouillon savait maintenant qu'il allait
mourir. « Il confessa ses péchés avec un vrai repentir et en
versant des larmes, communia au corps et au sang du Seigneur. Après quoi, protégé par ce bouclier spirituel, il fut
enlevé à la lumière de ce monde. » C'était le 18 juillet
1100, un an presque jour pour jour après la prise de Jérusalem. Il avait quarante ans, ou environ.

Albert d'Aix, sacrifiant une fois encore à l'émotion,
nous décrit la douleur qui, ce jour-là, étreignit la Terre
sainte tout entière : « Tous les chrétiens, Français, Italiens,
Syriens, Arméniens, Grecs, et même les infidèles, Arabes

2. Nous ne disons rien des institutions du « royaume latin de Jérusalem » sous Godefroy de Bouillon, dont on ignore tout, non plus que des
fameuses « assises et usages que l'on deut tenir et maintenir et user au
royaume de Jérusalem », rédigés beaucoup plus tard. Quant aux trois
actes de l'avoué du Saint-Sépulcre en faveur des Hospitaliers, ils sont
tous faux, ainsi que l'a récemment démontré Georges Despy.

et Sarrasins, pleurèrent la mort de cet athlète du Christ... »
Le mot fera fortune.

La mort de Godefroy de Bouillon, survenue si tôt après
les débuts de la conquête, semble avoir pris tout le monde
de court. Il fallut quatre jours pleins pour qu'on trouvât et
aménageât un emplacement digne de recevoir la dépouille
du premier prince latin de Jérusalem. Assez logiquement,
on choisit le Saint-Sépulcre. Le 23 juillet, on déposa son
corps, sans doute cousu dans un cuir de bœuf, comme
c'était la coutume à l'époque, ou enveloppé dans une
étoffe précieuse, dans un sarcophage rectangulaire qu'on
posa à même le sol, « sous le lieu du calvaire », dans la
chapelle d'Adam qui servait de vestibule au Golgotha.

Dans la première moitié du XIIᵉ siècle, on compléta ce
sobre monument en le surmontant d'un bloc de pierre
taillé en forme de prisme triangulaire allongé, porté par
quatre fines colonnettes torses. Une croix pattée ornait les
deux tympans. La disposition générale de cette sépulture
nous est exactement connue par une planche gravée dans
le fameux ouvrage de G. Zuallardo : *Il devotissimo viaggio
di Gerusalemme,* publié à Rome à la fin du XVIᵉ siècle, qui
représente clairement l'épitaphe gravée sur les côtés du
prisme, inscription qui devait être lue par tous les pèlerins
jusqu'au début du XIXᵉ siècle :

HIS IACET INCLITVS GODEFRIDVS
DE BVLLON QVI TOTAM ISTAM
TERRAM ACQVISIVIT CVLTVI
CHRISTIANO CVIVS ANIMA
CVM CRISTO REQVIESCAT. AMEN[3].

3. Ces cinq lignes, d'une belle sobriété, n'ont pas eu l'heur de plaire à
tout le monde. Plusieurs se sont livrés sur ce thème à des exercices de
style assez pompeux. Les *Gesta Francorum Iherusalem expugnantium* y
vont de leur épitaphe, en hexamètres léonins :

*Francorum gentis Syon loca sancta petentis
Mirificum sidus, dux hic recubat Godefridus,
Aegypti terror, Arabum fuga; Persidis error;
Rex licet electus, rex noluit intitulari*

(Ici repose l'illustre Godefroy de Bouillon, qui conquit tout ce pays à la religion chrétienne. Que son âme repose avec le Christ. Amen.)

Nec diademari, sed sub Christo famulari.
Ejus erat cura Syon sua reddere jura,
Catholiceque sequi sacra dogmata juris et aequi ;
Totum scisma teri circa se jusque foveri.
Sic et cum superis potuit diadema mereri,
Militiae speculum, populi vigor, anchora cleri.

Pour autant qu'on puisse traduire : « Du peuple des Francs, de Sion à l'assaut des lieux saints, merveilleux astre, le chef repose ici : Godefroy, terreur de l'Égypte, déroute des Arabes, panique de la Perse ; bien que choisi comme roi, il ne voulut pas être appelé roi ni recevoir le diadème, mais servir sous le Christ. Sa tâche fut de rendre à Sion ses droits et en tout lieu d'appliquer les saints décrets du droit et de l'équité, de détruire jusqu'à la racine toute sédition et autour de lui de faire rayonner la justice. C'est ainsi qu'avec les puissances d'en haut, il put obtenir le diadème, miroir du soldat, force du peuple, ancre de l'Église. »

Foucher de Chartres ne résiste pas davantage à composer une épitaphe de son cru :

Ad caput hoc anni post captam urbem,
Ad meriti cumulum Dominus tibi, dux Godefride,
Contigit hoc regnum. Sed tempore non diuturno
Te perfunctus eo, natura dante ruisti.
Orto sole semel sub fervescente Leone,
Aethera scandisti laetans, Michaele levante.

On sait que l'incendie de la nuit du 11 au 12 octobre 1808, qui ravagea la basilique du Saint-Sépulcre, laissa intact le tombeau de Godefroy de Bouillon dont, jusqu'à cette époque, « les pèlerins ne regardaient ni ne lisaient jamais les inscriptions qu'avec respect », au témoignage d'un voyageur de ce temps. En mars 1809, le clergé grec obtint du sultan ottoman Mahmoud II un firman qui l'autorisait à procéder à la restauration de l'édifice qui fut confiée à un certain Comninos, architecte de Mytilène, notoirement incompétent. Il se livra, en un temps record, à une « restauration goujate » et s'empressa de faire raser « tout vestige compromettant », en l'occurrence les témoins les plus précieux de la présence latine en Orient. Le grand archéologue Mauss constatera que « le nom de ce Grec moderne mérite d'être placé à côté de celui d'Érostrate » qui, pour se faire un nom, avait mis le feu à l'Artémision d'Éphèse et dont une loi défendit bientôt qu'on prononçât le nom...

LA SUCCESSION

La mort de l'avoué du Saint-Sépulcre creusait un vide que le patriarche Daimbert avait hâte de remplir. Le siège de Caïffa mené à son terme — la ville se rendit, en effet, à Tancrède, après de peu glorieuses péripéties, à la fin du mois d'août —, les principaux barons avaient les mains libres pour jouer le jeu de la succession.

Daimbert de Pise qui, dans sa lettre à Bohémond d'Antioche citée plus haut, faisait état des dispositions qu'aurait prises en sa faveur le défunt sur son lit de mort, fit tout pour instaurer la principauté ecclésiastique qu'avait toujours refusée Godefroy. Et d'appeler le prince d'Antioche à la rescousse. Si jamais ce message parvint à son destinataire, il ne pouvait plus être d'aucun effet. Le terrible soldat qui, depuis plus d'un an, se taillait avec succès autour d'Antioche un État digne de lui et sans proportion aucune avec les promesses d'Alexis Comnène, venait de lancer une offensive de grande envergure dans le bassin du Haut-Euphrate. Le 15 août 1100, le prince et son cousin, Richard de Salerne, avaient été encerclés et proprement capturés devant Mélitène, avec cinq cents de leurs chevaliers, par Ghazi Gumustekin, émir de Siwas en Cappadoce. Bohémond avait été chargé de chaînes et enfermé dans la lointaine citadelle de Niksar, au cœur de l'émirat danishmendite.

Daimbert, sur place, se heurtait, à l'opposition farouche des barons lotharingiens dont le chef incontesté était le fidèle Garnier de Grez. Dès la mort de son seigneur, Garnier s'était rendu maître de la Tour de David et avait donné l'ordre d'en renforcer les défenses. Cet acte, qui faisait du parti lorrain l'arbitre de la situation, sonnait comme un défi. Mais l'entreprenant baron ne survécut guère à ce coup de force : il mourut trois jours après les funérailles de Godefroy de Bouillon. On déposa son corps sous le portique de la basilique de Sainte-Marie, dans la vallée de Josaphat[4].

Cette disparition soudaine, qui faisait figure de jugement de Dieu, renforça pendant un temps la position du patriarche. Les seigneurs lotharingiens, eux, étaient plus vigilants que jamais. On trouvait pêle-mêle, bien décidés à conserver le pouvoir entre les mains de la famille de Boulogne et d'Ardenne à laquelle ils devaient leur fortune, des féodaux aussi différents que Gaudemar Carpinel (à qui, disait-on, le duc défunt avait promis la seigneurie de Caïffa), Raoul de Mouzon, Godefroy et Matthieu, respectivement chambellan et écuyer de l'avoué du Saint-Sépulcre, Wiric le Flamand, à qui s'était joint d'enthousiasme l'archidiacre Arnoul Malecorne que Daimbert de Pise avait prestement évincé du patriarcat. Robert, évêque de Ramla, s'était lui aussi rallié à la cause lotharingienne.

Sans plus attendre, ils envoyèrent à Baudouin de Boulogne, en Syrie du Nord, un message dont la substance nous a été conservée par Albert d'Aix. C'était tout à la fois un faire-part assez laconique et une invitation pressante à s'emparer de la place devenue vacante.

« Les chevaliers et les seigneurs du royaume de Jérusalem qui jusqu'à présent ont servi sous les ordres du duc très chrétien te saluent au nom de Jésus-Christ... et te font savoir que ton frère Godefroy, duc et seigneur de Jérusalem, a été soustrait à la lumière de ce monde. C'est pourquoi ils t'invitent unanimement à venir sans délai, à assumer les pouvoirs qu'exerçait ton frère et à t'asseoir sur le trône. Ils se sont mis d'accord pour n'accepter personne d'autre que son frère ou quelqu'un de son sang, en raison de son incomparable bonté, de sa largesse et du serment qu'ils ont prêté de ne souffrir jamais

4. Ce monastère, fondé après la prise de Jérusalem, accueillit « les religieux que Godefroy de Bouillon avait amenés d'Occident ». Voir Guillaume de Tyr, IX, 9 et H. F. Delaborde : « Chartes de Terre sainte provenant de l'abbaye de N.-D. de Josaphat », *Bibliothèque des écoles françaises d'Athènes et de Rome*, fasc. 19, Paris 1880.

GODEFROY DE BOUILLON

qu'un étranger gouvernât et s'assît sur le trône de Jérusalem. »

A la mi-septembre, la délégation rejoignit enfin Baudouin d'Édesse. Foucher de Chartres, assez mauvaise langue, observe que le comte « pleura un peu la mort de son frère, mais se réjouit bien davantage de l'héritage ». Quoi qu'il en fût, son parti était pris. Lui qui, avec une habileté consommée, une volonté farouche et pas mal de rouerie avait bâti un édifice politique superbe, décida sur-le-champ de tout abandonner, de jouer son avenir. Pour Jérusalem. En quinze jours, il eut réglé toutes ses affaires et investi son cousin Baudouin de Bourcq du comté d'Édesse.

Le 2 octobre, avec quatre cents chevaliers et un millier de fantassins, il partit pour le sud. Antioche, privée de son prince, lui fit le meilleur accueil. A Lattaquié, Raymond de Saint-Gille, revenu de tout, laissa faire. Le 21 décembre, après avoir échappé aux pièges que lui tendaient les Damasquins et fait une démonstration de force dans tout le pays, Baudouin entrait dans Jérusalem. Le jour de Noël de l'an 1100, dans l'église de la Vierge à Bethléem, le patriarche Daimbert se résignait à sacrer et à couronner roi de Jérusalem le cadet de la famille de Boulogne.

En moins de vingt années, Baudouin Ier accomplit, sans doute avec des moyens qu'eut réprouvé son frère, une œuvre immense et durable. On le verra accélérer le processus de colonisation, multiplier les contacts avec les populations syriennes et dompter une féodalité naissante et déjà brouillonne. Il montera aux frontières une garde vigilante, contenant plusieurs assauts des Fatimides d'Égypte ou des Turcs, s'emploiera à conquérir les ports du littoral méditerranéen. Césarée, Acre, Beyrouth et Sidon tomberont ainsi aux mains des Francs, facilitant les liens avec l'Occident et l'apport de forces nouvelles. On s'accordera à voir en cette personnalité d'exception, en ce roi brillant, vite orientalisé, le véritable créateur du royaume latin de Jérusalem dont il devait faire « l'âme de la Syrie franque et le symbole de la croisade triomphante ».

Il mourut à el-Arish, face à cette Égypte tentatrice, le 2 avril 1118. Son corps, dûment embaumé, fut déposé au côté de celui de son frère, sous un monument identique. Mais ses entrailles furent confiées au sable du désert, à l'endroit même où il était mort. On édifia sur ces pauvres restes un monticule qui porte aujourd'hui encore le nom de « pierre de Baudouin ». Après neuf siècles, il témoigne encore, face à l'immensité, du sillon qu'avait tracé en Orient l' « honneur de Boulogne[5] ».

LA DESTINÉE DES COMPAGNONS DE GODEFROY

La comtesse Ide de Boulogne apprit, presque dans le même moment, le retour de son fils aîné Eustache, la mort de Godefroy et le couronnement de son cadet Baudouin. Une page épique de l'histoire de Boulogne venait d'être tournée, que la ville n'oubliera jamais et qu'elle s'emploiera, au fil des siècles, non sans raison, à magnifier.

Mais son avenir était inscrit aux rives de l'Angleterre, sur cette mer d'où lui était venue toute prospérité. Dans la grande île secouée de tempêtes, l'histoire semblait hésiter. Guillaume le Roux, fils cadet du Conquérant, qui avait hérité de son père le royaume d'Angleterre, était mort accidentellement, le 2 août 1100. Trois jours après la mort de son frère, Henri Beauclerc s'était fait couronner roi d'Angleterre.

Robert Courteheuse, de retour de croisade, ne tarda pas à revendiquer les droits qu'à ses yeux lui valait son aînesse. Il trouva bientôt un allié précieux en la personne d'Eustache III de Boulogne. Tous deux avaient ferraillé en Orient : pareil compagnonnage crée des liens

---

5. On sait que son successeur, son cousin Baudouin de Bourcq, fils d'Hugues de Rethel, devait régner sur Jérusalem jusqu'en 1131. De son épouse arménienne Morfia, il n'eut que des filles. L'aînée, Mélisende, épousa le conte d'Anjou Foulques V. Cette dynastie ardenno-angevine, bientôt alliée à la Maison de Champagne, se perpétuera dans le royaume de Chypre et à la tête de ce qui restait du royaume latin de Jérusalem jusqu'en 1291.

puissants. Eustache III s'aperçut rapidement qu'il avait misé sur un bien mauvais cheval. Robert, moins réfléchi que jamais et incapable de résister à un cadet ambitieux et éminemment politique qui se ménageait des suffrages jusqu'en Normandie, s'effondra piteusement. Le 28 septembre 1106, à Tinchebray, Henri Ier Beauclerc le battait à plate couture et l'emmenait prisonnier en Angleterre. Robert devait survivre vingt-huit années à ce coup du sort, avant de s'éteindre au château de Cardiff.

L'appui apporté par Eustache de Boulogne à une cause perdue d'avance avait eu de fâcheuses conséquences. Henri Ier, fort mécontent, avait aussitôt confisqué les biens relevant de Boulogne en terre anglaise. Le comte, réaliste, avait bien vite abandonné son allié, et le roi d'Angleterre n'ayant rien à gagner d'une rupture prolongée avec un grand féodal dont les côtes étaient d'une importance vitale pour ses relations outre-Manche, tout avait repris son cours naturel.

Henri Ier avait épousé la fille aînée du roi d'Écosse Malcolm III qui, dès l'automne de 1072, s'était reconnu le vassal de la dynastie normande récemment implantée. La reine Mathilde avait une sœur, Marie. En 1102, l'entente était à ce point sans nuages qu'Henri Beauclerc accorda au comte de Boulogne la main de sa belle-sœur. La comtesse Ide, sans doute à l'origine de cette flatteuse alliance, avait toutes les raisons de se réjouir fort d'une union de nature à combler ses vœux. Marie d'Écosse était un parti digne de l'héritier de la Maison de Boulogne. C'était aussi, et surtout, une fille de la très pieuse épouse de Malcolm III, Marguerite, une petite fille du saint roi Édouard le Confesseur. La reine était morte en novembre 1093, après une vie courte, mais riche en vertus et en bonnes œuvres, et avoir donné huit enfants à son royal époux. Ne racontait-on pas qu'elle faisait deux carêmes par an et pratiquait l'abstinence d'un bout à l'autre du cycle liturgique[6] ?

6. Marguerite d'Écosse devait être canonisée par le pape Innocent IV en 1251 et sa fête fixée au 10 juin. La bibliothèque bodléienne d'Oxford conserve aujourd'hui encore son précieux évangéliaire. Ses reliques, sauvées par Philippe II d'Espagne, sont à l'Escurial.

Quoi qu'il en soit, ce mariage du comte de Boulogne avec une princesse de prestigieuse lignée fut une réussite parfaite. Il en naquit un garçon, Raoul, qui devait mourir prématurément, et une fille, Mathilde, promise à une destinée glorieuse.

Le dimanche 13 avril 1113, en l'octave de la fête de Pâques, la comtesse Ide de Boulogne rendit son âme à Dieu. Elle avait un peu plus de soixante-dix ans. On déposa son corps dans l'église du prieuré du Wast, « au milieu des larmes, des gémissements et des cris de douleur d'une foule considérable [6] »...

EUSTACHE ÉVINCÉ

Mais Eustache de Boulogne n'en avait pas fini avec la Terre sainte. A la mort de son frère Baudouin Ier de Jérusalem, en 1118, les barons francs fidèles à la mémoire de Godefroy de Bouillon pensèrent à « son tiers frère Eustache, qui était comte de Boulogne ». L'affaire était loin d'être simple. Il fallait envoyer une ambassade en Occident et, pour peu que l'intéressé acceptât, affronter les incertitudes d'une longue régence. Le conseil du royaume, profondément divisé, envoya pourtant des messagers vers Boulogne. Mais Baudouin de Bourcq, comte

6. Les reste d'Ide de Boulogne restèrent au prieuré jusqu'au XVIIe siècle. En 1669, Marguerite de Lorraine, duchesse douairière d'Orléans, alertée de l'état de délabrement où se trouvait la chapelle du Wast, obtint de Louis XIV que les reliques de la bienheureuse Ide lui fussent remises. Le 28 septembre, la sépulture fut ouverte. Le 3 mars 1670, les ossements de la mère de Godefroy de Bouillon furent recueillis dans une châsse qu'on déposa dans la chapelle du monastère des Bénédictines du Saint-Sacrement, rue Cassette, à Paris. En 1808, après la tourmente révolutionnaire, les reliques furent transférées au monastère des Bénédictines de Bayeux. Elles y sont toujours. En 1899, on préleva un os du bras droit pour la basilique Notre-Dame de Boulogne.

d'Édesse et cousin de Godefroy de Bouillon et du roi défunt, se présenta opportunément à Jérusalem. Le jour de Pâques, 14 avril 1118, il était sacré dans la basilique du Saint-Sépulcre. Les ambassadeurs n'en poursuivaient pas moins leur ouvrage.

> « Tantôt ils vinrent en France au comte Eustache, rapporte l'*Histoire d'Éracles,* pour lui venir demander de recevoir le royaume de Jérusalem. Il s'en excusa moult, et disait qu'il n'aurait pas métier en la terre delà, car il ne la connaissait pas aussi bien que ses deux frères qui longuement y avaient été. D'autre part, il lui était dur de laisser le grand héritage... Les messagers parlèrent bien et lui dirent entre autres raisons que, s'il manquait à la Terre sainte en ce besoin, Notre Seigneur lui en aurait mauvais gré, et les siècles le lui tendraient comme une mauvaiseté et le tourneraient à son déshonneur. Lui, qui était vaillant homme et religieux, se laissa aller à leur requête... »

Il se dirigea vers l'Italie, dans l'intention de s'embarquer pour l'Orient dans quelque port normand. Arrivé en Apulie, il apprit l'élection et le couronnement de son cousin Baudouin de Bourcq. Ceux qui l'accompagnaient et avaient tout à redouter des conséquences d'une mission avortée, lui conseillèrent contre toute prudence de passer outre et de forcer le destin, « sûrs que sitôt comme les barons le verraient, ils se tourneraient devers lui comme à leur droit seigneur ». Eustache III de Boulogne refusa immédiatement de s'engager sur une voie semée d'embûches.

> « Il répondit qu'il n'en ferait rien et qu'il ne voulait pas troubler le royaume que Notre Sire Jésus-Christ avait conquis par son sang... Il ne voulait pas davantage guerroyer pour la convoitise de se faire roi. Pour ce, il recommanda les messagers à Dieu, puis s'en

retourna dans son pays et eux-mêmes passèrent outre-mer. »

Le comte de Boulogne, maintenant veuf et privé d'héritier mâle, las d'un pouvoir qui pesait lourd sur ses épaules de soixante ans, se résolut à abandonner ses droits à sa fille Mathilde. Il se retira comme simple moine dans un prieuré qu'il avait fondé jadis à Rumilly, dans l'arrière-pays boulonnais, entre Hucqueliers et Fauquembergues, sur les bords de l'Aa. Il devait y mourir, dans la solitude et la contemplation, en 1125.

Avec un courage et une autorité admirables, Mathilde assuma son rôle à la tête du comté. Peu après, elle épousa Étienne de Blois, comte de Mortain et de Bellême, un fils de compagnon de son père en Terre sainte. Mathilde de Boulogne devenait ainsi la petite-fille par alliance de Guillaume le Conquérant.

A la mort d'Henri Ier Beauclerc, en 1135, les barons normands choisirent pour roi le nouveau comte de Boulogne, neveu du roi défunt, au mépris des droits évidents de sa seule héritière survivante[8], Mathilde, veuve de l'empereur d'Allemagne Henri V et épouse du comte d'Anjou Geoffroy le Bel, celle-là même que l'on appelait de son temps « l'empéresse ». Le 22 décembre 1135, Étienne de Blois était couronné à Westminster par Guillaume de Corbeil, archevêque de Canterbury, assisté des seuls évêques de Winchester et de Salisbury. Les autres avaient préféré s'abstenir. L'année suivante, la nièce de Godefroy de Bouillon rejoignait son mari outre-Manche et était couronnée reine d'Angleterre.

Le règne d'Étienne de Blois ne devait être qu'une longue suite de malentendus et de discordes. Mathilde l' « empéresse », femme redoutable, ne cessait de récla-

8. En décembre 1120, la descendance masculine d'Henri Ier avait été anéantie dans le dramatique naufrage de la *Blanche-Nef*, au large du phare de Gatteville, en vue de la pointe de Barfleur. Des quelque trois cents jeunes gens et jeunes filles qui fêtaient joyeusement la traversée, il n'y eut que deux survivants.

mer justice et de fomenter des troubles. Le royaume som-
bra dans les luttes intestines et le chaos pour près de deux
décennies. Le seul espoir d'Étienne de Blois d'implanter
durablement sa Maison en terre anglaise était le seul fils
qu'il eût de son union avec Mathilde de Boulogne et qu'il
avait appelé Eustache, comme tous ses ancêtres maternels.
Le 10 août 1153, le jeune homme mourait subitement. Il
n'avait pas vingt ans. Sa mère était morte le 3 mai de
l'année précédente.

Le roi, accablé de chagrin, se résolut à adopter l'héritier
de sa terrible rivale, Henri Plantagenêt, qui devait gouverner l'Angleterre d'une main de fer pendant trente-cinq
ans.

Étienne de Blois, comte de Boulogne et roi d'Angleterre, mourut à Douvres le 25 octobre 1154. Jamais on ne
devait oublier, dans la grande île, cette terre d'outre-
Manche d'où étaient issues tant de figures éclatantes ou
pathétiques. En juin 1215, lorsque les barons anglais révoltés arracheront de vive force au faible Jean sans Terre la
Magna Carta qui fondait leurs droits, ils n'auront garde
d'oublier l' « Honneur de Boulogne »...

LE CHAOS EN BASSE-LOTHARINGIE

La Basse-Lotharingie, elle, s'enfonçait dans le chaos.
L'Empire était miné par une guerre civile atroce qui opposait Henri IV, le vieux lutteur, à son fils, le futur Henri V.
Lutte sans merci, qui laissait l'empereur abandonné de
tous. Il devait trouver refuge à Liège, auprès d'un fidèle de
toujours, le prince-évêque Otbert. Une mort amère l'y
attendait, le 7 août 1106.

Le règne d'Henri V concrétisera l'effritement du pouvoir impérial dans ses marches de l'Ouest, objet d'une
compétition âpre entre les Maisons de Louvain et de Limbourg. Le duché renouait avec ses vieux démons et se perdait avec délectation dans des querelles féodales inexpia-
bles. La mort de Mathilde de Toscane, en 1115, l'adversaire si résolue de Godefroy de Bouillon, laissait la

papauté démunie et encourageait les interventions impériales dans la Péninsule. Lors du couronnement de Lothaire de Supplinburg à Aix-la-Chapelle, le 13 septembre 1125, les barons lotharingiens ne se manifestèrent pas. C'était « la consécration officielle de la disparition de l'ancien duché de Lotharingie ».

Restait Bouillon, « le symbole même de la fonction ducale en Basse-Lotharingie ». Les dispositions de la vente à réméré prévoyaient, on s'en souvient, que le gage pourrait être remboursé par Godefroy de Bouillon lui-même ou, à défaut, par l'un quelconque de ses héritiers. Tous moururent sans avoir procédé au rachat. Le prince-évêque de Liège compta dès lors Bouillon au nombre des biens de son évêché.

L'affaire ne fut guère discutée jusqu'en 1134. Cette année-là, Renaud Ier, comte de Mousson et de Bar, s'empara sans la moindre difficulté de cette forteresse-symbole. Le comte était un personnage d'importance, descendant en ligne directe des premiers ducs de Haute-Lorraine. Le château de Bouillon, au nord de ses fiefs, ne pouvait qu'accroître son prestige et sa puissance.

Le nouvel évêque de Liège, Albéron II de Chiny, réagit avec vigueur et détermination, remua ciel et terre pour que lui fût restitué son bien. Après sept années de vaines tentatives, il se résolut à trancher la question par les armes. En août 1141, un ost commandé par Henri de Namur partait à l'assaut de la forteresse. Le morceau était difficile à avaler. L'investissement fit long feu. Les soldats présents refusèrent bientôt de combattre si les reliques de saint Lambert, « le véritable protecteur de la terre », n'étaient pas présentes à leurs côtés, pour les assister dans cette tâche périlleuse entre toutes. On les fit venir de Liège en toute hâte. Le 17 septembre, jour de la fête du saint, on attaqua. En vain.

Saint Lambert était-il soudain indifférent à sa propre cause ? Dans la garnison, pourtant, le moral était au plus bas. La faim et la soif rongeaient les énergies. On perdit espoir. Le 21 septembre, la place se rendit. Saint Lambert avait triomphé. L'entreprise, d'un bout à l'autre, avait pris des faux airs de croisade. C'était bien le moins.

Mais déjà s'était envolée l'épopée. Cette légende qui devait exalter, avec la fortune qu'on sait, les hauts faits, les vertus et la bravoure de Godefroy de Boulogne, seigneur de Bouillon, le dernier duc de Basse-Lotharingie issu de la Maison d'Ardenne.

ÉPILOGUE

Métamorphoses

Un cheikh arabe, très illustre et grand amateur d'art militaire, apprit un jour qu'une troupe fort nombreuse était venue d'Occident et avait conquis de vastes territoires grâce au courage et à l'habileté de son chef. Dès lors, son désir le plus vif avait été de rencontrer l'auteur de pareils exploits. Le voilà bientôt en présence de Godefroy de Bouillon.

« Moult le salua en s'inclinant, comme est leur coutume, puis pria le duc moult humblement qu'il tuât de son épée un chameau qu'il lui avait amené, moult grand. Le duc savait qu'il était venu de loin pour le voir. Aussi fit-il ce qu'il lui demandait. Il tira son épée et frappa le chameau au cou, là où il était le plus gros et le décapita aussi facilement, semblait-il, que si ce fût le cou d'une oise. Quand le Turc vit cela, il en fut tout ébahi. Lors donna au duc moult beaux joyaux d'or et de riches pierreries, se lia avec lui puis s'en retourna dans son pays... »

Telles étaient les belles histoires qu'on se racontait quelques décennies après la mort du duc de Basse-Lotharingie et que Guillaume de Tyr rapporte avec délices. Disparu, l'avoué du Saint-Sépulcre demeurait une figure tutélaire, auréolée de merveilleux et de légende, le symbole même de l'impossible rêvé et accompli. Le tombeau de Godefroy de Bouillon, qu'allaient bientôt rejoindre ceux de son frère Baudouin et de six rois de Jérusalem, était devenu un phare.

Chaque dimanche, au milieu de la nuit, l'antienne *Christus resurgens* dont résonnaient les voûtes toutes neuves de la basilique du Saint-Sépulcre semblait concentrer là cette ferveur qui montait de la chrétienté tout entière et réunissait dans une même célébration « le lieu du Calvaire où souffrit le Seigneur » et son libérateur devenu soudain le point où se cristalliserait l'imaginaire de l'Occident.

LES CHRONIQUEURS

Les hauts faits du duc de Basse-Lotharingie en Orient furent connus très tôt en Europe grâce aux écrivains qui, dès la première moitié du XIIᵉ siècle, exaltèrent, témoins ou non, avec un talent, des mobiles et un succès divers, cette épopée des croisés qui passait à bon droit pour l'un des moments privilégiés de l'histoire européenne. On les a rencontrés à chaque page de ce récit, tour à tour surpris, réprobateurs, émerveillés, froids ou passionnés, mais toujours attentifs à défendre les droits et le renom de ceux auprès de qui ils se trouvaient engagés.

Raymond d'Aguilers, un clerc originaire de Haute-Loire, avait quitté l'Europe dans le sillage de son évêque, Adhémar de Monteil, et était devenu chapelain du comte Raymond de Saint-Gilles. Son œuvre, vite diffusée en Occident sous le titre *Historia Francorum Hierusalem,* est un témoignage de première main sur l'expédition provençale, la prise d'Antioche et les premiers mois de l'implantation franque en Palestine. Son récit, nécessairement favorable à la cause du comte de Toulouse dont il rapporte par le menu les déboires, ne manque pas d'objectivité, notamment dans sa relation de l'élection de Godefroy de Bouillon comme avoué du Saint-Sépulcre.

On a suivi l'auteur anonyme des *Gesta,* ce chevalier de

l'entourage du « très sage » Bohémond de Tarente. Il voue une admiration sans borne à son seigneur, justifie ses prises de position et en fait, sans doute avec de solides raisons, le pivot autour duquel tournent les décisions de haute politique. Mais son œuvre, véritable « journal de route », est d'une précision toute militaire, nourrie d'une multitude de ces petits faits vrais qui authentifient un témoignage et le rendent irremplaçable. On imagine ce soldat curieux, à l'intelligence vive, condenser ses observations le soir, au bivouac...

De ce canevas, le prince d'Antioche fera un remarquable outil de propagande, une manière de « best-seller » promis à un succès considérable. Sitôt libéré des prisons de l'émir danishmendite, Bohémond entreprendra en Europe un grand voyage d'information qui le conduira en France où il épousera d'ailleurs, à Chartres, la princesse Constance de France, une fille de Philippe Ier et de Berthe de Frise. Dès le printemps 1106, les *Gesta* sont suffisamment connus et appréciés pour tenter les imitateurs.

Tour à tour, en moins de deux décennies, trois auteurs professionnels s'empareront de ces carnets pour en faire des œuvres littéraires achevées, d'un tour conforme aux canons esthétiques du temps. Baudry de Bourgueil, originaire de Meung-sur-Loire, abbé de Saint-Pierre de Bourgueil et archevêque de Dol en 1107, en tirera son *Historia Hierosolymitana*. Guibert, abbé de Nogent-sous-Coucy, vaste esprit un tantinet positif, en fera la trame de ses *Gesta Dei per Francos*. Quant à Robert le Moine, il « composa une sorte de roman historique de la croisade qui jouit d'une vogue immense », la *Hierosolymitana expeditio*.

Foucher de Chartres, qui s'était croisé dans l'armée d'Étienne de Blois, resta en Palestine après le retour de son maître en Europe et, en juillet 1097, lia son sort à celui de Baudouin de Boulogne dont il devint le chapelain et suivit l'éblouissante carrière à Édesse, puis à Jérusalem. Publié sous le titre *Gesta Francorum Jerusalem expugnantium*, son témoignage porte sur la croisade elle-même et l'histoire du royaume latin jusqu'en 1127. Passionnément dévoué à la cause de la famille de Boulogne, il est, remarque Claude Cahen, « partial par nécessité, mais sobre, intelligent, curieux des choses du pays ». C'est de surcroît un grand écrivain, et son récit est d'une chaleur, d'une vivacité envoûtantes.

Les jugements d'Ekkehard, abbé du monastère d'Aura, dans son *Hierosolomita, de oppressione, liberatione ac restauratione sanctae Hierosolymitane ecclesie,* ne manquent pas d'intérêt. Venu en Terre sainte en 1101, l'année qui suivit la mort de Godefroy de Bouillon, il recueille sur place les échos les plus frais et les plus flatteurs, dont il compose un bouquet séduisant qui n'en trahit pas moins ses origines germaniques.

> « [Le duc] fortifia les places fortes indispensables, reconstruisit la ville et le port de Jaffa en ruines depuis longtemps, rétablit les églises et leur clergé autant qu'il le put, entretint dans Jérusalem des monastères et un hôpital auxquels il fit de riches présents. Il maintint une paix solide et favorable au commerce avec Ascalon et Damas, favorisa tout spécialement les soldats allemands, apaisant le rude tempérament des chevaliers français par son extrême courtoisie. Il put ainsi aisément calmer les disputes que suscitaient les jalousies grâce à sa parfaite connaissance des deux langues. »

Il n'est pas impossible que le rapport des forces se soit inversé après la mort du duc de Basse-Lotharingie et le couronnement de son frère Baudouin de Boulogne. Les chevaliers d'origine germanique désertèrent en masse la Ville sainte et retournèrent en Occident. Conon de Montaigu, l'un des plus fidèles vassaux de l'avoué du Saint-Sépulcre, regagna son château des bords de l'Ourthe et mourut peu après à Liège. Le chroniqueur Jean de Würzburg, peu suspect de partialité en cette affaire, condamnera cette hâte des pèlerins allemands à quitter les Lieux saints et déplorera le fait que « toute la ville de Jérusalem soit occupée par les autres nations, à savoir les Français,

les Lorrains, les Normands, les Provençaux, les Auver-
gnats, les Italiens, les Espagnols et les Bourguignons ».

Le retour précipité des sujets de l'Empire, et sans doute
de beaucoup d'autres, s'il creusait en Palestine un vide
angoissant, devait avoir sur le destin posthume de Godefroy de Bouillon des conséquences considérables. Tous
ces hommes, à jamais marqués par l'extraordinaire expérience individuelle et collective qu'ils venaient de vivre,
eurent tôt fait de répandre autour d'eux des récits de toute
sorte qui, indéfiniment répétés, colportés de-ci, de-là,
firent vite la délectation d'une population avide de nouvelles et dont on n'avait pas encore stérilisé les facultés
d'étonnement et d'admiration.

ALBERT D'AIX

Nombre de ceux qui n'avaient pas fait le « passage »
écoutèrent ces merveilleux récits et n'hésitèrent pas à en
faire leur miel. Un clerc lotharingien d'Aix-la-Chapelle,
Albert, peut-être attaché à l'église Sainte-Marie, entreprit
de mettre en forme ces témoignages indéfiniment repris,
entendus, attendus, transfigurés, dans un grand ouvrage
intitulé *Liber christianae expeditionis pro ereptione, emundatione, restitutione sanctae Hierosolymitanac ecclesiae,*
écrit et publié pendant le deuxième quart du XIIe siècle.

Les sept premiers livres de cette œuvre foisonnante qui
en comporte douze sont la source irremplaçable de la croisade du duc de Basse-Lotharingie. La phrase liminaire du
texte en résume le contenu avec une limpidité parfaite :
« Ici commence le premier livre de la célébration des
hauts faits de l'illustre Godefroy de Bouillon. »

Car le but avoué d'Albert d'Aix est à l'évidence le pané-
gyrique. Il a recueilli avec amour les moindres miettes susceptibles d'ajouter à la gloire de son héros[1]. Lui qui n'a

---

1. Gloire qui, à ce moment précis, n'allait pas toujours de soi. On a vu
que Salomon Bar-Siméon, dans les années mêmes où Albert d'Aix élabo-
rait son œuvre, n'hésitait pas à pousser au noir le portrait du duc de
Basse-Lotharingie. Voir, plus haut, 1re partie, ch. VIII, *in fine.*

pas eu la chance d'aller en Orient est à l'affût du plus infime témoignage des compagnons de Godefroy de Bouillon. Récits uniques, de première main, sur la traversée de l'Europe centrale, le dur voyage en Asie Mineure, la conquête et la trace météorique qu'a laissée le duc de Basse-Lotharingie à la tête du fragile État franc.

L'occasion se présentant, il prête aussi une oreille attentive à d'autres récits, moins purs, d'auditeurs envoûtés, à l'imagination prompte à s'enflammer. Il les accueille, les cisèle en maître artisan, les incorpore à la substance irrécusable de son œuvre pour en faire ce monument composite au latin rugueux, mené tambour battant, empreint d'un élan irrésistible et d'une communicative ferveur. Un livre partial donc, une couronne d'immortalité tressée de sang-froid à celui qui était déjà devenu le plus illustre des enfants de la Basse-Lotharingie et le héros le moins contesté de tout l'Occident chrétien.

Cet habile mélange, qui devait transporter les lecteurs du temps et qui nous fascine encore aujourd'hui, a été sévèrement jugé par nombre d'historiens, toujours soucieux de pouvoir contrôler la nature du pré dans lequel ils paissent. Cette louable méfiance se tempère assez rapidement pour peu qu'on sache lire. « L'élément romanesque ou légendaire est facilement décelable », a remarqué Claude Cahen, qui ne mesure pas son admiration « devant l'étendue et l'exactitude de la plupart des informations d'Albert »...

Dès la première moitié du XIIe siècle, la littérature historique concernant Godefroy de Bouillon avait donc atteint une sorte d'apogée. Guillaume de Tyr, qui s'inspirera largement pour décrire les premiers temps de la conquête (il est né vers 1130) des ouvrages d'Albert d'Aix, de Raymond d'Aguilers, de Foucher de Chartres et de Baudry de Bourgueil, apportera peu à l'édifice[2].

2. Sur Guillaume de Tyr, voir P. Aubé, *Baudouin IV de Jérusalem, le roi lépreux*, Tallandier 1981, p. 58 et suiv. On attend toujours la grande édition critique que prépare R.B.C. Huyghens. L'ouvrage eut une audience considérable. On en connaît nombre de manuscrits. Il fut très tôt traduit en français, sous le titre d'*Histoire d'Éracles*.

LES CHANSONS

Segnor, oiez canson qui moult fait a loer.
Je ne vous vaurai mie mencoignes raconter,
Ne fabliaus ne paroles, pour vos deniers enbler ;
Ainsi vous dirai canson où il n'a qu'amender...

Le fait le plus digne d'intérêt, sans doute, est qu'Albert d'Aix ne s'était pas contenté d'enregistrer des témoignages oraux, frelatés ou non. Il avait beaucoup lu. Quelques années après la mort du duc de Basse-Lotharingie circulaient déjà des poèmes qui célébraient avec toutes les herbes et épices de rigueur les exploits des croisés, qu'ils fussent seigneurs ou gens de rien. Ces « chansons » promises à une prodigieuse popularité et à une postérité intarissable tenaient alors lieu d'information ; trouvères et troubadours, toutes choses égales, analogues à nos « grands reporters ».

En « un temps où la chanson de geste était aussi de l'histoire et fondait la renommée des combattants », les barons, conscients de l'importance d'une telle publicité pour l'avenir de leur lignage, et pour peu qu'ils en eussent les moyens, n'hésitaient pas à attacher à leur service quelques-uns de ces thuriféraires professionnels[3].

Dans l'armée flamande de Robert se trouvait un de ces publicistes appointés, qu'on connaît sous le nom de Richard le Pèlerin. C'était un poète originaire de l'Artois ou du Ternois, sans doute attaché à Hugues Candavène, comte de Saint-Pol, et à son fils Enguerrand. Il accompagna les Flamands jusqu'au siège d'Antioche, mais n'a probablement pas assisté à la prise de Jérusalem. Et c'est

---

3. On a peut-être une représentation figurée de ces trouvères au service des grands dans le petit personnage copieusement barbu qui, dans la scène 10 de la tapisserie de Bayeux, tient par la bride les chevaux des messagers de Guillaume de Normandie. C'est le sentiment de la grande romaniste Rita Lejeune. Le dernier commentateur de la tapisserie, Michel Parisse, ne se prononce pas.

dans la région mosane qu'il devait achever cette première *Chanson d'Antioche* dont la renommée et l'influence devaient être immenses.

Son impact sur les esprits fut tel qu'un siècle après sa composition, il se trouvera des grincheux pour reprocher au trouvère d'avoir tu les exploits de quelques barons voués dès lors à un injuste et scandaleux oubli. Le chroniqueur Lambert d'Ardres dira ainsi pis que pendre de l'infortuné poète, qu'il traite de « misérable bouffon, d'amuseur indigne d'être nommé », pour avoir osé faire l'impasse sur un « noble héros », le vieux comte Arnoul II de Guines. C'est dire l'importance énorme des « trompettes de la renommée » dans le destin des hommes de la croisade, et des autres...

Cette première *Chanson d'Antioche* est l'œuvre d'un homme du peuple, qui doit lutter durement pour survivre, lier son sort à qui pourra et voudra assurer son gagne-pain. Ses maîtres auront donc la part belle. Mais il n'en oublie pas pour autant ses origines et « ne manque pas une occasion de souligner les exploits des simples sergents ». Les grands chefs sont, pour l'essentiel, traités avec une remarquable équité. Godefroy de Bouillon y a sa place, ni plus ni moins grande que celle des autres seigneurs croisés. Encore le poète ne pouvait-il manquer ce qui, pour un créateur avisé, constituait de remarquables morceaux de bravoure : les exploits individuels du duc de Basse-Lotharingie propres à émouvoir un public populaire.

La *Chanson primitive* a été rapidement diffusée. Albert d'Aix l'a évidemment connue, mais aussi Raymond d'Aguilers, Foucher de Chartres, Guibert de Nogent, Orderic Vital et Baudry de Bourgueil.

Le texte même de Richard le Pèlerin n'est pas parvenu jusqu'à nous. Mais son audience fut telle que, copieusement pillé, traduit ou adapté, il devait être à l'origine d'une étonnante postérité. On connaît ainsi quelques fragments d'un *canso* en langue provençale composé d'après ce modèle par Grégoire Bécheda, un troubadour de l'entourage de la puissante famille des seigneurs de Lastours, dans l'Aude.

Mais l'œuvre de Richard devait être remaniée, considérablement modifiée et étendue quelques décennies plus tard, vers 1190, par Graindor de Douai. Cette authentique recréation, dont plusieurs manuscrits sont parvenus jusqu'à nous, fut au centre d'une extraordinaire efflorescence littéraire où Godefroy de Bouillon allait se tailler la part du lion et, jusqu'à l'extrême fin du XIVᵉ siècle, exciter la verve des poètes, nourrir et passionner des générations d'amateurs de poésie épique.

Il ne saurait être question, en si peu de pages, d'entrer dans des détails de chronologie ou de filiations qui, depuis un siècle et plus, retiennent l'attention des spécialistes [4]. On se contentera de suivre, au grand galop, les métamorphoses de l'avoué du Saint-Sépulcre tout au long des grandes chansons que constituent le cycle de la croisade : *Les Enfants cygnes, Le Chevalier au cygne, Les Enfances de Godefroy de Bouillon, La Chanson d'Antioche, La Conquête de Jérusalem,* sans compter des œuvres comme *Baudouin de Sebourc* ou *Le Bâtard de Bouillon.*

LE « CYCLE DE LA CROISADE »

Il était une fois, dans un pays voisin de la Hongrie, un roi qui se nommait Lothaire... Un jour que, chassant le cerf, il s'est égaré dans une forêt sombre, il rencontre

4. Le lecteur qui voudrait en savoir davantage pourra se limiter aux admirables travaux de Mme Suzanne Duparc-Quioc, la meilleure spécialiste de ces questions, dont l'appareil bibliographique satisfera les plus exigeants : son édition critique de *La Chanson d'Antioche,* « Documents relatifs à l'Histoire des Croisades », XI, 2 vol., Paris 1977-1978 ; *Le Cycle de la croisade,* Bibl. de l'École des hautes-études, Sciences hist. et philol., fasc. 305, Paris 1955 ; *Les Poèmes du 2ᵉ cycle de la croisade : problèmes de composition et de chronologie,* « Revue d'histoire des textes », tome IX, 1979, pp. 141-181. — Que M. et Mme Pierre Duparc, qui m'ont si aimablement reçu, si patiemment initié, documenté et éclairé, veuillent bien trouver ici l'expression de ma gratitude. Est-il besoin de dire qu'il me faudra bien assumer seul la responsabilité d'éventuelles bévues ?

362 GODEFROY DE BOUILLON

Élioxe, une « pucele de grant parage » et d'une beauté merveilleuse, elle-même de sang royal, et un peu fée. En dépit des préventions de sa mère Matrosilie, il a tôt fait d'épouser cette apparition radieuse qui vient de lui prédire que seront conçus, la nuit même de leurs noces, une fille et six garçons dont l'un sera le conquérant de Jérusalem.

En l'absence de son époux parti pour la guerre, Élioxe accouche de sept enfants qui, en naissant, portent chacun au cou une chaîne d'or. Épuisée, la mère meurt peu après. Matrosilie, éperdue de jalousie et de fureur, fait enfermer les nouveau-nés dans deux coffres et charge l'un de ses serviteurs de les abandonner au plus profond d'une forêt, à la merci des bêtes sauvages. Mais que plus jamais on n'entende parler d'eux !

Le malheureux, pris de pitié, ne peut se résoudre à accomplir jusqu'au bout ce forfait. Il dépose son fardeau à l'entrée de la grotte d'un ermite qui se charge des sept enfants, les nourrit du lait de ses chèvres et les élève avec l'aide de sa sœur. De retour chez lui, le roi Lothaire s'alarme de la disparition de sa femme. Matrosilie doit se résoudre à lui révéler toute l'affaire : Élioxe a mis au monde sept dragons monstrueux qui lui ont dévoré les entrailles avant de disparaître pour toujours...

Sept ans plus tard, Rudemard, sénéchal du roi, trouve refuge dans l'ermitage où vivent les jumeaux. Il aperçoit soudain les enfants et, avec terreur, les chaînes d'or qu'ils portent au cou et dont ils ne se sont jamais séparés. Le sénéchal rapporte sans délai à Matrosilie ce qu'il vient de découvrir et repart là-bas sur-le-champ, avec pour mission de ramener coûte que coûte les bijoux. Pendant que les enfant dorment, Rudemard parvient à couper les chaînes d'or. Aussitôt, chacun des petits garçons est transformé en cygne.

> *Blanc oisel devenu ; si se sont en l'air mis.*
> *Il sont blanc, s'ont lons cols, et si ont les piés bis...*

Seule leur sœur, qui ne dort pas, a pu échapper au sénéchal et préserver son apparence humaine.

Les cygnes prennent alors leur envol, filent à tire-d'aile vers le palais de Lothaire et élisent domicile dans un bassin poissonneux où ils trouvent amplement de quoi se nourrir. Le roi, intrigué, s'occupe d'eux et défend qu'on leur nuise. Un jour, ils voient arriver leur sœur : pressée de rejoindre ses frères, elle s'est introduite à la Cour royale où elle mendie son pain, qu'elle va chaque jour partager avec les cygnes qu'elle comble de caresses. Étonné de cette amitié inhabituelle, Lothaire interroge la jeune fille, et lui fait révéler le fin mot de l'histoire. Le roi, qui a toujours conçu quelque soupçon, contraint Matrosilie, l'épée à la main, à lui avouer la vérité.

Sans plus tarder, on se met à la recherche des chaînes d'or. On les retrouve aisément, chez un orfèvre à qui Lothaire les a récemment confiées pour qu'il cisèle le pied d'un hanap qu'il a malencontreusement brisé. Toutes, sauf une, en or rouge, qu'on a déjà fondue. Sitôt en possession de leur chaîne d'or, cinq des cygnes reprennent leur forme humaine. Le sixième restera cygne...

Lothaire pardonne, dit-on, à sa mère Matrosilie. Au château, c'est un tourbillon de fête et de tournois. Mais il faut partir. Partir pour que se réalise la prédiction de la reine Élioxe : de son sang doit naître le chevalier qui conquerra Jérusalem et régnera outre-mer. Tous vont « aventurer », chacun de son côté.

Hélias, le frère aîné, se lance sur les océans dans un magnifique vaisseau tiré par un cygne, le cadet devenu oiseau, « si blanc comme flors de lis ». Hélias sera le « chevalier au Cygne ».

Le « chevalier au Cygne »

Un jour, la nef d'Hélias aborde devant la ville de Nimègue au moment où la duchesse de Bouillon, accompagnée de sa fille Béatrix, demande justice à l'empereur contre les exactions de Régnier, un seigneur saxon qui a usurpé ses domaines :

Mais jo sui del lignage Rainalt le fil Aimon ;
Godefrois à la barbe, li viés dus de Bullion...
Et li dus à la boce, qui Godefrois ot nom,
Sire, cil fu les freres, que de fit le set on.

L'empereur ne méconnaît pas les droits de la duchesse.
Mais comment les imposer ? Alors descend de son vaisseau le chevalier au Cygne, la lance au poing, l'épée au
côté, le bouclier au bras, un cor battant à ses épaules, merveilleusement héroïque. Il se propose de régler cette
affaire conformément aux coutumes, en combat singulier.
Il sera le champion de la duchesse et de sa fille. Le duel
s'engage. Terrible. Incertain. Mais Hélias est vainqueur.
Justice est rendue : la duchesse recouvrera ses terres ; le
chevalier au Cygne épousera Béatrix.

La nuit même de leurs noces, Hélias demande à sa
jeune épouse de ne lui demander jamais ni son nom, ni ses
origines.

Et se vous le me dites sor ma deffension,
D'ilueques à huit jors certes departiron...

Bientôt leur naît une fille, qu'on prénomme Ide. Béatrix, elle, se garde bien de poser à son mari la question
tant redoutée qui lui brûlait les lèvres. Si désirée... Pendant
sept années, elle tient bon. Mais une nuit, la tentation est
trop forte. Insurmontable. Béatrix ne peut dormir. Elle
attend, fébrile, torturée. « Quel qu'en soit l'avenir, tout lui
demandera. » Au petit matin, elle succombe et trahit son
serment. Hélias partira, derrière son cygne, pour une quête
sans retour. Au milieu des larmes « des vavasseurs, des
princes et des châtelains », il fait ses adieux à sa fille Ide.

Bele fille, fait il, por vous ai le cuer vain,
Ce a fait vostre mere, si comme il fu d'Evain,
Quand si manga le fruit d'un sol pomier soudain ;
Moult i en avoit d'autre et meillor et plus sain,
Cou qu'on li defendi convoita soir et main.
Ne puis mie arester, nès de ci à demain.

Mais avant de s'éloigner pour toujours, il remet à sa femme son cor d'ivoire. Aussi longtemps qu'il sera dans le château, conservé avec soin, sa famille sera en sécurité.

On oublie vite ce précieux talisman pendu à l'écart à l'une des murailles du château. Un jour, un violent incendie se déclare. Le château n'est bientôt plus qu'un brasier. C'est alors qu'on voit un cygne se précipiter au milieu des flammes, en ressortir bientôt avant de prendre son essor. Il tient dans son bec le cor magique. Le dernier souvenir qui reste d'Hélias au château de Bouillon[5]...

Lorsqu'elle a treize ans, Ide épouse le comte Eustache de Boulogne au cours de noces somptueuses. Elle a bientôt une vision qui lui annonce qu'elle sera la mère d'un roi, d'un duc et d'un comte. Et la vie se déroule sans heurts au château de Boulogne, Ide allaitant elle-même ses enfants qu'elle voit se développer harmonieusement.

Les voilà chevaliers. Dès l'âge de quinze ans, Godefroy est un guerrier superbe, prompt à rompre des lances, invincible. Son équipement est à faire pâlir d'envie les mieux pourvus :

> « Ses chausses avaient été jadis portées par Thibaut l'Arabe ; le comte de Boulogne les avait rachetées à un larron qui revenait d'Orient. Le heaume avait appartenu au comte Bertrand, neveu de Roland ; l'écu était orné de deux lionceaux d'argent, et l'épée avait jadis ôté la vie à Agolant... »

Nous voici transportés maintenant en Orient, à La Mecque où le calife tient conseil. La vieille Calabre, une devineresse fameuse, épouse du sultan Cornumaran, prend la parole. Elle a jeté ses sorts et lu dans l'avenir que trois

5. On sait que la légende du chevalier au Cygne était connue de Guillaume de Tyr, qui reste assez sceptique. « Praeterimus denique studiose, licet id verum fuisse plurimorum astruat narratio, Cygni fabulam, unde vulgo dicitur sementivam eis fuisse originem ; eo quod a vero videatur deficere talis assertio. » La même légende devait inspirer le poète allemand Konrad de Würzburg *(Der Schwanritter)*, plusieurs poèmes bavarois ou allemands du XIIIe siècle où puisera Wagner pour *Lohengrin*.

frères, descendants d'un chevalier au Cygne, viendraient en Orient et conquerraient Jérusalem. Le futur souverain serait reconnu au fait qu'on le verrait tuer trois oiseaux d'une même flèche.

« Il veut voir de ses propres yeux les trois frères, et surtout ce terrible Godefroy. Si la renommée est trompeuse et qu'il juge que le duc de Bouillon est un petit compagnon sans prouesse et sans puissance, il le frappera lui-même d'un couteau qu'il fait aiguiser à cette noble intention. Si Godefroy est au contraire aussi vertueux qu'on le dit, Cornumaran voudra bien lui permettre de venir disputer la possession du royaume de Jérusalem. »

Cornumaran a vite rallié l'Europe du Nord. Et le voici à l'abbaye de Saint-Trond, près de Liège, où l'abbé Gérard, un ancien pèlerin de Jérusalem, reconnaît le sultan, l'interroge habilement et n'a de cesse que lui soient révélées les raisons précises qui ont poussé cet Oriental à entreprendre ce singulier voyage en Occident. Sitôt parvenu à ses fins, Gérard s'en va tout raconter au duc de Basse-Lotharingie qui, sur-le-champ, convoque le ban et l'arrière-ban de ses vassaux. Bientôt se réunissent les barons, dans un arroi qui stupéfie le bon Cornumaran, témoin médusé de tout ce rutilant remue-ménage.

« Surpris de la pompe et de la richesse des premières compagnies qui se pressent autour de Godefroy, Cornumaran croit voir le duc longtemps avant qu'il ne paraisse. Enfin, ébloui de tant de richesses et de grandeur, il avoue au duc de Bouillon que personne n'est plus digne que lui de l'empire du monde ; et les deux princes se séparent bons amis, en attendant qu'ils se retrouvent sous les murs de Jérusalem... »

LA CHANSON D'ANTIOCHE

La croisade est enfin partie. Commence *La Chanson d'Antioche.* Arrivée devant Civetot, la troupe conduite par Pierre l'Ermite se heurte à l'armée de Soliman et de Corbaran. C'est la déroute. La plupart des chrétiens sont massacrés. Quelques-uns en réchappent[6], dont Pierre l'Ermite, qui retourne aussitôt en Occident ameuter la papauté et provoquer ainsi le grand ébranlement.

Il ne saurait être question de résumer une œuvre aussi célèbre et achevée que *La Chanson d'Antioche,* sous peine de tuer toute poésie en disséquant, sans grand profit pour le lecteur, les épisodes multiples, les faits d'armes, les trahisons et les rebondissements qui constituent la trame des quelque dix mille vers de la version de Graindor de Douai[7]. Mais il ne sera pas indifférent de voir le rôle que peut jouer, dans cette vision de la fin du XIIᵉ siècle, le duc de Basse-Lotharingie.

Dès l'abord, on le voit prendre la tête de l'ost :

6. Parmi les rescapés de cette défaite, les Turcs font prisonniers quelques personnages de choix au nombre desquels Baudouin et Ernoul de Beauvais, l' « évêque de Forois », Foucher de Meulan, Richard de Caumont, Harpin de Bourges, l'abbé de Fécamp et Hertaus de Pavie. Ils seront les héros de la célèbre *Chanson des chétifs,* « témoignage caractéristique de la vie littéraire franco-syrienne », elle aussi transmise par Graindor de Douai. On en connaît l'argument. Corbaran, battu par les Francs devant Antioche et disgracié par son seigneur, choisit Richard de Caumont pour être son champion et dissiper les doutes qu'on laisse planer sur son courage. Richard est vainqueur. Aussitôt, tous les prisonniers de Civetot sont libérés. Ils prennent la route de Jérusalem où ils parviendront après avoir affronté des bêtes féroces, des serpents, des monstres hideux et ces terribles « Tafurs » qu'on disait se nourrir de chair humaine et qu'on retrouvera dans *La Chanson d'Antioche* et le récit de Guibert de Nogent. Sur les *Chétifs,* voir Claude Cahen : *La Syrie du Nord à l'époque des croisades et la principauté d'Antioche,* Paris 1940, pp. 569-576 et les travaux de S. Duparc-Quioc.

7. On utilisera évidemment l'édition citée de S. Duparc-Quioc. Son analyse de la chanson, remarquablement cursive, tient à elle seule dix-sept pages serrées. On ne peut qu'y renvoyer le lecteur.

Le bon duc de Buillon ont les os commandees
Et il les conduist bien par mons et par valees.

Arrivé devant Constantinople, il parle beaucoup, et prête sans difficulté serment d'allégeance à l'empereur Alexis. L'épopée peut commencer.

... li dus de Buillon, qui molt est renomés,
Cil conquerra les terres, les païs, les cités.

La première qui se présente est Nicée. Les barons s'installent « entour et environ ». Le siège est difficile. Lors d'une sortie d'inspection, le duc est le témoin de la couardise du comte Étienne de Blois, qui fuit comme un lapin et dont Godefroy doit suppléer, avec le succès qu'on devine, les déficiences.

Bientôt, c'est la terrible bataille de Dorylée. Bohémond de Tarente est en mauvaise posture. « Le bons dus de Buillon » accourt, attaque par surprise. C'est la victoire :

Or s'en vait Solimans coureçous et irés,
Dolans et desconfis et tos desbaretés.

Les armées se séparent. Le poète attache ses pas à ceux de Bohémond, Tancrède et Baudouin de Boulogne. Godefroy, dont on ne parle plus guère depuis quelque deux cent cinquante vers, retrouve enfin ses compagnons et est accueilli par Tancrède, cependant que son frère réussit à se forger un bel avenir dans le comté d'Édesse.

Après une facile victoire de Godefroy à Artais, l'armée s'approche maintenant d'Antioche. Au Pont de Fer, le combat est rude. En un moment particulièrement critique, le duc de Basse-Lotharingie intervient, armé de pied en cap.

Li dus vesti l'auberc, qui cuer et de lyon,
Et a çainte l'espee au secestre geron,
Met l'escu a son col, drece son gonfanon,

Par son senestre estrier monta en son gascon.
Or cevalce li dus, Dex soit à cest besoing!

Il y est et, avec l'aide de « saint Jorge et saint Domistre »,
sauve la situation.

Les armées sont devant Antioche. Le duc de Bouillon,
« qui moult est grans et biaus », dispose son contingent.
Peu à peu, on parfait l'investissement. Les attaques turques, meurtrières, sont contenues. Mais une terrible
famine décime les rangs des combattants et des pèlerins.
Godefroy de Bouillon réconforte ses compagnons : « Diex
nos secorra par ses saintes mercis... »

Au retour d'une mission de ravitaillement au port de
Saint-Siméon, l'ost est cerné par les Turcs. Le duc se précipite. « Molt fu grand la bataille. » Fou de colère, Godefroy se surpasse et coupe en deux un de ses adversaires,
par le mitan du corps. « Oiés quel destinee ! » L'armée
chrétienne exulte.

Cil qui ce coup dona est de grant renomee.

Certes. Mais la famine n'en finit pas et fauche
jusqu'aux plus robustes. Le roi des Tafurs (qui partage au
besoin avec Godefroy de Bouillon « de son bon vin »...)
propose une solution radicale : faire cuire, accommoder et
manger du Turc, au grand effroi de Garsion, émir
d'Antioche, qui propose de négocier. Les pourparlers
s'enlisent, et l'émir envoie son fils Sansadoine quémander
du secours auprès du soudan de Perse. A l'est, la grande
armée commandée par Corbaran s'ébranle.

Autour d'Antioche, c'est l'angoisse. Les forces ennemies
sont annoncées. On envoie en avant-garde le comte
Étienne de Blois, qui revient bientôt vert de peur. Godefroy, charitable, feint de le croire malade et l'expédie en
convalescence à Alexandrette... C'est l'heure de Bohémond de Tarente. Il s'est ménagé des intelligences dans la
ville. Qu'on lui promette Antioche, et la cité tombera.
Tous, sauf Raymond de Saint-Gilles, acquiescent.

Le moment est venu de l'assaut. Godefroy de Bouillon

est prêt. « Les barons fait armer et sa cevalerie », amorce une expédition nocturne et reste aux aguets « en un val ». Les chevaliers commencent à escalader les murailles. L'échelle casse : « Molt i ot grant dolor ». Le duc arrive à cet instant précis, s'affole, appelle à l'aide. Mais une porte s'ouvre :

> Li bons dus de Buillon i est premiers entrés
> Et tot si compaignon et li autres barnés,
> .X. mil en ot dedans quant solaus fu levés...
> Le cité d'Anthioce conquierent li baron.

Deux jours plus tard, Corbaran encercle la ville. Dans Antioche, la famine fait rage. On parle bientôt d'apparitions. La Sainte Lance est découverte. La confiance alors renaît : on ira jusqu'au Saint-Sépulcre, que les barons « delivreront de la paiene gent ». Mais la citadelle où s'est retranché Garsion harcèle les chrétiens exténués. Bohémond doit livrer une partie de la ville aux flammes pour débusquer les plus lâches.

Pierre l'Ermite et le chevalier Herluin partent vers Corbaran pour lui proposer de vider la querelle par un combat des chefs. L'émir se gausse et, sitôt le départ des messagers, commence une partie d'échecs dont l'enjeu n'est rien de moins que la tête des barons chrétiens. La première à tomber est celle de Godefroy de Bouillon...

A Antioche, on procède aux derniers préparatifs d'un duel éventuel. Le duc de Basse-Lotharingie, qui est « del lignage Carlon », est désigné pour lutter au corps à corps. Ce sera inutile. Pierre l'Ermite est de retour, porteur du refus de Corbaran. Tout le monde combattra donc, en une seule et grande bataille. Les escadrons se forment :

> Après s'en est issus Godefrois de Buillon
> Et ot en sa compaigne maint chevalier baron,
> Armés d'aubers et d'elmes de diverse façon,
> Hanstes ont fors et roides et maint rice pegnon.

Rude mêlée. Bataille formidable. Les chrétiens un moment plient. Renaud de Toul est tué. Adhémar de Monteil, Robert de Normandie et Godefroy de Bouillon, «hardis et redoutes», contre-attaquent. Il n'est maintenant de place que pour les exploits individuels. Le duc se bat comme un lion.

Plus de mil Sarrasin i ont les ciés perdus.

Survient Brohadas, le fils du soudan de Perse, avec trente mille Turcs « del linage Judas », qui fait des ravages dans les rangs des croisés. Godefroy le trucide de sa propre main. C'est « grand dolor » dans l'armée des païens. Et bientôt la fin. La troupe musulmane plie. Elle est vite « desconfite et matee » par tous ces chevaliers déchaînés. Le duc de Bouillon, « qui cuer a de lion », coupe la tête de Soliman, l'émir de Nicée.

Les ennemis se débandent. Corbaran lui-même s'enfuit. L'armée franque est épuisée. Godefroy seul, accompagné de Guigier l'Allemand, continue la poursuite. Il a bientôt rejoint Corbaran. Mais la lutte est par trop inégale. Le duc est cerné, blessé. Son cheval, touché à mort, s'effondre. Guigier est tué. Godefroy sait que sa dernière heure est venue et adresse à Dieu une prière fervente. Puis, l'épée à la main, « fierement se desfent ». Ce sera son ultime combat.

Non ! Le gros de l'armée, plongé dans l'inquiétude depuis l'annonce de la disparition du duc, l'a enfin retrouvé. C'est un carnage. Mais Godefroy est sauvé. On lui fait un triomphe, et c'est sur un superbe destrier à la selle dorée qu'il fait son entrée dans Antioche.

Pour le duc de Basse-Lotharingie, la bataille est finie. Il quittera sous peu Antioche pour rejoindre son frère Baudouin de Boulogne dans le comte d'Édesse. En attendant qu'un messager céleste lui précise que c'est dans Jérusalem, et non ailleurs, que l'attend son destin.

La Conquête de Jérusalem

C'est sous les murs mêmes de la Ville sainte que nous conduit *La Conquête de Jérusalem.*

Une première bataille s'engage, au cours de laquelle Godefroy de Bouillon en difficulté est secouru par des chevaliers normands et provençaux. Après quoi les croisés dressent les camps et, conduits par Pierre l'Ermite monté sur son âne, s'en vont contempler du haut du jardin des Oliviers la ville la plus célèbre du monde, étendue sous leurs pieds :

> *Par ci passa Jhesus qui souffri passion,*
> *Si beneoit apostre et tot si compaignon !*

Mais, à la réflexion, soldats et barons sont bien désappointés. Cette Judée est un désert de pierrailles, d'une aridité sans nom.

> *Ici n'en a forest, ne point de prairie,*
> *Fontaine ne sourjon, vivier ne pescherie.*
> *Miex aime del cit d'Arras la grant chastellerie...*

Mais qu'importe si, d'apparence, Jérusalem ne vaut pas Arras ! On donnera l'assaut. On construit des machines. On dresse des échelles. Godefroy de Bouillon sait qu'une fois de plus il lui faudra démontrer son habileté : il embroche sur une même flèche trois oiseaux. Pour Corbadas, témoin de l'exploit, c'est un fâcheux présage. Mais les Turcs accablent la tour roulante sous le feu grégeois. Le duc ordonne la retraite. On recommencera.

Onze échelles sont bientôt dressées. Tous se pressent pour escalader les murailles. Français, Gascons, Bretons, Flamands, Bourguignons, Grecs, Champenois, Provençaux, Marseillais, Siciliens, clercs et prélats, dames et ribauds avec à leur tête le roi des Tafurs... A Godefroy de Bouillon et Robert de Flandre revient le commandement suprême. Les machines d'assaut s'approchent des remparts. Par trois fois, le duc sonne du cor. C'est une ruée furieuse. La nuit tombe. Personne n'a pu prendre pied aux créneaux. Il faut renoncer...

Dans Jérusalem, le roi Corbadas est inquiet. Combien de temps pourra-t-il résister à ces coups de boutoir répétés ? Il envoie son fils Cornumaran (celui-là même qu'on a vu, jadis, tant admirer le duc de Basse-Lotharingie au milieu de ses barons), à la tête d'un escadron d'une centaine de guerriers d'élite, demander du secours au soudan de Perse. En chemin, il tombe à bras raccourcis sur Baudouin de Boulogne qui vient de sa lointaine seigneurie prêter main-forte à son frère. Le comte est bousculé, se terre dans des marais infects où il est la proie des sangsues.

> Les sansues poignans sor le comte ont rampé,
> Et sont parmi les mailles de son haubert entré.
> C'estoit vis qu'on l'eust de poivre tot salé ;
> Le sanc li ont sucé, et des veines osté...

Mais Godefroy de Bouillon, prévenu à temps, parvient (non sans peine) à sauver son frère et l'amène au camp où se préparent de grandes choses.

Sur le mont des Oliviers, un ermite révèle aux croisés où trouver du bois pour reconstruire les machines détruites par les Turcs. On se met à l'ouvrage. Tout est bientôt prêt. On donne l'assaut. C'est Thomas de Marle qui, après avoir vacillé sous un formidable coup de massue administré par une Bédouine, entre le premier dans Jérusalem. Godefroy de Bouillon, de son côté, fait jeter un pont sur la muraille et se jette dans la ville.

Jérusalem est prise.

Quelques jours plus tard, on décide de s'en remettre au jugement de Dieu pour désigner le plus digne de régner sur la Ville sainte. Dans le Temple, tous les barons sont réunis, un cierge éteint à la main. A minuit, un grand coup de tonnerre ébranle l'édifice. Tous se précipitent la face contre terre. Le cierge de Godefroy, seul allumé, projette

sur eux une aveuglante lumière. Le duc est roi de Jérusalem, et ceint d'une couronne d'épines.

> *De l'ort saint Abrahan fist venir un plancon,*
> *Decà mer et delà espic l'apele on ;*
> *De cel fut coronés Godefrois de Buillon.*

Le cycle sera complété, à la fin du XIVe siècle, par deux
autres poèmes : *Baudouin de Sebourc* et *Le Bâtard de
Bouillon,* immenses constructions épiques émaillées
d'invraisemblables mariages, d'empoisonnements, de
rebondissements, de poursuites, d'épisodes extravagants
ou franchement pimentés qui démontrent à l'évidence
qu'était bien passée, comme l'a souligné Régine Pernoud,
« la haute époque de l'épopée [8] ».

DU TASSE À MONTEVERDI

Elle devait rebondir en Italie, dans la seconde moitié du
XVIe siècle, lorsque Torquato Tasso écrivit pour le duc de
Ferrare Alphonse II d'Este un grand poème épique en
vingt chants intitulé *Il Goffredo* qu'on publia, contre la
volonté de son auteur, sous le titre à jamais fameux de
Gerusalemme liberata. Énorme poème bourré de rhétorique et de métaphores, promis à un succès formidable qui
aujourd'hui nous surprend.

Le Tasse s'est en partie inspiré de *La Conquête de Jérusalem,* avant de voler de ses propres ailes pour chanter « les
pieux combats et le guerrier qui délivra le tombeau de Jé-

---

8. Il ne peut entrer dans notre propos d'étudier le degré de véracité
des composantes de ce cycle, non plus que leur utilisation comme
sources historiques. On aura fait sans peine la différence entre *La Chanson d'Antioche* (et, à un moindre titre, *La Conquête de Jérusalem*) et les
autres poèmes. Les chants de haute époque, ou ceux qu'ils ont inspirés,
restent proches de l'histoire. Après quoi ils ont commencé à vivre d'une
existence autonome, parallèle à l'histoire mais ne se confondant plus
avec elle. En un mot, les poèmes étaient devenus des créations dans le
sens le plus fort du terme, libérées de leurs sources d'inspiration. Sur ces
questions, on consultera les travaux déjà cités de S. Duparc-Quioc.

sus-Christ ». On connaît les grandes lignes de cette œuvre touffue où Godefroy de Bouillon préside, d'assez haut, aux plus surprenantes péripéties.

Les croisés, réunis autour de la Ville sainte sous les ordres du duc de Basse-Lotharingie, se heurtent aux sortilèges du roi de Jérusalem Aladin et de son magicien Ismen ; et plus encore aux passions qui diluent leurs efforts. Tancrède, un preux chevalier, est amoureux d'une belle Sarrasine, Clorinde. Armide, une jeune magicienne, sème le trouble dans le camp chrétien et, avec l'aide d'Argant, réduit à néant les entreprises des barons croisés. Elle fait enlever Renaud, dont elle est follement éprise, et file avec lui le parfait amour dans les îles Fortunées. Godefroy fait rompre le sortilège. Tancrède tue Clorinde. Renaud, dans une forêt enchantée, triomphera lui aussi des puissances démoniaques. L'assaut est donné. Argant est tué par Tancrède. Aladin succombe. Armide, sur le point de se suicider, retrouve Renaud qui consent enfin à l'aimer... C'est fini. Jérusalem est tombée.

> « Godefroy triomphe. Le jour luit encore. Il marche vers la cité dont il a brisé les fers, pour y offrir à l'Éternel l'hommage de sa victoire. Les mains toutes teintes du sang qu'il vient de répandre, il entre dans le Temple avec ses guerriers ; il y suspend ses armes et, prosterné sur la tombe sacrée, y acquitte sa reconnaissance et ses vœux [9]. »

Alimentée très tôt par la légende, l'histoire de Godefroy de Bouillon n'avait jamais cessé d'occuper la pensée occi-

---

9. Entre 1587 et 1592, le Tasse a composé une *Gerusalemme conquistata* qui est tout à la fois une prolongation et une refonte du poème primitif dont il supprime les épisodes amoureux et qu'il parsème de méditations religieuses. Reconnaissons que l'œuvre du Tasse, à laquelle Boileau a accroché, sans doute un peu vite, le qualificatif de « clinquant », ne correspond plus guère à la sensibilité des hommes, même cultivés, de notre temps. Son audience fut pourtant énorme et elle a inspiré nombre de compositions musicales, dont le *Combat de Tancrède et de Clorinde* de Claudio Monteverdi, des œuvres de Pallavicini, Righini ou Loiseau de Persuis...

dentale. L'épisode des trois oiseaux embrochés par le duc de Basse-Lotharingie devait avoir une destinée singulière, aussi inattendue que durable.

 « Un jour après la conqueste de Hierusalem, écrit au milieu du XVIᵉ siècle Richard de Wassembourg dans ses *Antiquitéz de la Gaule Belgique,* estant en la tour de David, il demanda aux gens du pays le nom de trois oiseaulx qu'il veoit journellement voller par dessus la dicte tour, auquel fut respondu qu'on les appelloit allerions et que de toutes anciennetéz par une commune renommee des anciens, on disoit qu'ilz debvoient estre tuéz par un qui par droict devoit estre roy de Jherusalem. Et adont Godefroy prit son arc et tira contre iceulx, tellement que d'un seul coup les perça tous trois, et, en mémoire de ce faist, voulut porter les dicts allerions sans piedz et becqz en maniere de bande, au travers de son escu d'or. »

Si, à vrai dire, on ne sait rien des « armoiries » de Godefroy de Bouillon, il est certain que, dès la fin du XIIᵉ siècle, les ducs de Lorraine portaient « d'or à la bande de gueules chargée de trois alérions d'argent ». On trouve pour la première fois ces meubles sur le bouclier du chevalier représenté sur les sceaux de Simon II de Lorraine (1176-1206). La Maison de Lorraine qui, comme on l'a dit, était issue de la famille d'Alsace, s'était vite forgé, à l'instar de la plupart des lignages illustres, une généalogie proprement fabuleuse qui plongeait ses racines jusqu'à Adam, Charlemagne et un Guillaume, prétendu frère de Godefroy de Bouillon[10]. Elle s'empressa de mettre sur ses armes ce volatile qui « a moult grant segnorie sur tous les oiseaus del monde » et évoquait les exploits du prodigieux ancê-

10. Sur ce frère dont parle Guillaume de Tyr et dont l'existence est aujourd'hui mise en doute par tout le monde, voir en dernier lieu Nicolas Huyghebaert : « La mère de Godefroy de Bouillon, la comtesse Ide de Boulogne », in *Publ. de la section hist. de l'Institut G.-D. de Luxembourg,* vol. XCV, 1981, p. 52 et suiv.

tre. Les trois alérions figurent, aujourd'hui encore, sur les armes de la province de Lorraine[11].

DANTE

Le duc de Basse-Lotharingie, devenu figure de proue, ne pouvait manquer de figurer dans *La Divine Comédie*, « l'un des trois ou quatre fleurons de la couronne de l'Occident », forêt d'images, d'allusions et de symboles, de rêves et d'observations minutieuses qu'édifia Dante Alighieri dans son exil ravennate, dans le premier quart du XIVe siècle. L'idéal que sert le poète n'est autre que « celui des papes réformateurs, des saints, des croisés, des maîtres de la pensée, l'idéal d'un ordre hiérarchique qui, sur la terre, serait la correspondance des parfaites harmonies du ciel ». Godefroy de Bouillon ne pouvait qu'y tenir son rôle. Il est là, au chant XVIII du *Paradis*, en surprenante compagnie :

> *Puis, à leur tour, Guillaume et Rainouard*
> *Sur cette croix vinrent fixer ma vue,*
> *Avec Robert Guiscard et le duc Godefroy*[12].

Cette aura qui entourait Godefroy de Bouillon explique sans peine qu'il ait figuré d'emblée au nombre des Neuf Preux. Ce thème littéraire, né sans doute au XIIIe siècle, fut popularisé dans une des continuations du « Roman d'Alexandre le Grand », *Les Vœux du Paon*, poème composé vers 1312 par Jacques de Longuyon pour l'évêque de Liège Thibaut de Bar. Destinés à devenir des modèles pour une chevalerie passablement en déclin, on les choisit

---

11. Sur toute cette question, voir Pierre Marot : « Les alérions de Lorraine », *Mémoires de l'Académie de Stanislas*, Nancy 1930-1931, pp. 25-54. Je remercie M. et Mme Pierre Duparc de m'avoir signalé et procuré cette remarquable étude.
12. *Poscia trasse Guiglielmo e Renoardo*
    E'l duca Gottifredi la mia vista
    Per quella croce, e Ruberto Guiscardo.

parmi les héros les moins contestables des trois « lois » : la
païenne (Hector, Alexandre, Jules César), l'hébraïque
(Josué, David, Judas Maccabée) et la chrétienne (Arthur,
Charlemagne et Godefroy de Bouillon[13]). Ils devaient
connaître « une vogue inouïe dans l'iconographie européenne jusqu'au milieu du XVIIᵉ siècle » et alimenter la
verve des héraldistes, des peintres, des sculpteurs, des ver-
riers, des liciers et des orfèvres. Godefroy de Bouillon est
toujours représenté revêtu d'une armure semée de croix,
couronné d'épines, l'épée au côté et tenant à la main un
gonfanon frappé des cinq croix rouges de l'ordre du Saint-
Sépulcre...

Sous le règne de Charles V, le souvenir de Godefroy de
Bouillon était plus vivace que jamais. La bibliothèque de
ce roi lettré était bien pourvue en romans de chevalerie[14].
Un peu trop pour le goût du sévère Philippe de Maizières,
ancien conseiller du roi et l'un des précepteurs de son fils,
qui, dans *Le Songe du vieil pèlerin,* croit bon de faire la
fine bouche et de remettre les imaginations sur le droit
chemin :

> « La vaillance du roi Artur moult fut grande, mais
> l'histoire de lui et des siens est si remplie de bourdes
> qu'elle en demeure suspecte. Tu dois lire souvent la
> belle et vraie histoire du très vaillant duc Godefroi de
> Bouillon. »

L'ambition ultime de Philippe de Maizières, comme de
bon nombre de ses contemporains, n'est-elle pas la restauration de ce royaume de Jérusalem dont d'aucuns s'enor-

13. On y ajoutera plus tard Bertrand Du Guesclin. On sait que cinq
d'entre les Neuf Preux figurent toujours, au moins depuis le XVIᵉ siècle,
sur nos cartes à jouer. Godefroy de Bouillon a été oublié...
14. C'est le moment de signaler qu'une étude serait à faire sur les
représentations de l'avoué du Saint-Sépulcre dans les manuscrits médiévaux. L'*Historia* de Guillaume de Tyr, par exemple, et sa traduction,
connurent une audience considérable et recèlent des centaines de minia-
tures admirables (les manuscrits de Paris et de Lyon, notamment). Les
ouvrages d'imagination pullulent, dont on présente parfois des merveilles (voir l'exposition *Les fastes du gothique,* 1981-1982, cat. nᵒ 350).

gueillissent de la titulature sans jamais parvenir à en toucher la substance ?

LE MODÈLE DU « VAILLANT CHEVALIER »

Car la croisade hante les esprits. Personne n'a oublié la récente expédition du « Comte Vert », Amédée VI de Savoie, parti en 1366 reprendre Gallipoli aux Turcs et ravager les côtes de la mer Noire. Bientôt, la fine fleur de la chevalerie bourguignonne et française, avec Jean sans Peur, Philippe d'Artois, Jacques de Bourbon, le maréchal de Boucicaut et l'amiral Jean de Vienne, partira pour l'Orient et se fera sabrer devant Nicopolis. On rêve de gloire. On se réfugie dans l'imaginaire. On regrette aussi le « bon vieux temps ». Godefroy de Bouillon, chacun le sait, y tient une place de choix. N'était-ce pas le moment où un trouvère de génie mettait la dernière main au cycle de la croisade ?

En ce siècle de lutte acharnée contre l'Anglais par qui la chevalerie française « si longuement a été battue », Godefroy de Bouillon, au côté du roi Arthur et du grand empereur, « Monseigneur saint Charles », devient le modèle du vaillant chevalier dont il convient de suivre les exemples. Jean Cuvelier, auteur d'une chronique rimée de vingt mille vers à la gloire de Bertrand Du Guesclin, nous montre le connétable en proie à une véritable idée fixe : en finir avec les envahisseurs pour marcher enfin sur les traces de Godefroy de Bouillon. Il sera en bonne compagnie :

> *Perceval li Galois, Lancelot et Tristans,*
> *Alexandre et Artur, Godefroi li sachans,*
> *De quoi cil menestrels font ces nobles romans.*

Eustache Deschamps déplore amèrement « péril, haine et discorde » qui étreignent le royaume de France après la mort du roi sage et en appelle aux génies tutélaires.

Aux Gaulx après vint vaillance en present,
Tesmoing Charles, Godeffroy de Bullion...
Honneur s'enfuit, le cours du temps se mue.
Jugez sur ce qu'a mon opinion
Riens estable ne sçay dessoubz la nue.

L'avoué du Saint-Sépulcre, dès lors, servira à théoriser
« l'imaginaire du corps social [15] ».

Point n'était besoin, pourtant, de tant se lamenter. Il n'y
avait pas si longtemps que le Grand Ferré avait rejoint, au
panthéon des gloires populaires, Roland à Roncevaux et
le bon duc sous les murs de Jérusalem. Quoi qu'on fasse, il
s'en trouvera toujours pour regretter « les neiges
d'antan ». François Villon évoquera lui aussi les mânes
des seigneurs du temps jadis. « Mais où est le preux Charlemagne ? » Godefroy de Bouillon a été oublié.

Mais il n'a pas disparu. On le retrouve là où on l'attend
le moins, au détour d'une page du premier de nos livres de
cuisine gastronomique, le fameux *Viandier* de Taillevent,
« maistre queux du Roy » : « Qui veult faire le chevalier
au Cigne a son droit, convient avoir .XII. pieces de bois
legierettes... »

FAIRE-VALOIR DES HABSBOURGS ET DES GUISE

Après la mort dramatique de Charles le Téméraire sous
les murs de Nancy (janvier 1477) et l'éclatement de
l'Europe médiane [16], avec l'affirmation de la Réforme, la
montée de la puissance des Habsbourgs et le remodelage

---

15. Jeannine Quillet dans son *Charles V, le roi lettré. Essai sur la pensée
politique d'un règne*, Paris 1984.
16. L'expression n'est pas un vain mot. L'impressionnante titulature
du dernier Grand Duc d'Occident, gravée en double couronne autour de
son sceau, résume à elle seule le poids historique de ce qui vient de disparaître : « Charles par la grâce de Dieu, duc de Bourgogne, de Lothier,
de Brabant, de Limbourg, de Luxembourg et de Gueldre, comte de Flandre, d'Artois, de Bourgogne, de Hainaut, de Hollande, de Zélande, de
Namur et de Zutphen, marquis du Saint Empire, seigneur de Frise, de
Salins et de Malines. »

de l'Occident, Godefroy de Bouillon, promu au rang
d'ancêtre mythique, poursuit sa carrière. Elle prend dès
lors, et pour longtemps, un caractère plus crûment politique.

Quelques mois après la mort du Téméraire, sa fille unique Marie épousait l'archiduc Maximilien de Habsbourg
qui, en 1494, devait succéder à son père Frédéric III
comme souverain du Saint-Empire romain germanique.
On connaît l'ascension prodigieuse de cette Maison qui,
grâce à une lucide politique d'alliance, devait bouleverser
l'équilibre européen et unir sous une même couronne
l'Ancien Monde et le nouveau... Dès 1502, Maximilien Ier
faisait dresser les plans d'un formidable mausolée qui se
voulait tout à la fois une célébration des hauts faits de
l'empereur, une plongée dans l'Histoire et l'affirmation du
prestige d'un lignage. Un travail gigantesque qui devait se
prolonger sur plus d'un demi-siècle et constituer l'un des
ensembles les plus puissants de la statuaire monumentale
du xvie siècle. Il s'impose aujourd'hui encore, d'emblée,
aux visiteurs qui se pressent dans la Hofkirche d'Innsbruck.

Le tombeau de marbre blanc est entouré de vingt-huit
statues colossales. Ancêtres et grands hommes où voisi-
nent, hallucinant théâtre d'ombres, Clovis et Théodoric,
Philippe le Bon et Jeanne la Folle, Marie de Bourgogne et
Charles le Téméraire, Ferdinand le Catholique et le roi
Arthur. Entre Élizabeth de Hongrie et Albert Ier de Habsbourg, Godefroy de Bouillon, tout de fer vêtu, monte une
garde vigilante. Pour l'éternité[17].

Cette fureur généalogique allait avoir des conséquences
inattendues et terribles. La France, déchirée par les
guerres de religion, minée par les intrigues, abandonnée

17. La statue de l'avoué du Saint-Sépulcre a été dessinée par Jean Pol-
heimer, sculptée par Léonard Magt et coulée en 1533 par Stephan Godl.
L'empereur Maximilien Ier ne sera jamais inhumé dans ce somptueux
tombeau. Il est enterré dans la chapelle Saint-Georges de Wiener Neu-
stadt, sa ville natale. Voir V. Oberhammer : *Die Broncestandbilder des
Maximiliangrabes in der Hofkirche zu Innsbruck*, éd. Tyrolia, 1935.

aux ambitions les moins avouables, sombrait dans le chaos. En quelques décennies d'une montée irrésistible, ponctuée de rares revers, la famille de Guise s'était taillé dans le royaume une place de choix. Elle était issue, par le duc René II, de la famille de Lorraine. On sait les prétention de la dynastie à faire remonter ses origines à Guillaume de Boulogne, un prétendu frère de Godefroy de Bouillon.

A la fin du xve siècle, Louis de Haraucourt, évêque de Verdun, s'était fait le champion de cette thèse aventurée mais flatteuse. Quelques années plus tard, l'humaniste Symphorien Champier, dans ses *Croniques des hystoires des royaulmes d'Austrasie,* enfonçait un peu plus le clou et démontrait que la race était issue « du roi Pépin et de Charlemagne Empereur ». Richard de Wassembourg, archidiacre de Verdun, ajoutera encore à ces prétentions et dressera le monument dont on a parlé. Ronsard lui-même, dans sa *Harangue de très illustre prince François, duc de Guise, aux soldats de Metz,* dédiée au cardinal de Lorraine, se plut à évoquer l' « ayeul Charlemagne » et la grande ombre de Godefroy de Bouillon.

L'avoué du Saint-Sépulcre était ainsi à la croisée des chemins. Faux à l'appui, les « factieux » tressaient aux Guise une généalogie à faire pâlir celle des Valois. A tout le moins, « l'ancienneté de leur race devait leur donner le premier rang parmi les princes de la Cour de France ». Ces prétention incroyables devaient être l'un des maillons qui mèneraient au fameux assassinat du duc Henri de Guise, le matin du 23 décembre 1588, au château de Blois [18]...

L'ENCYCLOPÉDIE ET CHATEAUBRIAND

L'Histoire, pourtant, n'allait pas tarder à reconquérir ses droits. Timidement, d'abord. L'écuyer Jean de Lannel, dans sa *Vie de Godefroy de Bouillon, duc de Lorraine et premier roy chrétien de Jérusalem,* publiée à Paris en 1625 et

18. Voir Jean-Marie Constant : *Les Guise,* Paris 1984, pp. 191-196.

dédiée au duc de Vaudémont, sacrifie encore largement à la légende. Et peut-être encore davantage les *Labores Herculis christiani Godefridi Bullioni* du jésuite Guillaume de Waha, publiés à Liège en 1688.

Les érudits, eux, commençaient, non sans de perfides arrière-pensées, à dégonfler les baudruches. L'abbé de Riguet, grand prévôt de Saint-Dié, entreprit de pulvériser les prétentions de la famille ducale de Lorraine dans un mémoire intitulé sans fioritures : *Erreur de ceux qui croyent que les armoiries que les ducs de Lorraine portent aujourd'hui viennent de Godefroy de Bouillon.* En 1711, le Père Hugo constatera, sans excès d'indulgence, que la tradition des trois alérions « est une fable qui fait pitié[19] ».

Au crépuscule du Grand Siècle, de sérieux coups vinrent ébranler quelques gloires prétendument usurpées. Claude Fleury, un protégé de Bossuet et de Fénelon, abbé de Loc-Dieu puis prieur de Notre-Dame d'Argenteuil et confesseur du roi, esprit rassis et savant remarquable, entreprit une immense *Histoire ecclésiastique* en vingt volumes qui firent froncer quelques sourcils mais dont la masse impressionnante devait, pendant un bon siècle et demi, servir d'ornement aux meilleures maisons. Le duc de Basse-Lotharingie, dans le concert de la croisade, tient sa place. Avec une extrême modestie.

> « Les seigneurs, écrit l'abbé, élurent pour roi de Jérusalem Godefroi de Bouillon, duc de Lorraine, ayant principalement égard à sa vertu ; car il y avoit entre eux des princes plus distingués par leur naissance et leur pouvoir : mais il étoit recommandable par sa valeur et sa piété. »

Suivent quelques considérations sur ses relations avec l'Empire, son refus de « porter une couronne d'or » et ses fondations pieuses au Saint-Sépulcre. C'est tout[20].

Cette œuvre devait avoir un succès considérable et exer-

19. Sur cette question, voir Pierre Marot, *op. cit.*, pp. 29-31.
20. Édition de 1751, tome XIII, pp. 653-654.

cer une influence profonde sur le Siècle des Lumières. L'*Encyclopédie* de Diderot et d'Alembert, la plus étonnante entreprise philosophique et financière de l'époque, s'en inspire volontiers, tout en l'outrant. L'article « croisade » stigmatise les origines louches de « cet événement extraordinaire » :

> « ... Les laïcs chargés de crimes crurent qu'ils s'en laveraient en se baignant dans le sang infidèle ; ceux que leur état obligeait par devoir à les désabuser de cette erreur les y confirmoient, les uns par imbécillité et faux zèle, les autres par une politique intéressée... Les seigneurs se défont de leurs terres ; les moines s'en emparent ; l'indulgence tient lieu de solde : on s'arme ; on se croise, et l'on part pour la Terre sainte[21]. »

Godefroy de Bouillon traverse tout cela comme un météore : une mention dans l'article « Jérusalem », une autre de la vente de son fief à Otbert dans l'article « Bouillon ». C'est peu.

Voltaire, dans son *Essai sur les mœurs,* ne s'attarde pas. Louis Moreri, esprit de tout repos, dans son célèbre *Dictionnaire,* voit en Godefroy « le plus grand homme de son siècle », ce qui ne l'engage guère...

Avec le XIXᵉ siècle, le romantisme, la mode des « voyages en Orient », la naissance d'une nouvelle image de la patrie et l'exaspération des nationalismes devaient donner au mythe de Godefroy de Bouillon un vigoureux coup de fouet. Chacun a en mémoire cette page fameuse de l'*Itinéraire de Paris à Jérusalem* où Chateaubriand raconte, en proie à une émouvante exaltation, la cérémonie au cours de laquelle il reçut l'ordre du Saint-Sépulcre :

> « Tous les frères présents formèrent un cercle autour de moi, les bras croisés sur la poitrine. Tandis qu'ils chantaient à voix basse le *Veni Creator,* le gardien

---

21. Édition de Genève, 1777, tome X, p. 32.

monta à l'autel, et je me mis à genoux à ses pieds. On tira du trésor du Saint-Sépulcre les éperons et l'épée de Godefroy de Bouillon : deux religieux debout, à mes côtés, tenaient les dépouilles vénérables. L'officiant récita les prières accoutumées, et me fit les questions d'usage. Ensuite il me chaussa les éperons, me frappa trois fois l'épaule avec l'épée en me donnant l'accolade...

Tout cela n'est que le souvenir de mœurs qui n'existent plus. Mais, que l'on songe que j'étais à Jérusalem, dans l'église du Calvaire, à douze pas du tombeau de Jésus-Christ, à trente du tombeau de Godefroy de Bouillon ; que je venais de chausser l'éperon du libérateur du Saint-Sépulcre, de toucher cette longue et large épée de fer qu'avait maniée une main si noble et si loyale... Cette cérémonie, au reste, ne pouvait être tout à fait vaine : j'étais Français : Godefroy de Bouillon était Français : ses vieilles armes, en me touchant, m'avaient communiqué un nouvel amour pour la gloire et l'honneur de ma patrie[22]. »

GODEFROY DE BOUILLON ÉTAIT-IL FRANÇAIS ?

Godefroy de Bouillon, un Français ? Voire.

Il n'y avait pas dix ans que le vicomte reposait sur son rocher que se déchaînait la grande dispute sur le lieu de

22. Quelques décennies plus tard, en 1861, un pèlerin parmi beaucoup d'autres — et bien peu romantique —, le comte de Chambord, méditera sur les rives du Bosphore au pied du « fameux platane de Godefroy de Bouillon, arbre immense qui a vu, dit-on, l'armée des Croisés camper dans ce lieu en 1096 ». Le prétendant verra le tombeau de l'avoué du Saint-Sépulcre « à moitié détruit par les Grecs », « l'épée et les éperons de Godefroy de Bouillon, restes vénérables d'un autre âge, qui servent encore à la réception des Chevaliers du Saint-Sépulcre », « le lieu où Godefroy de Bouillon escalada la muraille et pénétra dans Jérusalem »... (*Journal de voyage en Orient*, Paris, 1984). Des centaines de voyageurs verront les mêmes choses et rapporteront, sans plus de talent, les mêmes observations dans une multitude de *Journaux de voyage* qui dorment au fond des bibliothèques publiques. Jean-Claude Berchet vient d'en donner une excellente anthologie sous le titre *Le Voyage en Orient*, Paris, 1985.

naissance de l'avoué du Saint-Sépulcre. Mgr De Ram, recteur magnifique de l'Université de Louvain, s'opposa, avec une vertueuse indignation, aux thèses de l'abbé Barbe. L'un tenait pour Baisy, en Brabant ; l'autre pour Boulogne. Ce fut une belle empoignade, marquée au coin de l'onction de rigueur entre érudits de bonne compagnie mais également déterminés, un duel à fleurets mouchetés où s'entrechoquèrent des arguments imparables qui ne convainquirent évidemment personne.

A nous qui penchons à voir dans le duc de Basse-Lotharingie, à l'instar d'un Ekkehard d'Aura, un « grand Européen », cette guerre paraît futile. Elle ne l'était pas. Il n'y avait pas trente ans qu'avait eu lieu l'insurrection de Bruxelles contre les Pays-Bas, que les États généraux avaient proclamé l'indépendance de la Belgique et que Léopold de Saxe-Cobourg-Gotha avait prêté serment à la Constitution, devenant le premier roi des Belges. Les dissensions n'avaient pas tardé à naître. La jeune nation battait le rappel de ses grands hommes.

Ne serait-ce que parce qu'elle donnait ainsi le branle à une véritable explosion de la recherche historique. L'Europe tout entière éleva alors au croisé un impressionnant monument dont toutes les pierres sont hélas ! loin d'avoir la même finesse de taille. Citons, pêle-mêle, les Français Collin de Plancy, Monnier, Prévault et Alphonse Vétault ; les Belges de Hody et Mailhard de la Couture ; les Allemands Reichau, Gustavus Beyer, Julius Froboese et Kurt Breyzig. Sauf exceptions, l'hagiographie se mêlait largement à l'Histoire. C'était l'époque où Victor Duruy, résumant cette flambée dans une *Histoire de France* promise à un joli succès populaire, voyait en Godefroy de Bouillon « le plus brave, le plus fort, le plus pieux des croisés ».

Comme il était à prévoir, dans la première moitié de notre siècle, nombre d'éminents historiens, irrités, réagirent vivement à ces excès et soumirent l'épopée à la douche glacée de l'hypercritique. Des pans entiers du mythe s'écroulèrent avec fracas. Rayés les exploits de

Godefroy de Bouillon à la bataille de l'Elster, sa participation au sac de Rome. Le rôle même du duc de Basse-Lotharingie pendant la croisade fut férocement raboté et son élévation finale jugée, c'est le moins qu'on puisse dire, sans enthousiasme excessif.

Ferdinand Chalandon, dans son *Histoire de la première croisade,* se demande « si ce n'est pas précisément parce qu'il était un médiocre qu'il fut élu » avoué du Saint-Sépulcre. Augustin Fliche ne pense pas autrement. René Grousset, dans sa grande *Histoire des croisades et du royaume franc de Jérusalem,* arrondit un peu les angles, sans pour autant épargner le pauvre duc et souligner « le caractère assez effacé de sa personnalité morale » ; il suggère assez perfidement que « les qualités purement négatives de Godefroy de Bouillon ne devaient pas laisser d'avoir leur utilité » et constate que « ce moine couronné serait un suzerain débonnaire ».

Les réactions furent vives. En 1943, le Belge Marcel Lobet publiait un émouvant *Essai de biographie antilégendaire.* « En ces heures, où nous aimons à dénombrer les richesses de notre patrimoine national », il entendait « se garder aussi bien de l'admiration inconsidérée que du rationalisme goguenard ». Son livre fut critiqué. Il ne manque pas de mérites.

La même année, Henri Glaesener écrivait un article fourni qui était une réponse aux « rationalistes » en question. Il n'a pas convaincu tout le monde. Joshua Prawer prendra soin de dénoncer à son tour la « pâle personnalité » de l'avoué du Saint-Sépulcre. En 1947, John C. Andressohn, universitaire américain, proposait à son tour une étude solide et nuancée qui constitue, à notre connaissance, la dernière mise au point d'ensemble de l'histoire de Godefroy de Bouillon. Il ne pouvait que constater que le duc de Basse-Lotharingie, s'il n'avait pas dominé la première croisade, ne s'était pas moins imposé, seul, à la mémoire des hommes [23].

---

23. « Godfrey the Crusader was not the greatest name in the long list of renowned historical characters related to him, but his fame far transcended that of all the others. » *Op. cit.,* p. 125.

Depuis lors, les travaux admirables d'historiens belges comme H. Dorchy ou G. Despy ont rendu justice au rôle de Godefroy de Bouillon comme duc de Basse-Lotharingie. Quant au croisé, on l'appréhende aujourd'hui avec plus de sérénité et, sans doute, plus d'équité.

« Un point est assuré, constate Michel Parisse : Godefroy n'était pas un faible ; il appartenait à une lignée prestigieuse d'hommes de grande capacité politique et militaire. Sa piété, qui confinait à la bigoterie, contrastait avec la foi ordinaire de ses compagnons. Sa force physique est mieux attestée que son habileté diplomatique, ce qui n'est pas le cas de Bohémond de Tarente ou de Raymond de Saint-Gilles. Mais on ne peut mettre en doute son ascendant sur les hommes, ses qualités de chef lors de l'expédition danubienne. S'il s'effaça partiellement quand ses deux concurrents se montrèrent plus actifs, il démontra de réelles qualités de gouvernement. »

La *vox populi,* aussi bien, avait-elle de longtemps tranché. Vint l'ère des panégyriques et des statues. Bientôt celle des bandes dessinées et des sondages.

Par-delà les fluctuations de la mode, il reste un homme, ou l'idée qu'on s'en fait. Un héros qui, un moment, avait incarné les aspirations de l'Occident chrétien et en qui chacun finalement s'était reconnu.

Rouen, juin 1984.

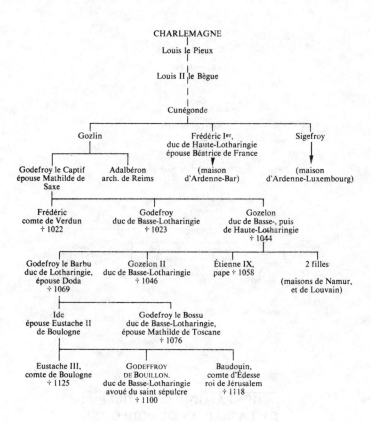

CHARLEMAGNE

Louis le Pieux

Louis II le Bègue

Cunégonde

Gozlin   Frédéric Ier,   Sigefroy
duc de Haute-Lotharingie
épouse Béatrice de France

Godefroy le Captif Adalbéron (maison (maison
épouse Mathilde de arch. de Reims d'Ardenne-Bar) d'Ardenne-Luxembourg)
Saxe

Frédéric Godefroy Gozelon
comte de Verdun duc de Basse-Lotharingie duc de Basse-, puis
† 1022 † 1023 de Haute-Lotharingie
† 1044

Godefroy le Barbu Gozelon II Étienne IX, 2 filles
duc de Lotharingie, duc de Basse-Lotharingie pape † 1058
épouse Doda † 1046 (maisons de Namur,
† 1069   et de Louvain)

Ide Godefroy le Bossu
épouse Eustache II duc de Basse-Lotharingie,
de Boulogne épouse Mathilde de Toscane
† 1076

Eustache III, GODEFFROY Baudouin,
comte de Boulogne DE BOUILLON, comte d'Édesse
† 1125 duc de Basse-Lotharingie roi de Jérusalem
avoué du saint sépulcre † 1118
† 1100

GÉNÉALOGIE SIMPLIFIÉE
DE LA MAISON D'ARDENNE

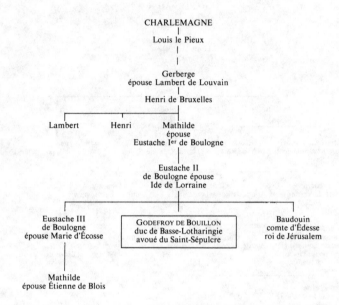

```
                           CHARLEMAGNE
                                |
                          Louis le Pieux
                                |
                                |
                            Gerberge
                    épouse Lambert de Louvain
                                |
                         Henri de Bruxelles

    Lambert        Henri        Mathilde
                                épouse
                         Eustache Ier de Boulogne

                            Eustache II
                         de Boulogne épouse
                           Ide de Lorraine

   Eustache III      GODEFROY DE BOUILLON      Baudouin
   de Boulogne      duc de Basse-Lotharingie   comte d'Édesse
 épouse Marie d'Écosse  avoué du Saint-Sépulcre  roi de Jérusalem

     Mathilde
 épouse Étienne de Blois
```

GÉNÉALOGIE SIMPLIFIÉE
DE LA MAISON DE BOULOGNE

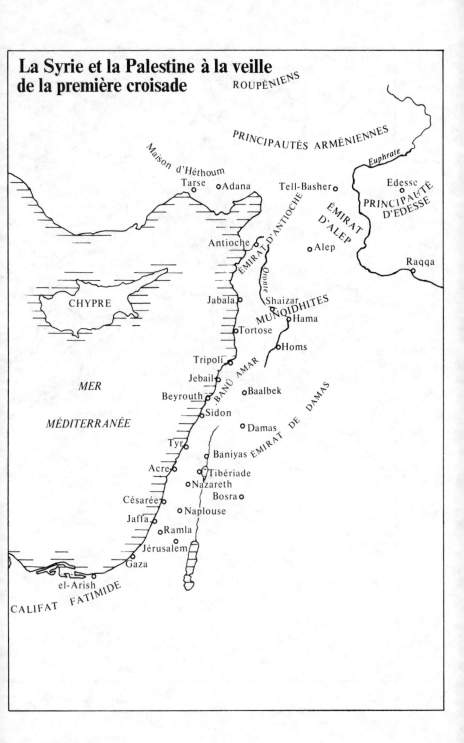

La Syrie et la Palestine à la veille de la première croisade

ROUPÉNIENS

PRINCIPAUTÉS ARMÉNIENNES

Euphrate

Maison d'Héthoum

Tarse ○Adana   Tell-Basher○   Edesse
                                    PRINCIPAUTÉ
                                    D'EDESSE

ÉMIRAT D'ANTIOCHE   ÉMIRAT D'ALEP

Antioche○   ○Alep   Raqqa○

Oronte

CHYPRE

Jabala○   Shaizar○   MUNQIDHITES
                     ○Hama

Tortose○

Tripoli○   Homs○

Jebail○   BANŪ AMAR

Beyrouth○   ○Baalbek

Sidon○   ÉMIRAT DE DAMAS

MER

MÉDITERRANÉE   ○Damas

Tyr○   Baniyas○

Acre○   ○Tibériade

Césarée○   ○Nazareth   Bosra○

Jaffa○   ○Naplouse

○Ramla

Jérusalem○

Gaza○

el-Arish

CALIFAT FATIMIDE

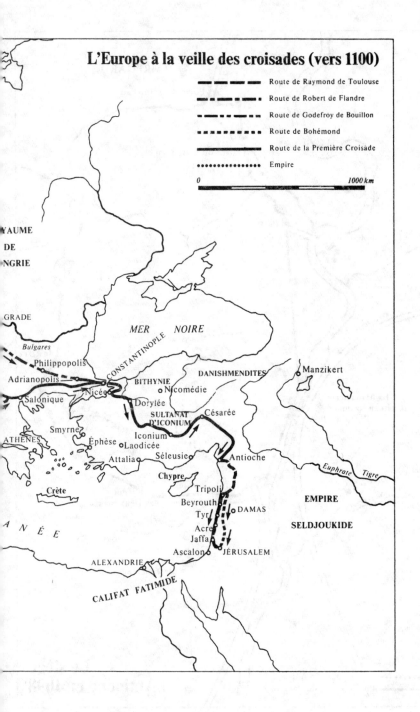

L'Europe à la veille des croisades (vers 1100)

- ━ ━ ━ Route de Raymond de Toulouse
- ━ ・ ━ ・ ━ Route de Robert de Flandre
- ━ ‒ ━ ‒ ━ Route de Godefroy de Bouillon
- ▬▬ ▬▬ Route de Bohémond
- ━━━━━ Route de la Première Croisade
- •••••••••• Empire

0 _____ 1000 km

YAUME
DE
NGRIE

GRADE

MER NOIRE

Bulgares
Philippopolis
Adrianopolis
Salonique
CONSTANTINOPLE
Nicée
BITHYNIE
Nicomédie
Dorylée
Manzikert
DANISHMENDITES
SULTANAT
D'ICONIUM
Césarée
Smyrne
ATHÈNES
Éphèse
Laodicée
Attalia
Séleusie
Iconium
Chypre
Antioche
Euphrate
Tigre
Crète
Tripoli
Beyrouth
Tyr
DAMAS
Acre
Jaffa
Ascalon
JÉRUSALEM
EMPIRE
SELDJOUKIDE
A N É E
ALEXANDRIE
CALIFAT FATIMIDE

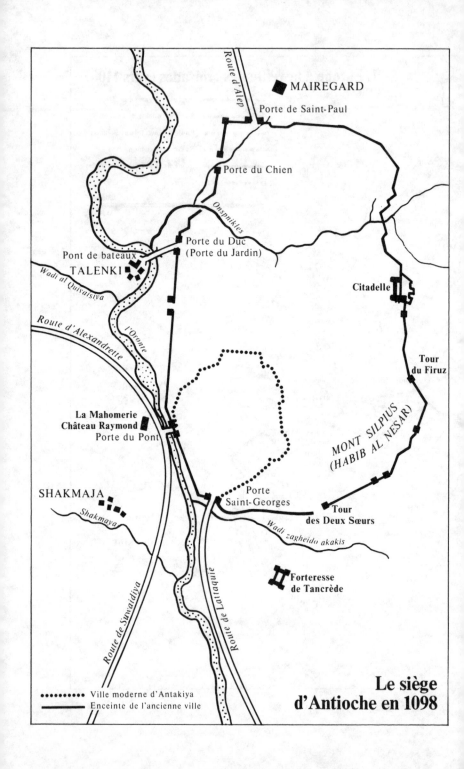

MAIREGARD

Route d'Alep

Porte de Saint-Paul

Porte du Chien

Onspmktes

Porte du Duc
(Porte du Jardin)

Pont de bateaux

TALENKI

Wadi al Quivaisiya

l'Oronte

Citadelle

Route d'Alexandrette

Tour
du Firuz

MONT SILPIUS
(HABIB AL NESAR)

La Mahomerie
Château Raymond
Porte du Pont

SHAKMAJA

Shakmaya

Porte
Saint-Georges

Tour
des Deux Sœurs

Wadi zagheido akakis

Route de Suvaidiya

Route de Lattaquié

Forteresse
de Tancrède

●●●●●●● Ville moderne d'Antakiya
——— Enceinte de l'ancienne ville

Le siège
d'Antioche en 1098

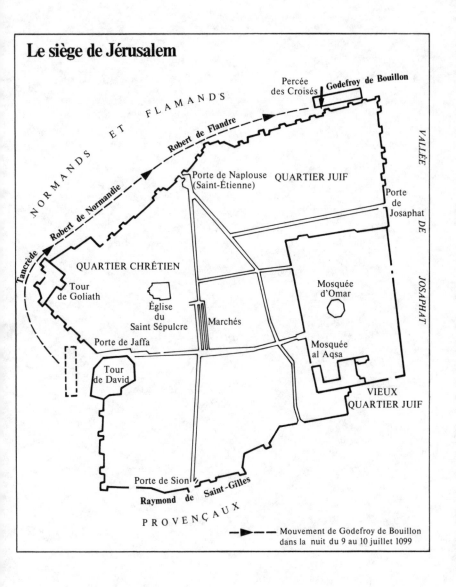

Le siège de Jérusalem

Percée des Croisés

Godefroy de Bouillon

NORMANDS ET FLAMANDS

Robert de Flandre

Robert de Normandie

Tancrède

Porte de Naplouse (Saint-Étienne)

QUARTIER JUIF

VALLÉE DE JOSAPHAT

Porte de Josaphat

QUARTIER CHRÉTIEN

Tour de Goliath

Église du Saint Sépulcre

Marchés

Mosquée d'Omar

Mosquée al Aqsa

Porte de Jaffa

Tour de David

VIEUX QUARTIER JUIF

Porte de Sion

Raymond de Saint-Gilles

PROVENÇAUX

Mouvement de Godefroy de Bouillon dans la nuit du 9 au 10 juillet 1099

Chronologie

Basse-Lotharingie ; Albert III de Namur, vice-duc ; Godefroy de Bouillon, marquis d'Anvers.

18 avril. Mort de Béatrice de Toscane.

16 octobre. Diète de Tribur.

1077   *Janvier.* Henri IV va à Canossa.

13 mars. La diète de Forchheim dépose Henri IV et élit Rodolphe de Souabe roi de Germanie.

26 mars. Rodolphe de Souabe est couronné à Mayence.

Mathilde de Toscane conteste les droits de son neveu Godefroy de Bouillon à l'héritage des biens de la famille d'Ardenne.

Négociations à l'abbaye de Saint-Hubert.

1078   *7 août.* Henri IV bat les Saxons à Melrischstad.

1080   *27 janvier.* Henri IV bat Rodolphe de Souabe à Flarchheim.

7 mars. Henri IV est de nouveau excommunié.

25 juin. A Brixen, les évêques allemands et lombards élisent pape l'archevêque Guibert de Ravenne. Schisme.

15 octobre. Rodolphe de Souabe est tué à la bataille de l'Elster.

1081   Campagne d'Henri IV en Italie. Siège de Rome.

Godefroy de Bouillon lutte contre le comte Thierry de Veluwe.

1082   *27 mars.* Instauration, en présence de Godefroy de Bouillon, de la Paix de Dieu dans le diocèse de Liège.

8 septembre. L'évêque Thierry de Verdun écarte Godefroy de Bouillon et remet le comté à Mathilde de Toscane.

1083   Campagne d'Henri IV en Italie. Siège de Rome.

1084   *1er avril.* Henri IV est couronné empereur à Rome par l'antipape Guibert de Ravenne.

1085   *25 mai.* Alphonse VI de Castille prend Tolède.

Grégoire VII meurt à Salerne.

Guillaume le Conquérant fait dresser le *Domesday Book.*

1er juin. Henri IV confisque les biens de Mathilde de Toscane.

1086   Albert III de Namur assiège le château de Bouillon sans succès.

24 mai. Élection du pape Victor III.

12 septembre. Godefroy de Bouillon se heurte aux forces de l'évêque de Verdun. Henri de Liège propose un *modus vivendi.*

1087   *30 mai.* Conrad est couronné roi des Romains à Aix-la-Chapelle.

Godefroy de Bouillon est investi du duché de Basse-Lotharingie.

16 septembre. Mort de Victor III.

1088   *12 mars.* Élection d'Urbain II.

3 juillet. Urbain II entre dans Rome.

1089   *Août.* Mathilde de Toscane épouse Welf de Bavière.

Mort de l'évêque Thierry de Verdun.

1090   Campagne victorieuse d'Henri IV en Italie.

1091   *31 mars.* Mort de l'évêque Henri de Liège.

1092   *2 février.* Otbert, prince-évêque de Liège.

Juin. Henri IV envahit l'Italie centrale, mais est battu par les troupes de Mathilde de Toscane.

1093   Création de la Ligue lombarde.

1095   Affaire de l'abbaye de Saint-Trond. Godefroy de Bouillon règle la succession à l'abbaye de Saint-Hubert.

1er mars. Ouverture du concile de Plaisance.

Août. Urbain II entre en France.

27 novembre. Appel d'Urbain II à Clermont en Auvergne.

1096   Massacre de Juifs en Rhénanie. Godefroy de Bouillon prend la croix et engage le comté de Verdun et ses fiefs de Basse-Lotharingie. Le château de Bouillon est vendu à réméré.

12 avril. Pierre l'Ermite est à Cologne.

15 août. Départ de l'armée des croisés du Nord.

Septembre. L'armée croisée est en Hongrie.

21 octobre. Massacre de la croisade des pauvres à Herzek.

Début novembre. Godefroy de Bouillon est devant Belgrade.

23 décembre. Godefroy de Bouillon campe sous les murs de Constantinople.

29 décembre. L'ost croisé prend ses quartiers dans les faubourgs de Péra et de Galata.

1097   *Mars.* Incidents entre Grecs et croisés.

Début avril. L'armée lotharingienne se concentre devant la porte de Gyrolyme.

2 avril. Attaque croisée devant le palais des Blachernes. Godefroy de Bouillon prête hommage au *basileus* Alexis Comnène. Passage de l'armée lotharingienne en Asie.

Arrivée de Bohémond de Tarente.

21 avril. Raymond de Saint-Gilles s'installe sous les murs de Constantinople.

14 mai. Début du siège de Nicée.

Juin. Arrivée de Robert Courteheuse et d'Étienne de Blois.

17 juin. La flotte byzantine parfait le blocus.

19 juin. Nicée capitule.

1er juillet. Victoire croisée à Dorylée.

15 août. L'armée est à Iconium.

Mi-septembre. Les troupes se séparent à Héraclée. L'ost de Godefroy de Bouillon prend la route du Nord-Est. Le duc tue un ours.

13 octobre. L'armée est à Marash.

20 octobre. Bataille du pont de Fer.

21 octobre. Début du siège d'Antioche.

Maladie de Godefroy de Bouillon.

1098 *6 mars.* Le duc intervient pour sauver Bohémond et Raymond de Toulouse.

Baudouin de Boulogne se taille un fief autour d'Édesse.

Graves dissensions entre Godefroy et Bohémond.

3 juin. Chute d'Antioche.

4 juin. Kerboga met le siège devant la ville.

Découverte de la Sainte Lance.

28 juin. Kerboga est battu sous les murs d'Antioche.

Bohémond impose sa tutelle à la ville. Graves désaccords entre les barons. Séjours de Godefroy de Bouillon dans le comté d'Édesse.

5 novembre. Conseil des barons. Échec.

12 décembre. Prise de Maarrat al-Noman. Massacres.

1099 *Janvier.* Conseil des barons à Rugia.

13 janvier. Raymond de Saint-Gilles reprend la route du pèlerinage.

Février. Concentration des troupes autour de Lattaquié.

Siège de Jabala par Godefroy de Bouillon.

Le duc secourt Raymond de Toulouse sous Arqua.

13 mai. Le duc marche sur Jérusalem.

19 mai. Passage du Nahr el-Kalb.

23 mai. Godefroy est devant Tyr.

3 juin. Ramla.

7 juin. Jérusalem. Début du siège.

17 juin. Arrivée d'une flotte occidentale à Jaffa.

9 juillet. Godefroy de Bouillon fait mouvement et prend position le long des remparts nord-est.

14 juillet. Assaut général.

15 juillet. Jérusalem tombe. Massacres.

22 juillet. Godefroy de Bouillon est élu avoué du Saint-Sépulcre.

Conflit avec Raymond de Toulouse.

29 juillet. Mort d'Urbain II.

1er août. Arnoul Malecorne est élu patriarche de Jérusalem.

5 août. Découverte de la Vraie Croix.

9 août. Godefroy de Bouillon quitte Jérusalem pour faire face à la contre-attaque d'al-Afdal, vizir d'Égypte.

12 août. Godefroy bat al-Afdal sous les murs d'Ascalon.

14 août. Pascal II, pape.

Échec du siège d'Ascalon. Tancrède se taille un fief en Galilée.

Septembre. Une flotte pisane relâche dans le port de Lattaquié. Raymond de Toulouse prend possession de Lattaquié.

Octobre. Godefroy assiège Arsouf.

Mi-décembre. Godefroy lève le siège d'Arsouf.

21 décembre. Arrivée de Bohémond, Baudouin d'Édesse et Daimbert de Pise à Jérusalem.

Fin décembre. Daimbert de Pise élimine Arnoul Malecorne et est élu patriarche de Jérusalem.

1100   *Début janvier.* Baudouin d'Édesse et Bohémond repartent pour leurs fiefs de Syrie du Nord.

Conflit entre l'avoué du Saint-Sépulcre et le patriarche.

Janvier. Godefroy fait reconstruire les murailles de Jaffa.

Siège et capitulation d'Arsouf.

Mai. Campagne de Godefroy dans la terre de Suète.

Juin. Godefroy de Bouillon, gravement malade, accueille une flotte vénitienne à Jaffa.

18 juillet. Godefroy meurt à Jérusalem.

23 juillet. Son corps est déposé dans la basilique du Saint-Sépulcre.

25 décembre. Baudouin d'Édesse est sacré roi de Jérusalem à Bethléem.

1106   *7 août*. Henri IV meurt à Liège.

1113   *13 avril*. Mort d'Ide de Boulogne.

1118   *2 avril*. Baudouin Ier de Jérusalem meurt à el-Arish.

1125   Mort d'Eustache III de Boulogne au prieuré de Rumilly.

1136   Mathilde de Boulogne, nièce de Godefroy de Bouillon, devient reine d'Angleterre.

1141   *21 septembre*. « Triomphe de Saint-Lambert » au château de Bouillon.

1149   *15 juillet*. Cinquantième anniversaire de la prise de Jérusalem et consécration de la nouvelle basilique du Saint-Sépulcre.

SOURCES ET BIBLIOGRAPHIE

I. SOURCES PRINCIPALES[1]

ALBERT D'AIX : *Liber christianae expeditionis pro ereptione, emundatione, restitutione sancta Hierosolymitanae ecclesiae*, R.H.C., *Hist. occ.*, IV.

ANNE COMNÈNE : *Alexiade*, édition L. Leib, 4 vol., Paris, 1967.

ANSELME DE CANTERBURY : *Lettres*, Patrologie latine, t. CLVIII et CLIX.

AUBRY DE TROISFONTAINES : *Chronicon*, éd. Scheffer-Boichorst, M.G.H., *Script.*, XXIII.

BERNOLD DE CONSTANCE : *Chronicon*, M.G.H., *Script.*, V.

BERTHOLD : *Annales*, M.G.H., *Script.*, V.

BRUNON : *Liber de Bello Saxonico*, M.G.H., *Script.*, V.

Chronique anglo-saxonne, éd. Earle et Plummer, 2 vol., Oxford 1892-1898.

Chronique de Saint-Hubert, dite *Cantatorium*, éd. Hanquet, Bruxelles, 1906.

DONIZON : *Vita Mathildis*, M.G.H., *Script.*, XII.

EKKEHARD D'AURA : *Hierosolymitana, de oppressione, liberatione ac restauratione sanctae Hierosolymitane ecclesie*, R.H.C., *Hist. occ.*, V.

FOUCHER DE CHARTRES : *Gesta Francorum Jerusalem expugnantium*, R.H.C., *Hist. occ.*, III.

Genealogia Comitum Buloniensium, M.G.H., *Script.*, IX.

1. Abréviations : M.G.H. = *Monumenta Germaniae Historica*.
R.H.C. = *Recueil des Historiens des Croisades*, publié par l'Académie des inscriptions et belles-lettres, Paris, 1841-1906.

Genealogia Ducum Brabantiae, M.G.H., *Script.,* XXV.

Gesta episcoporum virdunensium, M.G.H., *Script.,* IV.

Gesta Francorum et aliorum Hierosolomitanorum (Histoire anonyme de la première croisade), éd. Louis Bréhier, Paris, 1924.

GILBERT CRÉPIN : *la Vie de saint Herluin,* trad. franç. par Marie-Pascal Dickson, les Ateliers du Bec, 1961.

GILLES D'ORVAL : *Gesta episcoporum Leodiensium,* M.G.H., *Script.,* XXV.

GUIBERT DE NOGENT : *Gesta Dei per Francos,* R.H.C., *Hist. occ.,* IV.

GUILLAUME DE MALMESBURY : *Gesta regum Anglorum,* éd. Stubbs, 2 vol., Londres, 1887-1889.

GUILLAUME DE TYR : *Historia rerum in partibus transmarinis gestarum,* R.H.C., *Hist. occ.,* I, 2 vol. qui donnent la traduction de l'*Histoire d'Éracles.*

HUGUES DE FLAVIGNY : *Chronicon virdunense,* Patrologie latine, CXXXII.

IBN AL-QALASINI : *Histoire de Damas de 365 à 555 de l'hégire,* trad. franç. partielle dans Roger Le Tourneau : *Damas de 1075 à 1154,* Damas, 1952.

IBN AL-ATHIR : *Kamil al-tawarikh,* trad. franç. partielle dans R.H.C., *Hist. or.,* III.

JEAN DE WÜRZBURG : *Description de la Terre sainte,* « Palestine Pilgrim's Text Society », V, Londres, 1896.

LAMBERT DE HERSFELD : *Annales,* M.G.H., *Script.,* V.

LAMBERT LE JEUNE : *Annales,* M.G.H., *Script.,* XVI.

LAURENT DE LIÈGE : *Gesta episcoporum Virdunensium,* M.G.H., *Script.,* X.

MATTHIEU D'ÉDESSE : *Chronique,* R.H.C., *Hist. arm.,* I.

ORDERIC VITAL : *Historiae ecclesiasticae,* éd. Marjorie Chibnall, « Oxford Medieval Texts », 6 vol., 1969-1980.

RAOUL DE CAEN : *Gesta Tancredi,* R.H.C., *Hist. occ.,* III.

RAOUL GLABER : *Historiarum sui temporis,* éd. Guizot, « Mémoires relatifs à l'histoire de France », VI.

RAYMOND D'AGUILERS : *Historia Francorum,* R.H.C., *Hist. occ.,* III et éd. Hill, « Documents relatifs à l'histoire des Croisades », IX, 1969.

Regesta regni Hierosolymitani, éd. Reinhold Röhricht, Innsbruck, 1893, avec un *Additamentum,* Innsbruck, 1904.

RENIER DE SAINT-LAURENT : *Triumphale Bulonicum,* M.G.H., *Script.,* XX.

ROBERT LE MOINE : *Hierosolomytana expeditio,* R.H.C., *Hist. occ.,* III.

SIGEBERT DE GEMBLOUX : *Chronique,* M.G.H., *Script.,* VI.

Salomon Bar-Siméon : *Chroniques hébraïques*, dans « Quellen zur Geschichte der Juden », II, Berlin, 1892.
Triumphus sancti Lamberti de castro Bullonio, M.G.H., *Script*, XX.
Vita Annonis Archiepiscopi Coloniensis, M.G.H., *Script.*, XI.
Vita B. Idae Boloniensis, « Acta Sanctorum », avril, Paris-Rome, 1866 et Patrologie latine, CLV.

II. OUVRAGES CONSULTÉS [1]

ABEL (F. M.) : *Géographie de la Palestine*, 2 vol., Paris, 1933-1938.
ALPHANDÉRY (P.) et DUPRONT (A.) : *la Chrétienté et l'idée de croisade*, 2 vol., Paris 1954-1959.
ANDRESSOHN (John C.) : *The ancestry and life of Godfrey of Bouillon*, Indiana University Press, Bloomington, 1947.
ATIYA (Aziz S.) : *The Crusade. Historiography and bibliography*, Indiana University Press, Bloomington, 1962.
AUBÉ (Pierre) : *les Empires normands d'Orient*, Paris, 1983.
BARBE (E.) : *Du lieu de naissance de Godefroy de Bouillon à propos du projet de lui élever un monument dans la ville de Boulogne-sur-Mer*, Boulogne, 1855.
BARRET et GURGAND : *Si je t'oublie, Jérusalem. La prodigieuse histoire de la première croisade*, Paris, 1982.
BARRON (W.R.J.) : *Versions and texts of the Naissance du chevalier au Cygne*, « Romania », t. LXXXIX, 1967, pp. 481-538.
BERTRAND (Simone) : *la Tapisserie de Bayeux et la manière de vivre au XIᵉ siècle*, La Pierre-qui-Vire, 1966.
BLOCH (Marc) : *le Problème de l'or au Moyen Age*, « Annales d'histoire économique et sociale », t. V, 1933, pp. 1-34.
BLUMENKRANZ (Bernard) : *Juifs et chrétiens dans le monde occidental, 430-1096*, Paris, 1960.
Les Auteurs chrétiens latins du Moyen Age sur les Juifs et le judaïsme, Paris-La Haye, 1963.
BOÜARD (Michel de) : *Guillaume le Conquérant*, Paris, 1984.
BRÉHIER Louis : *l'Église et l'Orient au Moyen Age. Les croisades*, 3ᵉ éd., Paris, 1911.
Vie et mort de Byzance, rééd., Paris, 1969.

1. On ne trouvera pas ici une bibliographie exhaustive des ouvrages mentionnant Godefroy de Bouillon (la somme en est immense), mais seulement une recension aussi exacte que possible des travaux auxquels nous nous sommes le plus volontiers et le plus constamment référé.

BUCHTAL (Hugo) : *Miniature painting in the Latin Kingdom of Jerusalem*, Clarendon Press, Oxford, 1957.

CAHEN (Claude) : *la Syrie du Nord à l'époque des croisades et la principauté franque d'Antioche*, Institut français de Damas, « Bibliothèque orientale », I, Paris, 1940.
Orient et Occident au temps des croisades, Paris, 1983.

CAUCHIE (Alfred) : *la Querelle des investitures dans les diocèses de Liège et de Cambrai*, Louvain, « Recueil des conférences d'histoire et de philologie », 2, 1890.

CHALANDON (Ferdinand) : *Histoire de la première croisade jusqu'à l'élection de Godefroy de Bouillon*, Paris, 1925.
Essai sur le règne d'Alexis Ier Comnène, « Mémoires et documents publiés par la Société de l'École des chartes », t. IV, Paris, 1900.

CHAUNU (Pierre) : *la France*, Paris, 1982.

COWDREY (H.E.J.) : *Pope Gregory VII's crusading plans of 1074*, « Outremer, studies in the history of the Crusading Kingdom of Jerusalem », Yad Izhak Ben-Zvi Institute, Jérusalem, 1982.

DANIEL-ROPS : *l'Église de la cathédrale et de la croisade*, Paris, 1952.

DEPPING (Georges) : *les Juifs dans le Moyen Age. Essai historique sur leur état civil, commercial et littéraire*, Paris, 1834.

DESCHAMPS (Paul) : *Au temps des croisades*, Paris, 1972.
Terre sainte romane, La Pierre-qui-Vire, 1964.

DESPY (Georges) : *la Fonction ducale en Lotharingie puis en Basse-Lotharingie de 900 à 1100*, « Revue du Nord », XLVIII, 1966, pp. 107-109.
Les Actes des ducs de Basse-Lotharingie au XIe siècle, « Publications de la section hist. de l'Institut G.-D. de Luxembourg », XCV, 1981, pp. 65-132.
La Date d'accession de Godefroy de Bouillon au duché de Basse-Lotharingie, « Revue belge de philologie et d'histoire », 1958, pp. 1275-1284.

DHONDT (Jan) : *Sept femmes et un trio de rois, Contributions à l'histoire économique et sociale*, III, Université libre de Bruxelles, 1964-1965.

DIECKMANN (F.) : *Gottfried III der Bucklige, Herzog in Niederlothringen und Gemahl Mathildens von Canossa*, Erlangen, 1898.

DODU (Gaston) : *Histoire des institutions monarchiques dans le royaume latin de Jérusalem*, Paris, 1894.

DORCHY (H.) : *Godefroid de Bouillon, duc de Basse-Lotharingie*, « Revue belge de philologie et d'histoire », XXVI, 1948, pp. 961-999.

DUBY (Georges) : *le Chevalier, la femme et le prêtre. Le mariage dans la France féodale*, Paris, 1981.

DUCATEL (F.) : *Vie de sainte Ide de Lorraine, comtesse de Boulogne*, Desclée, 1900.

DUPARC-QUIOC (Suzanne) : *le Cycle de la croisade*, Paris, 1955.

Les Poèmes du deuxième cycle de la croisade : problèmes de composition et de chronologie, « Revue d'histoire des textes », IX, 1979, pp. 141-181.

La Chanson d'Antioche, « Documents relatifs à l'histoire des croisades », XI, Paris, 1977-1978, 2 vol.

DUPRÉEL (Eugène) : *Histoire critique de Godefroid le Barbu*, Bruxelles, 1904.

DUPONT (Christian) : *les Domaines des ducs en Basse-Lotharingie au XIᵉ siècle*, « Publ. de la section hist. de l'Institut G.D. de Luxembourg », XCV, 1981, pp. 217-240.

DREYFUS (François-G.) : *Histoire des Allemagnes*, Paris, 1970.

Encyclopédie de l'Islam, 1ʳᵉ édition complète ; 2ᵉ éd. en cours de parution.

ÉVRARD (Jean-Paul) : *les Comtes de Verdun aux Xᵉ-XIᵉ siècles*, « Publ. de la section hist. de l'Institut G.-D. de Luxembourg », XCV, 1981, pp. 153-182.

EYDOUX (Henri-Paul) : *les Châteaux du soleil. Forteresses et guerres des Croisés*, Paris, 1982.

FLICHE (Augustin) : *la Querelle des investitures*, Paris, 1946.

Le Règne de Philippe Iᵉʳ, roi de France, Paris, 1912.

La Réforme grégorienne et la reconquête chrétienne, « Histoire de l'Église », t. VIII, Paris, 1940.

GABRIELI (Francesco) : *Chroniques arabes des Croisades*, Paris, 1977.

GAXOTTE (Pierre) : *Histoire de l'Allemagne*, t. I, Paris, 1963.

GAY (Jules) : *les Papes du XIᵉ siècle et la chrétienté*, Paris, 1926.

GLAESENER (Henri) : *Godefroy de Bouillon et la bataille de l'Elster*, « Revue des études historiques », juil.-sept. 1938, pp. 253-264.

La Prise d'Antioche en 1098, « Revue belge de philologie et d'histoire », 1940.

GRANDCLAUDE (Maurice) : *Étude critique sur les livres des Assises de Jérusalem*, thèse de droit, Paris, 1923.

GROUSSET (René) : *Histoire des croisades et du royaume franc de Jérusalem*, t. I, Paris, 1934.

L'Épopée des croisades, rééd. Verviers, 1981.

HATEM (Anouar) : *les Poèmes épiques des croisades*, Paris, 1932.

HILL (L. et J.) : *Raymond IV de Saint-Gilles, comte de Toulouse*, Toulouse, 1959.

Histoire littéraire de la France, t. XXII et XXIII.

HOMO (Léon) : *Rome médiévale, 476-1420*, Paris, 1956.

HUYGHEBAERT (Nicolas) : *la Mère de Godefroid de Bouillon : la comtesse Ide de Boulogne*, « Publ. de la section hist. de l'Institut G.-D. de Luxembourg », XCV, 1981, pp. 43-63.

Ide de Lorraine, comtesse de Boulogne, Bénédictines de Bayeux, 1978.

JANIN (R.) : *Constantinople byzantine. Développement urbain et répertoire topographique*, Institut français d'études byzantines, 2e éd. Paris, 1964.

JORIS (André) : *le Triomphe de Saint-Lambert à Bouillon (1141)*, « Publ. de la section hist. de l'Institut G.-D. de Luxembourg », XCV, 1981, pp. 183-200.

KUPPER (Jean-Louis) : *la Maison d'Ardenne-Verdun et l'Église de Liège*, « Publ. de la section hist. de l'Institut G.D. de Luxembourg », XCV, 1981, pp. 201-215.

Otbert de Liège. Les manipulations monétaires d'un évêque d'Empire du XIIe siècle, « Le Moyen Age », t. LXXXVI, 1980, pp. 353-385.

KNOWLES (M. D.) : *le Moyen Age*, « Nouvelle Histoire de l'Église », t. II, Paris, 1958.

LALANNE (Ludovic) : *Des pèlerinages en Terre sainte avant les croisades*, « Bibliothèque de l'École des chartes », 1845, pp. 1-31.

LARET-KAYSER (Arlette) : *la Fonction et les pouvoirs ducaux en Basse-Lotharingie au XIe siècle*, « Publ. de la section hist. de l'Institut G.-D. de Luxembourg », XCV, 1981, pp. 133-152.

LEWIS (Bernard) : *Comment l'Islam a découvert l'Europe*, Paris, 1984.

LOBET (Marcel) : *Godefroy de Bouillon. Essai de biographie antilégendaire*, Bruxelles, 1943.

LONGNON (Jean) : *les Français d'outre-mer au Moyen Age. Essai sur l'expansion française dans le bassin de la Méditerranée*, 3e éd. Paris, 1929.

LOPEZ (Robert S.) : *Fulfillment and diversion in the eight crusades*, « Outremer, Studies in the history of the Crusading Kingdom of Jerusalem », Yad Izhak Ben-Zvi Institute, Jérusalem, 1982.

LOT (Ferdinand) : *l'Art militaire et les armées au Moyen Age en Europe et dans le Proche-Orient*, t. I, Paris, 1946.

LOTTIN (Alain) [sous la direction de] : *Histoire de Boulogne-sur-Mer*, Lille, 1983.

Les Grandes batailles du Nord, Paris, 1984.

LUCHAIRE (Achille) : *les Premiers Capétiens, 987-1137*, rééd., Paris, 1980.

MAROT (Pierre) : *les Alérions de Lorraine*, « Mémoires de l'Académie de Stanislas », Nancy, 1930-1931, pp. 25-54.

MAUROIS (André) : *la Conquête de l'Angleterre par les Normands*, Paris, 1968.

MAYER (Hans E.) : *The Crusades*, Oxford, 1972.

MICHAUD : *Histoire des croisades*, n^{elle} éd. par Huillard-Bréholles, t. I, Paris, 1862.

MICHEAU (Françoise) : *les Itinéraires maritimes et continentaux des pèlerinages vers Jérusalem*, IXe Congrès de la Société des historiens médiévistes de l'enseignement supérieur.

MOLLAT (Michel) : *la Vie quotidienne des gens de mer en Atlantique, IXe-XVIe siècle*, Paris, 1983.

Problèmes navals de l'histoire des croisades, « Cahiers de civilisation médiévale », Poitiers, 1967, pp. 345-359.

MURPHY-O'CONNOR (Jerome) : *The Holy Land. An archeological guide from earliest times to 1700*, Oxford University Press, 1980.

NOËL (Jean-François) : *Histoire du peuple allemand des origines à la paix de Westphalie*, Paris, 1975.

ODEND'HAL (G.) : *les Comtes de Boulogne de la fin du Xe siècle au début du XIIe siècle*, Position des thèses de l'École des chartes, 1923.

OSTROGORSKY (Georges) : *Histoire de l'État byzantin*, Paris, 1969.

OURLIAC (Paul) et MALAFOSSE (J.) : *Histoire du droit privé*, 3 vol., Paris, 1957-1968.

OZERAY (M.J.F.) : *Histoire de la ville et du duché de Bouillon*, 2e éd., Bruxelles, 1864.

PACAUD (Marcel) : *Histoire de la papauté des origines au concile de Trente*, Paris, 1976.

PARIS (Gaston) : *la Naissance du chevalier au Cygne*, « Romania », XIX, 1890, pp. 314-340.

PARISSE (Michel) : *Godefroy de Bouillon, le croisé exemplaire*, in « Les croisades », n° spécial de *L'Histoire*, Paris, 1982.

[Sous la direction de] : *Histoire de la Lorraine*, Toulouse, 1978.

La Tapisserie de Bayeux. Un documentaire du XIe siècle, Paris, 1983.

Généalogie de la Maison d'Ardenne, « Publ. de la section hist. de l'Institut G.-D. de de Luxembourg », XCV, 1981, pp. 9-42.

PARISOT (Robert) : *Histoire de la Lorraine*, t. I, Paris, 1919.

PERNOUD (Régine) : *Dans les pas des croisés*, Paris, 1959.
Les Hommes de la croisade, rééd. Paris, 1982.
La Femme au temps des cathédrales, Paris, 1980.
Godefroy de Bouillon, « La Grive », n° 110, avril-juin, 1961.
Les Croisades, Paris, 1960.

PERROY (Édouard) : *les Croisades et l'Orient latin*, C.D.U., Paris, s.d.

PIRENNE (Henri) : *Histoire de Belgique*, t. I, 3e éd., Bruxelles, 1909.

POLIAKOV (Léon) : *Histoire de l'antisémitisme. Du Christ aux Juifs de Cour*, Paris, 1955.

PRAWER (Joshua) : *Histoire du royaume latin de Jérusalem*, trad. fr., t. I, C.N.R.S., Paris, 1969.

QUILLET (Jeannine) : *les Clés du pouvoir au Moyen Age*, Paris, 1972.

RAM : *Notice sur le lieu de naissance de Godefroid de Bouillon*, Bruxelles, 1857.

RICHÉ (Pierre) : *les Carolingiens*, Paris, 1983.

RICHARD (Jean) : *le Royaume latin de Jérusalem*, Paris, 1953.
La Papauté et la direction de la première croisade, « Journal des Savants », avril-juin, 1960.

RILEY-SMITH (Jonathan) : *The first crusade and St. Peter*, « Outremer, Studies in the history of the Crusading Kingdom of Jerusalem », Yad Izhak Ben-Zvi Institute, Jérusalem, 1982.

ROUSSET (Paul) : *Histoire des Croisades*, rééd., Paris, 1978.
Les Origines et les caractères de la première croisade, Neufchâtel, 1945.

ROY (Émile) : *les Poèmes français relatifs à la première croisade*, « Romania », LV, 1929, pp. 411-468.

RUNCIMAN (S.) : *The first crusade*, rééd. Cambridge, 1980.

SAUR (Léon) : *Entre Bar, Namur et Liège : Bouillon, place stratégique*, « Publ. de la section hist. de l'Institut G.-D. de Luxembourg », XCV, 1981, pp. 258-280.

SCHNEIDER (Jean) : *Histoire de la Lorraine*, Paris, 1967.

SECHERET (Michel-Paul) : *Une Ardennaise à la première croisade*, « La Grive », n° 110, avril-juin 1961.

SETTON (Kenneth M.) et BALDWIN (Marshall W.) : *The first hundred years, A History of the Crusades*, t. I, University of Pennsylvania Press, 1958.

SIVAN (Emmanuel) : *l'Islam et la croisade. Idéologie et propagande dans les réactions musulmanes aux croisades*, Paris, 1968.

SONNE (I.) : *Nouvel examen des trois relations hébraïques sur les persécutions de 1096*, « Revue des études juives », XCVI, 1933, pp. 113-152.

STENGERS (Jean) : *les Juifs dans les Pays-Bas au Moyen Age*, Académie royale de Belgique, Classe des lettres et des sciences morales et politiques, Mémoires, 2ᵉ série, t. XLV, fasc. 2, Bruxelles, 1950.

VAN WERVEKE (Hans) : *Monnaie, lingots ou marchandises ? Les instruments d'échange au XIᵉ et XIIᵉ siècle*, « Annales d'histoire économique et sociale », IV, 1932, pp. 452-468.

VÉTAULT (Alphonse) : *Godefroy de Bouillon*, Tours, 1888.

VINCENT (H.) et ABEL (F. M.) : *Jérusalem. Recherches de topographie, d'archéologie et d'histoire*, t. II, Paris, 1914 (avec un portefeuille de relevés, plans et planches).

WALTER (Gérard) : *la Vie quotidienne à Byzance au siècle des Comnènes*, Paris, 1966.

WAAS (Adolf) : *Geschichte der Kreuzzüge*, t. I, Fribourg-en-Brisgau, 1956.

WITZEL (Hans-Joachim) : *le Problème de l'auteur des Gesta Francorum*, « Le Moyen Age », LXI, 1955, pp. 319-328.

WURMBRAND (Max) et ROTH (Cecil) : *le Peuple juif. Quatre mille ans de survivance*, 2ᵉ éd., Paris, 1976.

ZUMTHOR (Paul) : *Guillaume le Conquérant*, Paris, 1978.
Charles le Chauve, Paris, 1981.

Index

BAUDOUIN VI (comte de Flandre) : 40, 161, 170.
BAUDOUIN VII (comte de Flandre et de Hainaut) : 41, 42.
BAUDOUIN II (comte de Hainaut) : 138, 153, 165, 242.
BAUDOUIN DE STAVELOT : 153, 156.
BAUDRY DE BOURGUEIL (chroniqueur) : 235, 324, 355, 358, 360.
Bavière : 49, 131.
Bayeux : 347.
Béarn : 116.
BÉATRICE DE TOSCANE : 22, 23, 40, 53, 55, 64, 75.
BÉATRIX DE BOUILLON : 363-364.
Beaulieu : 81.
Beauvaisis : 128.
Belgrade : 155, 159, 160.
BENOÎT X, (antipape) : 24.
BENOÎT XIV (pape) : 237.
BENON (cardinal) : 93.
BENZON (évêque d'Albe) : 92.
BÉRANGER (abbé de Saint-Laurent de Liège) : 104, 107-109.
BÉRANGER DE TOURS : 46.
BERCHET (J.-C.) : 385.
BERNARD DE SAINT-VICTOR (légat pontifical) : 65.
BERNARD (archevêque de Tolède) : 116.
BERNOLD (chroniqueur) : 69.
Berry : 128.
BERTHE DE FRISE : 42, 112-113, 355.
BERTHE DE TURIN : 64, 72, 112.
BERTHOLD (chroniqueur) : 61.
BERTHOLD DE CARINTHIE : 63.
BERTHOLD DE CONSTANCE (chroniqueur) : 69, 111, 288.
BERTRADE DE MONTFORT : 113, 122, 149.
Besançon : 64.
Bethléem : 268-269, 274, 299, 302, 321, 344.
Bethlo : 42.
Bethsan : 302, 313.
BEYER (Gustave) : 386.
Beyrouth : 265-266, 344.
Bilsen : 25, 134.
Blois : 382.
BOËL DE CHARTRES : 151.
BOHÉMOND DE TARENTE (prince d'Antioche) : 151, 175-177, 181-183, 187-191, 197-198, 204-205, 209, 212, 215, 217, 220, 222, 224, 227-232, 234-236, 238-239, 242-244, 246-253, 256, 258, 261-262, 268, 286, 290, 296, 302, 319, 320, 322-323, 325-326, 342, 355, 268-370, 388.
BOILEAU : 375.
BONIFACE III DE MONTFERRAT (marquis sde Toscane) : 22-23, 75.
BOUCICAUT (maréchal) : 379.
Bouillon : 21, 25-26, 29, 40, 45, 58-59, 81, 83-85, 87-88, 97, 105, 133-134, 136, 137-138, 140, 351-352, 365, 384.
Boulogne : 26-29, 31, 35-38, 41, 88, 132, 185, 282, 292, 345, 347, 350, 386.
Bourgogne : 34, 116.
Brabant : 31, 39, 46, 81, 94, 132-133, 153, 386.
Bretagne : 34, 76, 185.
BREYZIG (Kurt) : 386.
Brioude : 125.
Brixen : 67.
BROHADAS : 371.
Brugeron : 106.
BRUNO (saint) : 100.
BRUNO (chroniqueur) : 69.
BRUNON (archevêque de Cologne) : 18, 22, 51.
BRUNON (évêque d'Osnabrück) : 83.
Bruxelles : 132, 153.
BURCHARD (évêque d'Halberstad) : 50.
Bythinie : 242.
Byzance. Voir *Constantinople.*

CADALUS (légat pontifical) : 63.
CADIR (AL-) (roi de Tolède) : 116.
Caen : 289.
CAHEN (Claude) : 117, 172, 210, 300, 356, 358, 367.
Caïffa : 339, 342.
Caire (Le) : 223, 224, 262.
CALABRE (devineresse) : 365.
Calais : 41, 186.
Camba : 21.
Cambrai : 29, 94, 104.
Campanie : 100.
Canossa : 62-63, 65, 71, 76, 102-103.

Table des matières

L'impression de ce livre
a été réalisée sur les presses
des Imprimeries Aubin
à Poitiers/Ligugé

pour le compte de la librairie Arthème Fayard
75, rue des Saints-Pères à Paris

ISBN 2-213-01654-2
35-14-7427-01

No d'édition, 7186. — No d'impression, L 20363
Dépôt légal, septembre 1985

35-7427-4